Arduino

Thomas Brühlmann

Arduino

Praxiseinstieg

mitp

Bibliografische Information der Deutschen Nationalbibliothek
Die Deutsche Nationalbibliothek verzeichnet diese Publikation in der Deutschen Nationalbibliografie; detaillierte bibliografische Daten sind im Internet über <http://dnb.d-nb.de> abrufbar.

Bei der Herstellung des Werkes haben wir uns zukunftsbewusst für umweltverträgliche und wiederverwertbare Materialien entschieden. Der Inhalt ist auf elementar chlorfreiem Papier gedruckt.

ISBN 978-3-8266-9116-4
1. Auflage 2012

E-Mail: kundenbetreuung@hjr-verlag.de

Telefon: +49 6221/489-555
Telefax: +49 6221/489-410

www.mitp.de

Lektorat: Sabine Schulz
Sprachkorrektorat: Petra Heubach-Erdmann
Satz: III-satz, Husby, *www.drei-satz.de*
Druck: Kessler Druck + Medien, Bobingen
Coverbild: Produktbild Arduino Uno Rev.3, © 2012, arduino.cc

Inhaltsverzeichnis

Kapitel 1

Einleitung

1.1 Vorwort 2. Auflage

Nun liegt die 2. Auflage von meinem Buch »Arduino Praxiseinstieg« auf Ihrem Tisch. In den gut zwei Jahren nach dem Erscheinen der ersten Auflage hat sich viel getan in der Welt der Open-Source-Hardware rund um Arduino. In regelmäßigen Abständen wurden neue Boards vorgestellt und mit der Veröffentlichung der Version 1.0 ist ein großer Schritt getan worden. Das Produkt ist nun nicht mehr im »Beta«-Stadium.

Anlässlich der Google IO 2011 wurde die Zusammenarbeit von Arduino mit dem Google-Betriebssystem Android mittels dem ADK (Accessory Development Kit) vorgestellt. Damit ist ein weiterer Schritt in eine erfolgreiche Zukunft des Arduino-Projekts gemacht.

Die 2. Auflage meines Praxisbuches will dem Einsteiger und interessierten Elektronik-Anwender die Grundlagen und Möglichkeiten dieser erfolgreichen Microcontroller-Anwendung beibringen und soll bei späteren Anwendungen als Nachschlagewerk dienen.

1.2 Vorwort 1. Auflage

In den Medien und in vielen Berichten im Internet wurde über das Open-Source-Projekt Arduino berichtet, eine kostenlose Entwicklungsumgebung und eine offene Hardware, die jedermann nutzen kann. Nun haben Sie ein Buch über Arduino in der Hand und wollen sich wahrscheinlich in das Thema einarbeiten. Vielleicht fragen Sie sich, ob Sie überhaupt ein Buch zu diesem Thema benötigen. Es gibt ja alle Informationen im Internet und ein Forum mit vielen Helfern ist auch vorhanden.

Trotz der zahlreichen Quellen und Möglichkeiten ist dieses Buch entstanden. Denn gerade für den Einsteiger ist es oft schwierig, bei den vielen verfügbaren Informationen und Tutorials den Überblick zu bewahren. Wo soll ich anfangen und was ist wichtig, was kann ich später durcharbeiten?

Dieses Praxisbuch soll ein Führer beim Einstieg in das Thema Arduino sein und den Leser dabei unterstützen, Schritt für Schritt Hard- und Software kennen zu lernen, um die ersten Erfolgserlebnisse feiern zu können. Die hier zum Einsatz kommende Art des Mixes von Hard- und Software wird »Physical Computing« genannt. Physical-Computing-Projekte haben meist einen künstlerischen Hintergrund und verbinden den Menschen mit den digitalen Systemen. Die Verbindung zwischen Mensch oder Umwelt und digitalen Systemen wird auch in vielen Selbstbau- oder Bastelprojekten umgesetzt. Dabei geben Eingabeelemente und Sensoren Signale an Computersysteme weiter, in unserem Fall das Arduino-Board, und diese verarbeiten die Informationen in Form einer Reaktion, beispielsweise einer Ausgabe auf ein Display oder das Ansteuern einer Lampe, eines Motors oder eines Servos.

Bestimmt sind viele Inhalte und Beispiele in diesem Buch auch an anderen Orten in ähnlicher Form zu finden. Wichtige und grundlegende Informationen müssen trotzdem erwähnt werden, damit das Verständnis für den nächsten Schritt vorhanden ist.

Darum gibt es im Buch auch viele Verweise auf Lösungen und Beispiele, die bereits realisiert wurden. Einige sagen jetzt vielleicht, dass man für eine Linkliste normalerweise kein Geld bezahlt. Aber oft ist es schwierig, das Richtige aus der großen Masse im Internet zu finden. Gute Ideen sollten auch erwähnt werden, da sie wieder neue Ideen für eigene Anwendungen generieren.

1.3 Aufbau des Buches

Am besten arbeitet man das Buch der Reihe nach durch, da die einzelnen Kapitel aufeinander aufbauen. In den ersten Kapiteln werden zunächst die wichtigsten Grundlagen der Hard- und Software des Arduino-Projekts beschrieben. Wer dieses Wissen bereits erworben hat, kann diese Kapitel natürlich überspringen.

In Kapitel 2 wird kurz über die Entstehung von Arduino berichtet und die Idee vom Basteln, Testen und Ausprobieren erläutert. Das Ganze ist aber kurz gehalten, da das Ziel dieses Buches die praktische Arbeit ist. Im Anschluss beginnt dann der praktische Teil. Sie lernen zuerst die Hardware und die verschiedenen Arduino-Boards kennen. Begriffe werden erklärt und dann startet schon die eigentliche Installation der Software, der Entwicklungsumgebung. Nach erfolgreicher Installation und Verbindung mit der Arduino-Plattform schließt das Kapitel mit dem ersten Programm, dem Testprogramm Blink. Es folgt eine Einführung in die Oberfläche der Entwicklungsumgebung und schon ist sie für die ersten Programme bereit.

Kapitel 3 startet mit einem Hardwareteil, in dem Sie die Arduino-Boards und den Schaltungsaufbau mit dem Steckbrett kennen lernen. Anschließend werden die Begriffe Strom, Spannung und Widerstand und die wichtigsten elektronischen Bauelemente erklärt. Als Nächstes werden die wichtigsten Begriffe rund um den Programmcode erklärt: Was ist eine Variable und wie ist der Aufbau einer Funktion? Nach der Einführung in die Struktur der Arduino-Programme wird das Testen und Debuggen des Programmcodes beschrieben. Hier wird aufgezeigt, wie man den seriellen Monitor zur Fehlersuche nutzen kann.

Digitale Eingänge lesen und Ausgänge schalten sind die nächsten Schritte in Kapitel 4. Die erste Leuchtdiode wird zum Leuchten gebracht. Im Anschluss befassen wir uns mit der analogen Welt. Es werden grundsätzliche Themen wie die Auflösung von Analogwandlern erklärt. Das erste richtige Programm liest die Sensorspannung von einem Temperatursensor ein und gibt den Wert im seriellen Monitor aus. Nach dem Einlesen von analogen Werten werden analoge Signale mittels Pulsweitenmodulation ausgegeben.

Das nächste Thema in Kapitel 4 ist die serielle Kommunikation über die serielle Schnittstelle (RS232). Es werden Daten ausgegeben und Daten eingelesen. Anschließend wird der Datentransfer über einen 2-Draht-Bus (I2C-Bus und Two-Wire-Bus) beschrieben. Daten werden von einem Master zum Slave versendet und damit ein Miniatur-Servo gesteuert. Weiter werden praktische I2C-Anwendungen wie ein serieller Sensor und eine busfähige Uhrenanwendung realisiert. Zum Schluss wird noch eine drahtlose Kommunikation mittels 433-MHz-Technologie erklärt. Ein Projekt, in dem ein elektronischer Würfel aufgebaut wird, schließt dieses Kapitel ab.

In Kapitel 5 werden Sensoren wie ein Fotowiderstand und viele Temperatursensoren sowie weitere Sensoren für die Umwelterfassung beschrieben. Danach folgt die Beschreibung weiterer Sensoren. Mit einem Beschleunigungssensor wird eine kleine Wasserwaage realisiert.

Als Nächstes folgen die Aktoren wie Relais und Servo. Eine Servoanwendung wird für die analoge Temperaturanzeige umgebaut. Nun lernt der Leser die verschiedenen Motoren und deren Ansteuerung kennen. Die Erläuterung der Frage, wie man hohe Lasten schaltet, schließt das Thema Aktoren ab.

Der letzte Theorie-Teil in Kapitel 5 behandelt die verschiedenen Anzeigeelemente. Es wird erklärt, wie man diese ansteuert und wie man die Helligkeit regeln oder fest begrenzen kann. Beispiele von Ansteuermöglichkeiten für LC-Displays und LED-Matrix und ein Beispiel mit einem Nokia-Display schließen das Thema Anzeigen ab.

Als Kapitelprojekte werden ein kleiner Roboter sowie ein elektronischer Kompass realisiert. Der kleine Roboter wird dabei mittels einer bekannten Komponente aus dem Spieleboxbereich gesteuert, dem Wii Nunchuk, dem Joystick für die Wii-Spielkonsole. Der tragbare, elektronische Kompass zeigt mit mehreren Leuchtdioden immer die Nordrichtung an.

Kapitel 6 beschreibt die verschiedenen Arten der Datenverarbeitung. Es werden Daten in ein EEPROM und auf eine SD-Karte geschrieben. Danach wird die Weiterverarbeitung der Daten mit Processing genauer angeschaut. Zum Schluss erfahren Sie, wie man mit einem externen Programm die Datenverarbeitung für verschiedene Aufgaben auslagern kann. In einem praktischen Projekt wird ein programmierbarer Signalgeber für die Erzeugung von analogen Signalen realisiert. Dabei lernen Sie eine neue Variante der Ansteuerung von Digitalports kennen. Als Abschlussprojekt wird ein Netzteil aufgebaut, das über eine Folientastatur bedient wird.

In Kapitel 7 werden verschiedene Softwarebibliotheken zur Erweiterung der Arduino-Funktionalität vorgestellt. Der zweite Teil dieses Kapitels behandelt die Hardwareerweiterungen, »Shields« genannt. Einige wichtige und nützliche Shields werden etwas genauer betrachtet. Zum Abschluss dieses Kapitels wird eine praktische Lösung eines Wii-Adapters vorgestellt.

Kapitel 8 beschreibt verschiedene praktische Arduino-Lösungen und wie man mittels Ethernet-Erweiterung mit dem Arduino kommunizieren kann. Wir werden einen E-Mail-Checker realisieren und unsere Mailbox abfragen. Eine Anwendung wird Meldungen an Twitter senden. Zum Abschluss dieses Kapitels werden Sensordaten gesammelt und an ein Auswertungstool übertragen. Im Schlussprojekt dieses Kapitels wird eine kleine Wetterstation aufgebaut, die das aktuelle Wetter und die Wettervorhersage für den kommenden Tag anzeigt.

Fehlersuche und Troubleshooting sind die Themen in Kapitel 9. Es wird gezeigt, wie man die eigene Schaltung oder das neu erstellte Programm zum Laufen bringt.

Kapitel 10 beschreibt verschiedenen Arduino-Clones und wie man sich einen minimalen Arduino auf dem eigenen Steckbrett aufbauen kann.

In Kapitel 11 werden verschiedene Werkzeuge beschrieben, die bei den Arduino-Projekten nützlich und hilfreich sind. Neben Steckbrett, Lötkolben und Zangen werden auch Messgeräte wie Multimeter und Oszilloskop erläutert. Im Teil zum Thema Softwaretools lernen Sie Programme für die Schaltplan- und Leiterplattenerstellung kennen. Abschließend wird die Variante eines Oszilloskops, basierend auf einem Arduino-Board beschrieben.

Im Schlussteil und Anhang des Buches erhalten Sie eine Codereferenz, eine Boardübersicht sowie Informationen über Bezugsquellen. Das letzte Kapitel im Anhang listet die Anpassungen auf, die bei der Migration von älteren Arduino-Anwendungen auf die aktuelle Version 1.0 nötig sind.

1.4 Mehr Informationen und Downloads

Weitere Informationen zu den Anwendungen und Beispielen im Buch sind auf der Buchwebsite erhältlich:

`http://arduino-praxis.ch`

Die Beispielskripte stehen im Downloadbereich zur Verfügung.

Für Anmerkungen oder Anregungen zu diesem Thema und die Kontaktaufnahme mit dem Autor stehen die Kontaktseite der Buchwebsite, E-Mail und Twitter zur Verfügung.

Die E-Mail-Adresse zum Buch lautet:

`kontakt@arduino-praxis.ch`

Der Twitter-Account lautet:

`http://twitter.com/arduinopraxis` oder der User `@arduinopraxis`.

Im Blog zum Buch werden laufend neue und interessante Projekte sowie Produktvorstellungen aus der Arduino-Welt publiziert.

1.5 Weitere Quellen

Die größte Quelle für weitere Fragen zu Arduino ist natürlich das Internet. Zu fast jedem Problem gibt es bereits realisierte Lösungen oder Ansätze.

Für Arduino-Anwender sind folgende Websites ideale und empfehlenswerte Anlaufstellen bei Problemen und Fragen.

Arduino-Website:

`http://arduino.cc/`

Arduino-Forum:

`http://www.arduino.cc/forum/`

Make:Blog:

`http://blog.makezine.com/`

Ladyada.net:

`http://www.ladyada.net/learn/arduino/`

1.6 Danksagung

Mein Dank geht vor allem an meine Familie, meine Frau Aga und meine beiden Jungs Tim und Nik. Auch während der Arbeit an der 2. Auflage dieses Buches mussten sie wieder viele Stunden ohne mich auskommen. Die Skiferien haben sie abermals allein verbracht und auch viele Stunden an den Wochenenden waren für das Schreiben des Buches verplant. Aber alle haben sehr viel Verständnis gezeigt und mich dabei unterstützt. Dank meiner Jungs ist das Roboter-Projekt weiter optimiert worden und mein MintyBoost hat, nach erfolgreicher Lötarbeit von Tim, seinen Einsatz bei mobilen Arduino-Anwendungen gefunden.

Einen Dank möchte ich auch meinen Hardwarelieferanten aussprechen. Die Firmen Boxtec (`http://shop.boxtec.ch/`), Telepixel (`http://www.dshop.ch`) und Snootlab (`http://shop.snootlab.com`) haben meine Arbeit am Buch mit Musterkomponenten und Vergünstigungen beim Hardwareeinkauf unterstützt. Herzlichen Dank dafür.

Ein weiterer Dank geht an die Arduino-Community. Ohne sie wäre dieses Buch nicht entstanden, niemand hätte originelle Lösungen und Lösungsansätze realisiert, die mich zu meinem Buch inspirierten. Viele nette und konstruktive E-Mails und Kommentare zum Buch haben mir Auftrieb für die Fertigstellung der 2. Auflage geben.

Natürlich möchte ich auch einen Dank an das Arduino-Core-Team aussprechen. Die Realisierung dieses Open-Source-Projekts ist eine Bereicherung für die Hardwaregemeinde. Die Idee einer Open-Source-Plattform, offener Hardware und kostenloser Entwicklungstools ist einfach großartig.

Zum Schluss möchte ich mich wiederum bei meiner Lektorin Sabine Schulz bedanken. Sie hat mir die nötige Zeit gegeben, um diese 2. Auflage mit vielen neuen Projekten zu schreiben.

Abb. 1.1: Tim beim Ausmessen des aufgebauten MintyBoost

Kapitel 2

Arduino-Plattform

2.1 Am Anfang war der König

Arduin von Ivrea war in den Jahren 1001 bis 1015 der Markgraf von Ivrea, einer italienischen Stadt in der Region Piemont. Dieser Graf Arduin, in den Jahren 1002 bis 1004 auch König von Italien, ist der indirekte Namensgeber des Arduino-Projekts. Indirekt, weil er das Projekt nicht selbst so getauft hat, dies haben Dozenten am Interaction Design Institute Ivrea (IDII) gemacht. Andere meinen, dass die Bar nahe dem Institut der Namensgeber für das Arduino-Board sei.

Tatsache ist, dass die Dozenten und Studenten vor dem Problem standen, dass es zum damaligen Zeitpunkt keine einfachen und kostengünstigen Microcontroller-Systeme für Designstudenten und deren Design- und Kunstprojekte gab. Zusammen mit Elektronikingenieuren wurde daher eine erste Serie von Arduino-Boards produziert. Als Entwicklungsumgebung stand die Processing-Umgebung Pate und daraus wurde eine Programmiersprache für Arduino entwickelt.

Durch die Offenheit dieser Plattform – die Entwicklungsumgebung ist kostenlos verfügbar und die Hardware kann man fertig kaufen oder man stellt sie sich selbst her – hat sich die Arduino-Community schnell vergrößert. Viele Studenten und Bastler haben Lösungen und eigene Boards realisiert und die Projektinformationen und Daten im Internet publiziert.

Die Rechte für die Marke »Arduino« gehören der Firma tinker.it. Der Rest des Arduino-Projekts ist frei verfügbar und kann kostenlos genutzt werden.

Viele findige Tüftler haben neue Boardvarianten erstellt und Firmen bieten einzelne Komponenten oder ganze Bausätze zum Verkauf an, wobei Stromlaufpläne und auch Programme für diese fertigen Produkte und Lösungen bereitgestellt werden und von den Bastlern weiterverwendet werden dürfen. So verhält es sich beispielsweise auch mit den Daten des Standardboards des Arduino. Auf der Website des Arduino-Projekts sind die technischen Daten des Boards ausführlich beschrieben. Über die verschiedenen Distributoren können interessierte Anwender die fertig aufgebauten und geprüften Standardboards bestellen. Praktisch begabte Anwender, die auch die technischen Kenntnisse und die nötige Infrastruktur besitzen, können die Boards anhand der CAD-Daten selbst herstellen oder sie von einem professionellen Leiterplattenhersteller herstellen lassen.

Die zuvor beschriebene Offenheit hat sich also als Erfolg herausgestellt und der Name des Königs von Italien ist wieder in aller Munde.

Darüber hinaus bringt diese freie Verfügbarkeit Entwickler immer wieder auf neue Ideen, so dass neue Boards entstehen. Die Präsentation und Vorstellung solcher Lösungen in den verschiedenen Bastler-Plattformen erhöht natürlich auch die Bekanntheit des Arduino. Selbst die Medien nehmen das Thema immer wieder auf. Einzelne Projekte erscheinen sogar in den täglichen News-Sendungen im Fernsehen, in den News-Portalen im Internet und in vielen Zeitungen oder Zeitschriften.

Zu erwähnen ist in diesem Zusammenhang beispielsweise das Projekt `Baker Tweet` (`http://www.bakertweet.com`). In diesem Projekt wird die Welt über Twitter informiert, welche frischen Leckereien soeben aus dem Ofen des Bäckers gekommen sind. Und wer kennt nicht das Projekt `Botanicalls` (`http://www.botanicalls.com`)?! Die Pflanze im Wohnzimmer, die mit einem intelligenten Sensor bestückt ist, meldet über Twitter, dass sie etwas Wasser benötigt. Aus einer originellen Idee entsteht plötzlich ein Produkt, das man als Enderzeugnis oder als Bausatz mit allen Komponenten zum Selbstaufbau erstehen kann.

2.2 Tinkering

Den Begriff »Tinkering« kann man mit »Basteln« oder »Flicken« übersetzen. Tinkering ist das Motto bei den Arduino-Anwendungen. Die Anwendungen sollen nämlich nicht nur von Ingenieuren realisiert werden, die die Schaltungsentwicklung an Hochschulen erlernt haben. Die Entwicklung von Anwendungen soll auf praktischem Weg durch Aufbauen und Testen erfolgen. Das ingenieurmäßige Vorgehen durch Planen und Berechnen ist hier nicht das Wesentliche. Eine Lösung sollte schnell als Prototyp aufgebaut sein und anschließend kann man überprüfen, ob das Resultat auch der Idee entspricht und ob die Anwendung das gewünschte Verhalten aufweist. Natürlich geht dabei auch mal etwas schief, zum Beispiel verbrennt ein Widerstand oder der Servo bleibt am Anschlag stehen.

Das Basteln und Probieren sollte Spaß machen. Dabei sollte der Kreativität freien Lauf gelassen werden. Beim Aufbau der Prototypen können plötzlich wieder neue Ideen entstehen und vielleicht verändern sich auch die im Voraus angedachten Vorgaben.

Beim Tinkering kommen oftmals auch vorhandene Geräte zum Einsatz, die man im Haushalt findet. Einen automatischen Raumlufterfrischer, den es in verschiedenen Discountergeschäften oder Drogeriemärkten zu kaufen gibt, nutzt man üblicherweise im Haus oder in der Wohnung, um die Luft zu erfrischen. Nimmt man diesen auseinander und versieht ihn mit einer intelligenteren Logik in Form eines Arduino-Boards, entsteht aus einem einfachen Gegenstand ein ganz neues Produkt. Das Resultat ist in diesem Fall ein automatischer Luftbefeuchter für das heimische Terrarium. Mit einem intelligenten Regensensor kann die Lufterfrischerlösung sogar zu einer internetbasierten Pflanzenbewässerung erweitert werden.

Wie das Beispiel zeigt, kann man für seine Bastelprojekte mit Arduino viele Gegenstände aus dem Haushalt verwenden oder diese umbauen und mit einer Logik erweitern.

Abb. 2.1: Indianerfigur aus Abfallteilen einer Elektronikproduktion

Das Basteln oder Tinkering mit Arduino ist eine Sache, die Spaß macht und die Vorstellungskraft und Kreativität fördert. Dabei muss nicht alles im Voraus geplant und berechnet werden. Es soll auseinandergebaut, geforscht und gebastelt werden, damit viele spannende und auch lustige Anwendungen entstehen. Währenddessen gilt es, immer wieder verschiedene Herausforderungen und Hürden zu nehmen. Läuft das Arduino-Programm und das Zusammenspiel mit den externen Sensoren und Aktoren, kommt der nächste Schritt, der Aufbau der Lösung in eine stabile Form.

Tinkering als Hobby hat sich zu einem richtigen Markt entwickelt. Etliche Onlineplattformen und Community-Websites präsentieren nicht nur die vielen originellen Lösungen der Bastler, sondern liefern auch Bausätze und Komponenten für den Selbstbau. Stellvertretend für diese Anbieter sind Adafruit Industries (`http://www.adafruit.com`) und :oomlout (`http://www.oomlout.co.uk`) zu erwähnen. Beide Firmen bieten auf ihren Websites viele Tutorials und Anleitungen für Arduino-Anwender. Damit man umgehend mit den Experimenten und Basteleien loslegen kann, liefern sie auch die nötigen Bauteile und Werkzeuge. Von den Onlineshops können sich Bastler alle Teile, vom einzelnen Widerstand über Leiterplatten und Stecker bis zum kompletten Toolkit mit Bauteilen, Zangen und Lötkolben, liefern lassen.

Das Schöne an diesem Hobby ist, dass man für das Tinkering nicht viel Geld investieren muss. Viele Teile hat man bereits im Haushalt oder im Hobbykeller. Zu Beginn kauft man sich meist als Grundausstattung ein Arduino-Board, installiert die kostenlose Entwicklungsumgebung und schon kann man die ersten Tutorials durcharbeiten und originelle Lösungen aufbauen. So könnte beispielsweise eine LED-Lampe mit Dimmerfunktion mit einem Lampengehäuse aus einer leeren Milchflasche das heimische Wohnzimmer verschönern.

Mit den Projekten kommen die Ideen, und die dann noch fehlenden Bauteile, wie beispielsweise einen Infrarotsensor für berührungslose Lichtschalter, kauft man jeweils von Fall zu Fall.

Neben den verschiedenen Anbietern von Tutorials und den nötigen Werkzeugen und Bauteilen fördert auch eine immer größer werdende Community im Internet das Tinkering. Das Arduino-Forum (`http://www.arduino.cc/forum`), die erste Adresse bei Problemen oder Fragen rund um Arduino, bietet für jeden Arduino-Bastler, egal, ob Anfänger oder Profi, viele Ideen und Unterstützung. Zusätzlich stehen beim Arduino Playground (`http://www.arduino.cc/playground/`) viele Anleitungen, Tutorials und Beispielprogramme für eigene Projekte bereit. Im Wiki kann jeder Anwender seine Projekte und Lösungen vorstellen und dokumentieren.

Die Do-it-yourself-Plattform Instructables (`http://www.instructables.com/`) gehört zu den größten Bastel-Portalen im Internet. Diese Selbstbauplattform wird von vielen Bastlern genutzt. Tausende von Usern präsentieren hier ihre Selbstbauprojekte. Genaue Anleitungen, meist durch Bilder oder Videos ergänzt, unterstützen den Bastler beim Nachbau des vorgestellten Projekts. Der Benutzer findet für fast jedes Problem eine Anleitung oder Beschreibung einer bereits realisierten Lösung. Kompetente Benutzer unterstützen den Anfänger oder Einsteiger bei Fragen und Problemen.

2.3 Arduino-Plattform

Die Arduino-Plattform besteht aus zwei Teilen: einem Hardwareteil und einem Softwareteil.

Der Hardwareteil der Arduino-Plattform besteht aus einem Microcontroller-Board, das mittels Ein- und Ausgangsports die Verbindung zur physischen Welt herstellt. Die digitalen und analogen Eingänge können Daten von Sensoren wie Schaltern, Temperatursensoren oder GPS-Modulen einlesen. Die Ausgänge können Leuchtdioden, Relais, Servos oder Motoren ansteuern.

Die Entwicklungsumgebung, auch IDE (Integrated Development Environment) genannt, ist der Softwareteil. Die Entwicklungsumgebung basiert auf Processing (`http://www.processing.org`) und ist die Plattform, in der die ausführbaren Programme erstellt werden, die dann von dem Hardwareteil ausgeführt werden.

Die »Programmiersprache« ähnelt C++ und ist so ausgelegt, dass man ohne allzu tiefe Programmierkenntnisse Programme erstellen kann.

Die Software selbst wird auf einem Computer installiert und ist für verschiedene Plattformen (Windows, Mac OS und Unix/Linux) verfügbar.

Das erstellte Programm, auch »Sketch« genannt, wird via USB-Port von der Entwicklungsumgebung in den Speicher des Arduino-Boards geladen. Diese physische Verbindung zum Hardwareteil muss während der Entwicklungs- und Testphase immer vorhanden sein. Die Übertragung erfolgt als serielle Datenübertragung.

Gleichzeitig dient die Verbindung auch als Hilfsmittel bei der Fehlersuche. Mit Hilfe eines seriellen Monitors können die Zustände der Ein- und Ausgänge oder die von den Sensoren gelieferten Daten überwacht werden.

Nach der Entwicklung kann die Verbindung zur Entwicklungsumgebung getrennt werden und der Arduino kann als unabhängiger Minicomputer mit der Außenwelt kommunizieren.

Falls aber Daten zur Weiterverarbeitung oder zur Anzeige an den Computer gesendet werden müssen, bleibt die serielle Verbindung über den USB-Anschluss bestehen.

2.4 Boards

Als »Board« bezeichnet man die verschiedenen Ausführungen der mit Komponenten bestückten Leiterplatten des Arduino. Je nach Anwendungsfall verwendet man unterschiedliche Arduino-Boards.

Auf jedem Board sind die nötigen elektronischen Komponenten wie Schaltkreise, Widerstände, Kondensatoren etc. platziert. Zusätzlich besitzen die Boards verschiedene Stecker und Schnittstellen für die Verbindung mit der Außenwelt.

Die Spannungsversorgung erfolgt entweder über ein separates, externes Netzteil oder über die angeschlossene USB-Schnittstelle. Die USB-Schnittstelle kann bei 5 Volt Spannung maximal 500 mA liefern. Für kleinere eigene Entwicklungen ist diese Art der Spannungsversorgung meist ausreichend.

Über die USB-Schnittstelle erfolgt neben der soeben beschriebenen Spannungsversorgung auch die Kommunikation mit der Entwicklungsumgebung, sprich das Hochladen von Programmen (Sketches) und die Überwachung via seriellem Monitor.

Das Standardboard des Arduino (Stand Juni 2012) heißt Arduino Uno und wurde im September 2010 an der New Yorker Maker Faire (`http://makerfaire.com/newyork/2010/`) vorgestellt. Neben dem Arduino Uno wurde auch ein neues Arduino Mega Board sowie ein neues Logo und Kommunikationskonzept vorgestellt. Alle Erklärungen und Beispiele in diesem Buch beziehen sich auf den Arduino Uno Rev. 3, es sei denn, es wird konkret eine andere Arduino-Variante erwähnt.

Die meisten Boards können von verschiedenen Anbietern (siehe Anhang C »Bezugsquellen«) bezogen werden. Hier sind komplette Bausätze (Kits), einzelne, bestückte und geprüfte Boards oder auch nur Leiterplatten und Komponenten erhältlich.

Zusätzlich gibt es eine ganze Anzahl von kompatiblen Boards (Clones) für verschiedene Anwendungsfälle. Zu erwähnen wären hier Boarduino (`http://www.adafruit.com`), Seeeduino (Seeestudio, `http://www.seeedstudio.com`) oder das Bare Bones Board (`http://www.moderndevice.com`).

Neben den Einzelkomponenten und den komplett aufgebauten Boards besteht für den fortgeschrittenen Elektronikbastler auch die Möglichkeit, ein Board mittels CAD-Daten selbst zu erstellen. Auf der Arduino-Website stehen hierzu die Leiterplattendaten für das kostenlose Eagle CAD zur Verfügung.

Laufend werden von innovativen Bastlern in neuen Projekten neue und originelle Arduino-Boards realisiert. Da neben den unter Open-Source-Lizenz vertriebenen Boards auch das eigentliche Gehirn des Arduino, der programmierte ATmega-Microcontroller, frei verfügbar ist, kann man mit einem Microcontroller mit Bootloader und ein paar externen Komponenten schnell einen einfachen Arduino aufbauen. Der Bootloader ist ein kleines Programm, das im Microcontroller gespeichert ist und das Hochladen von Programmen erlaubt. Das Bootloader-Programm wird jeweils beim Anlegen der Spannungsversorgung am Microcontroller gestartet.

Zu diesen innovativen Projekten gehört der Breadboard Based Arduino Compatible (BBAC), der für den Aufbau auf einem Steckbrett gedacht ist. Weiter ist die Arduino-Boardversion Paperduino zu erwähnen (`http://lab.guilhermemartins.net/paperduino-prints/`), die ein Stück Karton als Leiterplatte verwendet. Die Verbindung der einzelnen Stifte und Drähte der nötigen Komponenten erfolgt auf der Kartonrückseite mittels dünner Drähte.

Einen Vergleich der gängigsten Arduino-Boards finden Sie in Anhang B.

Alle aktuellen Arduino-Boards sind jeweils im Hardwarebereich der Arduino-Website aufgelistet:

`http://arduino.cc/en/Main/Hardware`

2.4.1 Arduino Uno

`http://arduino.cc/en/Main/ArduinoBoardUno`

Der Arduino Uno ist das aktuelle Standardboard der Arduino-Baureihe und unterscheidet sich von der Bauform und den Anschlussmöglichkeiten nicht von den Vorgängermodellen.

Technisch wurde der bisher integrierte FTDI-USB-Seriell-Wandler durch eine Lösung mit einem ATmega8u2-Microcontroller realisiert. Für den Anwender macht diese Anpassung aber keinen Unterschied und kann wie bisher verwendet werden.

Abb. 2.2: Arduino Uno Rev 3 (Quelle: www.`arduino.cc`)

Auf dem Arduino Uno sind standardmäßig die folgenden Anschlussstecker zu finden:

USB-Buchse: Der USB-Anschluss (Typ B) wird für die Programmierung über die Entwicklungsumgebung und für die Kommunikation mit dem angeschlossenen Rechner verwendet. Gleichzeitig kann das Board über den USB-Anschluss mit Strom versorgt werden.

Steckerbuchse für externe Stromversorgung: Über eine 2,1-mm-Buchse kann das Arduino-Board mit einem externen Steckernetzteil oder einer Batterie versorgt werden. Die Stromversorgung über den USB-Port wird dabei automatisch deaktiviert.

Vorteilhaft ist vor allem die höhere Leistung, die aus der externen Versorgungsspannung bezogen werden kann, beispielsweise zur Versorgung von Aktoren und Sensoren. Im Falle eines Kurzschlusses wird nicht der USB-Port des angeschlossenen Rechners belastet, sondern der Überlastschutz der externen Stromversorgung.

Steckerleisten für digitale Ein- und Ausgänge: Einreihige Anschlussbuchsen, die auf die Erweiterungsplatinen (Shields) oder Steckerleisten gesteckt werden können. Alle vorhandenen Ports und Schnittstellen sind über diese Anschlussleisten verfügbar.

ICSP: Die Stiftreihe für das ICSP (In-Circuit Serial Programming) erlaubt die Programmierung von Sketches (Programmen) ohne Bootloader mittels eines externen Programmiergeräts.

Beschreibung	Detaildaten
Microcontroller	ATmega328
Spannungsversorgung	7–12 VDC
Betriebsspannung	5 VDC und 3,3 VDC (intern über Spannungsregler generiert)
Digitale Ein-/Ausgänge	14 (davon 6 als PWM-Ausgänge)
Analoge Eingänge	6
Strom pro digitalem Pin	40 mA DC
Flash Memory	32 KB (ATmega328), wobei 0,5 KB vom Bootloader belegt werden
SRAM	2 KB (ATmega328)
EEPROM	1 KB (ATmega328)
Taktfrequenz	16 MHz
USB-Schnittstelle	ja
Resetschalter	ja

Tabelle 2.1: Technische Daten Arduino Uno

Beschreibung	Detaildaten
Onboard-ICSP-Stecker	ja
Abmessungen Board (L x B)	70 x 53 mm

Tabelle 2.1: Technische Daten Arduino Uno (Forts.)

2.4.2 Arduino Leonardo

`http://arduino.cc/en/Main/ArduinoBoardLeonardo`

Das neueste Board der Arduino-Reihe ist der Arduino Leonardo, der im Mai 2012 vorgestellt wurde. Das Board basiert auf einem ATmega32u4-Microcontroller. Dieser neue Microcontroller übernimmt auch die Kommunikation mit der USB-Schnittstelle. Das Leonardo-Board kann als USB-Device genutzt werden und eine Maus, ein Keyboard oder einen Joystick emulieren.

Die volle Unterstützung dieses Boards ist mit der IDE-Version 1.0.1 und höher vorhanden. Dazu stehen in der Entwicklungsumgebung etliche Beispiel-Sketches für die neue USB-Device-Funktionalität zur Verfügung.

2.4.3 Arduino Duemilanove

Das Duemilanove (benannt nach dem Jahr der Einführung, also 2009) ist der Vorgänger des aktuellen Standardboards der Arduino-Reihe. Der Duemilanove ist bei vielen Händlern weiterhin in kleineren Mengen verfügbar. Meist werden die Duemilanove-Boards zu einem günstigeren Preis angeboten und eignen sich ideal als Experimentierboards für die Entwicklungsphase.

Abb. 2.3: Arduino Duemilanove (Quelle: `www.arduino.cc`)

Auf dem Arduino Duemilanove sind standardmäßig die folgenden Anschlussstecker zu finden:

USB-Buchse: Der USB-Anschluss (Typ B) wird für die Programmierung über die Entwicklungsumgebung und für die Kommunikation mit dem angeschlossenen Rechner verwendet. Gleichzeitig kann das Board über den USB-Anschluss mit Strom versorgt werden.

Steckerbuchse für externe Stromversorgung: Über eine 2,1-mm-Buchse kann das Arduino-Board mit einem externen Steckernetzteil oder einer Batterie versorgt werden. Die Stromversorgung über den USB-Port wird dabei automatisch deaktiviert.

Vorteilhaft ist vor allem die höhere Leistung, die aus der externen Versorgungsspannung bezogen werden kann, beispielsweise zur Versorgung von Aktoren und Sensoren. Im Falle eines Kurzschlusses wird nicht der USB-Port des angeschlossenen Rechners belastet, sondern der Überlastschutz der externen Stromversorgung.

Steckerleisten für digitale Ein- und Ausgänge: Einreihige Anschlussbuchsen, die auf die Erweiterungsplatinen (Shields) oder Steckerleisten gesteckt werden können. Alle vorhandenen Ports und Schnittstellen sind über diese Anschlussleisten verfügbar.

ICSP: Die Stiftreihe für das ICSP (In-Circuit Serial Programming) erlaubt die Programmierung von Sketches (Programmen) ohne Bootloader mittels eines externen Programmiergeräts.

Beschreibung	Detaildaten
Microcontroller	ATmega168
Spannungsversorgung	7–12 VDC
Betriebsspannung	5 VDC und 3,3 VDC (intern durch FTDI-Controller generiert)
Digitale Ein-/Ausgänge	14 (davon 6 als PWM-Ausgänge)
Analoge Eingänge	6
Strom pro digitalem Pin	40 mA DC
Flash Memory	16 KB (ATmega168) oder 32 KB (ATmega328), wobei 2 KB vom Bootloader belegt werden
SRAM	1 KB (ATmega168) oder 2 KB (ATmega328)
EEPROM	512 Bytes (ATmega168) oder 1 KB (ATmega328)
Taktfrequenz	16 MHz
USB-Schnittstelle	ja
Resetschalter	ja

Tabelle 2.2: Technische Daten Arduino Duemilanove

Beschreibung	Detaildaten
Onboard-ICSP-Stecker	ja
Abmessungen Board (L x B)	70 x 53 mm

Tabelle 2.2: Technische Daten Arduino Duemilanove (Forts.)

2.4.4 Arduino Diecimila

Das Vorgängermodell des Arduino Duemilanove mit USB. Dieses Board hat die gleichen Daten und den gleichen Aufbau wie das Arduino Duemilanove. Einziger Unterschied ist die Umschaltung der Stromversorgung: Die Art der Stromversorgung (über USB-Stecker oder Steckernetzteil) muss mittels Konfigurationsstecker (Jumper) manuell gesetzt werden. Das Board bietet im Gegensatz zum Duemilanove keine automatische Erkennung der Art der Spannungsversorgung.

2.4.5 Arduino Mega 2560

`http://arduino.cc/en/Main/ArduinoBoardMega2560`

Abb. 2.4: Arduino Mega 2560 (Quelle: `www.arduino.cc`)

Der Arduino Mega ist die Powervariante unter den Arduino-Boards. Die aktuelle Mega-Version heißt Arduino Mega 2560 und ersetzt die bisherige Version Arduino Mega. Der Arduino Mega 2560 wird von einem ATmega2560 gesteuert und besitzt 54 digitale Ein-und Ausgänge, von denen 14 Ports als PWM eingesetzt werden können. Zusätzlich stehen dem Anwender 16 analoge Ports und 4 serielle Schnittstellen zur Verfügung.

Der Arduino Mega wird eingesetzt, wenn die Anzahl der benötigten Ports die Möglichkeiten eines Arduino Uno überschreitet (beispielsweise bei Projekten mit einer Vielzahl von LED-Anzeigen) oder der Aufwand für externe Porterweiterungen zu hoch ist.

Durch die identische Anordnung der Steckerleisten wie beim Arduino Uno können auf dem Arduino Mega die meisten Standard-Shields (Erweiterungsplatinen) weiterhin verwendet werden.

Beschreibung	Detaildaten
Microcontroller	ATmega2560
Spannungsversorgung	7–12 VDC
Betriebsspannung	5 VDC und 3,3 VDC (intern durch FTDI-Controller generiert)
Digitale Ein-/Ausgänge	54 (davon 15 als PWM-Ausgänge)
Analoge Eingänge	16
Strom pro digitalem Pin	40 mA DC
Flash Memory	256 KB wobei 8 KB vom Bootloader belegt werden
SRAM	8 KB
EEPROM	4 KB
Taktfrequenz	16 MHz
USB-Schnittstelle	ja
Resetschalter	ja
Onboard-ICSP-Stecker	ja

Tabelle 2.3: Technische Daten Arduino Mega 2560

2.4.6 Arduino Mega ADK

`http://arduino.cc/en/Main/ArduinoBoardADK`

Dieses Board basiert auf dem Arduino Mega und bildet die Basis für die Entwicklung von hardwarebasierten Android-Anwendungen mittels des Android Open Accessory Development Kit (`http://developer.android.com/guide/topics/usb/adk.html`).

Der Mega ADK wird dabei als USB-Host betrieben und kommuniziert über den USB-Port mit angeschlossenen Android-Lösungen wie Smartphone oder Tablet.

Die Zusammenarbeit von Arduino mit dem Google-Betriebssystem Android wurde anlässlich der Google IO 2011 (`http://www.google.com/events/io/2011/index-live.html`) im Mai 2011 vorgestellt.

2.4.7 Arduino Nano

Wie der Name bereits sagt, ist das Arduino Nano eine Leiterplattenversion von geringer Baugröße. Seine Abmessungen betragen 18,5 x 43 mm. Auf dem Board stehen alle nötigen Komponenten inklusive USB-Schnittstelle und Spannungsregler zur Verfügung.

Das Arduino Nano besitzt dieselbe Funktionalität wie ein Standard-Duemilanove-Board, aber statt sechs besitzt es sogar acht analoge Ports.

Durch den Aufbau der beiden Stiftreihen am Rand kann das Arduino Nano ideal beim Testen der Entwicklung auf Steckbrettern (Breadboards) eingesetzt werden.

2.4.8 Arduino Mini

Auch das Arduino Mini ist eine Arduino-Variante von geringer Baugröße. Die Abmessungen des Boards betragen 20 x 30 mm und passen auf einen DIL24-Sockel. Das Arduino Mini hat dieselbe Portanzahl wie das Arduino Nano. Im Gegensatz zur Nano-Version besitzt es jedoch keine USB-Schnittstelle und den dazugehörigen USB-Anschluss.

Die Programmierung des Arduino erfolgt über die serielle Schnittstelle. Für den Einsatz muss ein passender USB-Adapter (beispielsweise der Mini-USB-Adapter) verwendet werden.

Das Arduino Mini hat sein Einsatzgebiet in Kleinstanwendungen oder als Steckmodul auf einer größeren Leiterplatte. Als Entwicklungsboard ist das Mini nur bedingt einsetzbar, da, wie bereits erwähnt, die USB-Schnittstelle für den Programmupload fehlt.

2.4.9 Arduino BT

Das Arduino BT (die Bezeichnung BT bedeutet Bluetooth) ist eine spezielle Variante des Arduino. Statt einer USB-Schnittstelle besitzt dieses Board, wie der Name schon sagt, einen Bluetooth-Anschluss für die drahtlose Kommunikation mit der Außenwelt.

Der Einsatzbereich dieses Boards ist dort, wo keine USB-Schnittstelle mit der Außenwelt verwendet werden kann oder darf.

Wegen der integrierten Bluetooth-Schnittstelle gehört diese Arduino-Variante zu den teureren Boards.

2.4.10 Arduino LilyPad

Das Arduino LilyPad ist als runde Leiterplatte ausgelegt und kann in Kleidung eingenäht werden. Mit zusätzlichen externen Sensoren oder Aktoren können portable, in Kleidungsstücke integrierte Anwendungen realisiert werden (Wearables). Trotz der Größe von nur 5 cm Durchmesser besitzt das LilyPad 14 digitale und sechs analoge Ports. Der Betriebsspannungsbereich ist geringer als bei den anderen Boards und beträgt nur 2,7–5,5 VDC. Dieser kleine Betriebsspannungsbereich erlaubt den Einsatz von kleineren, platzsparenden Batterien.

Abb. 2.5: Arduino LilyPad

Da das LilyPad auch keinen USB-Port besitzt, kann es wie das Arduino Mini mittels eines externen Mini-USB-Adapters über die USB-Schnittstelle programmiert werden.

Die Anzahl der externen Adapter für das LilyPad reichen vom Board mit Leuchtdioden oder Taster bis zum Adapter für den Wireless-Einsatz. Die Verbindung dieser Komponenten kann mit einem speziellen leitfähigen Faden realisiert werden.

Hinweis

Beim Einsatz in Kleidungsstücken sollte natürlich beachtet werden, dass diese eventuell gewaschen werden. In einem solchen Fall empfiehlt der Hersteller nur Handwäsche. Vor der Wäsche sollte die Stromversorgung (Batterie) entfernt werden.

2.4.11 Arduino Fio

Mit dem Arduino Fio (Funnel I/O) wurde im März 2010 ein neues Board in die Familie der Original-Arduino-Boards aufgenommen. Das Arduino Fio (`http://arduino.cc/en/Main/ArduinoBoardFio`) ist speziell für den Betrieb von drahtlosen Anwendungen (Wireless Applications) konzipiert und wird mit einem ATmega328 und einer Betriebsspannung von 3,3 Volt betrieben. Dieses neue Board basiert auf dem Arduino LilyPad und wurde um verschiedene Funktionen erweitert. Für den Einsatz in drahtlosen Anwendungen stehen Anschlussmöglichkeiten für XBee-Module und für eine externe Lithium-Polymer-Batterie inklusive Ladeschaltung zur Verfügung.

Arduino Funnel I/O ist kompatibel zum Funnel-Projekt (`http://funnel.cc`). Funnel ist ein Toolkit für Physical-Computing-Anwendungen und erlaubt mittels verschiedener Skriptsprachen wie ActionScript 3, Processing und Ruby die Verarbeitung von Daten durch Sensoren und Aktoren.

Das Aktualisieren und Hochladen von Arduino-Programmen kann sowohl mittels FTDI-Kabel oder Breakout-Board als auch über eine drahtlose Verbindung mit einem XBee-Modul erfolgen. Die drahtlose Methode ist speziell für den Einsatz in mobilen Geräten und Robotern gedacht. Dazu stehen auf der Website von Sparkfun, wo die Leiterplatten produziert werden, zusätzliche Informationen über die drahtlosen Anwendungen zur Verfügung (`http://www.sparkfun.com/commerce/product_info.php?products_id=9712`).

2.5 Software

Für die Entwicklung der Arduino-Programme muss auf dem lokalen Rechner eine Entwicklungsumgebung installiert werden. Die Arduino-Entwicklungsumgebung ist ein Java-Programm und kann kostenlos von der Arduino-Website heruntergeladen werden. Die Software ist für die drei gängigen Betriebssysteme (Windows, Mac OS X und Linux) verfügbar und wird laufend aktualisiert und erweitert. Mit dem Download und der Installation der Software bekommt man eine komplette Entwicklungsumgebung mit Code-Editor, Dokumentation und einer Anzahl von Beispielen sowie Standardbibliotheken für verschiedene Anwendungen. Die Installation und Konfiguration dieser Entwicklungsumgebung wird im nachfolgenden Abschnitt beschrieben.

Zusätzlich zur Entwicklungsumgebung muss ein spezieller Treiber für die USB-Schnittstelle installiert und konfiguriert werden. Dieser Treiber ermöglicht die Kommunikation des USB-Ports als serieller Port mit dem FTDI-Chip auf dem Arduino-Board. Die Software ist in der Archivdatei der Entwicklungsumgebung vorhanden und muss im Anschluss an die Installation der Entwicklungsumgebung installiert werden.

2.6 Installation der Software

Im Downloadbereich der Arduino-Website (`http://arduino.cc/en/Main/Software`) stehen die aktuellen Versionen der Arduino-Entwicklungsumgebung als Archivdatei zur Verfügung. Zum Zeitpunkt der Drucklegung dieses Buches im Sommer 2012 lautete die Programmversion 1.0.1.

Die nachfolgende Installation bezieht sich auf die Betriebssystemversionen Windows und Mac OS X. Die Installation unter Linux ist etwas komplizierter und von Distribution zu Distribution leicht unterschiedlich. Auf der Arduino-Website sind detaillierte Installationsanleitungen, Problembeschreibungen und Zusatzinformationen für die Installation auf den einzelnen Linux-Distributionen beschrieben (`http://www.arduino.cc/playground/Learning/Linux`).

Zum Download der Software klickt man auf den Downloadlink der jeweiligen Betriebssystemversion und speichert diese in einem temporären Verzeichnis auf dem Rechner ab. Die Archivdateien haben in der aktuellen Programmversion eine Dateigröße von 70 MB (Mac OS X) und 80 MB (Windows).

Nach erfolgreichem Download der Arduino-Umgebung kann die Software mit einem Archivprogramm entpackt werden, idealerweise in ein Programmverzeichnis.

Für Windows empfiehlt sich die Ablage der Software unter `C:\Programme` oder `C:\Program Files`. Dabei belässt man die Ordnerstruktur, wie sie im Archiv-File war. Die Anwendung ist somit im Verzeichnis `arduino-[Programmversion]` abgelegt.

Unter Mac OS X legt man das ausführbare Programm im Verzeichnis `/Programme` oder `/Applications` ab. Die ausführbare Datei heißt `arduino-[Programmversion].app` und ist im Downloadpaket `arduino-[Programmversion].dmg` enthalten.

Name	Art
arduino-0017.dmg	Image

Somit ist die Entwicklungsumgebung installiert beziehungsweise auf den Rechner kopiert.

Bevor aber nun die Programmierung mit der Entwicklungsumgebung beginnen kann, muss der USB-Treiber installiert werden.

Ohne die Treiberinstallation kann keine Verbindung zwischen Rechner und Arduino-Board hergestellt werden.

2.6.1 Installation des USB-Treibers unter Windows 7

Der erforderliche Treiber für die USB-Schnittstelle ist bereits bei der Installation der Entwicklungsumgebung mit kopiert worden und liegt in folgendem Pfad:

```
arduino-verzeichnis\drivers\
```

Um den Treiber zu installieren, muss eine Verbindung mit dem Arduino-Board hergestellt werden. Zu diesem Zweck wird an einem verfügbaren USB-Anschluss am Rechner ein USB-Kabel angeschlossen und mit dem USB-Port auf dem Arduino-Board verbunden. Auf dem Arduino-Board leuchtet die Leuchtdiode »On« und zeigt an, dass das Board eine Versorgungsspannung hat.

Sofort startet auf dem Rechner eine Installationsroutine, die versucht, den Treiber für das Arduino Board zu installieren. Kurze Zeit später meldet die Installationsroutine, dass der Treiber nicht installiert werden konnte.

Der Treiber muss nun manuell nachinstalliert werden.

1. Auf dem Rechner START|SYSTEMSTEUERUNG auswählen
2. GERÄTE-MANAGER auswählen
3. Unter ANSCHLÜSSE (COM & LPT) erscheint der angeschlossene Arduino und der COM-Port.
4. Arduino-Board anklicken, rechte Maustaste
5. Option TREIBERSOFTWARE AKTUALISIEREN auswählen
6. Auf die Frage, wie die Treibersoftware gesucht wird, Option AUF DEM COMPUTER NACH TREIBERSOFTWARE SUCHEN auswählen
7. Oben genannter Treiberpfad (ORDNER/DRIVERS) auswählen
8. Nach Bestätigung wird die Treiberinstallation gestartet.
9. Anschließend meldet das System die erfolgreiche Installation des Treibers.

Im Geräte-Manager erscheint nun das Arduino-Board mit korrekt installiertem Treiber und der zugeordneten Schnittstelle (Abbildung 2.6)

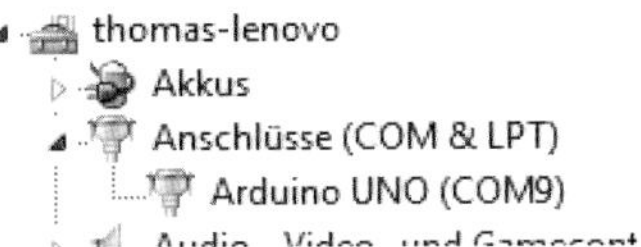

Abb. 2.6: Geräte-Manager mit Arduino Uno und USB-Port

Hinweis

Damit dieser Port im Geräte-Manager angezeigt wird, muss der Rechner mit dem Arduino-Board verbunden sein.

2.6.2 Installation des USB-Treibers unter Windows XP

Der erforderliche Treiber für die USB-Schnittstelle ist bereits bei der Installation der Entwicklungsumgebung mit kopiert worden und liegt in folgendem Pfad:

```
arduino-verzeichnis\drivers\FTDI USB Drivers
```

Um den Treiber zu installieren, muss eine Verbindung mit dem Arduino-Board hergestellt werden. Zu diesem Zweck wird an einem verfügbaren USB-Anschluss am Rechner ein USB-Kabel angeschlossen und mit dem USB-Port auf dem Arduino-Board verbunden. Die Stromversorgung für das Board kann für die ersten Tests über die USB-Schnittstelle erfolgen. Das Board hat also bereits Spannung und zeigt dies durch Leuchten der grünen Leuchtdiode mit der Bezeichnung »PWR« an.

Gleichzeitig öffnet sich auf dem Windows-Rechner ein neues Fenster. Der Hardware-Assistent erkennt die neue Hardware und der Installationsablauf startet.

1. Der erste Schritt mit VERBINDUNG ZU WINDOWS UPDATE kann übersprungen werden.
2. Im zweiten Fenster meldet der Assistent, dass ein FT232 USB UART installiert wird.
3. Als Nächstes wählen Sie die Option VON EINER LISTE ODER BESTIMMTEN QUELLE INSTALLIEREN aus und bestätigen mit WEITER.
4. Wählen Sie nun DIESE POSITION AUCH DURCHSUCHEN.
5. Mit Hilfe des DURCHSUCHEN-Buttons wird der oben erwähnte Pfad zum Treiber ausgewählt und anschließend mit OK bestätigt.
6. Nach einem Klick auf WEITER wird die Installation durchgeführt und Windows meldet die erfolgreiche Fertigstellung.
7. Anschließend öffnet sich ein weiteres Fenster des Hardware-Assistenten, der den USB SERIAL CONVERTER installiert.
8. Nun beginnt der Installationsablauf nochmals bei Schritt 1.

Nach dem zweiten Installationsdurchgang ist der USB-Treiber installiert.

Um zu prüfen, ob der Treiber korrekt installiert wurde, muss der Geräte-Manager gestartet werden. Wählen Sie dazu START|SYSTEMSTEUERUNG|SYSTEM und dann das Register HARDWARE. Anschließend klicken Sie auf den Button GERÄTE-MANAGER.

Im Geräte-Manager werden alle Hardwarekomponenten wie Schnittstellen, Audiogeräte oder Netzwerkadapter angezeigt.

Unter dem Punkt ANSCHLÜSSE (COM UND LPT) sind die parallelen und seriellen Ports aufgelistet.

Der Port für die serielle USB-Schnittstelle wird als USB SERIAL PORT angegeben. Die Portnummer (COMX) wird anschließend für die Konfiguration in der Entwicklungsumgebung benötigt. Merken Sie sich diese Nummer (Abbildung 2.7).

Hinweis

Damit dieser Port im Geräte-Manager angezeigt wird, muss der Rechner mit dem Arduino-Board verbunden sein.

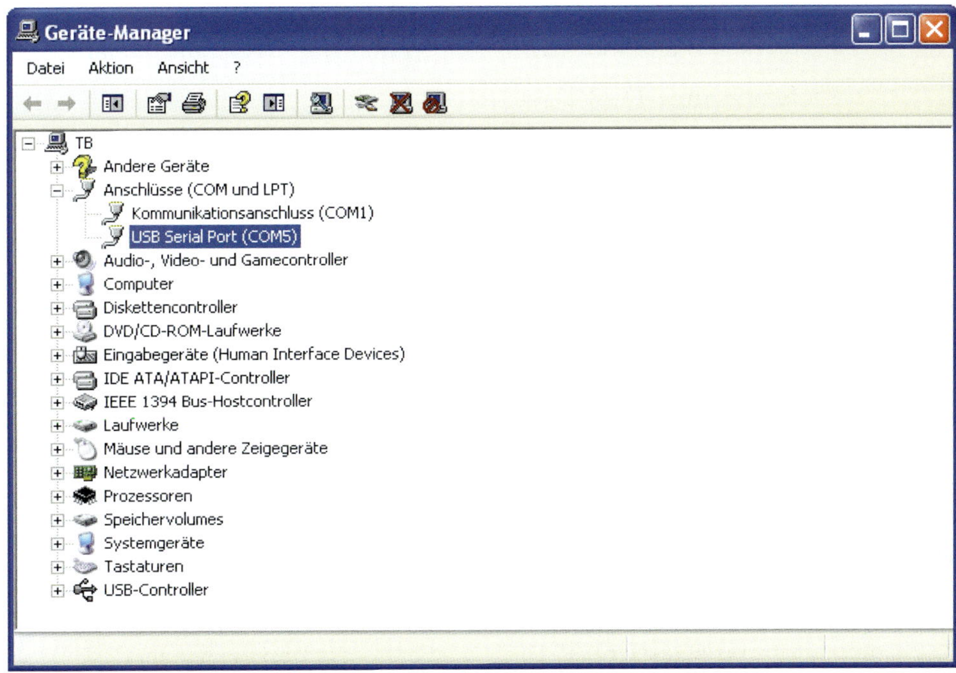

Abb. 2.7: Geräte-Manager mit USB Serial Port

2.6.3 Installation des USB-Treibers unter Mac OS X

Der Treiber für den USB-Port für Mac OS X ist im Downloadpaket enthalten. Für Intel-basierte Mac-Geräte wie iMac oder MacBook muss der Treiber `FTDI Drivers for Intel Macs (2_2_10).pkg` verwendet werden.

Abb. 2.8: USB-Treiber für Mac OS X

Nach einem Doppelklick auf die Treiberdatei startet der Installationsprozess. Befolgen Sie zunächst die Installationsanweisungen und starten Sie zum Schluss den Rechner neu.

2.6.4 Installation des USB-Treibers unter Linux

Der aktuellste Treiber für Linux kann auf der Website des Chip-Herstellers FTDI heruntergeladen werden (`http://www.ftdichip.com/Drivers/VCP.htm`). Nachdem die Archivdatei `ftdi_sio.tar.gz` in ein temporäres Verzeichnis entpackt ist, folgen Sie den Beschreibungen in der `README`-Datei.

2.7 Get Connected

Mit der Installation der Entwicklungsumgebung (IDE) und des USB-Treibers ist auf dem Rechner alles Nötige für die Entwicklung von Arduino-Anwendungen bereits vorhanden.

Die Kommunikation zwischen der Entwicklungsumgebung erfolgt über den eingerichteten virtuellen COM-Port, wobei die USB-Schnittstelle als physisches Übertragungsmedium verwendet wird.

2.7.1 Verbindungskabel

Für die Verbindung des Rechners mit dem Arduino-Board kann ein Standard-USB-Kabel verwendet werden. Je nach Boardvariante ist hierzu auf der Seite des Arduino ein USB-Stecker vom Typ B (Arduino Uno) oder ein USB-Stecker Typ B-Mini erforderlich. Am Rechner ist meist ein USB-Stecker Typ A im Einsatz.

1. Schließen Sie das USB-Kabel am Rechner an.
2. Verbinden Sie das Arduino-Board mit dem USB-Kabel.

Die Stromversorgung für das Board wird in der Entwicklungsphase aus der USB-Schnittstelle verwendet.

2.7.2 Verbindung und »Hello World«

Nachdem das Board mit dem Rechner verbunden ist, wird die Entwicklungsumgebung (IDE) mittels Doppelkick auf das Icon gestartet.

Die Arduino-IDE wird mit einem leeren Skriptfenster geöffnet (Abbildung 2.9).

Über den Menüpunkt TOOLS|BOARD muss im ersten Schritt das verwendete Arduino-Board ausgewählt werden.

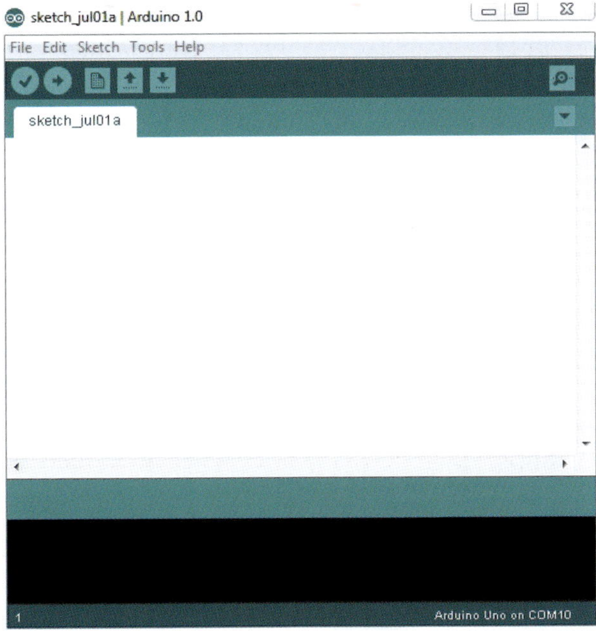

Abb. 2.9: Arduino-IDE

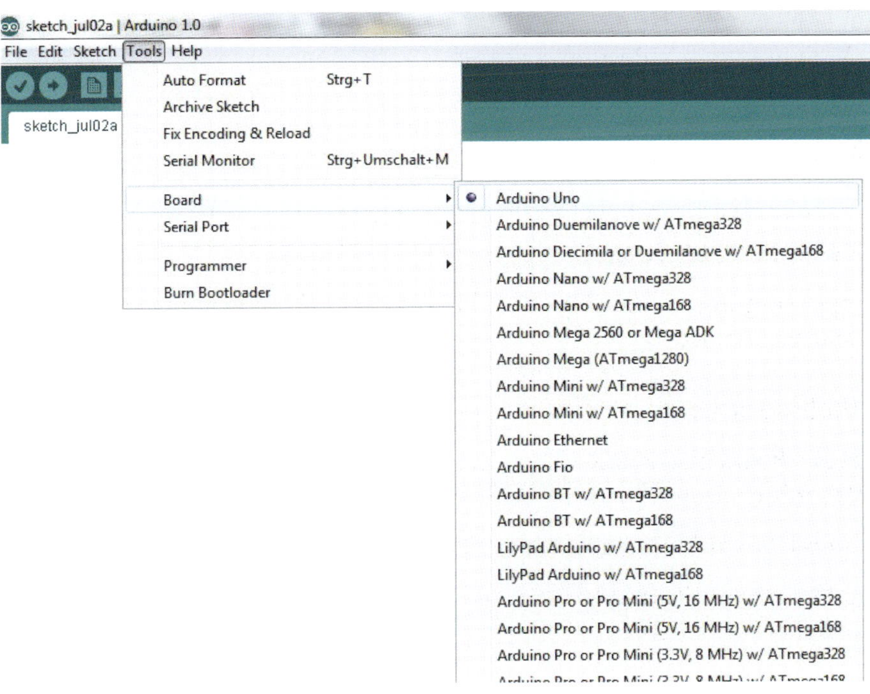

Abb. 2.10: Auswahl Board

Hinweis

Falls bei der erstmaligen Kompilierung eines erstellten Sketches eine Fehlermeldung erscheint, ist der Grund dafür oftmals eine falsche Boardauswahl.

Im zweiten Schritt muss die vorher installierte virtuelle COM-Schnittstelle via USB-Port ausgewählt werden.

Die Konfiguration erfolgt über den Menüpunkt TOOLS|SERIAL PORT (Abbildung 2.11).

Zu beachten ist, dass die zu verwendende serielle Schnittstelle nur in der Auflistung erscheint, wenn das Arduino-Board mittels USB-Kabel mit dem Rechner verbunden ist. Andernfalls erscheint lediglich die Standardschnittstelle, die für diesen Einsatz nicht verwendet werden kann.

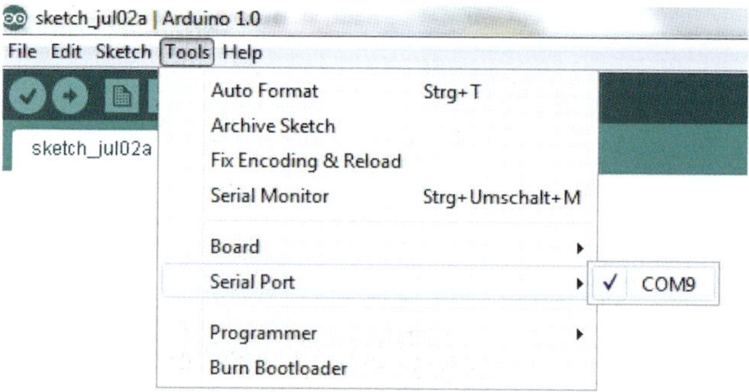

Abb. 2.11: Arduino-IDE – Auswahl COM-Port (Windows)

Für Mac OS X sieht die Auswahl der seriellen Schnittstelle wie in Abbildung 2.12 dargestellt aus.

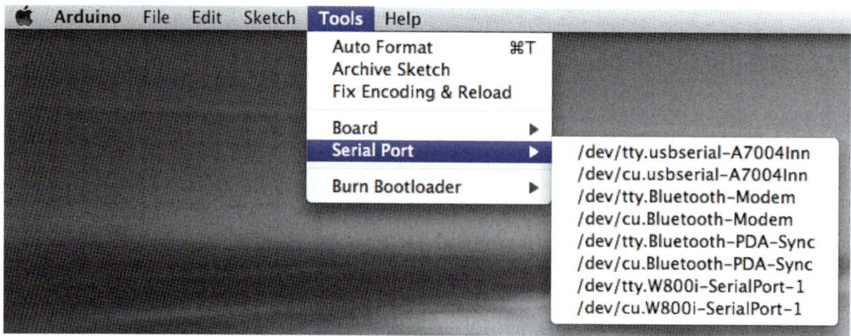

Abb. 2.12: Arduino-IDE – Auswahl Port (Mac OS)

Der Port ist mit `/dev/cu.usbserial-` bezeichnet.

Für den ersten Funktionstest und das erste lauffähige Arduino-Programm sind in der Entwicklungsumgebung bereits verschiedene Testprogramme abgelegt.

Hinweis

Programme in der Arduino-IDE werden als »Sketches« bezeichnet und haben immer die Dateiendung `.ino`.

Öffnen Sie über FILE|EXAMPLES|DIGITAL das Programm Blink.

Dieses Testprogramm steuert den digitalen Ausgangsport 13 des Arduino an und lässt die bereits auf der Platine vorhandene Leuchtdiode (LED) im Sekundentakt blinken.

Nachdem das Testprogramm geöffnet ist, wird es über den Menüpunkt SKETCH|VERIFY/COMPILE kompiliert und anschließend über FILE|UPLOAD TO I/O BOARD in den Microcontroller auf dem Arduino-Board geladen.

Das erfolgreiche Hochladen wird in der Entwicklungsumgebung mit einer entsprechenden Erfolgsmeldung quittiert.

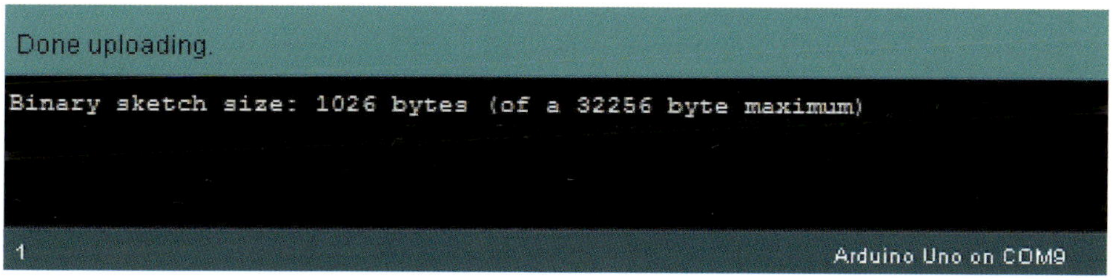

Done uploading.

```
Binary sketch size: 1026 bytes (of a 32256 byte maximum)
```

1 Arduino Uno on COM9

Abb. 2.13: Upload-Test Sketch

Auf dem Board blinkt nun die Leuchtdiode.

Herzlichen Glückwunsch zu Ihrem ersten lauffähigen Arduino-Programm!

2.8 Arduino-Entwicklungsumgebung

Mit dem Ausführen des Blink-Testprogramms in der Arduino-Entwicklungsumgebung ist die IDE nun betriebsbereit und lauffähig.

Beim erstmaligen Start werden die Standardeinstellungen geladen. Diese Einstellungen definieren den Speicherort der Sketches (Sketchbook), die Schriftgröße im Editor, die Auswahl des Editors und weitere Einstellungen.

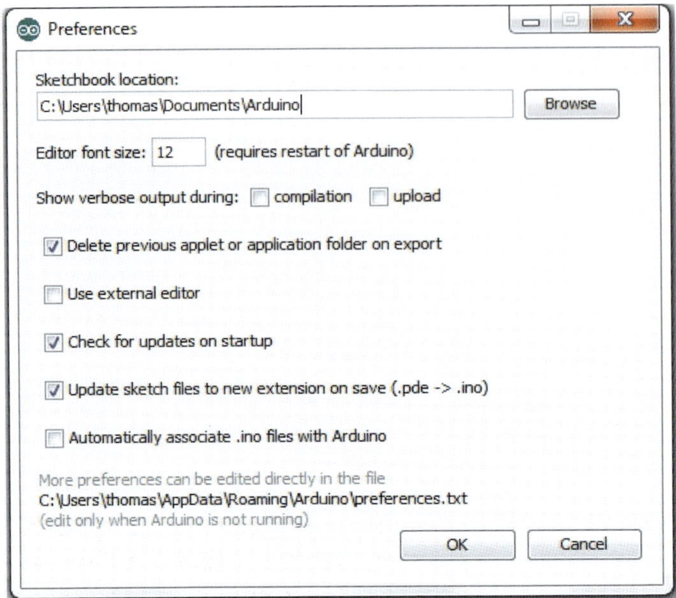

Abb. 2.14: Entwicklungsumgebung – Einstellungen

Die gesamte Konfiguration der Entwicklungsumgebung ist in einer Textdatei preferences.txt abgelegt. Fortgeschrittene Anwender können die Einstellungen in dieser Konfigurationsdatei mittels Texteditor bearbeiten. Während der Bearbeitung der Konfigurationsdatei sollte die Entwicklungsumgebung geschlossen sein.

Die Konfigurationsdatei preferences.txt ist auf dem System wie folgt zu finden:

- Windows XP: Laufwerk:\Pfad zur arduino-[Programmversion]\lib\preferences.txt
- Mac: /Users/<USERNAME>/Library/Arduino/preferences.txt
- Linux: ~/.arduino/preferences.txt

Auf dem Bildschirm ist die Arduino-Entwicklungsumgebung in drei Teilbereiche gegliedert:

- Menü- und Symbolleiste
- Editor für Programmcode-Erstellung
- Ausgabefenster für Meldungen und Systeminformationen

2.8.1 Menü- und Symbolleiste

Die Symbolleiste der Arduino-Entwicklungsumgebung besteht aus sieben grafischen Symbolen, über die man die Hauptfunktionen der IDE aufrufen kann.

Abb. 2.15: Arduino-IDE – Symbolleiste

Oberhalb der grafischen Symbolleiste ist die Menüleiste mit den Textlinks zu allen verfügbaren Funktionen sichtbar.

Abb. 2.16: Menüleiste

Verify

Die Funktion Verify kompiliert den aktuellen Programmcode und überprüft die Syntax sowie die Verfügbarkeit der im aktuellen Sketch verwendeten Bibliotheken (Libraries). Nach der Kompilierung wird im Konsolenfenster das Resultat angezeigt. Im Falle eines Fehlers wird eine Fehlermeldung mit Verweis auf die fehlerhafte Codezeile ausgegeben. Konnte der Programmcode fehlerfrei kompiliert werden, erscheint im Konsolenfenster eine Erfolgsmeldung sowie eine Angabe über die Größe des kompilierten Codes. Zusätzlich erfolgt eine Angabe über den maximal verfügbaren Speicherplatz im Arduino-Microcontroller.

Neben dem eigentlichen Programmcode benötigt der Arduino-Microcontroller zusätzlich Platz für das Bootloader-Programm. Der Bootloader benötigt rund 2 KB. Im ATmega168 stehen insgesamt 16 KB zur Verfügung, für den Programmcode sind somit 14 KB vorhanden. Beim Einsatz des ATmega328 stehen dem Nutzer insgesamt 32 KB an Flashspeicher zur Verfügung. Nach Abzug des Platzbedarfs für den Bootloader sind bei diesem Microcontroller demnach rund 30 KB Speicherplatz für eigenen Programmcode vorhanden.

Upload

Mit der Funktion Upload wird der aktuelle Sketch kompiliert und anschließend auf den Arduino-Microcontroller hochgeladen.

Nach erfolgreichem Upload wird eine Bestätigungsmeldung sowie die Angabe der Sketchgröße in der Konsole ausgegeben.

Während des Programmuploads blinken auf dem angeschlossenen Arduino-Board die Kommunikations-Leuchtdioden »RX« und »TX«.

Das Arduino-Board führt nach erfolgreichem Upload das hochgeladene Programm aus. Falls keine weitere Kommunikation zwischen Rechner und Arduino erfolgen muss, kann die Verbindung über das USB-Kabel getrennt werden.

New

Mit der Funktion New wird der aktuelle Sketchcode beendet und ein neues, leeres Fenster für Programmcode geöffnet. Falls der aktuelle Code nicht gespeichert wurde, erhält der Benutzer einen Hinweis.

Open

Das Symbol Open listet alle auf dem Rechner vorhandenen Arduino-Sketches auf, die im Projektpfad abgelegt sind. Zusätzlich kann mittels Datei-Explorer ein Sketch aus dem lokalen Dateisystem ausgewählt und geöffnet werden.

Save

Mit einem Klick auf das Symbol Save wird der aktuelle Sketch gespeichert.

Serial Monitor

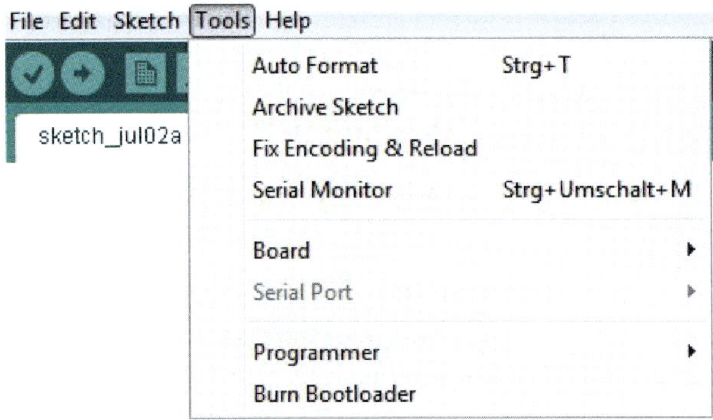

Abb. 2.17: Serieller Monitor

Der Serial Monitor ist im Gegensatz zu früheren DIE-Versionen, nicht mehr über die Symbolleiste aufrufbar. Der serielle Monitor wird über den Menüpunkt

TOOLS aufrufbar und öffnet sich in einem zusätzlichen Fenster in der Entwicklungsumgebung. Hier kann die Kommunikation auf der seriellen Schnittstelle dargestellt werden. Über ein Eingabefeld können Daten seriell an das Arduino-Board verschickt werden.

Der serielle Monitor eignet sich auch ideal als Hilfsmittel bei der Programmerstellung. In diesem Fall werden die Daten, Zustände oder Variablenwerte mittels Prozeduraufruf an den seriellen Port verschickt und sind im Infofenster sichtbar. Dieses Vorgehen ist vor allem beim Debugging von fehlerhaften Codezeilen und der Darstellung von analogen Signalen sehr hilfreich, die an den Analogeingängen anliegen.

2.8.2 Editor

Der Editor ist das zentrale Element in der Arduino-Entwicklungsumgebung und dient zur Erstellung des Programmcodes. Funktionen wie Syntaxerkennung (SYNTAX HIGHLIGHTING), also das automatische Erkennen von einzelnen Codeanweisungen und die farbige Darstellung dieser Anweisungen, unterstützen den Programmierer bei der Code-Erstellung. Zusätzlich zeigt der Editor beim Programmieren die zusammengehörenden Klammerpaare an (Abbildung 2.18).

```
void loop() {
  if (irrecv.decode(&results)) {

    digitalWrite(ledPin1, HIGH);  // Taste 1 LED1 EIN

  }
}
```

Abb. 2.18: Editor mit Code Syntax Highlighting

Die zentrale Ablage der Sketches erfolgt im Sketchbook, also dem Skizzenbuch. Für jeden Sketch wird ein eigener Unterordner erstellt. Über das Menü FILE| SKETCHBOOK kann man die bereits erstellten Sketches aufrufen.

Der physische Ablageort des Sketchbooks wurde im vorherigen Abschnitt beschrieben.

Beim Neuanlegen eines Sketches vergibt der Editor jeweils einen eigenen Dateinamen. Um die Übersicht zu behalten, sollten Sie eine eigene Namenskonvention verwenden. Beim Experimentieren kommt schnell eine größere Anzahl von Sketches mit unterschiedlichen Versionen zustande.

2.8.3 Ausgabefenster

Das Ausgabefenster ist der Bereich mit dem grünen und schwarzen Hintergrund unterhalb des Editors. Dieser Bereich dient zur Ausgabe von Informationen vom

System an den Benutzer. Das Ausgabefenster ist nur ein Informationsbereich, der Benutzer kann hier keine Eingaben vornehmen.

Zu bemerken ist, dass in früheren Versionen der Entwicklungsumgebung das Ausgabefenster auch die Konsole für den seriellen Monitor beinhaltete. Diese Funktion wird später erklärt und ist in der aktuellen Version der IDE in einem zusätzlichen Fenster untergebracht.

Meldungen über erfolgreiche Aktionen zum Arduino-Board, wie eine erfolgreiche Kompilierung oder ein Sketch-Upload, werden als Info ausgegeben.

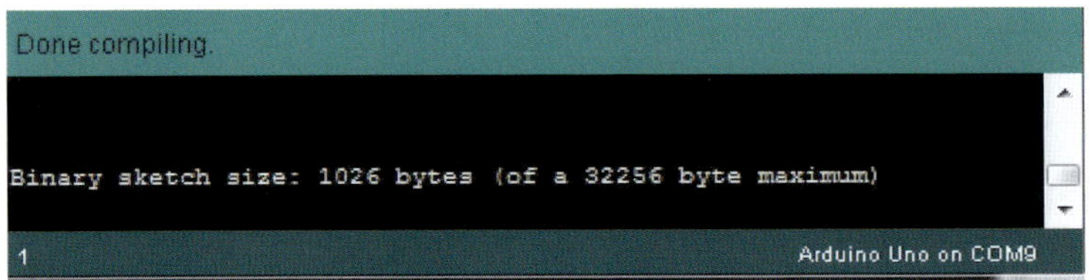

Abb. 2.19: Ausgabe eines erfolgreichen Uploads

Meldungen über eine fehlerhafte Programmierung oder eine fehlende Schnittstelle werden im Ausgabefenster in leuchtenden Farben dargestellt (Abbildung 2.20).

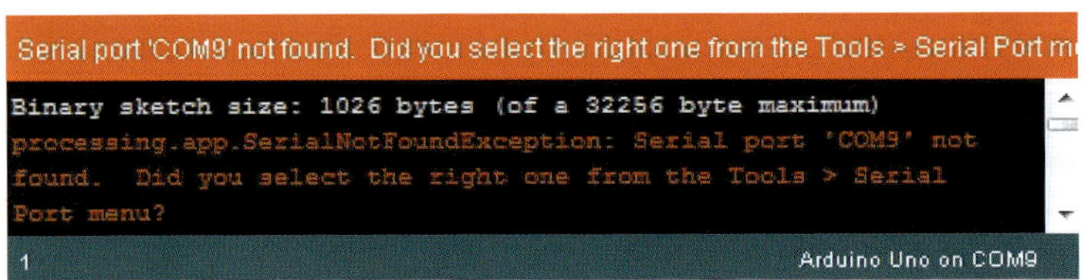

Abb. 2.20: Ausgabefenster mit Fehlermeldung

Bei der Kompilierung von fehlerhaftem Programmcode erscheint wie beschrieben eine Fehlermeldung im Ausgabefenster. Zusätzlich springt der Cursor im Editor in die Nähe der fehlerhaften Zeile und markiert diese Zeile mit gelber Farbe.

In Abbildung 2.21 fehlt in der Codezeile oberhalb der markierten Zeile ein Semikolon. Die Fehlermeldung informiert den Programmierer hier über diesen Fehler.

Hinweis

Leider sind die Fehlermeldungen nicht immer sehr aussagekräftig. In diesem Fall muss der Programmierer den fehlerhaften Code mit weiteren Mitteln debuggen. Das Debuggen von fehlerhaftem Arduino-Code wird in Kapitel 3 näher beschrieben.

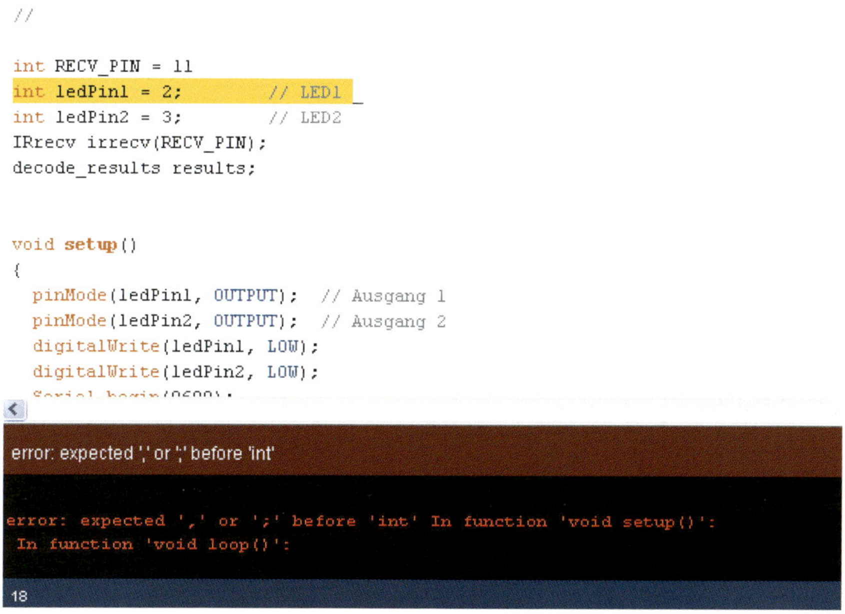

```
//

int RECV_PIN = 11
int ledPin1 = 2;          // LED1
int ledPin2 = 3;          // LED2
IRrecv irrecv(RECV_PIN);
decode_results results;


void setup()
{
  pinMode(ledPin1, OUTPUT);  // Ausgang 1
  pinMode(ledPin2, OUTPUT);  // Ausgang 2
  digitalWrite(ledPin1, LOW);
  digitalWrite(ledPin2, LOW);
```

```
error: expected ',' or ';' before 'int'

error: expected ',' or ';' before 'int' In function 'void setup()':
 In function 'void loop()':

18
```

Abb. 2.21: Ausgabe bei Kompilierung mit Fehler im Code

Kapitel 3

Startschuss

Mit dem erfolgreichen Ausführen des Test-Sketches Blink aus der Beispielsammlung der Arduino-Entwicklungsumgebung ist nun der Startschuss für das praktische Experimentieren mit dem Arduino-Board gefallen. In diesem Kapitel wird der praktische Umgang des Arduino-Boards mit der Außenwelt erklärt. Sie lernen die Möglichkeiten des Schaltungsaufbaus kennen und werden in die Programmierung der Sketches eingeführt. Nach der Lektüre dieses Kapitels haben Sie sich die Grundlagen für die weiteren Projekte erarbeitet.

Alle Beispiele und Projekte in diesem Buch erfordern minimale Grundkenntnisse der Elektrotechnik, also grundlegende Kenntnisse über einen elektrischen Schaltkreis, die Gesetze zu Strom, Spannung und Widerstand. Das ohmsche Gesetz und die Beziehung zwischen den elektrischen Größen Spannung, Strom und Widerstand wird hierzu kurz erläutert.

Einzelne Bauteile werden zwar kurz erklärt, die Erarbeitung der elektrischen Grundlagen und die genaue Erläuterung der Funktionalität der elektronischen Bauteile würden jedoch den Rahmen dieses Buches sprengen.

Für die Experimente mit den elektronischen Schaltungen lohnt es sich, einen kleinen Arbeitsplatz mit genügend Platz für Rechner, Bauteile und Werkzeug einzurichten. Zur Lagerung elektronischer Bauelemente kann man kleine Aufbewahrungsboxen mit Unterteilungen oder ein Aufbewahrungssystem mit kleinen Schubladen verwenden.

Das kleine Elektroniklabor sollte auch über genügend Steckdosen verfügen. Neben dem Rechner und dem Bildschirm kommen schnell noch Messgeräte, Netzgerät und Lötkolben hinzu.

Für die Ablage der elektronischen Daten, also der Sketches, Stromlaufpläne und Projektunterlagen, sollte man sich auf dem Rechner einen eigenen Bereich einrichten. Beim Experimentieren kommt sehr schnell eine größere Zahl von Programmen und Programmversionen zusammen und ohne ein sauberes Ablagesystem ist dann ruck, zuck die Übersicht über die einzelnen Sketches verloren.

Oftmals findet man für eine Problemlösung einen passenden Sketch im Arduino-Forum (`http://arduino.cc/forum/`). Ohne geeignete Dokumentation wie Quellenangabe, Herkunftsadresse, Bilder, Stromlaufplan und Projektbeschreibungen kann man dieses Projekt später jedoch nicht mehr nachvollziehen.

3.1 Arduino-Board

Das Arduino-Board ist eine Leiterplatte, auf der elektronische Bauelemente und verschiedene Stecker aufgelötet sind. Das Gehirn des Arduino ist der so genannte Microcontroller. Wie im vorherigen Kapitel bereits erwähnt wurde, gibt es eine Vielzahl von verschiedenen Ausführungen des Arduino-Boards. Bei allen Varianten findet man aber immer wieder die gleichen Bauelemente. Die elektronische Schaltung, also die Verbindung der einzelnen elektronischen Bauteile, ist bei allen Varianten identisch. Um die Kompatibilität mit dem Standardboard zu gewährleisten, dürfen die Entwickler hier natürlich keine eigenen Süppchen kochen und andere Microcontroller oder schnellere Taktgeber einsetzen.

Der Unterschied liegt in der Größe der Leiterplatte und dem mechanischen Aufbau. Bei Lösungen mit geringer Baugröße werden meist kleinere Anschlussstecker oder Stiftleisten verwendet.

Die Erklärungen und Beschreibungen in diesem Buch beziehen sich immer auf das aktuelle Arduino-Board Arduino Uno. Natürlich kann man die einzelnen Projekte auch mit anderen Ausführungen des Arduino durchführen.

Die Arduino-Boards, Erweiterungen und elektronischen Bauelemente kann man bei verschiedenen Anbietern einkaufen. Eine Liste mit Anbietern finden Sie in Anhang C.

3.1.1 Stromlaufplan

Der Stromlaufplan, auch elektronisches Schema genannt, erklärt anhand von genormten Symbolen die Verdrahtung der einzelnen elektronischen Komponenten. Jedes Bauteil wie Widerstand, Leuchtdiode oder Kondensator hat ein Symbol, das von jedem Fachmann verstanden wird. Das Verbinden der einzelnen Bauelemente und die korrekte Dimensionierung der Bauteilwerte, wie des Widerstandswertes, ergeben die eigentliche Schaltung und entsprechend die funktionsfähige Anwendung.

Der Stromlaufplan für den Arduino Uno und alle anderen Modelle ist auf der Arduino-Website aufrufbar und dient als Grundlage für eigene Arduino-Varianten (`http://arduino.cc/en/uploads/Main/Arduino_Uno_Rev3-schematic.pdf`). Bei kommerziellen Anwendungen und Lösungen wird der Stromlaufplan meist nicht publiziert.

Im Fall des Arduino-Projekts ist der Stromlaufplan öffentlich und darf von jedermann genutzt werden. Auch die Daten der Leiterplatte sind im Arduino-Projekt offen und können frei verwendet werden.

Jedermann kann sich also anhand des Stromlaufplans und der Stückliste (Aufzählung aller verwendeten Bauteile und deren Dimensionierung) ein eigenes Arduino aufbauen.

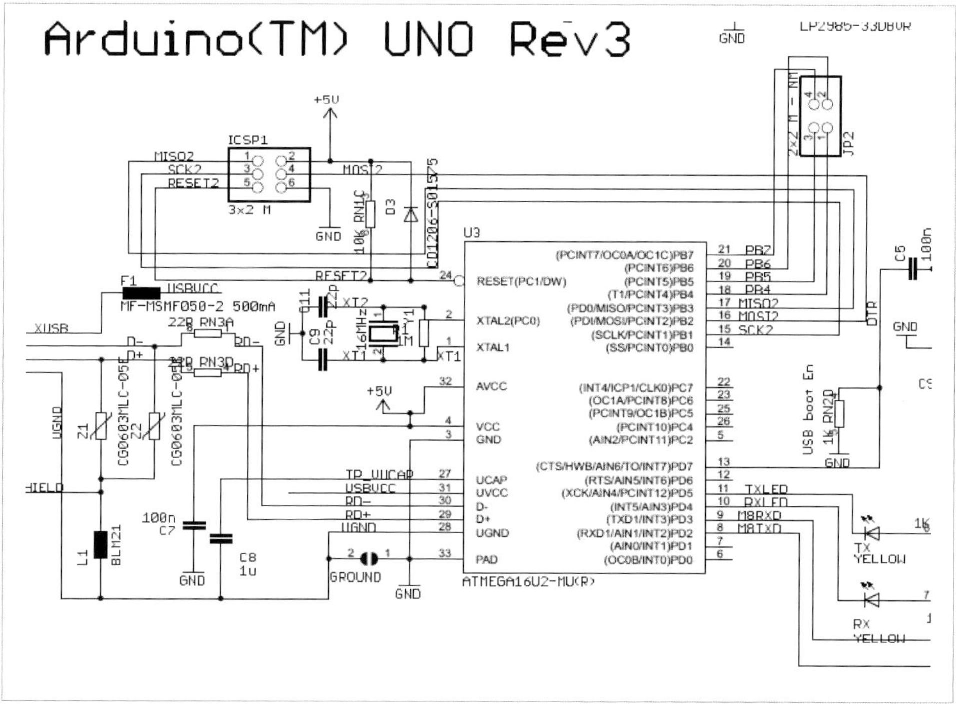

Abb. 3.1: Stromlaufplan des Arduino Uno (Ausschnitt)

3.1.2 Microcontroller – Das Gehirn

Im Arduino-Projekt wird ein Microcontroller der Firma Atmel eingesetzt. Im aktuellen Board ist das ein ATmega328.

Standardmäßig ist im Microcontroller das Bootloader-Programm gespeichert. Wie bereits früher erklärt, ist der Bootloader ein Programm, um Sketches in den Speicher des Microcontrollers zu laden.

Die Anschlussbelegung der Microcontroller ist in Anhang A zu finden.

Hinweis

Wird beispielsweise auf einem älteren Arduino-Duemilanove-Board der Microcontroller ATmega168 gegen einen ATmega328 getauscht, muss in der Entwicklungsumgebung anschließend die Boardvariante angepasst werden. Andernfalls kann kein Sketch hochgeladen werden. Beim Upload wird in diesem Fall eine Fehlermeldung ausgegeben.

3.1.3 Anschlussbelegung

Die Anschlussbelegung des Arduino Uno (Rev 3) und der kompatiblen Boards sieht gemäß Abbildung 3.2 aus.

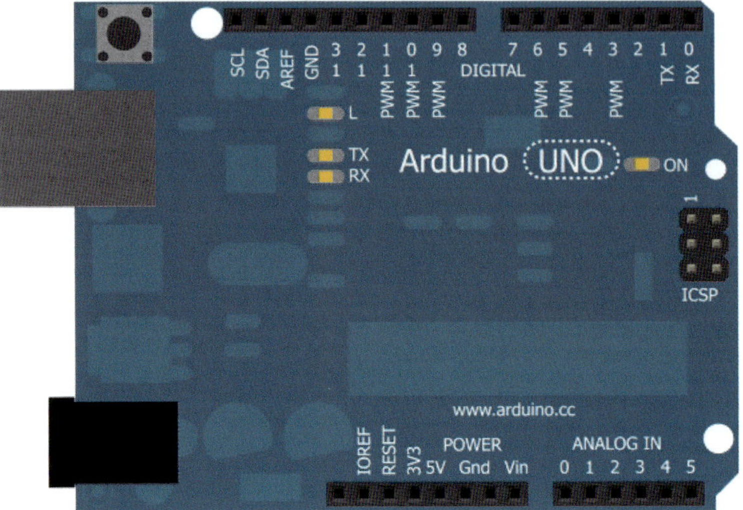

Abb. 3.2: Anschlussbelegung Arduino Uno

Stecker	Beschreibung
USB-Stecker	Typ: USB Typ B USB-Schnittstelle für Programmierung und Kommunikation
Stecker für externe Versorgungsspannung	Typ: 2,1-mm-Power-Jack Externe Versorgungsspannung 6–20 VDC
Spannungsversorgung	Typ: Buchsenleiste 8-polig Spannungsversorgung für Sensoren/Aktoren **IOREF** Spannungserkennungssignal für zukünftige Shields **RESET:** Reset-Signal (Anschluss für Reset-Schalter) **3V3:** Spannung 3,3 VDC vom FTDI-Chip (max. 50 mA) **5V:** +5 VDC von internem Spannungsregler **Gnd:** 0 VDC (GND, Ground) **Vin:** Externe Spannungsversorgung 6–20 VDC

Tabelle 3.1: Anschlussstecker von Arduino Uno

Stecker	Beschreibung
Analoge Eingänge	Typ: Buchsenleiste 6-polig 6 analoge Eingänge 0–5 VDC (Auflösung 10 Bit) Pin A0–5
Digitale Ein- und Ausgänge	Typ: Buchsenleisten 8-polig und 10-polig 14 digitale Ein- und Ausgänge Pin D0–13 Zusätzliche Pins belegen die Signale GND, AREF, SDA und SDL
Stecker für ICSP	Typ: Stiftleiste 2 x 3-polig Stecker für In-Circuit Serial Programming

Tabelle 3.1: Anschlussstecker von Arduino Uno (Forts.)

Einzelne Pins des Arduino-Boards sind für spezielle Aufgaben ausgerüstet oder vorgesehen (Tabelle 3.2).

Serielle Schnittstelle	P0 (RX) P1 (TX)
Interrupts	P2 und P3
PWM	Pin 3, 5, 6, 9, 10 und 11
SPI-Kommunikation	P10 (SS) P11 (MOSI) P12 (MISO) P13 (SCK)
Pin mit LED	P13 mit Onboard-LED
I2C	I2C-Schnittstelle P4 (SDA) P5 (SCL)

Tabelle 3.2: Arduino-Board: Portfunktionen

3.1.4 Stromversorgung

Die Stromversorgung für das Arduino kann auf verschiedene Arten realisiert werden. Wie aus der Tabelle im vorherigen Kapitel hervorgeht, sind auf dem Board verschiedene Anschlüsse für die Spannungsversorgung vorhanden.

Grundsätzlich kann man drei Varianten unterscheiden.

Stromversorgung über	Beschreibung
USB-Stecker	Der USB-Port liefert max. 500 mA und bietet sich idealerweise als Stromversorgung während der Entwicklung an. Keine externe Stromversorgung nötig.

Tabelle 3.3: Arduino-Board: Varianten Stromversorgung

Stromversorgung über	Beschreibung
Power Jack 2,1 mm	Anschluss von externer Stromversorgung aus Steckernetzteil, Batterie oder Labornetzteil. Vorteil: Verpolungsgeschützt durch Diode
Vin	Stromversorgung aus Labornetzteil oder Batterie. Wird verwendet, falls die Versorgungsspannung minimal 6 Volt beträgt. Beispiel: Einsatz von 4 x 1,5-V-Batterien (Typ AA)

Tabelle 3.3: Arduino-Board: Varianten Stromversorgung (Forts.)

Im Gegensatz zu vorherigen Boards muss beim Arduino Uno kein Steckkontakt (PWR SEL) für die Stromversorgung INTERN/EXTERN konfiguriert werden. Die Logik auf dem Board erkennt dies automatisch. Verschiedene Arduino-Clones, wie beispielsweise das Freeduino-Board, besitzen weiterhin diese manuelle Spannungsumschaltung.

Bei der korrekten Versorgung des Boards mit einer Spannungsquelle leuchtet die Leuchtdiode (ON). Das Arduino ist betriebsbereit.

Andere Stromversorgungsvarianten für die Standardboards, wie beispielsweise die Versorgung direkt mit 5 Volt, sind ohne Elektronikkenntnisse und ohne Anpassung der Komponenten auf der Leiterplatte nicht möglich.

Tipp

Die Verwendung des USB-Ports als Stromquelle ist unproblematisch. Der Port ist gegen Überstrom geschützt und schaltet sich bei einem Kurzschluss automatisch ab. Somit ist diese Versorgung ideal für die Entwicklungsphase. Im produktiven Betrieb verwendet man dann meist eine externe Stromversorgung mittels Steckernetzteil. Bei der Verwendung des USB-Ports ist natürlich zu beachten, dass die externen Komponenten den USB nicht zu stark belasten.

Tragbare Stromversorgung

Bei Experimenten im Garten oder entfernt vom Rechner benötigt man eine tragbare Spannungsversorgung. Für diese Art der Spannungsversorgung eignen sich 9-Volt-Blockbatterien oder Batteriepakete mit mehreren in Reihe geschalteten AA-Batterien.

Eine sehr praktische Lösung, die nur zwei AA-Batterien benötigt, heißt MintyBoost und ist eine USB-Charger-Lösung von Adafruit (`http://www.adafruit.com/products/14`). Diese tragbare Spannungsversorgung wandelt die 3 Volt der beiden Batterien mittels Spannungswandler-Schaltung in eine 5-Volt-Spannung. Die Ausgangsspannung wird dabei auf einen USB-Ausgangsstecker geführt und erlaubt das Anschließen eines handelsüblichen USB-Kabels. Sehr praktisch ist bei dieser Lösung, dass man damit auch sein Smartphone laden kann.

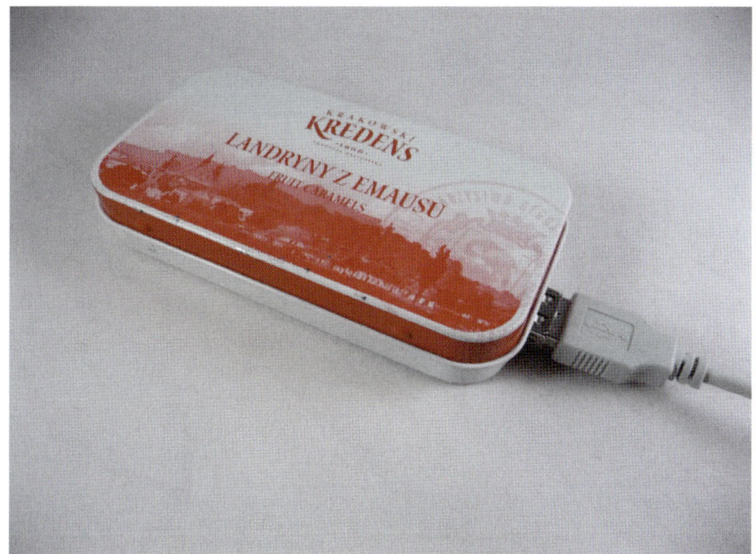

Abb. 3.3: Tragbare Spannungsversorgung mit MintyBoost

MintyBoost wird als Bausatz geliefert und kann je nach Bedarf in eine kleine Metallbox oder Bonbon-Dose eingebaut werden. Abbildung 3.3 zeigt ein MintyBoost des Autors, das in eine kleine metallene Halsbonbon-Dose eingebaut wurde.

3.2 Steckbrett – Experimentieren ohne Löten

Ein Steckbrett (engl. Breadboard) ist eine Art Leiterplatte mit Steckanschlüssen, in die man handelsübliche Bauelemente wie Widerstände, Leuchtdioden oder Integrierte Schaltungen (IC) stecken kann. Die Steckanschlüsse sind untereinander verbunden und erlauben den schnellen Aufbau einer Schaltung, ohne zu löten.

Bei den meisten Steckbrettern sind jeweils fünf Anschlüsse in vertikaler Richtung miteinander verbunden. Bei größeren Varianten sind zusätzlich auf der Außenseite Steckanschlüsse in horizontaler Richtung vorhanden. Diese Anschlüsse können für die Signalverteilung oder die Stromversorgung eingesetzt werden.

Abbildung 3.4 zeigt ein Steckbrett mittlerer Größe. Jeweils außen befinden sich die verbundenen Kontakte für Signale oder Spannungsversorgung. In der Mitte sind die Steckkontakte für Bauelemente angebracht. Der Abstand der einzelnen Steckkontakte beträgt jeweils 0,1 Zoll (entspricht 2,54 mm).

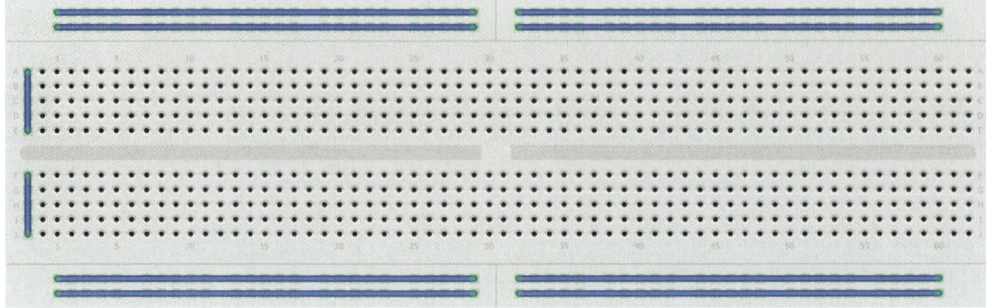

Abb. 3.4: Steckbrett mit verbundenen Kontakten (blaue Linien)

Steckbretter werden üblicherweise in der Entwicklungs- und Testphase eingesetzt. Bei produktiven Anwendungen wird die Schaltung meist auf einer Lochrasterplatine (Experimentierplatine mit Leiterbahnen oder Lötpunkten) oder auf einer speziell für die Anwendung entwickelten Platine betrieben.

Abb. 3.5: Steckbrett mit Schaltung

Bei beiden Platinenvarianten, Lochrasterplatine und kundenspezifischer Platine, werden die elektronischen Bauelemente, die Stecker und Anschlüsse mit Lötzinn auf die Platine gelötet.

Beim Aufbau einer Schaltung auf dem Steckbrett werden die Anschlussstifte der Bauelemente direkt in die Steckkontakte des Steckbretts gesteckt. In den meisten Fällen sind die Anschlussstifte genügend lang. Andernfalls muss ein Bauelement mit längeren Anschlussstiften verwendet werden oder die Anschlüsse müssen mit kleinen Drähten verlängert werden. Dazu kann man beispielsweise abgeschnittene Anschlussdrähte von verlöteten Komponenten verwenden.

Vorsicht

Lötarbeiten an Bauteilen, die im Steckbrett montiert sind, sollten vermieden werden. Durch die Hitze beim Löten kann der Kunststoff des Steckbretts weich werden und die Kontakte verschieben sich. Es besteht die Gefahr, dass dadurch ein Kurzschluss im Steckbrett entsteht.

Für die Verbindungen zwischen den einzelnen Bauelementen verwendet man am besten isolierte Drähte. An beiden Enden ist jeweils ein Stück Isolierung entfernt. Diese Anschlussstifte können nun in die Steckkontakte gesteckt werden.

Vorgefertigte Drahtverbindungen für den Einsatz mit Steckbrettern gibt es im Elektronikhandel. Diese sind meist in verschiedenen Längen und Farben verfügbar und sauber sortiert in einer Kunststoffbox verpackt (Abbildung 3.6).

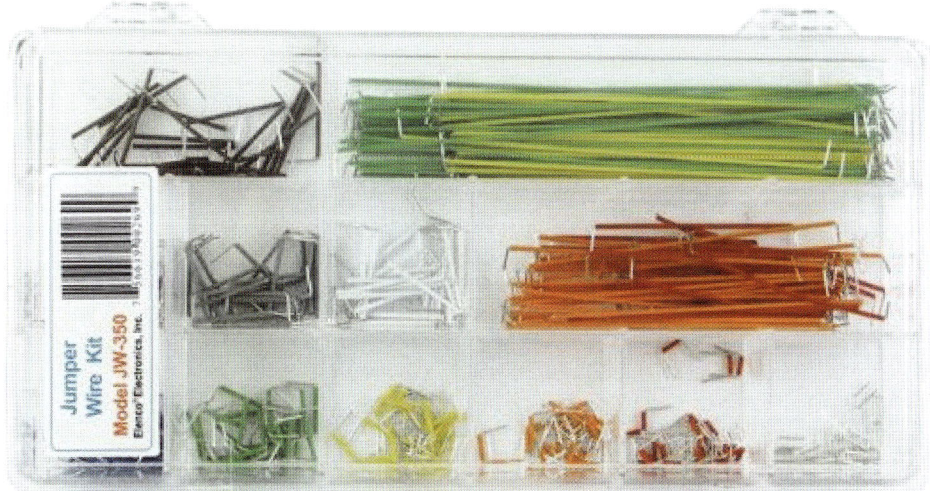

Abb. 3.6: Drähte für Steckbretter (Beispiel von Jumper Kit von `arduinofun.com`)

Praxis-Tipp

Natürlich kann man sich diese Verbindungen fürs Steckbrett auch selbst herstellen. Dazu besorgt man sich eine Rolle isolierten Draht (Durchmesser 0,64 mm, entspricht AWG22) und schneidet mit einer Zange einzelne Drähte in verschiedenen Längen ab. Damit die Drähte sauber in die Steckkontakte passen, isoliert man mit einer geeigneten Zange jeweils die Enden ab.

Die Verbindung vom Steckbrett mit den Sensoren und Erweiterungsschaltungen zum Arduino-Board erfolgt mittels der oben genannten Drahtverbindungen. Um einen sauberen Aufbau zu erreichen, legt man das Steckbrett neben das Arduino und schneidet entsprechend lange Drähte (Abbildung 3.7). Diese können auf dem Arduino-Board direkt in die Steckleisten gesteckt werden.

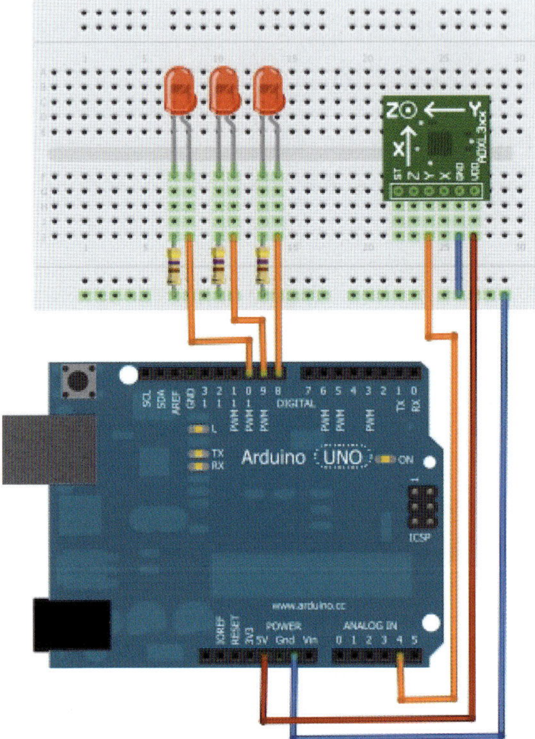

Abb. 3.7: Verbindung Arduino/Steckbrett

Schaltungsaufbauten mit Steckbrettern sind, wie bereits erwähnt, für die Entwicklungs- und Testphase gedacht. Da die einzelnen Bauteile nur gesteckt sind, ist die mechanische Verbindung entsprechend empfindlich.

Bei regelmäßigen Entwicklungen mit dem Arduino lohnt es sich, ein Steckbrett aufzubauen, bei dem die Stromversorgungsleitungen für +5 Volt und GND, vom Arduino oder aus externer Versorgung, fix verdrahtet sind. Auf diese Weise müssen nur noch die externen Komponenten wie Sensoren oder Leuchtdioden speziell verdrahtet werden. Bei der Stromversorgung durch ein externes (Labor-)Netzteil kann man die Stromzufuhr mittels 5-mm-Standardkabel (Laborkabel) realisieren. Auf größeren Steckbrettern stehen meist mehrere 5-mm-Buchsen (Bananenstecker) zur Verfügung (Abbildung 3.8).

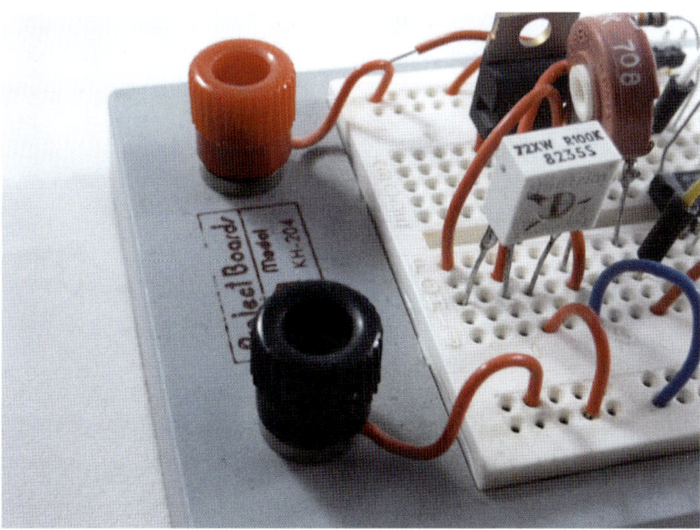

Abb. 3.8: Steckbrett mit Bananenstecker für Stromversorgung

Oftmals sieht man Arduino-Projekte, in denen die Schaltung auf dem Steckbrett realisiert wurde. Der fertige Aufbau wird dann in ein Gehäuse verfrachtet oder direkt an einem Gerät montiert. Diese Art von Aufbau bei einem »produktiven« Gerät birgt eine gewisse Gefahr, denn allzu leicht können Drähte herausfallen oder im schlimmsten Fall einen Kurzschluss verursachen.

Vorsicht

Schaltungsaufbauten mit Steckbrettern sind nur für den Niederspannungsbereich (bis maximal 30 V Gleichspannung) gedacht. Falls höhere Spannungen verwendet oder höhere Ströme geschaltet werden, sollten diese Schaltungsteile auf eine externe Lochrasterplatine ausgelagert werden.

3.2.1 Spannungsversorgung auf dem Steckbrett

Wie im vorherigen Abschnitt über das Steckbrett erklärt wird, können die externen Komponenten, Sensoren und Aktoren auf dem Steckbrett vom Arduino-Board oder über ein externes Netzgerät versorgt werden.

Bei der Verwendung der internen 5-Volt-Versorgung des Arduino-Boards muss der maximale Strom beachtet werden. Bei Stromverbrauch von mehr als 200 mA (Milliampere) sollte auf eine externe 5-Volt-Versorgung umgeschaltet werden.

Bei der Versorgung des Arduino-Boards über die USB-Schnittstelle muss zudem beachtet werden, dass der USB-Port maximal 500 mA liefern kann. Damit die USB-Schnittstelle im Falle eines Kurzschlusses auf dem Arduino-Board nicht zerstört wird, ist auf dem Arduino-Board eine Polyfuse eingebaut, welche bei Überstrom den Strom begrenzt. Wird in diesem Fall die Verbindung zum USB-Port unterbrochen, wird die Polyfuse wieder zurückgesetzt.

Im Stromlaufplan ist diese Sicherung mit der Bezeichnung F1 gekennzeichnet (Abbildung 3.9).

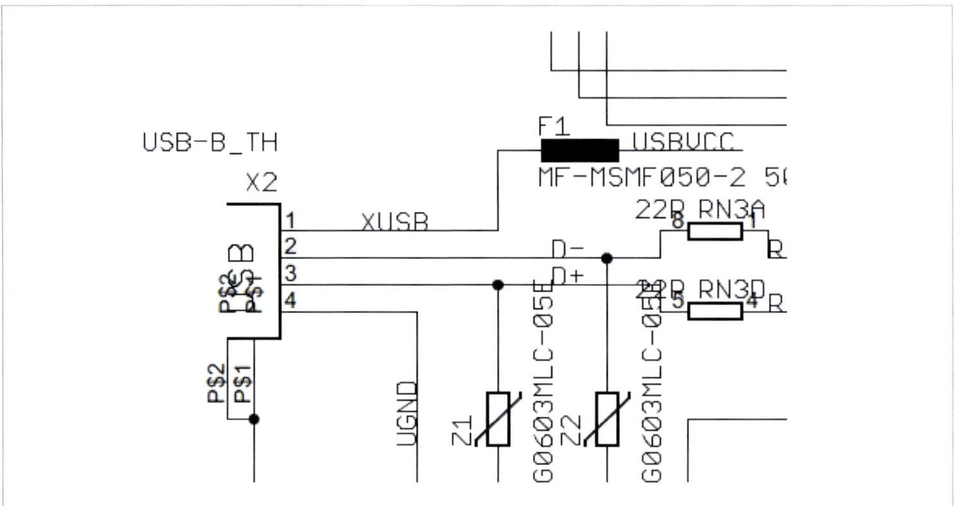

Abb. 3.9: Sicherung F1 in Stromlaufplan des Arduino Uno

Stromversorgung mit interner 5-Volt-Versorgung

Mit zwei Drähten wird bei interner Versorgung das Steckbrett mit 5 Volt versorgt (Abbildung 3.10).

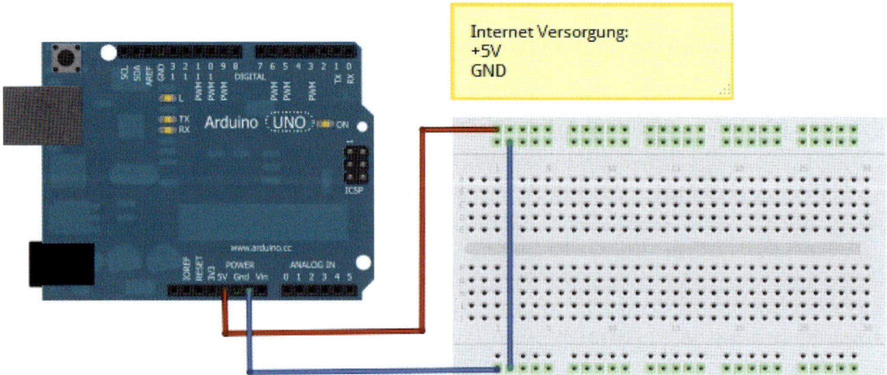

Abb. 3.10: Interne Versorgungsspannungen auf Steckbrett geführt

Stromversorgung mit externer 5-Volt-Versorgung

Bei externer Zuführung der 5 Volt muss beachtet werden, dass die Bezugpotentiale (GND) beider Schaltungsteile, also Arduino-Schaltung und externe Versorgung, zusammengeführt werden.

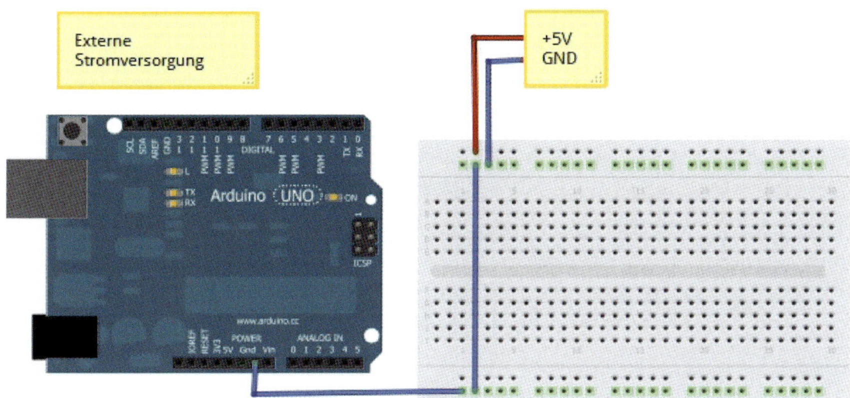

Abb. 3.11: Externe Stromversorgung auf Steckbrett

Wird für die externe Versorgung eine eigene, offene Spannungsreglerschaltung eingesetzt, sollte diese auf einer fertigen Leiterplatte oder Lochrasterplatine aufgebaut werden. Die stabilisierten Ausgangssignale können dann auf das Steckbrett geführt werden.

Verschiedene Anbieter haben kleine Spannungsreglermodule als Bausatz für Steckbretter im Programm. Diese kleinen Schaltungen sind meist Schaltungen mit linearen Spannungsreglern. Solche Schaltungsregler-Lösungen baut man praktischerweise auf der Leiterplatte auf und steckt die ganze Leiterplatte auf das Steckbrett. Die stabilisierten Ausgangsspannungen führt man dann über verlängerte Anschlussstifte auf der Unterseite der Leiterplatte auf das Steckbrett.

3.3 Spannung, Strom und Herr Ohm

Elektronische Schaltungen sind immer eine Anordnung von verschiedenen elektronischen Komponenten. Die unterschiedliche Anordnung und Verdrahtung gibt schlussendlich die gewünschte Funktion.

Trotz unterschiedlicher Funktionalität der einzelnen Schaltungen sind die drei elektrischen Größen der Elektrotechnik, Spannung, Strom und Widerstand, in jeder Schaltung zu finden.

Bei Experimenten mit Arduino und angeschlossenen Schaltungen und Sensoren sollte im Minimum der Zusammenhang von Spannung, Strom und Widerstand bekannt sein. Die Beziehung dieser drei elektrischen Größen wird als »ohmsches Gesetz« bezeichnet. Wie der Name sagt, wurde das Verhalten von Spannung und Strom durch Georg Simon Ohm (`http://de.wikipedia.org/wiki/Georg_Simon_Ohm`) im Jahre 1826 nachgewiesen.

Das ohmsche Gesetz sagt aus, dass in einem einfachen Stromkreis der Strom steigt, wenn die Spannung erhöht wird. Umgekehrt vermindert sich der Strom, wenn die Spannung reduziert wird. Der Strom ist also proportional zur Spannung.

In Tabelle 3.4 sind die drei Größen mit der Bezeichnung und der Einheit aufgelistet und sie werden bei jeder Schaltung, unabhängig von deren Größe und Komplexität, benötigt.

Größe	Formelzeichen	Einheit
Spannung	U	Volt (V)
Strom	I	Ampere (A)
Widerstand	R	Ohm (Ω)

Tabelle 3.4: Elektrische Größen: Spannung, Strom und Widerstand

Die Grundformel des ohmschen Gesetzes lautet nämlich:

Spannung (U) = Strom (I) * Widerstand (R)

Also

$$U = I \cdot R$$

Im Zusammenhang mit den drei elektrischen Größen wird auch immer der Begriff »Stromkreis« erwähnt. Wie der Name aussagt, ist das ein Kreis, in dem Strom fließt. Der einfachste Stromkreis in der Elektrotechnik benötigt nur zwei Komponenten, eine Spannungsquelle und einen Widerstand.

Trotz des minimalen Aufbaus ist auch hier das ohmsche Gesetz wirksam.

Abbildung 3.12 zeigt diesen einfachen Stromkreis mit Spannungsquelle und Widerstand.

Abb. 3.12: Elektrischer Stromkreis

Vom Pluspol der Batterie führt eine Leitung bis zum oberen Anschluss des Widerstands. Vom unteren Anschluss des Widerstands führt eine weitere Leitung zum Minuspol der Batterie. Somit ist dieser Stromkreis geschlossen.

Die drei elektrischen Größen sind auch in diesem Stromkreis zu finden. Die Batterie hat eine Spannung von beispielsweise 1,5 Volt. Diese kann man messen, indem man ein Messgerät für Spannungen, ein so genanntes Voltmeter, parallel zum Widerstand anschließt (Abbildung 3.13).

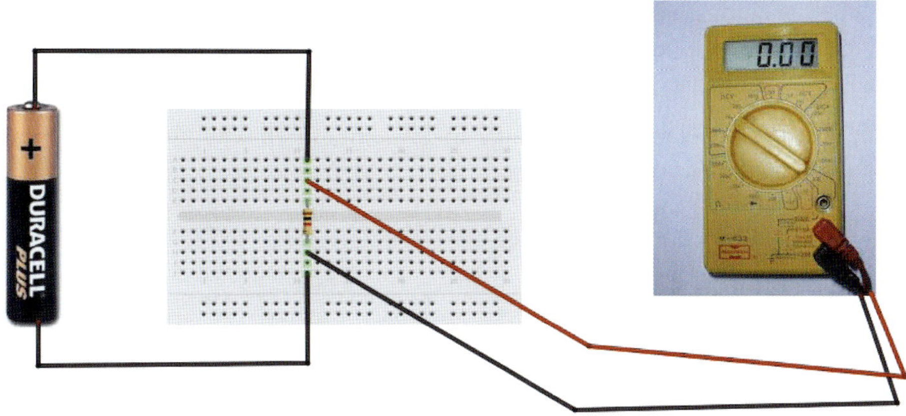

Abb. 3.13: Stromkreis

Auf dem Messgerät kann man nun rund 1,5 Volt messen. Der Widerstand selbst hat einen Wert von 1000 Ohm.

Mit diesen zwei Werten haben wir bereits zwei von drei Werten des ohmschen Gesetzes. Es fehlt nur noch der Strom. Dieser fließt im Stromkreis vom Pluspol der Batterie durch den Widerstand und dann wieder zurück zum Minuspol der Batterie.

Wenn wir nun das ohmsche Gesetz anwenden, ist der Strom gemäß Formel:

$$I = U / R = 1{,}5\ \text{V} / 1000\ \text{Ohm} = 0{,}0015\ \text{A oder } 1{,}5\ \text{mA}$$

In unserer Schaltung fließt also ein Strom von 1,5 Milliampere, abgekürzt mA.

Wird die Schaltung nun durch einen zweiten Widerstand gemäß Abbildung 3.14 erweitert, ergibt dies einen Gesamtwiderstand von

$$R_{gesamt} = R_1 + R_2 = 1000\ \text{Ohm} + 1000\ \text{Ohm} = 2000\ \text{Ohm}$$

Bei der Reihenschaltung, oder Serienschaltung, wird der Widerstandswert addiert.

Der Strom im Stromkreis berechnet sich nun

$$I = U / R = 1{,}5\ \text{V} / 2000\ \text{Ohm} = 0{,}00075\ \text{A} = 0{,}75\ \text{mA}$$

Die Spannung an einem einzelnen Widerstand wird gemäß Berechnungsformel

$$U = I * R = 0{,}00075\ \text{A} * 1000\ \text{Ohm} = 0{,}75\ \text{V}$$

Diese Spannung kann nun mit dem Messgerät gemäß Abbildung 3.14 gemessen werden.

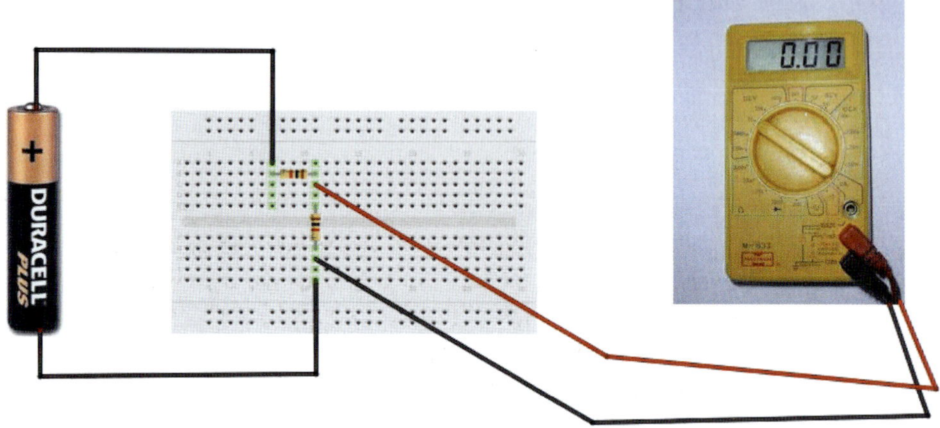

Abb. 3.14: Reihenschaltung von Widerständen

Wir können also zusammenfassen, dass bei der Reihenschaltung von Widerständen die Einzelwiderstände addiert werden. Der Gesamtwiderstand wird dadurch größer und daraus ergibt sich ein kleinerer Strom im Schaltkreis. Die Spannungen an den einzelnen Widerständen gemessen sind durch den geringeren Strom auch kleiner. Wenn wir aber wieder beide Spannungen an den Widerständen messen, ergibt dies wieder die Gesamtspannung, welche die Batterie liefert.

$$U = UR1 + UR2 = 0{,}75\ V + 0{,}75\ V = 1{,}5\ V$$

In der letzten Schaltung gemäß Abbildung 3.15 werden die Widerstände parallel geschaltet, eine so genannte Parallelschaltung.

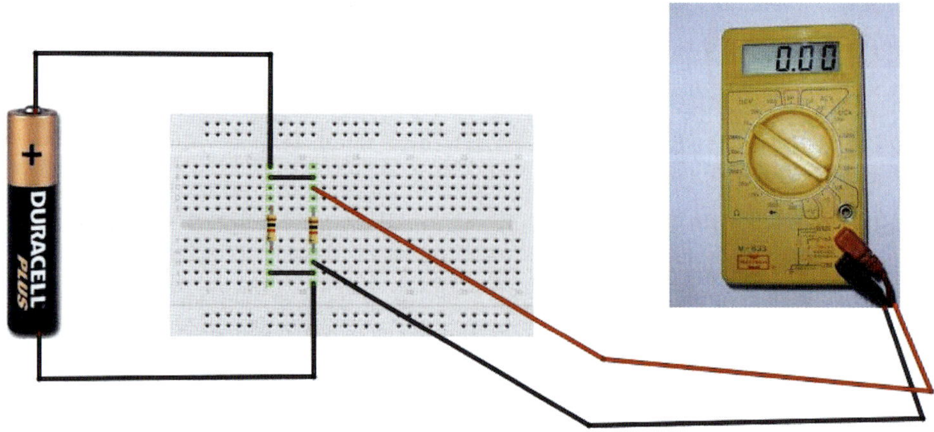

Abb. 3.15: Parallelschaltung von Widerständen

Mit dem Messgerät messen wir an beiden Widerständen eine Spannung von 1,5 Volt. Gemäß ohmschen Gesetz fließt ein Strom von

I = U / R = 1,5 V / 1000 Ohm = 0,0015 A oder 1,5 mA

In der Parallelschaltung teilt sich der Strom durch jeden Widerstand (Verbraucher). Somit ist der Gesamtstrom

I = IR1 + IR2 = 0,0015 A + 0,0015 A = 0,003 A oder 3 mA

Da wir hier plötzlich doppelten Strom berechnen, muss sich der Widerstand durch die Parallelschaltung im Vergleich zur Reihenschaltung vermindert haben. Gemäß Berechnung ist der Gesamtwiderstand nun

R = U / I = 1,5 V / 0,003 A = 500 Ohm

In einer Parallelschaltung von Widerständen wird der Gesamtwiderstand kleiner, in einer Reihenschaltung größer.

Mit dem Verständnis der Beziehungen zwischen Spannung, Strom und Widerstand sollte man in der Lage sein, die Schaltungen in diesem Buch zu verstehen.

Darum sollte beim Schaltungsaufbau jeweils ein Voltmeter bereit sein, um Spannungen an den einzelnen Schaltungsteilen zu messen.

3.4 Widerstand & Co

Elektronikprojekte mit dem Arduino-Board bestehen meist aus dem Arduino-Board, also dem Gehirn dieser Lösung, und externen Komponenten wie Schaltern, Leuchten oder Ansteuer- und Umformschaltungen für Sensoren und Aktoren. Jede dieser Lösungen erfordert also eine gewisse Anzahl an elektronischen Bauteilen.

Die elektronischen Bauteile sind die eigentlichen Arbeitstiere in einer elektronischen Schaltung. Die korrekte Zusammenschaltung und Dimensionierung der einzelnen Bauteile ergibt die vom Entwickler ausgetüftelte Lösung.

In jeder elektronischen Schaltung werden immer wieder die gleichen Bauelemente verwendet. Diese Bauelemente kann man als Standardkomponenten bezeichnen. Ohne sie ist keine elektronische Schaltung lauffähig.

Dieser Abschnitt erklärt die Standardbauelemente und beschreibt ihre wichtigsten Eigenschaften.

In den Erklärungen werden auch Berechnungsformeln erwähnt, um die einzelnen Bauelemente korrekt zu dimensionieren. Diese Dimensionierung erfordert Grundkenntnisse der Elektrotechnik, also das Wissen über das Verhalten von Strom und Spannung. Die elektrotechnischen Grundlagen sind Voraussetzung für eine richtige Dimensionierung der Komponenten und somit die Basis für einen fehlerfreien und sicheren Betrieb der realisierten Schaltung.

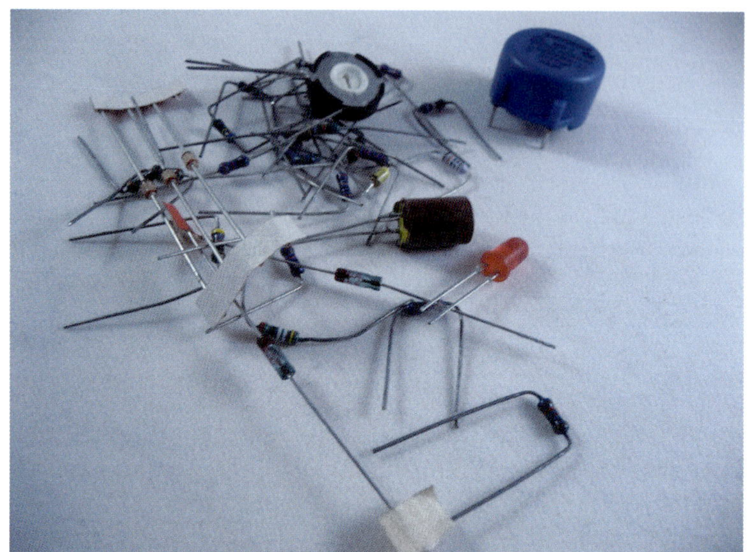

Abb. 3.16: Elektronische Bauelemente

Bei den Erklärungen und Beschreibungen der einzelnen Bauteile und Schaltungen in diesem Buch wird davon ausgegangen, dass Sie die Grundkenntnisse der Elektrotechnik beherrschen und einfache Berechnungen anhand der Grundformeln der Elektrotechnik durchführen können.

Die verschiedenen elektronischen Bauelemente gibt es von vielen Herstellern und Lieferanten und sie sind meist in verschiedenen Ausführungen, Dimensionen und Größen verfügbar. Trotz ihrer sonstigen Unterschiede haben alle Bauelemente Anschlussstifte oder mechanische Anschlüsse für die Verdrahtung mit anderen Komponenten. Meist sind die Anschlussstifte so ausgelegt, dass man sie in eine Leiterplatte oder ein Steckbrett stecken kann. Je nach Funktion oder Leistung sind diese Anschlüsse kleiner oder größer dimensioniert.

Durch die verschiedenen Funktionen besitzen die einzelnen Bauelemente auch eine unterschiedliche Anzahl von Anschlüssen.

Die meisten Bauteile haben eine Typenbezeichnung, die von Hersteller zu Hersteller unterschiedlich sein kann. Alle Daten zu den einzelnen Bauteilen sind in den Datenblättern oder Datenbüchern der einzelnen Hersteller beschrieben, meist sehr ausführlich. Diese Datenblätter mit den technischen und mechanischen Daten kann man einfach über das Internet beziehen oder man bestellt sie bei einem Lieferanten oder Hersteller in Papierform (Faltblatt oder Buch).

3.4.1 Widerstand

Bezeichnung	Widerstand
Bild	
Schaltzeichen	R1 10k
Werte	Ohm
Formel	Widerstand = Spannung/Strom R = U/I R in Ohm U in Volt I in Ampere

Der Widerstand ist das häufigste Bauelement und dient zur Begrenzung des Stroms im Schaltkreis. Das Bauteil hat zwei Anschlussdrähte und ist in verschiedenen Größen verfügbar. Die Größe hängt hauptsächlich von der Leistung P ab. Die Formel für die Leistungsberechnung lautet:

Leistung (P) = Spannung (U) * Strom (I).

Die Einheit des Widerstands wird in Ohm, Kiloohm oder Megaohm angegeben.

Anwendungsbeispiel: Strombegrenzung für Leuchtdioden.

3.4.2 Potentiometer

Bezeichnung	Potentiometer
Bild	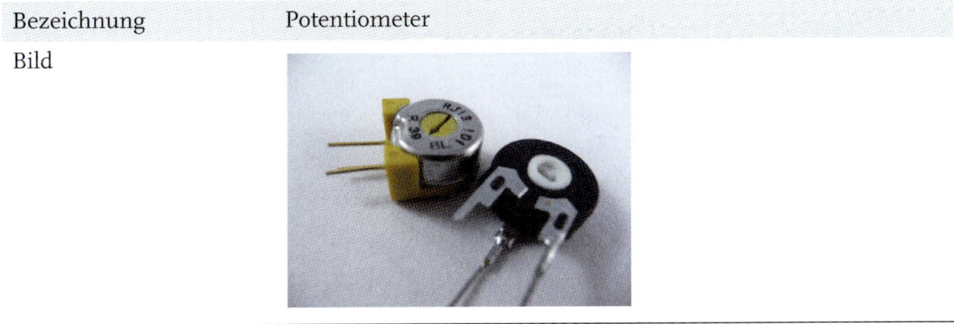

Bezeichnung	Potentiometer
Schaltzeichen	R1 100k
Werte	Ohm
Formel	Wie beim Widerstand

Das Potentiometer ist ein verstellbarer Widerstand und in einer Anwendung von außen meist als Drehregler sichtbar. Bei den Standard-Potentiometern ist der Drehbereich üblicherweise 270 Grad.

Die Verstellung des Widerstands erfolgt über die Drehachse oder mittels Schraubenzieher.

Anwendungsbeispiel: Referenzwert für Analogeingang einstellen.

3.4.3 Kondensator

Bezeichnung	Kondensator
Bild	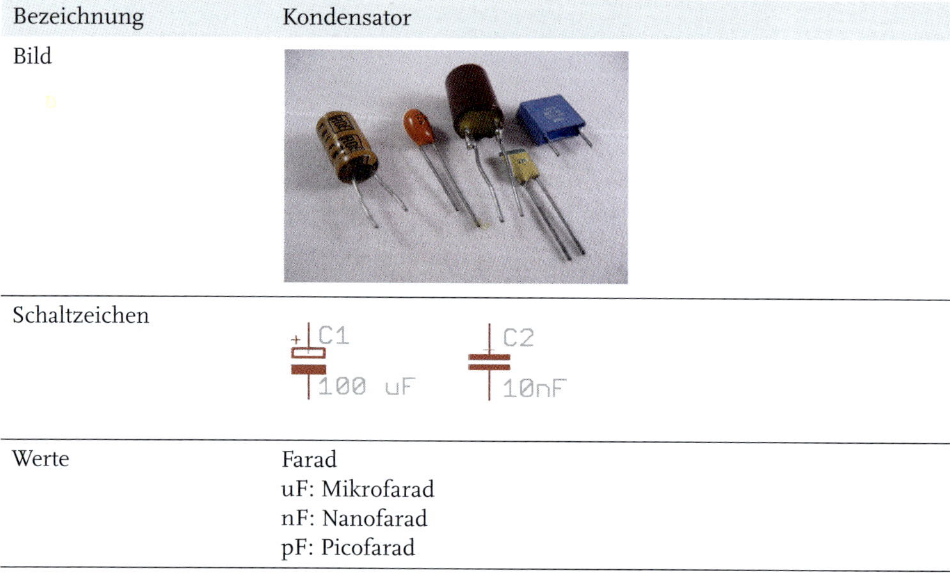
Schaltzeichen	C1 100 uF C2 10nF
Werte	Farad uF: Mikrofarad nF: Nanofarad pF: Picofarad

Ein Kondensator ist eine Art Spannungsspeicher. Das Bauelement gibt es in gepolter (Schaltzeichen links) oder ungepolter Ausführung (Schaltzeichen rechts). Elektrolytkondensatoren sind gepolte Bauelemente und müssen bei der Montage richtig gepolt eingesetzt werden. Zu den ungepolten Kondensatoren gehören die Folien- oder Keramikkondensatoren.

Der Kondensator wird in elektronischen Schaltungen für verschiedene Zwecke eingesetzt. Elektrolytkondensatoren werden in Netzteilen zum Glätten der Spannung verwendet. Folien- und Keramikkondensatoren nutzt man bei Taktgebern oder Quarzen, zur Signalkopplung oder zur Signalglättung.

3.4.4 Diode

Bezeichnung	Diode
Bild	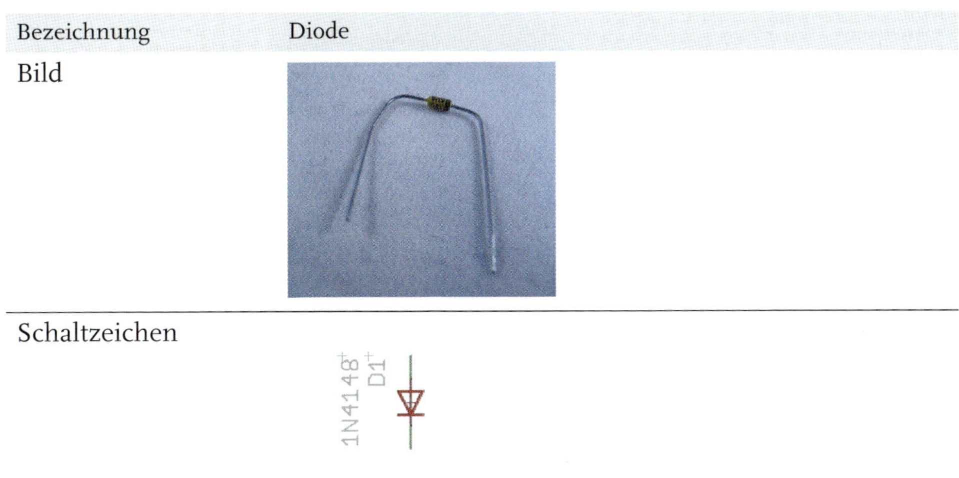
Schaltzeichen	

Dioden sind Bauelemente, die den Strom nur in eine Richtung fließen lassen. In Gegenrichtung (Sperrrichtung) arbeitet die Diode wie ein Ventil und sperrt den Stromfluss.

Dioden werden meist als Schutzelemente (Freilaufdioden bei Relais) oder in Netzteilen zur Gleichrichtung der Wechselspannung eingesetzt. In digitalen Schaltungen können mit Dioden Signale verknüpft werden.

Die Diode hat zwei Anschlussdrähte. Die Größe des Bauteilkörpers ist abhängig vom maximalen Durchgangsstrom. Die Durchlassspannung beträgt rund 0,7 Volt.

3.4.5 Leuchtdiode

Bezeichnung	Leuchtdiode
Bild	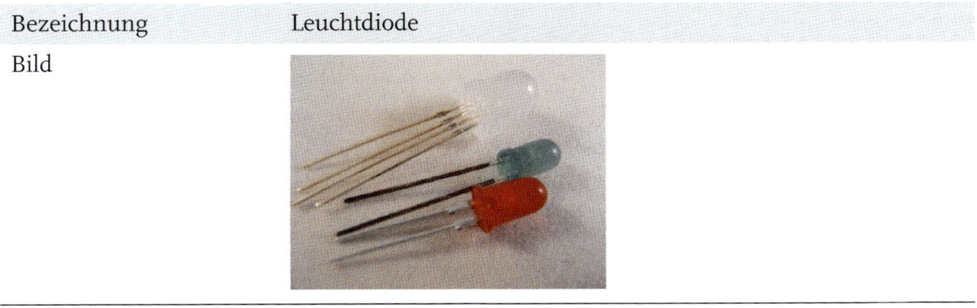

Bezeichnung	Leuchtdiode
Schaltzeichen	
Eigenschaften	Durchlassstrom: 1–50 mA (abhängig vom Typ)

Die Leuchtdiode ist eine spezielle Diode, die beim Betrieb in Durchlassrichtung Licht abgibt, also leuchtet. Es gibt sie in verschiedenen Größen und Farben. Im Schaltplan oder in der Umgangsform wird die Leuchtdiode meist als »LED« (Light Emitting Diode) bezeichnet.

Eine Leuchtdiode benötigt für den Betrieb immer einen Vorwiderstand zur Strombegrenzung. Den maximal erlaubten Durchlassstrom kann man aus dem Datenblatt der jeweiligen LED ablesen. Für einen Normalbetrieb reichen gewöhnlich 1–20 mA.

Leuchtdioden werden oft als Anzeigeelemente eingesetzt.

Anwendungsbeispiel:

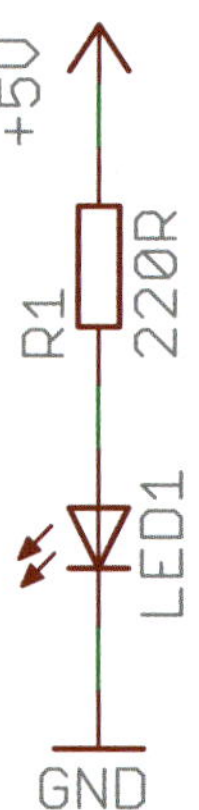

Abb. 3.17: Anzeige von Versorgungsspannung mit Leuchtdiode

Neben den »normalen« Leuchtdioden sind noch die Leuchtdioden für den Infrarotbereich zu erwähnen. Diese so genannten »IR-Dioden« geben Signale im Infrarotbereich ab, daher ist keine Lichtemission erkennbar, und sie werden für Fernsteuerungen und Datenübertragungen verwendet.

3.4.6 Transistor

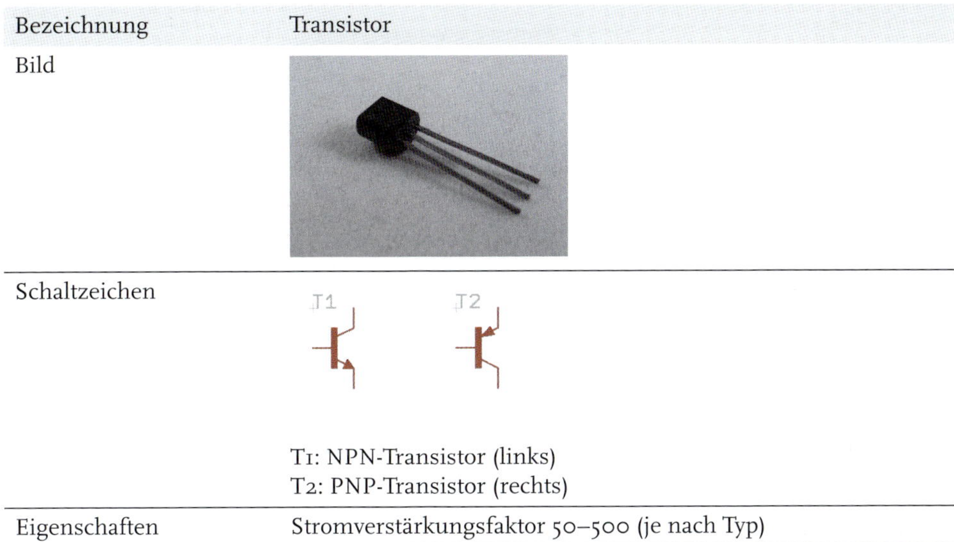

Bezeichnung	Transistor
Bild	
Schaltzeichen	T1 T2 T1: NPN-Transistor (links) T2: PNP-Transistor (rechts)
Eigenschaften	Stromverstärkungsfaktor 50–500 (je nach Typ)

Transistoren sind elektronische Schaltelemente, mit denen man höhere Spannungen oder Ströme schalten kann. Mit einem kleinen Eingangsstrom kann ein hoher Strom oder ein Relais, Servo oder Motor geschaltet werden.

Sie besitzen immer drei Anschlüsse und sind in vielen verschiedenen Gehäuseformen erhältlich. Je nach Anwendungsbereich und Leistung unterscheiden sich die Transistoren.

Abbildung 3.18 zeigt ein Anwendungsbeispiel eines Transistors. Der NPN-Transistor arbeitet hier als Schalter und schaltet das Relais ein und aus.

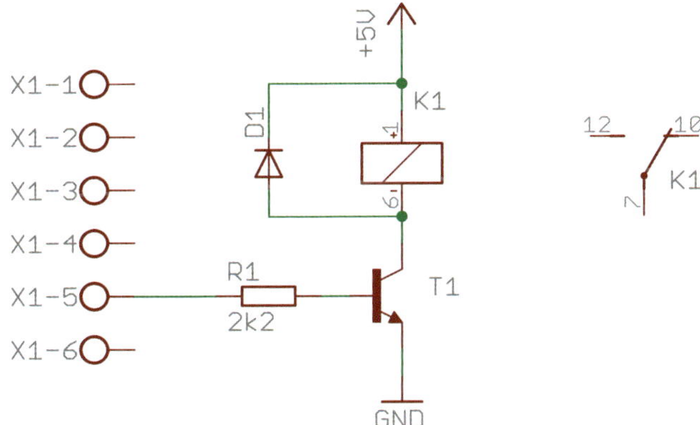

Abb. 3.18: Ansteuerung eines Relais mittels NPN-Transistor

3.4.7 Integrierte Schaltung (IC)

Bezeichnung	Integrierte Schaltung (IC)
Bild	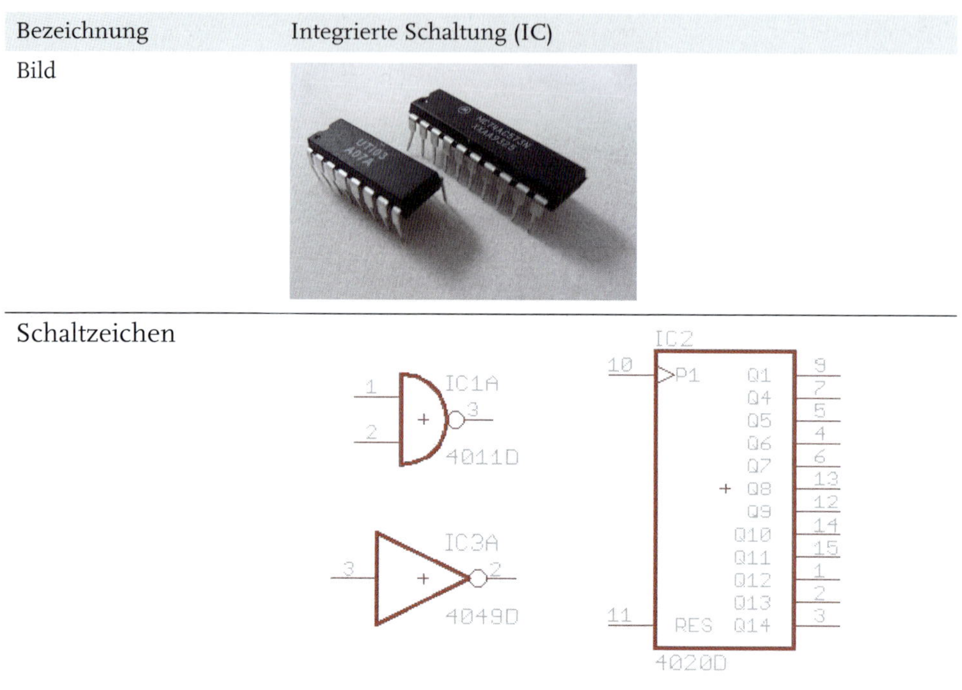
Schaltzeichen	

Integrierte Schaltungen (IC) werden im Volksmund »Chips« genannt und sind elektronische Bauelemente mit verschiedensten Funktionen. Die Bausteine mit acht oder mehr Anschlusspins (Anschlussstifte) beinhalten die vielfältigsten Funktionen, vom kleinen Verstärker bis zum hoch integrierten Microcontroller, der mit Tausenden von Transistoren aufgebaut wurde.

Auch der schwarze Baustein mit 28 Anschlusspins, der auf dem Arduino-Board zu finden ist, gehört in diese Kategorie.

Durch den Einsatz integrierter Schaltungen können komplexe Funktionen platzsparend realisiert werden.

Man erinnere sich an die ersten Handys, die sehr klobig und mit geringer Funktionalität auf den Markt kamen. Mittlerweile haben die mobilen Alleskönner dank der fortwährenden Entwicklung und Miniaturisierung auf dem Halbleitermarkt zusätzliche Funktionen wie Digitalkamera, GPS oder MP3-Player integriert.

Auf dem PC-Markt ist die schnelle Entwicklung in der Halbleiterbranche am rasanten Fortschritt der verwendeten Prozessoren erkennbar: Sie werden zunehmend schneller und die Halbleiterspeicherbausteine können immer mehr Daten auf engstem Raum speichern.

Die große Vielfalt an verschiedenen integrierten Schaltungen erschwert es dem Benutzer, die Übersicht zu behalten. Dank des Internets und der Datenbanken der verschiedenen Hersteller findet man aber dennoch die gewünschten Bausteine.

Neben den vielfältigsten Funktionen gibt es auch eine große Anzahl an Gehäuseformen, wobei sich einige Standards gebildet haben. Sehr verbreitet ist die Gehäuseform DIL (Dual In-Line). Sie besitzt zwei Reihen von Anschlussstiften mit einem Pinabstand von 0,1 Zoll (2,54 mm). Die beiden Stiftreihen selbst haben einen Abstand von 0,3 Zoll (7,62 mm) oder 0,6 Zoll (15,24 mm). Die Pinzahl liegt zwischen 8 Pins und 28 Pins, wobei durch die zweireihige Anordnung nur Pinmengen im geradzahligen Bereich möglich sind.

Durch die dauernde Miniaturisierung haben sich auch die Gehäuseformen für die Oberflächenmontage (Surface mounted devices, kurz SMD genannt) durchgesetzt. Diese SMD-Komponenten sind für die automatisierte Bestückung ausgelegt und finden im Hobby-Bereich wenig Anwendung. Ein Einsatz dieser Gehäuseformen auf Steckbrettern ist nur mit Adapter möglich. Für das Löten der SMD-Komponenten von Hand werden spezielle, feine Lötgeräte und -spitzen benötigt.

Die Anschlussbelegung und die erforderlichen externen Komponenten werden in den Datenblättern der Hersteller detailliert beschrieben. Alle technischen Daten und viele Beispielschaltungen ergänzen diese Datenblätter.

Vorsicht

Beim Einsatz von integrierten Schaltungen sollte man beachten, dass diese Bausteine sehr empfindlich gegen elektrostatische Aufladung sind. Entsprechende Schutzmaßnahmen wie spezielle Arbeitsflächen und geerdete Lötgeräte sind zu empfehlen.

3.4.8 Relais

Bezeichnung	Relais
Bild	
Schaltzeichen	K1 12 10 K1

Ein Relais ist ein elektromagnetischer Schalter. Eine Spule mit Magnet zieht beim Anlegen einer Spannung einen Anker an. Dieser Anker wiederum schaltet auf mechanische Weise einen Kontakt. Zwischen der Ansteuerung der Spule und dem Kontakt besteht keine Verbindung. Diese Potenzialtrennung erlaubt es, mit einer kleinen Steuerspannung, meist im Bereich von 5–24 Volt Gleichspannung, eine höhere Last zu schalten (bis 380 Volt Wechselspannung). Die Schaltleistung der Kontakte kann mehrere Ampere betragen. Somit kann mit einem kleinen Microcontroller wie dem Arduino eine Heizung mit mehreren Kilowatt gesteuert werden.

Die Ansteuerung eines Relais mittels Transistor ist weiter oben beschrieben.

3.4.9 Schalter

Bezeichnung	Schalter
Schaltzeichen	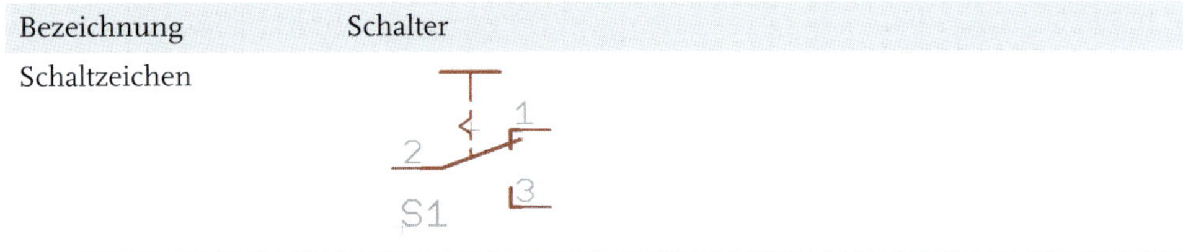

Schalter sind mechanische Bauteile und dienen zur Trennung von Schaltkreisen oder als Drucktaster für die Signaleingabe.

Im Microcontroller-Bereich werden Schalter meist als Power-On-Schalter benötigt oder als Drucktaster für den Reset-Eingang.

Die Bauformen und -größen sind sehr vielfältig, je nach Anwendungsfall und der zu schaltenden Spannung oder Leistung.

3.5 Programmcode

Mit dem Ausführen des Testprogramms Blink nach der Installation der Treiber und der Entwicklungsumgebung hat das Arduino-Board schon das erste Programm, »Sketch« genannt, erfolgreich ausgeführt.

Der Einstieg in die Programmierung des Arduino ist recht einfach, denn die Struktur der Sketches ist übersichtlich. Die Arduino-Programmiersprache ist von der bekannten Programmiersprache C abgeleitet und schnell erlernbar. Für die ersten erfolgreichen Sketches benötigt man nur wenige Zeilen Code und schon hat man das erste Erfolgserlebnis.

Das Erlernen der Syntax fällt leichter, wenn man in der Anfangsphase vorhandene Programme durcharbeitet und diese anschließend für eigene Anwendungen erweitert. Dank der recht großen Community lassen sich zu diesem Zweck über die Arduino-Website oder Suchmaschinen zahlreiche lauffähige Sketches und Lösungen finden.

3.5.1 Integer, Typen und Variablen

In der Programmierung werden verschiedene, unabhängig von der Programmiersprache genutzte Begriffe und Bezeichnungen verwendet.

Variablen

In einem Programm werden Werte, die für eine Weiterbearbeitung gespeichert sind, mit einem Textbegriff benannt. Der Begriff, also der Variablenname, sollte so gewählt werden, dass er innerhalb des Programms gut lesbar und verständlich ist.

Der Wert einer Variablen kann sich laufend ändern oder durch das Programm verändert werden.

Eine Variable besitzt neben dem Variablennamen auch einen Datentyp, der den Wertebereich definiert.

Bei der Variablendeklaration, die zu Beginn des Programms erfolgt, wird der Datentyp, der Variablenname und der Wert der Variablen gesetzt. Erfolgt keine Wertangabe, wird der Variablenwert auf 0 gesetzt.

```
Datentyp Variablenname = Wert;
```

Beispiel:

```
int IRAbstand = 453;  // Variable IRAbstand als Integer (ganzzahlig)
```

Verständliche Variablennamen wie `AbstandSensor` oder `EingabePin` verbessern die Lesbarkeit eines Programms.

```
// Ideale Variablennamen
int AbstandSensor = 100;
int EingabePin = 2;
float TempWertAussen = 32.45;

// Schlecht gewählte Variablennamen
int x = 123;
float valy = 34.45;
```

Datentypen

Ein Datentyp beschreibt den erlaubten Wertebereich und die möglichen Operationen einer Variablen. Da die Datentypen der Variablen unterschiedlich viel Speicherplatz beanspruchen, muss sich der Programmierer bei der Programmerstellung genau darüber im Klaren sein, welche möglichen Werte eine von ihm definierte Variable besitzen kann: Handelt es sich nur um einen digitalen Zustand mit den Werten `ja` und `nein` oder kann die Variable einen ganzen Text aufnehmen? Entsprechend muss der Datentyp gewählt werden.

Die wichtigsten Datentypen und deren Wertebereiche für die Erstellung von Arduino-Programmen sind in Tabelle 3.5 aufgelistet.

Datentyp	Wertebereich/Speicherbedarf	Erklärungen/Beispiele
`int`	-32.768 bis 32.767 Speicherbedarf: 2 Bytes	Ganzzahlige Werte für Zähler, Schleifen oder Messwerte ohne Kommastellen Beispiel: `int Abstand=234;`
`byte`	0 bis 255 Speicherbedarf: 1 Byte	Niedrige Werte (und entsprechend kleiner Speicherbedarf) Beispiel: `byte Helligkeit=126;`
`long`	-2.147.483.648 bis 2.147.483.647 Speicherbedarf: 4 Bytes	Ganzzahlige Zahlen mit hohen Werten Beispiel: `long durchgaenge=12345;`
`float`	-3.4028235E+38 bis 3.4028235E+38 Speicherbedarf: 4 Bytes	Werte mit Kommastellen Beispiel: `float TempWert=23.45;`
`double`	Entspricht dem Datentyp `float`	Beispiel: `Double IRAbstand=432.45;`
`char`	-128 bis 127 Speicherbedarf: 1 Byte	Wert für die Speicherung eines Zeichens Beispiel: `Char MyBuchstabe='A'`
`boolean`	TRUE/FALSE Speicherbedarf: 1 Byte	Wert für 1/0, Ja/Nein oder Ein/Aus, also Status EIN oder AUS Beispiel: `Boolean StopStatus=true;`
`string`	Länge je nach Definition Speicherbedarf: je nach Bedarf	Zeichenketten wie Texte oder mehrere Zeichen Beispiel: `String MyString[ ]="Arduino"`
`array`	Array mit Größe gemäß Definition Speicherbedarf: je nach Array-Größe	Werte in Variablen mit Tabellenform speichern, wie z. B. Listen von Ports oder Konfigurationswerte Beispiel: `int myPorts[ ] = {8, 9, 10, 11};`

Tabelle 3.5: Wichtige Datentypen für Arduino-Programme

Zusätzliche Informationen und Beispiele zu den Datentypen sind in Anhang A »Codereferenz« beschrieben.

Funktionen

Eine Funktion ist innerhalb eines Programms eine geschlossene Einheit und wird über den Namen aufgerufen. Meist werden beim Funktionsaufruf noch Werte übergeben, die dann innerhalb der Funktion verarbeitet werden. Diese Werte werden als »Parameter« bezeichnet. Nach Ausführung der Funktion, die eine Berechnung, eine Umwandlung oder eine Signalausgabe auf einen Ausgangsport sein kann, ist dieses »kleine Programm« ausgeführt und das Hauptprogramm, das die Funktion aufgerufen hat, wird fortgesetzt.

Oftmals liefert aber die aufgerufene Funktion eine Antwort zurück. Dies kann das Resultat einer Berechnung sein oder ein Status eines Zustands. Die Antwort wird als »Rückgabewert« bezeichnet.

Der Grundaufbau einer Funktion sieht also so aus:

```
Typ NameDerFunktion (Parameter)
{
  // Anweisungen
  Rückgabewert a;
}
```

Der Typ einer Funktion gibt an, was für eine Art von Wert aus der Funktion zurückgegeben wird. Hierbei kann es sich um einen Text, eine Zahl oder einen Zustand handeln. Entsprechend wird der Datentyp dieses Rückgabewertes im Aufruf der Funktion vor dem Funktionsnamen angegeben.

Der Aufruf einer Funktion erfolgt meist aus dem Hauptprogramm.

```
void loop() // Hauptprogramm
{
  int SensorPin = 2;
  tempwert = AussenTemperatur(SensorPin);
  // weitere Anweisungen
}

float AussenTemperatur(int PortSensor)
{
  //Analogwert einlesen und in Variable speichern
  tempwert = AnalogRead(PortSensor);
```

```
  //Rückgabe von eingelesenem Wert
  return tempwert;
}
```

Listing 3.1: Aufruf einer Funktion mit Rückgabewert

Listing 3.1 zeigt den Aufruf einer Funktion aus dem Hauptprogramm (Hauptschleife). Der Rückgabewert ist ein Temperaturwert mit dem Datentyp `float`.

Bei einer Funktion, die keinen Rückgabewert besitzt, wird für die Typenbezeichnung das Schlüsselwort `void` verwendet.

```
void loop() // Hauptprogramm
{
  AusgabeWert(SensorPin)
  // weitere Anweisungen
}

void AusgabeWert(PortSensor)
{
  //Einlesen des Analogwertes
  tempwert = AnalogRead(PortSensor);
  //Ausgabe des Analogwertes an die serielle Schnittstelle
  Serial.println(tempwert);
}
```

Listing 3.2: Aufruf einer Funktion ohne Rückgabewert

In Listing 3.2 besitzt die Funktion `AusgabeWert()` keinen Rückgabewert. Somit wird als Datentyp das Schlüsselwort `void` verwendet.

3.5.2 Struktur

Die Struktur eines Arduino-Programms teilt sich in zwei Bereiche auf: `setup()` und `loop()`.

```
void setup() // Programmstart
{
  // Anweisungen
}

void loop() // Hauptschleife
{
  // Anweisungen
}
```

Listing 3.3: Arduino-Sketch: Struktur

Die Setup-Funktion wird einmalig beim Start des Arduino-Boards oder nach einem Reset ausgeführt. In dieser Funktion werden Grundeinstellungen wie Variablendeklarationen oder die Konfiguration der seriellen Schnittstelle vorgenommen. Zusätzlich werden die Ein- und Ausgänge gesetzt.

```
int ledPin = 13;     // LED an Pin 13
int buttonPin = 2;  // Button an Pin 2

void setup()
{
  pinMode(ledPin, OUTPUT);   // Pin 13 als Ausgang
  pinMode(buttonPin, INPUT); // Pin 2 als Eingang
  Serial.begin(9600);        // Initialisierung der seriellen Schnittstelle
}
```

Listing 3.4: Setup-Funktion: Definition von Ein- und Ausgängen und Konfiguration der seriellen Schnittstelle

Die Setup-Funktion ist zwingend notwendig und muss immer vorhanden sein, auch wenn keine Deklarationen erfolgen müssen. In diesem Fall bleibt die Funktion ohne Anweisungen.

```
void setup()  // Setup ohne Deklaration oder pinMode-Konfiguration
{
}
```

Listing 3.5: Arduino-Sketch: Setup-Funktion ohne Deklaration

Die Loop-Funktion ist der zweite Bereich der Grundstruktur eines Arduino-Programms und hat die Aufgabe eines Hauptprogramms. Nach dem einmaligen Durchlaufen der Setup-Funktion wird die Loop-Funktion durchlaufen – wie der Name schon sagt, als endlose Schleife. Im Loop werden alle weiteren Anweisungen und Funktionsaufrufe untergebracht, die im Normalbetrieb für die gewünschte Lösung benötigt werden.

```
void loop()  // Schleife durch das Hauptprogramm
{
  digitalWrite(ledPin, HIGH);    // LED einschalten
  delay(1000);                   // 1 Sekunde warten
  digitalWrite(ledPin, LOW);     // LED ausschalten
  delay(500);                    // 0,5 Sekunden warten
  // und weiter geht's am Start des Loops
}
```

Listing 3.6: Arduino-Sketch: Hauptschleife `loop()`

3.6 Testen

Das Testen der Soft- und Hardware wird in mehreren Schritten und fortlaufend durchgeführt. Bei der Codeprogrammierung kann der Programmierer die Syntax mittels Compiler direkt in der Entwicklungsumgebung prüfen.

Diese Syntaxprüfung gibt aber keinen Hinweis auf eine fehlerhafte Strukturierung oder einen falschen Ablauf des Programms. Die korrekte Ablaufsteuerung muss direkt auf dem Board und zusammen mit den externen Komponenten geprüft werden.

Die Prüfung der Hardware, speziell bei Verwendung von vielen oder komplexen externen Sensoren und Aktoren, erfolgt idealerweise mit einzelnen kleinen Prüfprogrammen. Im Voraus muss natürlich sichergestellt werden, dass die elektrische Verdrahtung der Motorstufe oder des Servos korrekt ist. Die ersten Tests der externen Hardware kann man ohne Arduino-Board durchführen.

Statuszustände von Ein- und Ausgängen können über LED-Anzeigen sichtbar gemacht werden.

Mit dem Zusammenschalten aller Hardwareteile und dem erstmaligen Ausführen des gesamten Programms erfolgt der erste wichtige Test. Oftmals läuft die aufgebaute Lösung bei den ersten Tests noch nicht oder teilweise fehlerhaft. Hier beginnt nun das Debuggen der einzelnen Aktionen und Funktionen des Programms.

Die Anzeige von einzelnen Variablenwerten oder Signalzuständen innerhalb des Programmablaufs kann mittels des seriellen Monitors realisiert werden, indem man die gewünschten Werte auf die serielle Schnittstelle ausgibt. In der Konsole werden die Daten während des Programmablaufs dargestellt und unterstützen den Programmierer bei der Fehlersuche.

3.6.1 Serieller Monitor

Der serielle Monitor ist innerhalb der Entwicklungsumgebung ein nützliches Werkzeug und erlaubt die Darstellung der übertragenen Daten über den seriellen Port.

Wie bereits früher erwähnt, wird der serielle Monitor über die Symbolleiste aufgerufen (Abbildung 3.19).

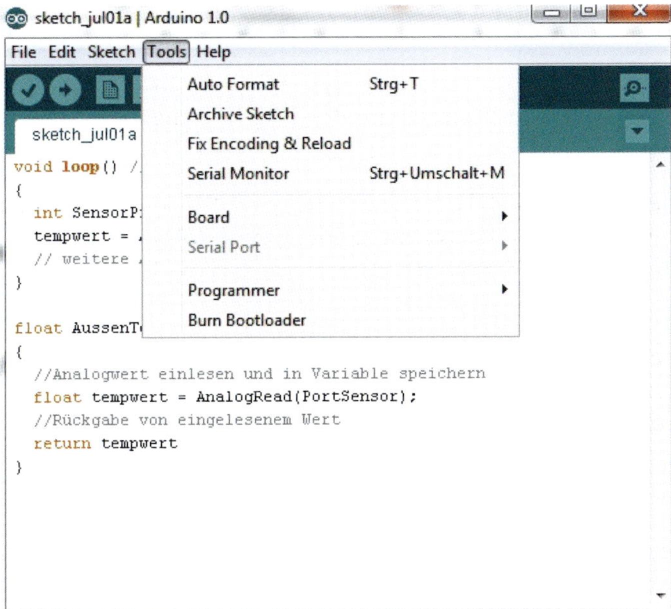

Abb. 3.19: Serieller Monitor – Symbolleiste

Nach einem Klick auf »Serial Monitor« unter dem Menüpunkt »Tools« öffnet sich ein neues Fenster ohne Inhalt.

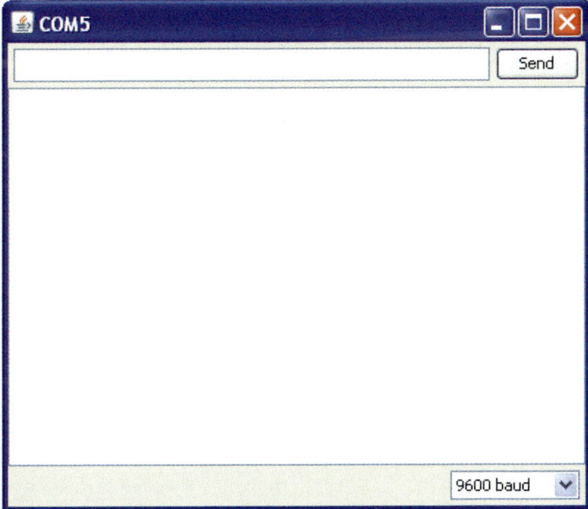

Abb. 3.20: Serieller Monitor

Der serielle Monitor kann nun genutzt werden, um Daten vom Arduino zu empfangen oder Daten zu senden (Abbildung 3.20).

Damit Daten vom Arduino im seriellen Monitor erscheinen, muss das Arduino-Board ein Programm ausführen und im Code müssen Anweisungen für eine serielle Ausgabe definiert sein.

```
void setup()
{
  Serial.begin(9600); // Konfiguration serielle Schnittstelle
}

void loop()
{
  Serial.println("Hallo Arduino Welt"); // Ausgabe
}
```

Listing 3.7: Code: Serielle Ausgabe

Nun muss noch die Übertragungsrate in Baud mit der Einstellung im Code übereinstimmen. Dann sollten die ersten Daten erscheinen.

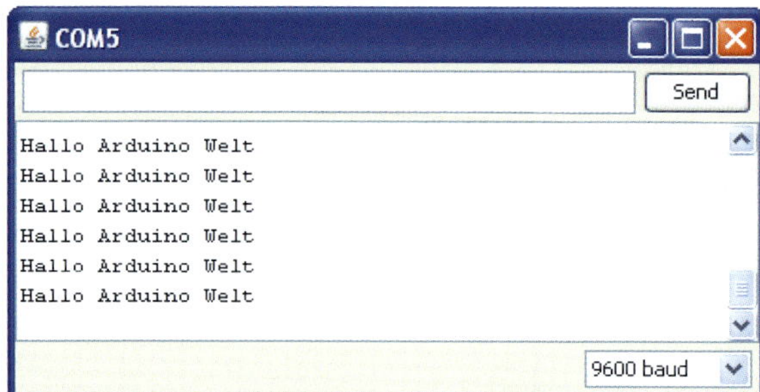

Abb. 3.21: Daten vom Arduino im seriellen Monitor

Damit die Daten vom Arduino-Board empfangen werden, muss im Code die entsprechende Anweisung vorhanden sein.

```
int gesendeterWert = 0;

void setup()
{
  Serial.begin(9600); // Konfiguration serielle Schnittstelle
}

void loop() {
```

```
  if (Serial.available() > 0) {
    gesendeterWert = Serial.read();
    if (gesendeterWert == '1')
    {
     Serial.println("Wert war 1"); // Ausgabe, falls Wert = 1
    }
    else
    {
     Serial.println("Wert war nicht 1"); // Ausgabe, falls Wert <> 1
    }
  }
  delay(500);
}
```

Listing 3.8: Code: Serielles Senden und Empfangen

Für das Senden von Daten aus dem seriellen Monitor wird ein Text in das Eingabefeld geschrieben und der Button SEND gedrückt.

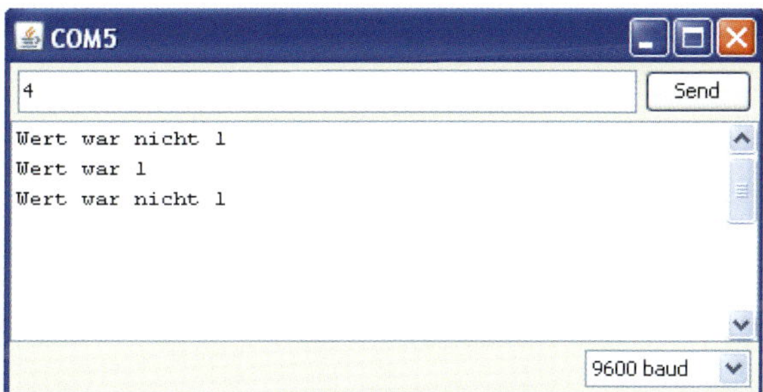

Abb. 3.22: Serieller Monitor: Senden und Empfangen

Hinweis

Beim Testen der Schaltung ist zu beachten, dass das Arduino-Board beim Aufruf des seriellen Monitors zurückgesetzt und der geladene Sketch kurze Zeit später neu gestartet wird. Dies gilt für die Arduino-Standardboards. Beim neuesten Board, dem Arduino Leonardo, ist dieses Verhalten deaktiviert.

3.6.2 Code-Debugging

Wo programmiert wird, treten Fehler auf. Das merkt man schnell, wenn man die ersten eigenen Codezeilen für sein Arduino-Board erstellt. Ein fehlendes Semikolon oder eine vergessene Deklaration und schon reklamiert der Editor beim Kompilieren des Programmcodes.

Bei kleineren Projekten hat man den Fehler meist schnell gefunden und behoben und dann wieder kompiliert.

Ein Fehler heißt aber nicht zwingend ein fehlendes Zeichen oder ein Schreibfehler im Code. Bei umfangreicheren Projekten mit einer größeren Anzahl an verwendeten Ein- und Ausgängen, Analogdaten oder PWM-Ausgängen kann ein korrekter Programmcode trotzdem einen Fehler in der Ausführung bedeuten. Ein Servo dreht sich nicht oder der angeschlossene Motor des Selbstbauroboters stoppt nicht, obwohl der Abstandssensor die nahe Wand registriert hat.

In diesem Fehlerfall ist kein Programmfehler zu erkennen, da dieser beim Kompilieren des Programmcodes aufgefallen wäre. Die weiteren möglichen Ursachen sind vielfältig: Im Programmaufbau wird eine Prozedur nicht aufgerufen, ein Wert einer Variablen ist wider Erwarten falsch oder eine realisierte Entscheidung geht in die falsche Richtung.

Es muss also einen Weg geben, damit man in einem solchen Fall tiefer in den Programmablauf blicken kann. Wichtig ist natürlich, dabei sicherzustellen, dass die externen Komponenten wie Temperatursensor, Entfernungssensor oder auch Endschalter korrekte Werte oder Signale liefern. Die Prüfung der einzelnen externen Elemente führt man mittels kleiner Sketches aus und kontrolliert so die korrekte Funktionsweise. Diese Sketches können idealerweise Ausschnitte aus dem Hauptprogramm sein.

Erfahrungsgemäß ist eine Prüfung von Einzelfunktionen einfacher zu realisieren, denn auf diese Weise stellt man sicher, dass die einzelnen Teile laufen.

Bei der Prüfung von Einzelfunktionen oder auch einer Gesamtfunktion muss man die internen Daten im Programm sichtbar machen. Da viele Projektlösungen keinen Bildschirm oder ein sonstiges Anzeigeelement besitzen, müssen die zu prüfenden Daten bei der Fehlersuche im Code auf eine andere Art sichtbar gemacht werden.

Angesichts der Tatsache, dass das Arduino-Board bei der Programmierung mit dem Rechner und der Entwicklungsumgebung verbunden ist, ist es naheliegend, die Daten auf den Rechner auszugeben. Die Ausgabe erfolgt über die serielle Schnittstelle und kann mit dem seriellen Monitor oder einem Hyperterminal-Programm sichtbar gemacht werden.

Programmtechnisch heißt das nun, dass der zu prüfende Sketch durch verschiedene Debug-Ausgaben erweitert wird (Listing 3.9).

```
// Variablen
boolean DEBUG = true;     // Debugging aktivieren mit TRUE
int SerSpeed =9600;
```

```
void setup()
{
  Serial.begin(SerSpeed); // Konfiguration serielle Schnittstelle
  ....
  if(DEBUG)
  {
   Serial.println("Debugging aktiviert");
  }
}

void loop()
{
  ..
  ..
  if(DEBUG)
  {
   Serial.print("Wert A0: ");
   Serial.println(analog0);
   Serial.print("Wert A1: ");
   Serial.println(analog1);
  }
}
```

Listing 3.9: Code: Debugging mittels serieller Ausgabe

Durch Setzen der Variablen debug auf TRUE können die Werte im seriellen Monitor überprüft werden. Für den Produktiveinsatz wird die Variable auf FALSE gesetzt und es erfolgt keine Ausgabe auf die serielle Schnittstelle.

Digitale Zustände können neben der Ausgabe im seriellen Monitor auch mittels Leuchtdioden sichtbar gemacht werden. Dazu wird ein kleines Steckbrett mit Leuchtdioden und Vorwiderständen mit dem Arduino-Board verbunden. Dann werden die Leuchtdioden an die zu prüfenden Ein- und Ausgänge angeschlossen und machen so die digitalen Zustände sichtbar.

Für einen stabilen Aufbau kann auch ein Protoshield (Erweiterungsplatine mit Platz für eigene Schaltungen) mit den Leuchtdioden als Statusanzeige realisiert werden. Dieses kann sauber auf das Arduino-Board gesteckt werden.

Mit diesen Debug-Methoden sollte ein möglicher Programm- oder Ablauffehler schnell lokalisiert werden können.

Weitere Informationen zur Fehlersuche in Soft- und Hardware erhalten Sie in Kapitel 9.

Kapitel 4

Eingänge und Ausgänge

Die Eingänge und Ausgänge des Arduino-Boards sind die Schnittstellen zur Außenwelt, um Umweltdaten, wie Temperaturen oder Luftfeuchtigkeit, Abstandsmeldungen von einem Infrarotsensor oder Signale von einem Endschalter auf einem mobilen Roboter einzulesen oder Lampen, Relais oder Motoren anzusteuern. Ein Microcontroller ohne Eingänge ist wie ein Internet-PC ohne Internetverbindung.

In diesem Kapitel werden die Möglichkeiten der digitalen und analogen Ein- und Ausgänge des Arduino-Boards beschrieben.

Der Arduino Uno besitzt 14 digitale und 6 analoge Ports. Als »Port« wird ein Anschlusspin des Microcontrollers bezeichnet, der als Ein- oder Ausgang programmiert werden kann. Einzelne Ports besitzen zusätzliche spezielle Aufgaben wie das Sendesignal (Port D1) oder Empfangssignal (Port D0) der seriellen Schnittstelle oder die Pulsweitenmodulation (PWM).

Durch den Einsatz von Erweiterungsplatinen (Shields) kann die Anzahl der Ports oder deren Funktionalität erweitert werden. Zu beachten ist in diesem Fall, dass die Shields Ports belegen, die von den Anwendungen auf den Erweiterungen nicht mehr verwendet werden können. Als Beispiel ist hier das Ethernet Shield mit den Signalen der Ports 10 bis 13 (SPI-Kommunikation) zu erwähnen.

4.1 Digitale Eingänge

Digitale Eingänge kennen nur zwei Zustände: 1 und 0 oder HIGH und LOW, wobei 1 einer Spannung von 5 Volt entspricht und 0 einer Spannung von 0 Volt.

Die einzulesenden Signale an den digitalen Eingängen kommen von anderen digitalen Schaltkreisen oder von Sensoren mit digitalen Ausgängen.

4.1.1 Port als Eingang setzen

Die digitalen Ports des Arduino-Microcontrollers sind standardmäßig als Eingänge programmiert und besitzen einen hohen Eingangswiderstand. Grundsätzlich muss keine Konfiguration für einen Eingang vorgenommen werden. In den meisten Programmen werden Eingänge aber trotzdem mit der Methode `pinMode()` definiert.

Wie bereits in Kapitel 3 erklärt, erfolgt die Konfiguration in der Funktion `setup()`.

```
void setup()
{
  pinMode(8, INPUT);  // Port 8 als Eingang setzen
}
```

Listing 4.1: Digitalen Port als Eingang setzen

Möchte man den Status eines Schalters, beispielsweise eines Endschalters von einem Roboter, einlesen, muss der digitale Eingang mittels eines internen Widerstands (»Pullup-Widerstand« genannt) auf HIGH gesetzt werden. Dies ist nötig, damit der Eingang ein festes Potenzial hat, falls der Schalter nicht aktiviert ist.

Die Schaltung sieht gemäß Abbildung 4.1 aus.

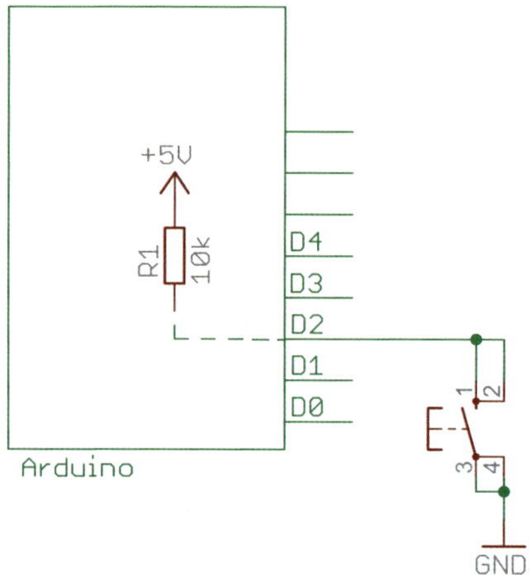

Abb. 4.1: Digitaler Eingang: Pullup-Widerstand

Die Schaltung in Abbildung 4.1 hat bei aktiviertem Schalter ein Eingangssignal LOW, bei nicht aktiviertem Schalter ein Eingangssignal HIGH.

Die Konfiguration erfolgt dann wieder in der Funktion `setup()`.

```
void setup()
{
  pinMode(8, INPUT);       // Port 8 als Eingang setzen
  digitalWrite(8, HIGH);   // internen Pullup einschalten
}
```

Listing 4.2: Digitaler Eingang: Pullup einschalten

Mit der Methode `digitalWrite()` in Listing 4.2 wird ein HIGH-Signal am Port ausgegeben, obwohl dieser Port nicht als Ausgang definiert ist. Auf diese Weise kann an einem digitalen Eingang der Pullup-Widerstand eingeschaltet werden.

4.1.2 Digitalen Eingang lesen

Das Einlesen des Wertes für einen digitalen Eingang erfolgt mit der Methode `digitalRead(PinNummer)`. Das eingelesene Resultat ist immer ein Wert HIGH oder LOW. Die Nummer des Pins liegt im Bereich von 0 bis13.

```
void setup()
{
  pinMode(8, INPUT);    // Port 8 als Eingang setzen
}

void loop()
{
  digitalRead(8);       // Port 8 einlesen
}
```

Listing 4.3: Digitalen Eingang einlesen

Die Übergabe der Pinnummer kann direkt als Zahl in der Methode erfolgen (siehe Listing 4.4) oder sie wird am Anfang des Programms in einer Variablen abgelegt.

```
// Digitalen Eingangsport einlesen
int TasterPin=8;         // Pinnummer festlegen

void setup()
{
  pinMode(TasterPin, INPUT);   // Port 8 als Eingang setzen
}

void loop()
{
  digitalRead(TasterPin);      // Port 8 einlesen
}
```

Listing 4.4: Digitalen Eingang einlesen, Pinnummer als Variable

4.1.3 Digitalen Eingang entprellen

Beim Einlesen von digitalen Signalen von Tastern oder Endschaltern kommt es oft vor, dass beim Tastendruck hintereinander mehrere Signale mit HIGH und LOW gesendet werden. In der Fachsprache nennt man dieses Verhalten »Prellen« oder »Bouncing«.

Das gleiche Verhalten kann auch durch lange Leitungen hervorgerufen werden. Hier sind die einzelnen Signale nicht durch das Schalten verursacht, sondern durch Störsignale aus der Umwelt.

Um ein sicheres Schalten und ein korrektes Einlesen der Zustände zu erreichen, kann das Prellverhalten mittels elektronischer Komponenten (Hardwarelösung) oder eines kleinen Zusatzprogramms unterbunden werden.

Entprellen mit Widerstand und Kondensator

Das Entprellen eines Eingangs mit Widerstand (R) und Kondensator (C) erfolgt gemäß Abbildung 4.2. Dabei wirken R2 und C1 als so genannter Tiefpass. Der Widerstand R1 dient als Pullup-Widerstand und setzt den Eingang bei nicht aktiviertem Taster S1 auf ein Eingangssignal HIGH.

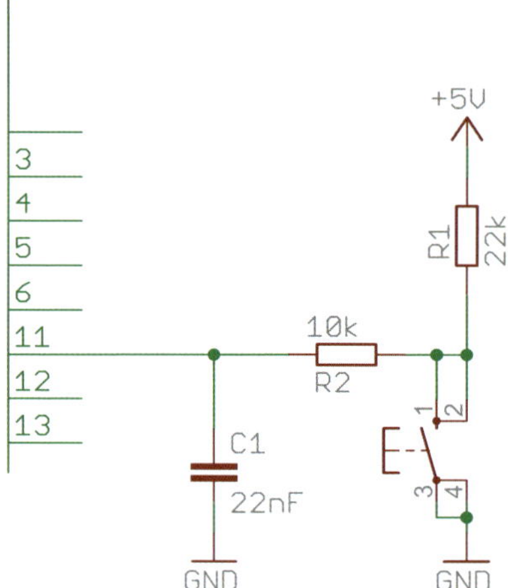

Abb. 4.2: Digitalen Eingang mit RC-Glied entprellen

Für die Berechnung der Zeiten sind elektrotechnische Grundkenntnisse erforderlich. Berechnungsformeln und weitere Beispiele sind unter `http://www.mikrocontroller.net/articles/Entprellung` detailliert beschrieben.

Entprellen mit der Bounce-Bibliothek

Ohne externe Bauelemente kommt eine Softwarelösung aus. Für Arduino-Anwendungen ist eine spezielle Bibliothek verfügbar. Die BOUNCE-Library (`http://www.arduino.cc/playground/Code/Bounce`) entprellt das Signal am digitalen Eingang, indem sie nach einer Signaleingabe den Eingang für eine bestimmte Zeit in Millisekunden sperrt. Auf diese Weise werden die nachfolgenden Signaländerungen während der eingestellten Zeit unterdrückt.

Nach dem Einbinden der Bibliothek

```
#include <Bounce.h>
```

werden die Variablen für den Eingang des Tasters und den LED-Ausgang definiert.

```
#define InpTaster 3
#define OutLED 13
```

Nun wird ein Bounce-Objekt instanziiert und angegeben, wie viele Millisekunden der Eingang nicht eingelesen wird. Wir wählen einen Wert von 20 Millisekunden (ms).

```
// Bounce-Objekt instanziieren für eine Zeit von 20 Millisekunden
Bounce bouncer = Bounce(InpTaster,20);
```

In der Setup-Routine werden nun der Eingangsport für den Taster und der Port für den Ausgang mit der Leuchtdiode gesetzt.

```
void setup()
{
  pinMode(InpTaster,INPUT);  // Eingang setzen
  pinMode(OutLED,OUTPUT);    // Ausgang setzen
}
```

Im Hauptprogramm wird nun das Bounceobjekt aktualisiert. Falls sich der Zustand vom Eingangsport `InpTaster` verändert hat, von HIGH auf LOW oder von LOW auf HIGH, wird der Rückgabewert des Bounceobjektes auf HIGH gesetzt.

```
// Debouncer aktualisieren
  bouncer.update();
```

Anschließend wird der Rückgabewert gelesen und in der Variablen `inpval` gespeichert.

```
// Wert einlesen
int inpval = bouncer.read();
```

Im letzten Schritt wird nun geprüft, ob der Wert der Variablen `inpval` gleich HIGH ist. Wenn ja, wird der Ausgang mit der Leuchtdiode auf HIGH gesetzt und die Leuchtdiode leuchtet. Andernfalls bleibt der Ausgang auf LOW und die Leuchtdiode ist aus.

```
// LED schalten
 if (inpval == HIGH)
 {
   digitalWrite(OutLED, HIGH);  // LED ein
 }
 else
 {
   digitalWrite(OutLED, LOW);  // LED aus
 }
```

Listing 4.5 zeigt ein ganzes Beispiel, um Tasteneingaben zu entprellen.

```
#include <Bounce.h>

#define InpTaster 3
#define OutLED 13

// Bounce-Objekt instanziieren für eine Zeit von 20 Millisekunden
Bounce bouncer = Bounce(InpTaster,20);

void setup()
{
  pinMode(InpTaster,INPUT);  // Eingang setzen
  pinMode(OutLED,OUTPUT);    // Ausgang setzen
}

void loop()
{
 // Debouncer aktualisieren
  bouncer.update();

 // Wert einlesen
 int inpval = bouncer.read();

 // LED schalten
 if (inpval == HIGH)
 {
   digitalWrite(OutLED, HIGH);  // LED ein
 }
 else
 {
```

```
    digitalWrite(OutLED, LOW);  // LED aus
  }
}
```

Listing 4.5: Entprellen mit BOUNCE-Bibliothek

Der Vorteil dieser Lösung ist die einfache Verwendung als Bibliothek.

Da die Softwarelösung keine externen Bauelemente benötigt und einfacher zu dimensionieren ist, empfiehlt sich diese Lösung.

Beim Einsatz vieler entprellter Eingänge kann es zu einem verzögerten Ablauf des Programms kommen, da die vielen Verzögerungen den Programmablauf verlangsamen.

4.1.4 Hohe Eingangssignale

Die bisherigen Erläuterungen über die digitalen Eingänge gehen immer davon aus, dass die Signalpegel 5 Volt betragen.

Für höhere Eingangsspannungen, beispielsweise von Motoren oder Automobilanwendungen, müssen die Signale mit entsprechenden Mitteln wie Spannungsteilerschaltung mit Widerständen oder auch Optokopplern (Bauteile zur Trennung von Signalen) angepasst werden.

Für eine sichere Signaltrennung oder -umwandlung empfehlen sich in vielen Fällen Relais (siehe Kapitel 3).

Ein Spannungsteiler für die Signalanpassung ist die einfachste Lösung und benötigt nur wenige Bauteile. Abbildung 4.3 zeigt eine Signalanpassung für digitale Signale mit 12 Volt.

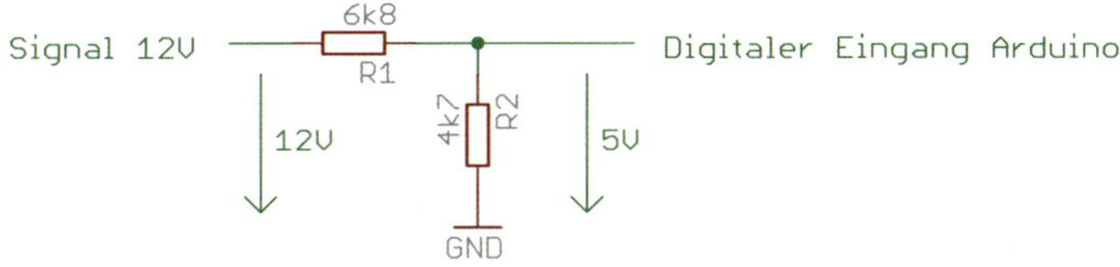

Abb. 4.3: Digitaler Eingang mit 12 Volt

Die Verhältnisse für diesen Spannungsteiler sehen wie folgt aus:

$$12V / R1 + R2 = 5 V / R2$$

Die Spannungen über den einzelnen Widerständen sind demnach:

$$U_{R1} = 7 V$$

$$U_{R2} = 5 V$$

Addiert ergibt das wieder die gesamte Eingangsspannung von

$7 V + 5 V = 12 V$

Für den Strom, der in den Spannungsteiler fließt, nehmen wir einen Wert von 1 Milliampere (mA) an. Da der digitale Eingang des Arduino recht hochohmig ist, vernachlässigen wir den Strom, der in den Eingang fließt. Der gesamte Strom fließt also vom 12-Volt-Eingang über die beiden Widerstände R1 und R2.

Der Widerstand R2 wird also mit dem ohmschen Gesetz berechnet.

$R2 = 5 V / 1 mA$

Aus der Normreihe nehmen wir nun einen Wert für R2 von 4.7 kOhm.

Da wir wissen, dass sich das Spannungsverhältnis von U_{R1} zu U_{R2} wie folgt verhält:

$U_{R1} / U_{R2} = 7 V / 5V$

und der Strom durch beide Widerstände gleich ist, wird auch das Verhältnis der Widerstände gleich, also

$R1 / R2 = 7 / 5$

Mit einem R2 von 4,7 kOhm ergibt das nun einen Widerstand R1 von

$R1 = 7 * 4700 / 5 = 6580$ Ohm

Aus der Normreihe nehmen wir einen Wert für R1 von 6.8 kOhm.

Nachgeprüft mit den beiden Widerstandswerten ergibt das dann ein Eingangssignal am Arduino von

$12 V * 4700 / 6800 + 4700 =$ **4,90 V**

Mit diesen einzelnen Schritten kann man einen Spannungsteiler für verschiedene Spannungen berechnen.

Neben der Berechnung von Hand kann man auch ein Online-Tool für die Berechnung nutzen. Ein sehr nützliches Tool liefert sogar Resultate mit Widerstandswerten aus Normreihen.

`http://www.shosworld.de/Elektronik/spannungsteiler.html`

4.2 Digitale Ausgänge

Die digitalen Ausgänge des Arduino, auf dem Standardboard Uno sind es maximal 14, sind die Signalgeber an die Außenwelt, die Anzeigen, Relais, Servos oder Motoren ansteuern.

Die Ausgänge liefern digitale Signale, also 1 und 0 oder HIGH oder LOW. Die Spannungspegel betragen standardmäßig 5 Volt bei Signal HIGH und 0 Volt bei Signal

LOW. Bei einer Versorgungsspannung von 3,3 Volt betragen die Ausgangssignale bei Signal HIGH natürlich nur 3,3 Volt.

Der maximale Strom pro Ausgang beträgt bei 5 Volt 40 Milliampere (mA). Dieser Strom erlaubt die direkte Ansteuerung eines digitalen Eingangs oder einer Leuchtdiode mit entsprechendem Vorwiderstand.

Die Ansteuerung von Lampen, Relais oder Motoren erfordert zusätzliche Treiberstufen mittels Transistoren oder Treiber-IC. Die Ansteuerung dieser Aktoren und Anzeigen ist in Kapitel 5 genauer beschrieben.

Neben der »normalen« digitalen Ausgabe eines Signals besteht für eine Anzahl der Ausgabeports die Möglichkeit der Ausgabe als PWM (Pulsweitenmodulation). Diese Zusatzfunktionalität ist in Kapitel 4.3 beschrieben.

4.2.1 Ausgang setzen und ausgeben

Da ein digitaler Port standardmäßig als Eingang gesetzt ist, muss ein Ausgangsport in der Funktion `setup()` initialisiert werden.

```
void setup()
{
  pinMode(13, OUTPUT);  // Port 13 als Ausgang setzen
}
```

Anschließend wird der Ausgang in der Funktion `loop()` auf HIGH oder LOW gesetzt.

```
void setup()
{
  pinMode(13, OUTPUT);  // Port 13 als Ausgang setzen
}

void loop()
{
  digitalWrite(13, HIGH);       // Port 13 auf HIGH setzen
  delay(500);                   // 500 Millisekunden warten
  digitalWrite(13, LOW);        // Port 13 auf LOW setzen
}
```

Tipp

Da digitale Ausgänge oftmals zur Ansteuerung von Leuchtdioden (LED) als Statusanzeige verwendet werden, ist auf dem Arduino Uno der Port 13 direkt mit einer Leuchtdiode verdrahtet. Somit kann man Ausgang 13 zu Testzwecken direkt als Anzeigeelement verwenden, ohne dass zusätzliche externe Bauteile erforderlich sind.

4.2.2 Praxis-Tipp: Status eines Ausgangs lesen

Der Status eines digitalen Ausgangs wird wie oben beschrieben mit der Methode `digitalWrite()` gesetzt. In gewissen Fällen möchte man nun wissen, wie der aktuelle Zustand eines Ausgangs ist. Meist wird ein weiterer Port als Eingang gesetzt und mit dem zu überprüfenden Ausgang verbunden.

Diese Lösung ist korrekt, hat aber den Nachteil, dass man für diese einfache Prüfung zusätzliche digitale Ports benötigt.

Mit einem kleinen Trick kann man dies umgehen. Für diese Lösung sind keine zusätzlichen digitalen Eingänge nötig (Listing 4.6).

```
// Einlesen des Status eines Ausgangsports
// und Anzeigen des Status auf zusätzlichem Ausgang

int ledPin1 =  13;   //
int ledPin2 =  7;
int val=0;

void setup()
{
  // Ausgang 13 als Ausgangsport
  pinMode(ledPin1, OUTPUT);
  // Ausgang 7 als Statusanzeige von Ausgang 13
  pinMode(ledPin2, OUTPUT);
}

void loop()
{
  // Ausgang 13 auf HIGH
  digitalWrite(ledPin1, HIGH);
  // Status von Ausgang 13 einlesen
  val = digitalRead(ledPin1);
  // Status von Ausgang 13 an Ausgang 7 ausgeben
  digitalWrite(ledPin2, val);
  delay(1000);

  // Ausgang 13 auf LOW
  digitalWrite(ledPin1, LOW);
```

```
  val = digitalRead(ledPin1);
  digitalWrite(ledPin2, val);
  delay(1000);
}
```

Listing 4.6: Digitaler Ausgang: Status einlesen und anzeigen

In Listing 4.6 wird Port 13 mit der Methode `digitalRead()` eingelesen, obwohl er eigentlich als Ausgang definiert ist.

```
val = digitalRead(ledPin1);
```

Anschließend wird der eingelesene Wert in der Variablen `val` an den Ausgang mit der Statusanzeige-Leuchtdiode ausgegeben.

```
digitalWrite(ledPin2, val);
```

4.3 Analoge Welt

Viele Sensoren wie Temperatursensoren oder Abstandssensoren liefern als Ausgangssignal eine analoge Spannung, die dem aktuellen Wert der Temperatur beziehungsweise dem Abstand entspricht.

Ein Analogsignal besitzt im Gegensatz zum Digitalsignal nicht nur zwei Werte, sondern kann jeden Wert eines Spannungsbereichs annehmen. In der Arduino-Welt kann dieser Spannungsbereich von 0 bis 5 Volt beziehungsweise 3,3 Volt betragen. Ob 5 Volt oder 3,3 Volt hängt von der verwendeten Versorgungsspannung des Boards ab.

Abbildung 4.4 zeigt ein analoges Sinussignal, das mittels eines Arduino-Signalgebers generiert wurde. Dieses Projekt ist in Abschnitt 6.5 beschrieben.

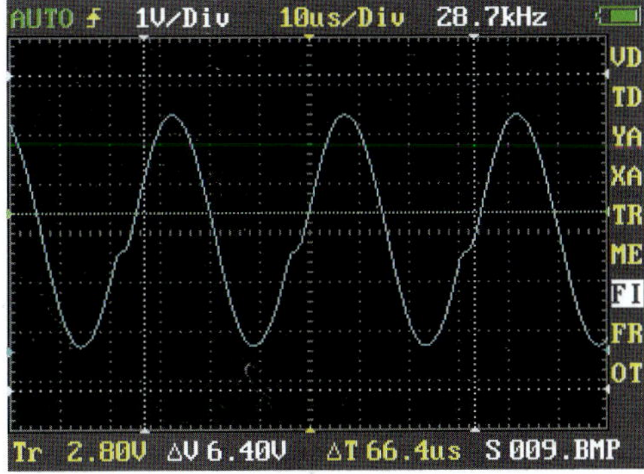

Abb. 4.4: Analoges Sinussignal aus Projekt Signalgeber (Kapitel 6)

Die analogen Signale der Sensoren können nun vom Arduino-Board eingelesen und verarbeitet werden. Der Microcontroller des Arduino-Boards besitzt dazu intern für die Verarbeitung der analogen Eingangssignale einen so genannten »A/D-Wandler« (Analog/Digital-Wandler). Mittels dieses A/D-Wandlers können sechs analoge Signale parallel verarbeitet werden. Die dazu vorhandenen Ports sind auf dem Arduino-Board mit A0 bis A5 bezeichnet.

Die Auflösung des A/D-Wandlers beträgt 10 Bit. Bei einer Referenzspannung von 5 Volt können somit Eingangssignale von 0 bis 5 Volt eingelesen werden, die vom A/D-Wandler in Werte von 0 bis 1023 digitalisiert werden. Die 10 Bit Auflösung entsprechen also 1024 Werten. Somit ergibt sich eine Genauigkeit von

5 V / 1024 = 4,9 mV

Die oben erwähnte Referenzspannung wird aus der Versorgungsspannung generiert und kann mit dem Befehl `analogReference` umgestellt werden.

Die Verwendung einer anderen Referenzspannung als der Standardspannung von 5 Volt kann den Microcontroller bei unsachgemäßer Nutzung zerstören und sollte somit nur von fortgeschrittenen Anwendern eingesetzt werden.

Durch die Auflösung von 10 Bit ist der A/D-Wandler sehr empfindlich. Bei kleinen Signalen können Störungen den Signalwert verfälschen. Auch lange oder nicht abgeschirmte Leitungen (Kabel mit einer Schutzschicht aus Metallfolie oder Drahtgeflecht) können das zu messende Signal verfälschen. Ein vom A/D-Wandler ermittelter Wert muss somit immer mit einer gewissen Toleranz betrachtet werden.

Neben den analogen Eingangssignalen können mit dem Arduino auch analoge Signale ausgegeben werden. Diese Analogausgabe wird mittels Pulsweitenmodulation (PWM) realisiert. Mit dieser Technik kann durch die Ausgabe eines digitalen Signals mit variabler Pulszeit ein Analogsignal generiert werden.

Das PWM-Signal ändert seinen Zustand immer wechselnd zwischen HIGH und LOW. Die Ausgabefrequenz liegt bei rund 500 Hertz. Durch die veränderbaren Zeiten der HIGH-Phase (Pulszeit) kann ein Wert von 0 bis 100 % ausgegeben werden. Die Auslösung liegt bei 8 Bit, also Werten von 0 bis 255.

Mit dieser Art der analogen Ausgabe können Leuchtdioden gedimmt oder Motoren oder Servos angesteuert werden.

Die Analogausgabe auf dem aktuellen Arduino-Board kann an den Pins 3, 5, 6, 9, 10 und 11 verwendet werden.

4.3.1 Analoge Signale einlesen

Das Einlesen eines Analogwertes erfolgt mit dem Befehl `analogRead()`. Als Übergabeparameter wird die Nummer des verwendeten Ports angegeben.

```
int tempPin = 0;   // Port A0
tempC = analogRead(tempPin);
```

In der Variablen `tempPin` wird die Nummer des analogen Ports, in diesem Fall 0, was dem Analogport A0 entspricht, gespeichert. Bei der Abfrage des Ports wird nun die Portnummer der Funktion mitgegeben. Der eingelesene Wert wird anschließend in der Variablen `tempC` gespeichert.

In Listing 4.7 wird ein Temperatursensor LM35 abgefragt, der an einem analogen Port des Arduino angeschlossen ist.

```
// Einlesen von Analogwert von Temperatursensor LM35
float tempC;
float tempF;
int tempPin = 0;   // Port A0

void setup()
{
  // Serielle Schnittstelle initialisieren
  Serial.begin(9600);
}

void loop()
{
  // Analogport einlesen
  tempC = analogRead(tempPin);
  // Wert konvertieren,
  tempC = (5.0 * tempC * 100.0)/1024.0;
  // Wert an serielle Schnittstelle senden
  // Ausgabe als Grad Celsius
  Serial.print("Grad C: ");
  Serial.println(tempC);
  // Umrechnung Grad C/Grad F
  tempF=(tempC * 9 / 5) + 32;
  // Ausgabe als Grad Fahrenheit
  Serial.print("Grad F: ");
  Serial.println(tempF);
  // warten 1 Sekunde
  delay(1000);
}
```

Listing 4.7: Analogen Eingang lesen mit `analogRead()`

Der Temperatursensor LM35 liefert eine analoge Ausgangsspannung von 10 mV/Grad.

Mittels Umrechnungsformel wird zusätzlich der Temperaturwert in Grad Fahrenheit ausgegeben.

```
// Umrechnung Grad C/Grad F
tempF=(tempC * 9 / 5) + 32;
```

Die Schaltung in Abbildung 4.5 zeigt die Grundschaltung des LM35 als Temperatursensor für den Bereich von 0 bis 50 Grad Celsius.

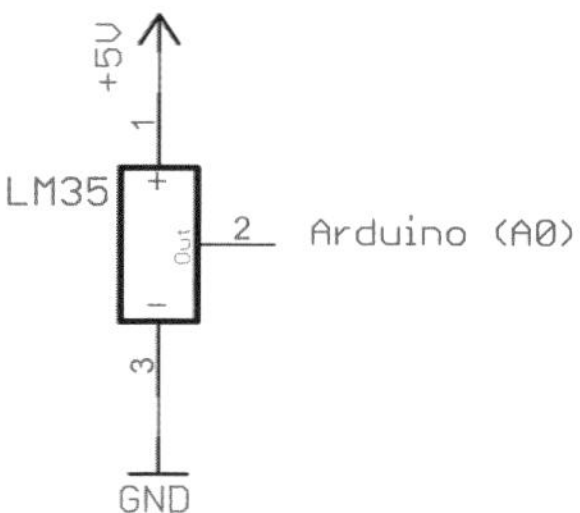

Abb. 4.5: Analogen Eingang einlesen: Temperatursensor LM35

Stückliste (Grundschaltung LM35)

1 Arduino-Board

1 Steckbrett

1 LM35 (IC1)

Anschlussdrähte

Der Temperatursensor LM35 wird meistens im Gehäuse TO92 eingesetzt. Abbildung 4.6 zeigt das Gehäuse mit den drei Anschlussbeinen in der Ansicht von unten.

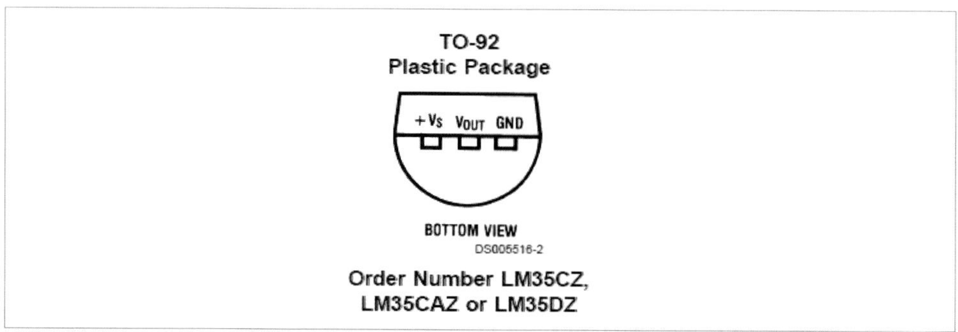

Abb. 4.6: Gehäuse To-92 des LM35 (Bild Ausschnitt Datenblatt National)

Der Aufbau auf dem Steckbrett und die Verbindung zum Arduino sind in Abbildung 4.7 dargestellt.

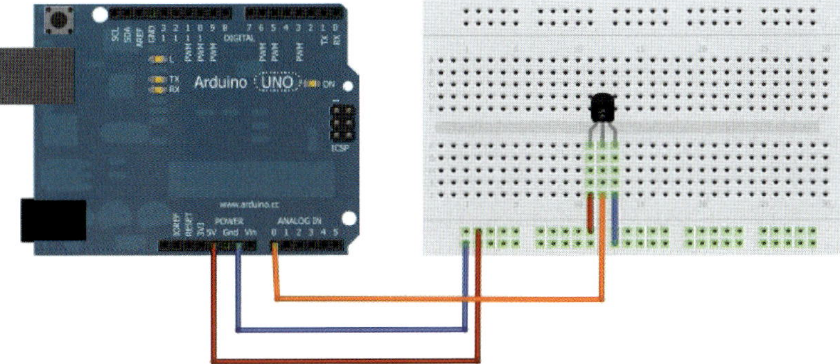

Abb. 4.7: Grundschaltung LM35

Weitere Informationen zu diesem Sensor erhalten Sie in Kapitel 5.

Ausführliche technische Daten und viele Schaltungsbeispiele liefert der Hersteller im Datenblatt unter `http://www.ti.com/product/lm35`.

Tipp: Analoge Eingänge als digitale Ports nutzen

Falls man mehr als die 14 digitalen Ports (D0 bis D13) nutzen möchte, können auch die sechs analogen Eingänge als digitale Ports eingesetzt werden. Dabei erhalten die Eingänge A0 bis A5 die Portnummern 14 bis 19.

4.3.2 Analoge Signale ausgeben

Die Ausgabe einer analogen Spannung mittels Pulsweitenmodulation (PWM) erfolgt mit dem Befehl `analogWrite()`. Das Ausgabesignal ist kein richtiges Analogsignal, sondern ein digitales Rechtecksignal mit veränderbarer HIGH-Phase. Dabei bleibt die Frequenz unverändert. Im Beispiel in Abbildung 4.8 ist die Frequenz 489 Hz.

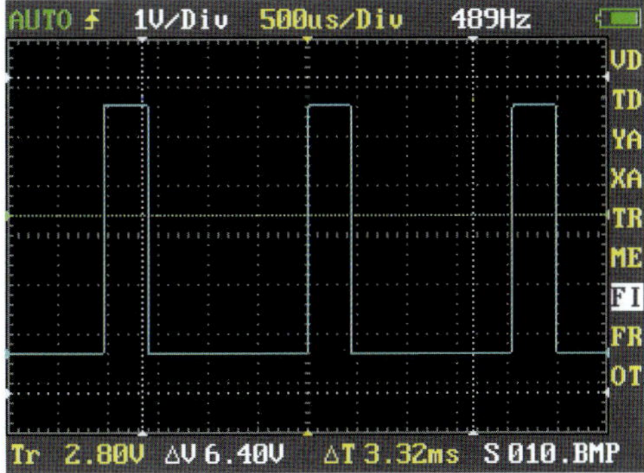

Abb. 4.8: Ausgangssignal des PWM

Die Syntax für die Ausgabe des Analogwertes lautet:

```
analogWrite(Pin, Wert)
```

Der Parameter `Pin` definiert den Ausgabeport für das PWM-Signal, der `Wert` definiert die Länge der HIGH-Phase und liegt zwischen 0 und 255, was 0 bis 100 Prozent entspricht.

Somit gibt es folgende HIGH- und LOW-Phasen bei unterschiedlichen Werten:

Wert	HIGH-Phase (%)	LOW-Phase (%)
0	0	100
127	50	50
255	100	0

Tabelle 4.1: PWM-Ausgang: HIGH- und LOW-Phasen

Auf dem Arduino Uno stehen die Ports 3, 5, 6, 9, 10 und 11 für die Ausgabe eines PWM-Signals zur Verfügung.

In Listing 4.8 wird ein PWM-Signal an Port 10 ausgegeben. Der Wert für das PWM-Signal ist dabei fix mit 55 angegeben.

```
// Port für PWM
int PWMPin = 10;
// PWM-Wert
int PWMWert = 0;

void setup()
{
  // PWM-Port als Ausgang
  pinMode(PWMPin, OUTPUT);
}

void loop()
{
  // PWM setzen (0-255)
  // entweder fix oder als Wert von anderem Programm
  int PWMWert = 55;
  // PWM ausgeben
  analogWrite(PWMPin, PWMWert);
}
```

Listing 4.8: Ausgabe PWM-Signal

Bei der Verwendung der Ports mit PWM-Ausgang ist zu beachten, dass die einzelnen PWM-Signale unterschiedliche Frequenzen aufweisen, da sie von drei internen Timern gesteuert werden.

In Tabelle 4.2 sind die PWM-Ports sowie deren Timer und Ausgangsfrequenzen aufgelistet.

Port-Nr.	Frequenz von PWM-Signal (Hz)	Timer-Register
Port 3	488	TCCR2B
Port 5	976	TCCR0B
Port 6	976	TCCR0B
Port 9	488	TCCR1B
Port 10	488	TCCR1B
Port 11	488	TCCR2B

Tabelle 4.2: Arduino PWM: Zuordnung von Port zum Timer-Register

Um die Frequenz des PWM-Signals zu verändern, muss in der Setup-Routine der Teilungsfaktor für die Frequenz verändert werden. Das Beispiel in Listing 4.9 zeigt die Veränderung für Pin 3 oder 11, die durch Timer 2 gesteuert werden.

```
// PWM Pin 3 oder 11
int PWMPin = 11;

void setup()
{
  //Änderung der Frequenz, Wert 7 ergibt Frequenz von 31 Hertz
  int pwmfreq = 7;
  TCCR2B = (TCCR2B & 0xF8) | pwmfreq;
  // PWM Port
  pinMode(PWMPin, OUTPUT);
}

void loop()
{
  PWMWert = 123;
  // PWM ausgeben
  analogWrite(PWMPin, PWMWert);
}
```

Listing 4.9: PWM-Frequenz verändern

Die Frequenzen und deren Konfigurationswerte für Timer 2 sehen wie folgt aus:

Frequenz (Hz)	Wert
31372	1
3921	2
980	3
490	4 (Standardwert)
245	5
122	6
31	7

Tabelle 4.3: PWM-Frequenzen für Pins 3 und 11 (Timer 2)

Den Spickzettel aller Timer und der möglichen Frequenzen gibt's für den Praktiker unter:

`http://www.arduino.cc/playground/Main/TimerPWMCheatsheet`

Der fortgeschrittene Anwender findet zum Thema PWM Secrets weitere Informationen, wie man die Timer verändern kann, unter folgender Adresse:

`http://arduino.cc/en/Tutorial/SecretsOfArduinoPWM`

Umwandlung PWM in Analogspannung

Eine Schaltung mit Widerstand und Kondensator wie in Abbildung 4.9 kann aus dem digitalen Pulssignal eine analoge Spannung erzeugen.

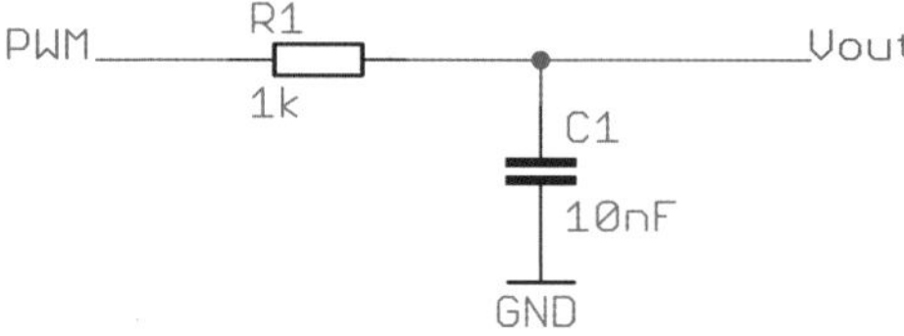

Abb. 4.9: Analoge Ausgabe – Spannung aus PWM-Signal erzeugen

Wie man eine analoge Spannung ohne PWM-Signal generieren kann, wird in Kapitel 6 im Projekt Signalgeber beschrieben.

4.4 Serielle Kommunikation

Die serielle Kommunikation erlaubt die Übertragung von Informationen und Daten zwischen dem Arduino-Board und externen Modulen wie GPS-Modul, LC-Display oder einem externen Computer. Bei der seriellen Übertragung werden die

Datenbits hintereinander, also seriell übertragen. Damit die empfangenen Daten richtig interpretiert werden können, muss bei der Datenübertragung eine gemeinsame Übertragungsgeschwindigkeit vereinbart sein und das verwendete Protokoll der Übertragung muss beiden Seiten bekannt sein.

Beim Einsatz des Arduino während der Entwicklungsphase wird jeweils eine serielle Kommunikation zwischen dem Board und dem Rechner mit der Arduino-IDE verwendet. Diese serielle Kommunikation nutzt die physischen Leitungen des USB-Ports. Darum musste bei der Installation der Entwicklungsumgebung (siehe Kapitel 2) ein spezieller USB-Treiber installiert werden.

Diese Lösung erlaubt eine einfache Datenübertragung zwischen dem Arduino-Board und der Entwicklungsumgebung. Mit dem seriellen Monitor in der Entwicklungsumgebung kann auf diese Art die Übertragung der Daten sichtbar gemacht werden.

Auf dem Rechner sind durch die USB-Treiberinstallation eine oder mehrere serielle Schnittstellenports sichtbar. Diese seriellen Schnittstellen werden landläufig auch »RS232« genannt.

Neben der seriellen Schnittstelle RS232 gibt es noch weitere Möglichkeiten, um eine serielle Kommunikation mit der Umwelt des Arduino zu realisieren.

Bei allen seriellen Übertragungslösungen besteht einer der größten Vorteile in der geringen Anzahl der Übertragungsleistungen. Meist reichen Leitungen zum Senden und Empfangen und Signale für die Spannungsversorgung.

4.4.1 Serielle Schnittstelle (RS232)

Die serielle Schnittstelle des Arduino-Boards ist an den digitalen Ports 0 und 1 verfügbar und kann wie oben beschrieben mittels des seriellen Monitors sichtbar gemacht werden. Das Senden und Empfangen von Daten im Arduino-Programm ist relativ einfach. Der Benutzer muss sich, außer um die Übertragungsgeschwindigkeit, um keine technischen Dinge kümmern.

```
char empfangeneDaten = 0;

void setup()
{
  // Konfiguration serielle Schnittstelle
  Serial.begin(9600);  // Übertragungsgeschwindigkeit
}

void loop() {
  // Serielle Daten sind vorhanden
  if (Serial.available() > 0) {
```

```
    // Daten einlesen
    empfangeneDaten = Serial.read();
    // Ausgabe des empfangenen Wertes
    Serial.print("Du hast ");
    Serial.print(empfangeneDaten);
    Serial.print(" gesendet.");
  }
  delay(500);
}
```

Listing 4.10: Serielle Übertragung: Senden und Empfangen

Das Beispiel in Listing 4.10 zeigt das Senden und Empfangen von Daten über die Standardschnittstelle des Arduino-Boards.

Bevor die serielle Kommunikation gestartet werden kann, muss in der Setup-Routine die Übertragungsgeschwindigkeit definiert werden.

```
void setup()
{
  // Konfiguration serielle Schnittstelle
  Serial.begin(9600);  // Übertragungsgeschwindigkeit
}
```

Im Hauptprogramm wird nun geprüft, ob im Empfangsbuffer der seriellen Schnittstelle Daten vorhanden sind. Der Rückgabewert gibt die Anzahl der vorhandenen Bytes zurück.

```
// Serielle Daten sind vorhanden
  if (Serial.available() > 0) {
  ...
```

Falls Daten vorhanden sind, werden die Daten aus dem Buffer gelesen und in der Variablen `empfangeneDaten` gespeichert.

```
empfangeneDaten = Serial.read();
```

Nun können die Daten wieder über die serielle Schnittstelle ausgegeben werden.

```
// Ausgabe des empfangenen Wertes
Serial.print("Du hast ");
Serial.print(empfangeneDaten);
Serial.print(" gesendet.");
```

Der Test im seriellen Monitor (Abbildung 4.10) zeigt, dass beim Empfangen jeweils Zeichen um Zeichen des Strings »rs232« gelesen und anschließend wieder ausgegeben wird.

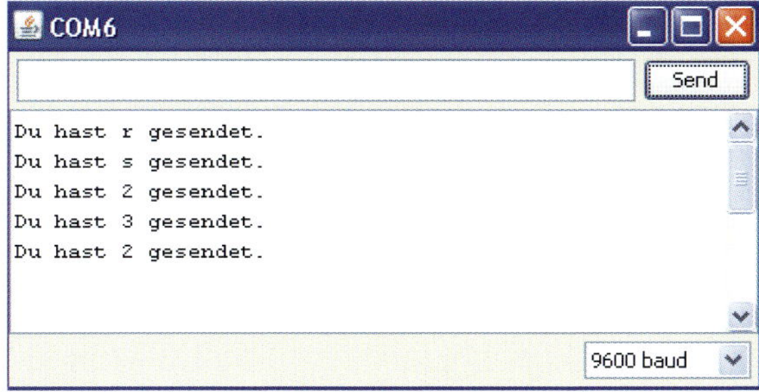

Abb. 4.10: Serielle Übertragung: Empfangen und Senden von Daten

Bei der Verwendung der seriellen Schnittstelle muss man sich also im Voraus darüber im Klaren sein, welche Art von Daten gesendet und empfangen werden. Wird ein längerer String, beispielsweise von einem GPS-Modul oder einem seriellen Temperatursensor gesendet, muss der Empfangsbuffer entsprechend initialisiert werden.

Damit die einzeln gesendeten Zeichen als Gesamtes weiterverwendet werden können, müssen diese Daten zusammen gespeichert werden. Dazu werden die empfangenen Daten in einem Array zwischengespeichert und nach vollständigem Empfang ausgegeben (Listing 4.11).

```
// String über die serielle Schnittstelle empfangen
int laenge=255;
char empfangeneDaten[255];

void setup()
{
  // Konfiguration serielle Schnittstelle
  Serial.begin(9600);  // Übertragungsgeschwindigkeit
}

void loop() {
  int i=0;
  // Serielle Daten sind vorhanden
  if (Serial.available()) {
    // Daten einlesen
   while (Serial.available()) {
     empfangeneDaten[i++] = Serial.read();
```

```
      // Warten zwischen den einzelnen Zeichen
      delay(2);
    }
  // Ausgabe des empfangenen Wertes
  Serial.print("Du hast ");
  Serial.print(empfangeneDaten);
  Serial.println(" gesendet.");
  }
  // Daten in Array löschen
  ClearArray();
}

void ClearArray()
{
  for (int x=0; x<laenge; x++)
{
empfangeneDaten[x]=NULL;
}
}
```

Listing 4.11: Serielle Übertragung: Daten als String empfangen

Nach vollständiger Ausgabe der Daten wird das Array mit den empfangenen Daten wieder mittels Funktion `ClearArray()` gelöscht und ist bereit für die nächste Datenausgabe. In der Funktion selbst wird das ganze Empfangsarray gelöscht, indem jeder Indexwert mit `NULL` gefüllt wird.

```
// Daten in Array löschen
ClearArray();

void ClearArray()
{
  for (int x=0; x<laenge; x++)
{
empfangeneDaten[x]=NULL;
}
```

Serielle Input/Output-Anwendung

Eine Input/Output-Anwendung mit Monitorfunktion empfängt Daten über die serielle Schnittstelle und steuert einen Digitalausgang an. Der Status des Ausgangs und der Zustand eines digitalen Eingangs werden über die serielle Schnittstelle ausgegeben (Listing 4.12).

```
int val = 0; // Variable für digitale Eingangswerte
int empfangeneDaten = 0; // Empfangene Daten auf Empfangsport
int LEDOut = 13; // Port mit LED auf Board
int EinPin = 7;  // Port 7 für Schalter

void setup()
{
  // Port als Ausgang setzen
  pinMode(LEDOut, OUTPUT);
  digitalWrite(LEDOut, LOW);
  // Port als Eingang setzen
  pinMode(EinPin, INPUT);

  // Konfiguration serielle Schnittstelle
  Serial.begin(9600);  // Übertragungsgeschwindigkeit
}

void loop() {
  // Daten von digitalem Eingang einlesen und Status senden
  val=digitalRead(EinPin);
  if (val == HIGH){
    Serial.println("Eingang 1");
   }
  else
  {
    Serial.println("Eingang 0");
  }

  // Daten empfangen
  // Serielle Daten sind vorhanden
  if (Serial.available() > 0) {
    // Daten einlesen
    empfangeneDaten = Serial.read();

    // Ausgang setzen 1/0, je nach empfangenem Wert
    if (empfangeneDaten == '1') {
      // Ausgabe des empfangenen Wertes
      Serial.println("Ausgang 1");
      // LED leuchtet
      digitalWrite(LEDOut, HIGH);
    }
```

```
    if (empfangeneDaten == '0') {
      // Ausgabe des empfangenen Wertes
      Serial.println("Ausgang 0");
      digitalWrite(LEDOut, LOW);
    }
  }
  delay(1000);
}
```

Listing 4.12: Praxisbeispiel Input/Output-Lösung mit seriellem Monitor

Die Ausgabe auf Port 13 steuert zusätzlich die fest auf dem Arduino-Board eingelötete Leuchtdiode (LED) an und dient zur Statusanzeige. Der Eingang an Port 7 wird mit einem HIGH oder LOW angesteuert.

Die Darstellung der Zustände an den Eingängen und Ausgängen kann über den seriellen Monitor in der Entwicklungsumgebung, in einem Terminalprogramm oder auf einem seriellen LC-Display umgesetzt werden.

Diese universelle Lösung könnte in einem Weiterausbau zur seriellen Input/Output-Box ausgebaut werden. Zwei Arduino-Boards kommunizieren über die RS232-Schnittstelle. Das eine Board ist die Zentraleinheit mit LC-Anzeige, das zweite Board dient als Input/Output-Unit und ist die Schnittstelle zur Außenwelt.

RS232 im Praxiseinsatz

In der Praxis wird die serielle Schnittstelle RS232 oft bei externen Geräten für Computer verwendet, beispielsweise bei Computermäusen, Lesegeräten wie Barcodelesern und ähnlichen Komponenten. Diese externen Geräte senden auf der seriellen Schnittstelle andere Signalpegel als die auf dem Arduino-Board verwendete Schnittstelle. Solche Praxisgeräte arbeiten mit Signalpegeln von -12 Volt für das HIGH-Signal und +12 Volt für das LOW-Signal. Dadurch wird die Störanfälligkeit der Kommunikation verringert. Um diese Signalpegel mit einem Microcontroller zu verarbeiten, muss ein Pegelwandler verwendet werden. Einer der bekanntesten Pegelwandler ist die integrierte Schaltung MAX232. Dieser IC benötigt als externe Komponenten nur fünf Kondensatoren. Informationen zu diesem Baustein liefert der Hersteller MAXIM. Eine praxisnahe Beschreibung ist auf der Website des *Elektronik-Magazins* (`http://www.elektronik-magazin.de/page/der-pegelumsetzer-max232-15`) zu finden.

4.4.2 Schnittstellenerweiterung

Der Arduino Uno und der darauf *verwendete* Microcontroller bietet hardwaremäßig eine serielle Schnittstelle mit den Datenleitungen Senden (TX) an Port 1 und Receive (RX) an Port 0. Da mittlerweile etliche Sensoren und externe Komponenten über eine serielle Schnittstelle angesteuert werden, kommt man schnell an den Punkt, an dem man noch zusätzliche Schnittstellen für die serielle Kommunikation benötigt. Dazu kann man entweder auf ein größeres Arduino-Board wechseln – das Arduino Mega bietet hardwaremäßig vier serielle Schnittstellen – oder man verwendet eine Softwarelösung in Form einer Bibliothek (Library).

Durch den Einsatz einer Arduino-Bibliothek kann man softwaremäßig weitere Schnittstellen für die serielle Kommunikation realisieren. Die Bibliothek SOFTWARESERIAL steht ab der Arduino-IDE 1.0 standardmäßig zur Verfügung und ersetzt die bisherige Bibliothek NEWSOFTSERIAL.

Per Code können nun weitere Schnittstellen realisiert werden, wobei alle digitalen Ein- und Ausgänge als Schnittstellenport verwendet werden können.

Nach Einbinden der Bibliothek

```
#include <SoftwareSerial.h>
```

kann man nun mehrere serielle Schnittstellen einrichten, indem man für jedes neue Objekt die verwendeten Ports für RX und TX angibt.

```
// Serielles GPS-Modul
// Objekt (RX, TX)
SoftwareSerial GPS(2, 3);
// Serielles LC-Display
SoftwareSerial LCD(4, 5);
```

In der Setup-Routine werden jetzt für die einzelnen seriellen Schnittstellenobjekte die Übertragungsgeschwindigkeiten eingestellt.

```
void setup()
{
  // Konfiguration serielle Schnittstellen
  // Übertragungsgeschwindigkeiten
  // GPS
  GPS.begin(4800);
  //LCD
  LCD.begin(9600);
}
```

Im Hauptprogramm können nun wie bereits bekannt die seriellen Daten eingelesen oder ausgegeben werden.

In Listing 4.13 werden zwei serielle Schnittstellen für ein GPS-Modul und ein serielles LC-Display eingerichtet und die Daten gelesen und dargestellt.

```
#include <SoftwareSerial.h>

// Serielles GPS-Modul
// Objekt (RX, TX)
SoftwareSerial GPS(2, 3);
// Serielles LC-Display
SoftwareSerial LCD(4, 5);

void setup()
{
  // Konfiguration serielle Schnittstellen
  // Übertragungsgeschwindigkeiten
  // GPS
  GPS.begin(4800);
  //LCD
  LCD.begin(9600);
}

void loop() {
  while (GPS.available())
  {
  // Daten von GPS
  int valgps = GPS.read();
  // Anweisung für GPS-Dekodierung
  // ..
  // Ausgabe auf LCD
  LCD.write("Daten von GPS");
  }
}
```

Listing 4.13: Serielle Schnittstelle: Weitere Schnittstellen mittels Bibliothek NEWSOFTSERIAL hinzufügen

Für alle Instanzen der konfigurierten Schnittstellen stehen die Standardmethoden wie `begin()`, `read()` und `available()` und weitere zur Verfügung.

4.4.3 I2C/2-Wire (Two-Wire)

Die Kommunikation des Arduino mit externen Komponenten ist eine praktische Sache. Man benötigt wenig Verdrahtungsaufwand und für die Kommunikation selbst stehen meist Bibliotheken zur Verfügung. Der Verbindungsaufbau und das Senden und Empfangen ist mit wenigen Zeilen Programmcode realisiert.

Was aber nun, wenn man mehrere serielle Komponenten über die gleiche Verdrahtung abfragen möchte? Hier kommt die RS232-Schnittstelle an ihre Grenzen.

Für die Kommunikation mit vielen Geräten an einer gleichen seriellen Leitung wurden das Two-Wire-Interface (TWI) und das I2C-Protokoll (Inter-Integrated Circuit, in der Praxis I-Quadrat-C genannt) realisiert. Diese beiden seriellen Datenübertragungen können mit der WIRE-Bibliothek für Arduino (`http://www.arduino.cc/en/Reference/Wire`) genutzt werden.

Der I2C-Bus benötigt für die Kommunikation eine Datenleitung (SDA) und eine Taktleitung (SCL). Die Signale des I2C-Busses sind beim Standard-Arduino-Board und beim Arduino Mega gemäß Tabelle 4.4 angeordnet.

I2C-Signal	Arduino Uno	Arduino Mega
Daten (SDA)	Pin A04	Pin 20
Takt (SCL)	Pin A05	Pin 21

Tabelle 4.4: I2C-Bus an Arduino Uno und Arduino Mega

Der I2C-Bus ist als Master/Slave-Bus konzipiert. Dabei werden alle Geräte an die beiden Busleitungen angeschlossen. Ein Master-Gerät sendet Daten auf den Bus und die Slave-Geräte reagieren auf diese Kommandos. Mit der WIRE-Bibliothek kann man ein Arduino-Board im I2C-Bus sowohl als Master als auch als Slave einsetzen.

Die Grundschaltung des I2C-Busses benötigt für beide Signalleitungen (SDA und SCL) einen Pullup-Widerstand, der an 5 Volt angeschlossen wird. Die Schaltung in Abbildung 4.11 zeigt den grundsätzlichen Aufbau des I2C-Busses.

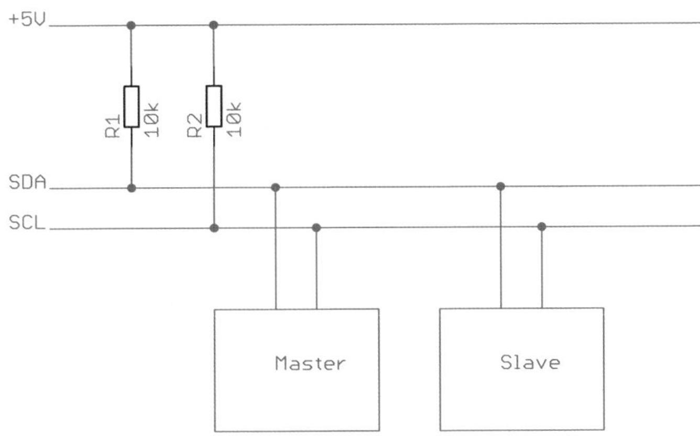

Abb. 4.11: I2C-Bus: Grundschaltung

In der Praxis wird als Master meist ein Microcontroller-Board, beispielsweise ein Arduino verwendet. Die Slave-Geräte sind externe Module oder Schaltungen wie Sensoren, EEPROM, Zeitmodul, Anzeigen oder Analog/Digital-Wandler.

Datenkommunikation

Die Datenkommunikation auf dem Bus läuft nun immer so, dass das Master-Modul Daten sendet und die Slave-Module die Daten empfangen und entsprechend reagieren. In einem EEPROM werden Daten gespeichert, auf der Anzeige Daten dargestellt und ein A/D-Wandler sendet den umgewandelten Analogwert an den Master.

Das folgende Beispiel zeigt die Kommunikation zwischen zwei Arduino-Boards. Der eine Arduino wird als Master betrieben, der andere Arduino als Slave. Auf jedem der beiden Busteilnehmer muss das entsprechende Programm geladen werden.

Im Programm für den Master (Listing 4.14) wird zuerst die Standard-WIRE-Bibliothek geladen.

```
// Master-Board
#include <Wire.h>
```

In der Setup-Routine startet die Datenkommunikation am Bus. Beim Master muss dafür in der Anweisung `Wire.begin()` keine Device-Adresse angegeben werden.

```
void setup()
{
  // teilnehmen am I2C-Bus
  // keine Adresse, da Master
  Wire.begin();
}
```

Im Hauptprogramm startet nun die Datenübertragung zum Slave-Gerät mit der Adresse »3«.

```
// Datenübertragung an Empfänger mit Adresse 3 starten
Wire.beginTransmission(3);
```

Die zu übertragenden Daten werden in der Variablen `dataval` abgelegt und dann übermittelt.

```
// Wert zum Senden
int dataval=123;
// Daten senden
Wire.write(dataval);
```

Nach dem Senden der Daten wird die Datenkommunikation wieder gestoppt und das Programm kann, falls vorhanden, weitere Anweisungen ausführen. Andernfalls beginnt der Programmablauf wieder am Anfang des Hauptprogramms.

```
  // Datenübertragung stoppen
  Wire.endTransmission();
  // weitere Anweisungen
```

Der Master sendet Daten (Listing 4.14):

```
// Master-Board
#include <Wire.h>

void setup()
{
  // teilnehmen am I2C-Bus
  // keine Adresse, da Master
  Wire.begin();
}

void loop()
{
  // Datenübertragung an Empfänger mit Adresse 3 starten
  Wire.beginTransmission(3);
  // Wert zum Senden
  int dataval=123;
  // Daten senden
  Wire.write(dataval);
  // Datenübertragung stoppen
  Wire.endTransmission();
  // weitere Anweisungen
}
```

Listing 4.14: I2C-Bus: Master sendet Daten

Ohne Angabe einer Adresse in der Anweisung `Wire.begin()` wird dieser Busteilnehmer automatisch als Master definiert. Der übertragene Wert kann ein Analogwert oder auch ein Status eines Ausgangs sein.

```
Wire.write(123)     // Wert senden
Wire.write(HIGH)    // Status senden
```

Der am Bus angeschlossene Slave-Teilnehmer mit der Adresse »3« empfängt nun den gesendeten Wert (Listing 4.15).

Im Slave-Programm wird auch zuerst die WIRE-Bibliothek eingebunden.

```
// Slave-Board
#include <Wire.h>
```

In der Setup-Routine wird nun das Slave-Gerät mit der Adresse »3« am Bus angemeldet und anschließend beginnt der Slave mit dem Empfangen von Daten.

```
void setup()
{
  // teilnehmen am Bus als Slave mit Adresse 3
  Wire.begin(3);
  // falls Daten empfangen wurden, Funktion
  Wire.onReceive(receiveData);
}
```

Mit der Methode `Wire.onReceive()` wird auf dem Slave definiert, welche Funktion aufgerufen wird, falls der Slave vom Master aufgerufen wird.

```
// Slave-Board
#include <Wire.h>

void setup()
{
  // teilnehmen am Bus als Slave mit Adresse 3
  Wire.begin(3);
  // falls Daten empfangen wurden, Funktion
  Wire.onReceive(receiveData);
}

void loop()
{
  delay(100);
}

// Funktion ausführen, falls Daten empfangen
void receiveData(int AnzahlBytes)
{
  // Daten empfangen und in Variable ablegen
  int recData =  Wire.read();
  // Verarbeitung der empfangenen Daten
}
```

Listing 4.15: I2C-Bus: Slave empfängt Daten

Servo über I2C-Bus steuern

Der Schaltungsaufbau in Abbildung 4.12 zeigt die Master- und Slave-Lösung für die Ansteuerung eines Servos über den I2C-Bus.

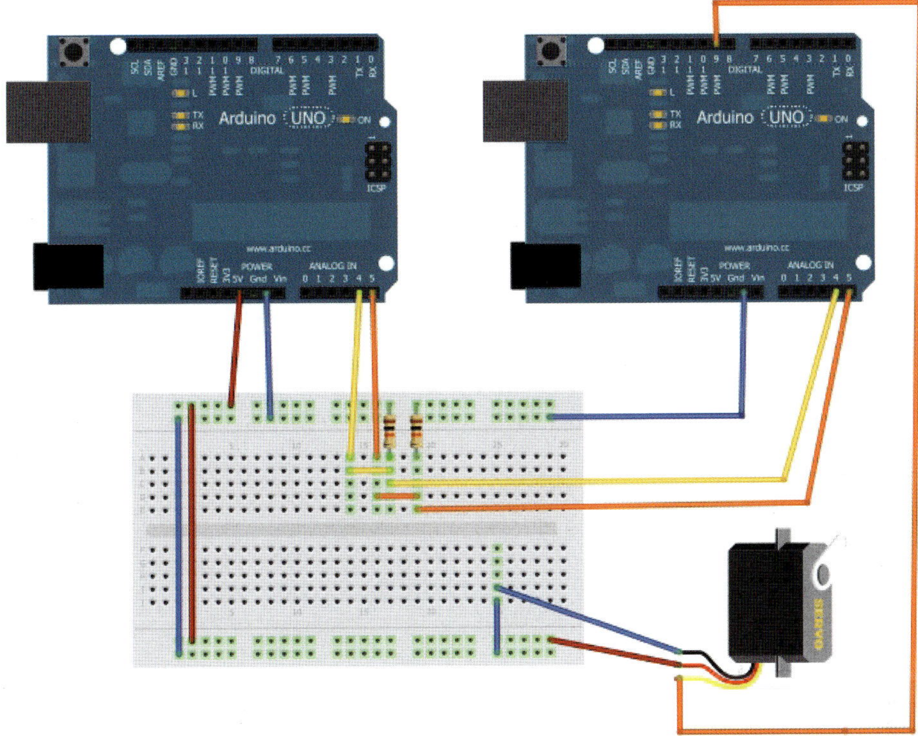

Abb. 4.12: I2C-Bus: Ansteuerung eines Servos. Arduino links (Master), Arduino rechts (Slave)

Stückliste (Servo über I2C-Bus)

2 Arduino-Boards

1 Steckbrett

2 Widerstände 10 kOhm

1 Servo 5V

Anschlussdrähte

Die Datenkommunikation für die Servoansteuerung arbeitet mit zwei Arduino-Boards. Der Master sendet einen Analogwert und das Slave-Board empfängt die gesendeten Daten und steuert den Servo.

Sketch für den Master:

```
#include <Wire.h>

int AnalogOutPin = 5;

void setup()
{
  // Initialisierung Schnittstelle
  Serial.begin (9600);
  // teilnehmen am Bus
  Wire.begin();
}

void loop()
{
  // Analogwert 0-255 erzeugen
  for (int i = 0; i < 255; i++){
    // Ausgabe auf Analogport (zur möglichen Weiterverarbeitung oder Test)
    analogWrite(AnalogOutPin, i);
    // Übertragung starten für Slave 4
    Wire.beginTransmission(4);
    // Daten senden
    Wire.write(i);
    // Übertragung abbrechen
    Wire.endTransmission();
    // Analogwert auf serieller Schnittstelle anzeigen
    Serial.println(i);
    delay (100);
  }
}
```

Listing 4.16: I2C-Bus: Analogwert senden (Master)

Sketch für den Slave:

```
#include <Wire.h>
#include <Servo.h>

int servoval;

// Servo-Objekt erstellen
Servo myservo;
```

```
void setup()
{
  // teilnehmen am Bus mit Adresse 4
  Wire.begin(4);
  // falls Daten vom Master
  Wire.onReceive(getData);
  Serial.begin(9600);
  myservo.attach(9);
}

void loop()
{
  delay(100);
}

void getData(int AnzahlBytes)
{
  // Wert einlesen
  int AnalogVal = Wire.read();
  // Analogwert mit Servobereich mappen
 // 0-255 = 0 - 179 Winkelgrad
  servoval = map(AnalogVal, 0, 254, 0, 179);
  // Servo ansteuern
  myservo.write(servoval);
  // Analogwert an seriellen Port ausgeben
  Serial.println(AnalogVal);
}
```

Listing 4.17: I2C-Bus: Analogwert empfangen und Servo steuern (Slave)

Wichtig

Beim Betrieb von mehreren Arduino-Boards am I2C-Bus muss man speziell die Führung der Versorgungsspannung beachten. Das Bezugspotenzial ist die 0-Volt-Leitung (GND). GND muss an beiden Boards angeschlossen werden. Die 5-Volt-Versorgung für den Bus sollte von einem Board geliefert werden. Das Verbinden beider +5-Volt-Leitungen ist nicht zu empfehlen.

Praktische I2C/2-Wire-Anwendungen mit Arduino

Neben der Datenübertragung zwischen zwei Arduino-Boards gibt es viele I2C-Anwendungen, bei denen nur ein Microcontroller-Board verwendet wird.

In der Praxis ist der Microcontroller meist der Master und steuert eine ganze Anzahl von Slave-Anwendungen über den I2C-Bus. Dabei sendet der Master

Anweisungen und Steuersignale an die Slave-Anwendungen, steuert I/O-Anwendungen und empfängt Signale von busgesteuerten Sensoren.

Temperatursensoren am Bus

Beim Einsatz von mehreren Temperatursensoren zur Erfassung der Innentemperaturen in einem Gebäude ist der 1-Wire-Bus eine ideale Buslösung. Es werden nur wenige Signale für die Übertragung benötigt und jeder einzelne Sensor arbeitet als Slave-Modul am Bus.

Der Digitalsensor LM75 (`http://www.national.com/ds/LM/LM75.pdf`) von National Semiconductor ist ein integrierter Temperatursensor mit 2-Wire-Interface. Er wird als 8-Pin-Baustein im Miniaturgehäuse (SO-8) ausgeliefert und kann direkt auf eine Leiterplatte für die Oberflächenmontage aufgelötet werden. Für erste Tests mit dem Sensor empfiehlt sich der Einsatz der Prototypenerweiterung Protoshield (`http://www.ladyada.net/make/pshield/`), auf der die Lötaugen für einen Baustein im SO-Gehäuse bereits vorhanden sind. Mit etwas Fingerspitzengefühl lässt sich der Baustein gut auflöten.

Experimente mit integrierten Schaltungen für Oberflächenmontage (SMD) kann man mit einem so genannten »Breakout-Board« erweitern, damit man die Bausteine wie gewohnt auf das Steckbrett stecken kann. Breakout-Boards sind kleine Leiterplatten mit Anschlussstiften, auf die man die Bausteine für die Oberflächenmontage auflötet. Die Leiterbahnen auf den Leiterplatten verbinden nun die Anschlusspins der Miniaturbauteile mit den Anschlussstiften.

Diese Breakout-Boards gibt es bei verschiedenen Lieferanten und Herstellern:

Sparkfun:

`http://www.sparkfun.com/commerce/product_info.php?products_id=494`

Watterott:

`http://www.watterott.com/SOIC-to-DIP-Adapter-8-Pin`

Detaillierte Anwendungsbeispiele mit busfähigen Temperatursensoren sind in Kapitel 5 beschrieben.

Uhren- und Kalenderbausteine am Bus

Mit dem Erfassen von Umweltdaten wie Temperaturwerten möchte man oftmals auch die dazugehörigen Zeitpunkte der Messung erfassen. Da die Temperaturdaten mit dem I2C-Bus übertragen werden, ist es naheliegend, dass auch die Uhrzeit und das Datum über diesen Bus abgefragt werden.

Für Uhren- und Kalenderanwendungen stehen dem Elektronikanwender verschiedene Bausteine für den Einsatz am I2C-Bus zur Verfügung.

DS1307

`http://www.maxim-ic.com/quick_view2.cfm/qv_pk/2688`

PCF8583

`http://www.datasheetcatalog.net/de/datasheets_pdf/P/C/F/8/PCF8583.shtml`

Die IC-Typen DS1307 und PCF8583 sind Uhrenbausteine, die mit minimaler externer Beschaltung für die Bereitstellung von Uhrzeit und Kalender verwendet werden können.

Beide Bausteine werden im Standardgehäuse DIL8 geliefert und sind pinkompatibel. Der PCF8583 hat neben der Uhrenfunktionalität zusätzlich ein eingebautes EEPROM für die Datenspeicherung sowie Zusatzfunktionalität für die Realisierung einer Alarmfunktion. Der DS1307 von MAXIM bietet nur die Uhrenfunktionalität. Für die Speicherung der Uhrzeit kann extern an Pin 3 eine 3-Volt-Batterie (Lithium) angeschlossen werden.

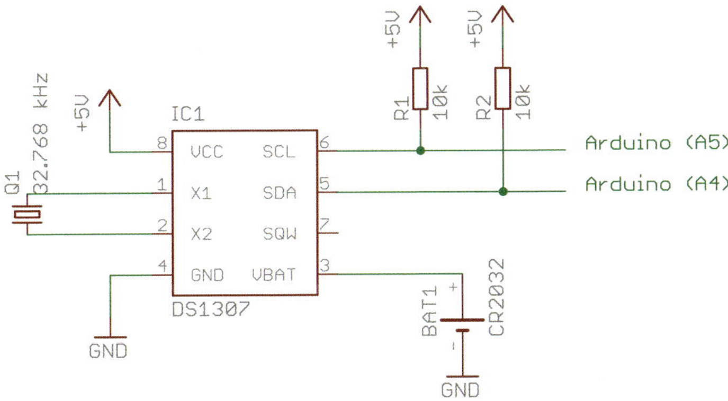

Abb. 4.13: I2C-Bus: Anwendung mit Uhrenbaustein DS1307 oder PCF8583

Die Kommunikation über den I2C-Bus sowie die Abfrage der Uhrzeit werden mit der bekannten WIRE-Bibliothek sowie einer speziellen Bibliothek für den Uhrenbaustein DS1307 realisiert. In vielen Anwendungsfällen wurde die bekannte DS1307-Bibliothek verwendet (`http://code.google.com/p/sjunnesson/downloads/detail?name=DS1307.rar&can=2&q=`).

Mit dem Umstieg zur Arduino-IDE 1.0 wurde diese einfach zu nutzende Bibliothek nicht mehr aktualisiert. Verschiedene Entwickler haben neue Bibliotheken erstellt. Diese sind aber meist recht komplex und für den Einsteiger schwierig zu verstehen.

Dank eines Users aus der Arduino-Community ist nun die bisherige Funktionalität wieder nutzbar, da die Bibliothek für Arduino 1.0 angepasst wurde.

Die aktualisierte Bibliothek für den DS1307-Uhrenbaustein kann über folgenden Forumlink angefordert werden:

http://arduino.cc/forum/index.php/topic,93077.msg699434.html

Das einfache Setzen der Uhrzeit erfolgt einmalig in der Setup-Routine. Nach dem korrekten Setzen der Uhrzeit, inklusive Datum, können die Zeilen für die Eingabe der Uhrzeit auskommentiert werden. Durch die am DS1307 angeschlossene Lithium-Batterie wird die aktuelle Uhrzeit auch bei Ausschalten der Anwendung beibehalten.

Beispiel von Datum/Uhrzeit: 14.1.2010/23:59:01

Im ersten Schritt werden die nötigen Bibliotheken geladen. Zu beachten ist, dass ab Arduino 1.0 die Datei `WProgramm.h` durch `Arduino.h` ersetzt wird.

```
#if defined(ARDUINO) && ARDUINO >= 100
#include "Arduino.h"
#else
#include "WProgram.h"
#endif
#include <Wire.h>
// written by  mattt on the Arduino forum and modified by D. Sjunnesson
#include <DS1307.h>
```

In der Setup-Routine wird die serielle Schnittstelle initialisiert und die Ausführung der Uhrenfunktion gestoppt. Anschließend werden die Daten der Uhrzeit und des Datums einzeln mit der Anweisung `RTC.set(Feld, Wert)` gesetzt. Der Parameter `Feld` entspricht dem Feld für Sekunden, Minuten etc., der Parameter `Wert` ist der reale Wert für das entsprechende Feld. Nach Setzen der Felder wird die Uhrenfunktion mit `RTC.start()` wieder gestartet.

```
void setup()
{
  Serial.begin(9600);     // Serielle Schnittstelle für Ausgabe
  RTC.stop();
  RTC.set(DS1307_SEC,1);  // Sekunden setzen
  RTC.set(DS1307_MIN,59); // Minuten setzen
  RTC.set(DS1307_HR,23);  // Stunden setzen
  RTC.set(DS1307_DOW,4);  // Tag der Woche setzen
  RTC.set(DS1307_DATE,14);// Datum Tag setzen
  RTC.set(DS1307_MTH,1);  // Datum Monat setzen
  RTC.set(DS1307_YR,10);  // Datum Jahr
  RTC.start();
}
```

In der Hauptroutine `loop()` wird nun laufend die aktuelle Zeit vom Uhrenbaustein gelesen und über die serielle Schnittstelle ausgegeben.

```
void loop()
{
  // Daten vom Uhrenbaustein lesen
  // und Ausgabe über seriellen Port
  // Uhr lesen und Update aller Werte
  Serial.print(RTC.get(DS1307_HR,true));
  Serial.print(":");
  Serial.print(RTC.get(DS1307_MIN,false));
  Serial.print(":");
  Serial.print(RTC.get(DS1307_SEC,false));
  Serial.print("      ");
  Serial.print(RTC.get(DS1307_DATE,false));
  Serial.print("/");
  Serial.print(RTC.get(DS1307_MTH,false));
  Serial.print("/");
  Serial.print(RTC.get(DS1307_YR,false));
  Serial.println();
  // 1 Sekunde warten
  delay(1000);
}
```

Mit den jeweiligen Abfragen der einzelnen Werte vom Uhrenbaustein wird die Anzeige aktualisiert.

`RTC.get(DS1307_HR,true)`

Mit dem Parameter TRUE in der Stundenabfrage wird der Buffer (Array mit allen Werten) über den I2C-Bus aktualisiert. Die weiteren Werte für Minute, Sekunden und Datum werden direkt aus dem Array gelesen, indem der Parameter auf FALSE gesetzt wird.

Das Beispiel zeigt die einfache Verwendung dieses Bausteins, wobei zu beachten ist, dass bei einem Neustart die Daten für Uhrzeit und Datum wieder über die Setup-Routine neu gesetzt werden, außer die entsprechenden Zeilen sind bereits deaktiviert.

Stückliste (Uhr mit DS1307)

1 Arduino-Board

1 Steckbrett

1 DS1307 (IC1)

1 Quarz 32,768 kHz (Q1)

2 Widerstände 10 kOhm (R1, R2)

1 Lithium-Zelle 3 V, Typ CR2032

1 Halter für Lithium-Zelle

Anschlussdrähte

In Abbildung 4.14 ist die Uhrenschaltung auf dem Steckbrett aufgebaut.

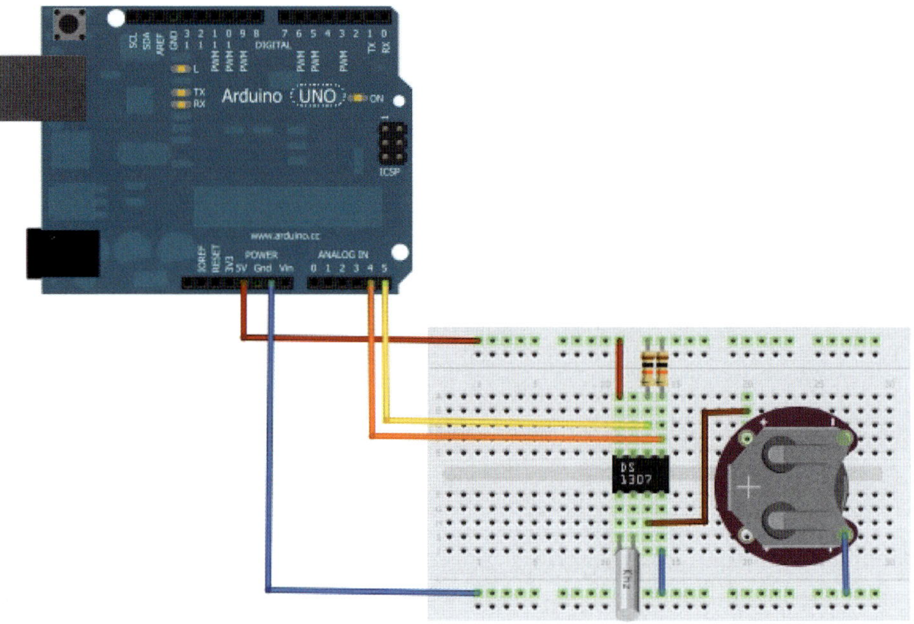

Abb. 4.14: Uhr mit DS1307

Durch die wenigen Bauteile kann die Uhrenschaltung einfach auf einem Protoshield oder einer Lochrasterplatine aufgebaut werden.

Verschiedene Entwickler und Händler bieten Breakout-Boards oder Module mit der kompletten Uhrenschaltung.

Real Time Clock Modul (Sparkfun)

`http://www.sparkfun.com/products/99`

DS1307 Real Time Clock breakout kit (Adafruit)

`https://www.adafruit.com/products/264`

RTC Modul (Seeedstudio)

`http://www.seeedstudio.com/depot/grove-rtc-p-758.html`

Neben den verschiedenen Hardwaremodulen für Uhrenanwendungen gibt es außer der verwendeten DS1307-Bibliothek noch weitere Bibliotheken für diesen Uhrenbaustein.

RTClib (Adafruit)

`http://www.ladyada.net/make/logshield/rtc.html`

Diese Uhrenbibliothek erfordert auch recht wenig Programmieraufwand. Die RTClib unterscheidet sich aber von der DS1307-Bibliothek bei der Funktion der Uhreneinstellung. Bei der RTClib wird die aktuelle Uhrzeit nicht über einzelne Einstellfunktionen eingestellt, sondern die Uhrzeit aus dem Kompilierungsdatum herausgelesen. Dazu muss nur eine einzelne Codezeile aktiviert werden.

4.5 Drahtlose Kommunikation

4.5.1 433-MHz-Kommunikation

Drahtlose Kommunikation ermöglicht die Verbindung von zwei Geräten ohne störende Verbindungskabel. Für diese Übertragung stehen verschiedene Technologien zur Verfügung. Eine recht kostengünstige Lösung ist die Datenübertragung mittels 433-MHz-Schmalbandfunk. Dieser, nicht gebührenpflichtige, Funkbereich ist für räumliche Anwendungen mit einer Reichweite von maximal 100 bis 300 Metern, abhängig von der Umgebung, Störungen und Hindernissen, ausgelegt.

Praktische Anwendungen, die diese Technik nutzen, sind Funksteckdosen, Temperatursensoren von Wetterstationen oder Bedienelemente für Heizungssteuerungen.

Für eine Datenübertragung werden jeweils ein Sender und ein Empfänger benötigt. Im Elektronik-Handel sind viele unterschiedliche Module und Leiterplatten-Lösungen verfügbar, die man mit wenig Aufwand für eigene Arduino-Anwendungen einsetzen kann (Abbildung 4.15).

Abb. 4.15: Module für 433-MHz-Übertragung (links: Sender, rechts Empfänger)

Diese Sender-und Empfängermodule kosten meist nur wenige Euro und sind ideal für die Datenübertragung in Haus und Garten. Die Module beinhalten dabei nur die Elektronik zum Senden und Empfangen der Daten durch die Luft. Das Bereitstellen der zu sendenden Daten und die Auswertung der empfangenen Daten müssen von einer angeschlossenen Logik, beispielsweise einem Arduino-Board, vorgenommen werden.

Für Experimente und Anwendungen mit Arduino sind folgende Module zu empfehlen.

433 MHz RF Link Kit (Seeedstudio)

Art.Nr: WLS107B4B

`http://www.seeedstudio.com/depot/433mhz-rf-link-kit-p-127.html?cPath=101_103`

Sende- und Empfängermodulset 433 MHz (Conrad)

Art. Nr. 130428-62

`http://www.conrad.de/ce/de/product/130428/`

RFM12B Modul (Watterott)

Art. Nr: WRL-09582

`http://www.watterott.com/de/RFM12B-S2-Transceiver`

Die beiden erstgenannten Modul-Lösungen beinhalten jeweils ein Sende- und ein Empfängermodul, die direkt über digitale Ports des Arduino angesteuert werden können.

Das RFM12B-Modul ist sowohl Sender wie auch Empfänger und kann nur mit maximal 3,8 Volt betrieben werden. Für die Ansteuerung mit einem Arduino-Board müssen Signalpegel-Wandler, beispielsweise in Form von Spannungsteilern, eingesetzt werden.

Das nachfolgende Projekt zeigt eine 433-MHz-Datenübertragung mit dem RF Link Kit von Seeedstudio.

Abbildung 4.16 zeigt den Grundaufbau für die Datenkommunikation mit zwei Arduino-Boards.

Stückliste (433-MHz-Kommunikation)

2 Arduino-Boards

1 433-MHz-Sendermodul

1 433-MHz-Empfängermodul

Anschlussdrähte

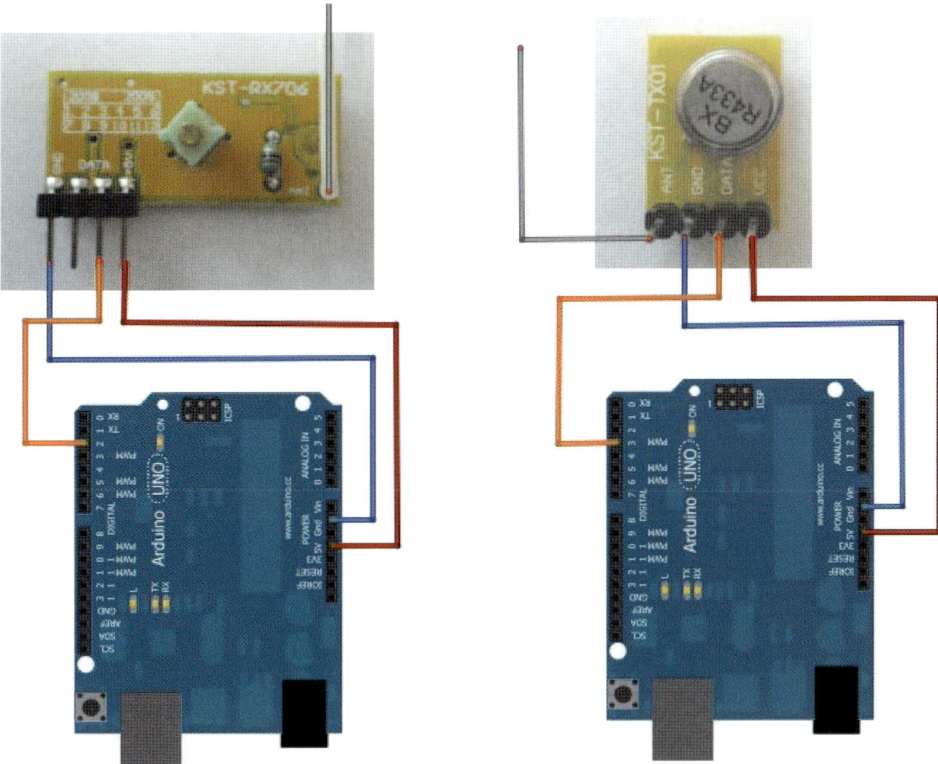

Abb. 4.16: 433-MHz-Kommunikation: Empfänger (links), Sender (rechts)

Für die Datenübertragung werden, wie Abbildung 4.16 zeigt, zwei Arduino-Boards benötigt. Ein Arduino-Board wird als Sender betrieben, das zweite Arduino-Board ist der Empfänger. Auf jedem Board wird das entsprechende Programm, Sender oder Empfänger, geladen.

Mit der Verwendung der VIRTUALWIRE-Bibliothek (`www.open.com.au/mikem/arduino/`) wird der Programmieraufwand stark minimiert, da alle nötigen Funktionen bereits umgesetzt sind. Eine Kommunikation zur Datenübertragung von digitalen und analogen Informationen ist somit schnell aufgebaut.

Sender

Abbildung 4.17 zeigt die nötigen Verbindungen zwischen dem Arduino-Board und dem Sendermodul. Die graue Leitung ist die Antenne, die eine Länge von genau 170 mm haben muss. Das serielle Sendesignal vom Arduino zum Sendermodul wird am digitalen Pin 3 des Arduino angeschlossen.

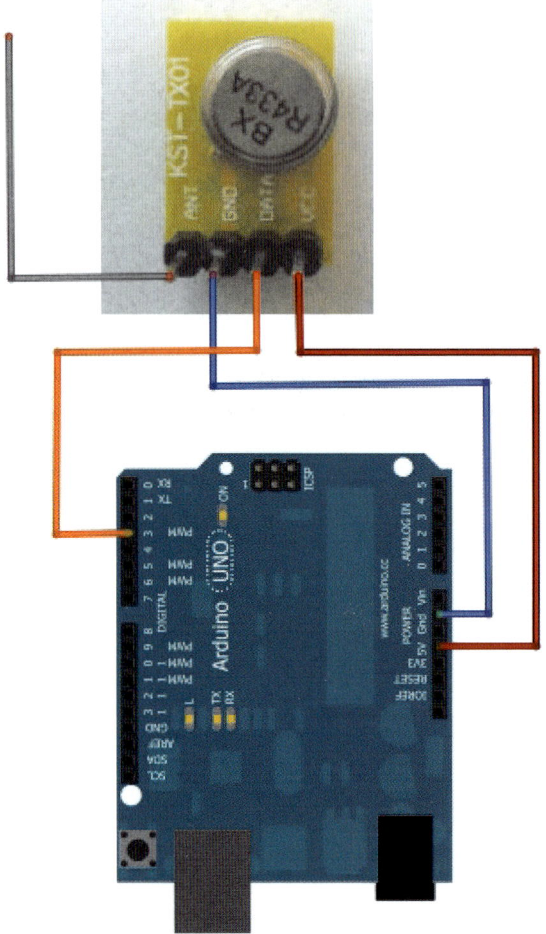

Abb. 4.17: 433-MHz-Sender

Nach Einbinden der Bibliothek

```
#include <VirtualWire.h>
```

werden verwendete Variablen undefiniert (außer Kraft gesetzt und bereit für Neudefinition).

```
#undef int
#undef abs
#undef double
#undef float
#undef round
```

und der Ausgang für die Datenkommunikation zwischen Arduino und 433-MHz-Sendermodul definiert.

```
int TxPin = 3;
```

In der Setup-Routine wird die Initialisierung der Übertragung konfiguriert, die Übertragungs-Geschwindigkeit und der Arduino-Pin mit dem Sendesignal definiert.

```
void setup()
{
  // Initialisierung
  vw_set_ptt_inverted(true);
  // Geschwindigkeit (Bits pro Sekunden)
  vw_setup(2000);
  vw_set_tx_pin(TxPin);
}
```

Im Hauptprogramm wird die zu versendende Meldung als Text in der Variablen `msg` gespeichert.

```
void loop()
{
  // Textmeldung die verschickt wird
  const char *msg = "24.3";
```

und anschließend wird die Meldung mittels Angabe der Länge verschickt.

```
vw_send((uint8_t *)msg, strlen(msg));
```

Nach dem Versenden wird gewartet, bis der Sender wieder bereit ist.

```
vw_wait_tx();
```

Eine kurze Wartezeit und die Datenübertragung kann wieder von vorne beginnen.

```
// warten
  delay(200);
}
```

Das Senden der Textmessage erfolgt alle 200 Millisekunden. Dabei erfolgt die Datenkommunikation bei dieser Lösung nur in einer Richtung, vom Sender zum Empfänger (One Way oder Simplex genannt). Der Sender bekommt also keine Rückmeldung, ob die Daten angekommen sind.

Empfänger

Das Arduino-Board in Abbildung 4.18 arbeitet als Empfänger und empfängt die vom vorher beschriebenen Sender verschickten Daten. Wie beim Sender benötigt auch der Empfänger eine Antenne, die direkt am 433-MHz-Empfängermodul angelötet wird. Die Antenne besitzt eine Länge von 170 mm. Das Empfangssignal wird vom Arduino-Board an Pin 2 eingelesen.

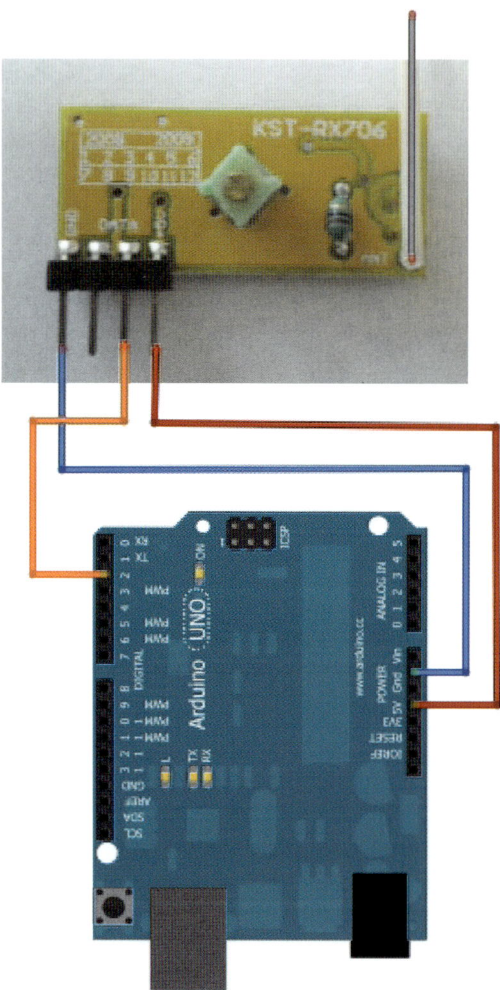

Abb. 4.18: 433-MHz-Empfänger

Auch für den Empfänger wird die bereits erwähnte VIRTUALWIRE-Bibliothek verwendet.

Nach dem Einfügen der Bibliothek

```
#include <VirtualWire.h>
```

werden verwendete Variablen undefiniert (außer Kraft gesetzt und bereit für Neudefinition).

```
#undef int
#undef abs
#undef double
#undef float
#undef round
```

Anschließend wird der verwendete Eingang des Arduino definiert.

```
int RxPin = 2;
```

In der Setup-Routine wird die serielle Schnittstelle, auf die die empfangenen Daten ausgegeben werden, gestartet, die drahtlose Kommunikation initialisiert, Übertragungsgeschwindigkeit und Empfangspin eingestellt. Anschließend wird die Kommunikation gestartet.

```
void setup()
{
  // serielle Schnittstelle
  Serial.begin(9600);
  // Initialisierung
  vw_set_ptt_inverted(true);
  // Geschwindigkeit (Bits pro Sekunden)
  vw_setup(2000);
  vw_set_rx_pin(RxPin);
  // Start des Empfängers
  vw_rx_start();
}
```

Im Hauptprogramm wird zuerst ein Bufferarray `buf[Laenge]` mit der maximalen Länge von 30 Bytes erstellt. Der Wert der maximalen Länge ist dabei fix im Code der Bibliothek eingetragen.

```
void loop()
{
  // Buffer mit Empfangsdaten erstellen
  uint8_t buf[VW_MAX_MESSAGE_LEN];
```

Nun wird der Wert für die maximale Länge in der Variablen `buflen` für die weitere Verwendung gespeichert.

```
// maximale Bufferlänge
uint8_t buflen = VW_MAX_MESSAGE_LEN;
```

Falls Empfangsdaten vorhanden sind, werden Daten in `buf` kopiert.

```
// Prüfen ob Daten empfangen
  if (vw_get_message(buf, &buflen))
```

und anschließend Zeichen für Zeichen bis zur maximal definierten Länge einzeln auf die serielle Schnittstelle ausgegeben.

```
{
    int i;
    // falls Checksumme ok
    // Zeichen aus Buffer einzeln ausgeben
    for (i = 0; i < buflen; i++)
    {
      // Ausgabe von Zeichen auf serielle Schnittstelle
      Serial.print(buf[i]);
    }
```

Zum Schluss wird ein Zeilenumbruch ausgegeben und das Programm beginnt die Verarbeitung wieder am Anfang des Hauptprogramms.

Im Beispiel wurde bisher nur eine einfache Mitteilung verschickt.

```
const char *msg = "24.3";
```

Diese Mitteilung könnte der Temperaturwert eines drahtlosen Sensors sein.

Im nachfolgenden etwas erweiterten Programm eines Sendermoduls (Listing 4.18) wird ein analoger Wert am Analogeingang A0 eingelesen und übermittelt.

```
#include <VirtualWire.h>

#undef int
#undef abs
#undef double
#undef float
#undef round
```

```
// Definitionen
int TxPin = 3;
float tempC;
float tempF;
// Port A0
int tempPin = 0;

char msg[10];

void setup()
{
  // Initialisierung
  vw_set_ptt_inverted(true);
  // Geschwindigkeit (Bits pro Sekunden)
  vw_setup(2000);
  vw_set_tx_pin(TxPin);
}

void loop()
{
  // Temperaturwert ermitteln
  tempC = analogRead(tempPin);
  msg[0]=map(tempC,0,1023,0,1023);
  vw_send((uint8_t *)msg, strlen(msg));
  vw_wait_tx();
  // warten
  delay(200);
}
```

Listing 4.18: 433-MHz-Kommunikation: drahtloser Temperatursensor

Im Empfangsmodul wird nun der gesendete Wert wieder empfangen und in eine Temperatur von 0 bis 100 Grad umgewandelt (Listing 4.19).

```
void loop()
{
    int TempC;
    float TempCC;
    int msg[VW_MAX_MESSAGE_LEN];
    uint8_t buf[VW_MAX_MESSAGE_LEN];
    uint8_t buflen = VW_MAX_MESSAGE_LEN;

    if(vw_have_message() == HIGH)
```

```
    {
      vw_get_message(buf, &buflen);
      //Temperatur als ganzzahliger Wert
      TempC = map(buf[0],0,1023,0,1023);
      // Temperatur umgewandelt in 0 - 100
      TempCC = (5.0 * TempC * 100.0)/1024.0;
      Serial.println(TempCC, DEC);
    }
    delay (1000);
}
```

Listing 4.19: 433-MHz-Kommunikation: Hauptprogramm für Empfangsmodul

433 oder 868 MHz?

Auf dem Markt werden die Billigprodukte mit Funktechnik wie Babyphone, Wetterstationen, Funksteckdosen oder Garagentoröffner meist mit der 433-MHz-Übertragungsfrequenz betrieben. Zusätzlich wird diese Frequenz von Handfunkgeräten genutzt. In jedem Haushalt gibt es oft mehrere Produkte, welche diesen Frequenzbereich für Datenübertragung nutzen. Darum ist dieser Frequenzbereich ziemlich stark genutzt und viele »Dauerstörer« (Babyphones senden dauernd) produzieren Störsignale im Frequenzband. Im 868-MHz-Band dürfen keine Dauerstörer verwendet werden, es sind nur kurze Sendezeiten erlaubt (`http://de.wikipedia.org/wiki/Short_Range_Devices`). Darum ist der 868-MHz-Bereich weniger überlastet. Nachteilig sind die etwas höheren Hardwarekosten und die Sendebedingungen, die beachtet werden müssen.

4.6 Projekt: Würfel

Ein Würfel besitzt bekanntlich sieben verschiedene Punkte um die Zahlenwerte von 1 bis 6 darzustellen. Diese Punkte wollen wir in diesem Projekt mittels Leuchtdioden darstellen. Die Ansteuerung erfolgt dabei über die digitalen Ausgänge des Arduino-Boards. Die Würfelschaltung wird dabei von einem Drucktaster in Bewegung gebracht. Bei Betätigung der Taste startet der Würfelvorgang. Wird der Taster losgelassen, stoppt der Würfelvorgang und der gewürfelte Wert wird an den Leuchtdioden ausgegeben.

Abbildung 4.19 zeigt den Schaltungsaufbau für die Ansteuerung der Würfelschaltung.

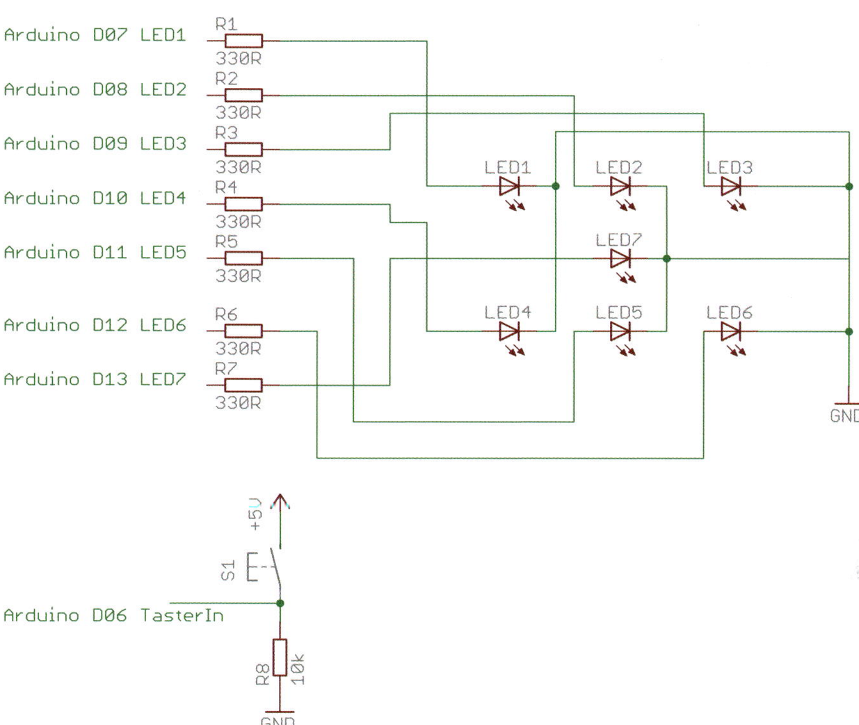

Abb. 4.19: Projekt: Digitaler Würfel

Für jede Leuchtdiode wird ein digitaler Ausgang des Arduino benötigt. Das Startsignal für den Würfel wird über den Taster an einen digitalen Eingang geführt.

Das Programm für die Ansteuerung der Leuchtdioden kann auf verschiedene Arten realisiert werden. Die einfachste Lösung ist die Verwendung einer `switch/case`-Anweisung.

Beispiel:

```
switch (Zahl)
{
 case 1:
  // LEDs für 1
  digitalWrite(LED1, LOW);
  digitalWrite(LED2, LOW);
  digitalWrite(LED3, LOW);
  digitalWrite(LED4, LOW);
  digitalWrite(LED5, LOW);
```

```
  digitalWrite(LED6, LOW);
  digitalWrite(LED7, HIGH);
  break;

 case 2:
  // LEDs für 1
  digitalWrite(LED1, HIGH);
  // ....
  break;
}
```

Für jede Zahl von 1 bis 6 werden im entsprechenden Fall (`case`) die digitalen Signale auf HIGH oder LOW gesetzt, um das richtige Muster auf dem Würfel darzustellen.

Diese Lösung ist zwar einfach zu verstehen, benötigt aber relativ viele Anweisungen und Codezeilen.

Wenn man die Punkte auf dem Würfel für jede Zahl betrachtet, ergibt sich folgendes Verhalten:

Leuchtdiode	Leuchtet bei Zahl
LED1	2, 3, 4, 5, 6
LED2	6
LED3	4, 5, 6
LED4	4, 5, 6
LED5	6
LED6	2, 3, 4, 5, 6
LED7	1, 3, 5

Tabelle 4.5: LED-Muster für Würfel

Aus der Tabelle 4.5 kann man also mehrere Muster erkennen:

LED 1 und LED 6:

Leuchten bei Zahlen größer 1

LED 2 und LED 5:

Leuchten bei der Zahl 6

LED 3 und LED 4:

Leuchten bei Zahlen größer 3

LED 7:

Leuchtet bei ungeraden Zahlen

Mit diesen Bedingungen kann nun die Funktion für die Ansteuerung der Leuchtdioden realisiert werden.

```
void LeuchtdiodenAnzeigen(int zahl)
{
  // Alle Ausgänge auf 0
  digitalWrite(LED1, LOW);
  digitalWrite(LED2, LOW);
  digitalWrite(LED3, LOW);
  digitalWrite(LED4, LOW);
  digitalWrite(LED5, LOW);
  digitalWrite(LED6, LOW);
  digitalWrite(LED7, LOW);

  // Zahl größer 1
  if (zahl > 1)
  {
    digitalWrite(LED1, HIGH);
    digitalWrite(LED6, HIGH);
  }

 // Zahl = 6
 if (zahl == 6)
 {
   digitalWrite(LED2, HIGH);
   digitalWrite(LED5, HIGH);
 }

 // Zahl größer 3
 if (zahl > 3)
 {
   digitalWrite(LED3, HIGH);
   digitalWrite(LED4, HIGH);
 }

 // Zahl ist ungerade
 if ((zahl % 2) == 1)
 {
   digitalWrite(LED7, HIGH);
 }

}
```

Für jedes Muster wird eine eigene `if`-Abfrage vorgenommen. Stimmt die Bedingung, werden die entsprechenden Leuchtdioden eingeschaltet.

Für das Prüfen der ungeraden Zahlen wird die Modulo-Formel `Zahl % 2` verwendet. Bei geraden Zahlen ergibt das Resultat jeweils 0, bei ungeraden Zahlen 1.

Neben der Ausgabe des Zahlenwertes benötigt der Würfel natürlich noch die Funktion zum Ermitteln einer Zahl, also der eigentliche Würfelvorgang, der startet, sobald die Taste gedrückt ist.

In der Setup-Routine `setup()` (Listing 4.20) werden die Variablen definiert und die Ports gesetzt.

```
// Portpins
int TasterPin=6;
int LED1=7;
int LED2=8;
int LED3=9;
int LED4=10;
int LED5=11;
int LED6=12;
int LED7=13;

// Variablen
int TasterValue=0;
int state=0;
int zahl = 1;
int zahlEnde = 7;

void setup (void)
{
  // Ausgänge für LED setzen
  pinMode (LED1, OUTPUT);
  pinMode (LED2, OUTPUT);
  pinMode (LED3, OUTPUT);
  pinMode (LED4, OUTPUT);
  pinMode (LED5, OUTPUT);
  pinMode (LED6, OUTPUT);
  pinMode (LED7, OUTPUT);
  // Eingang für Taster
  pinMode(TasterPin, INPUT);
}
```

Listing 4.20: Projekt Würfel: `Setup()`

Anschließend geht es im Hauptprogramm `loop()` weiter.

```
void loop (void)
{
  // Taster abfragen
  ReadTaster();

  // Ausführen, solange Taster gedrückt
  while (ReadTaster()==1)
  {
    if (zahl == zahlEnde)
    {
      zahl=1;
    }

    LeuchtdiodenAnzeigen(zahl);
    delay (20);
    zahl = zahl + 1;
  }
}
```

Listing 4.21: Projekt Würfel: Loop()

Zu Beginn jedes Durchgangs im Hauptprogramm wird eine Funktion `ReadTaster()` aufgerufen, die den Status des Drucktasters prüft. Ist das Resultat gleich 1, wird die Zählerschleife aufgerufen. Bei jedem Durchgang der Zählerschleife wird der Zahlenwert an die Anzeigefunktion `LeuchtdiodenAnzeigen()` übergeben und dann um 1 erhöht. Nach einer kurzen Verzögerung mit `delay()` beginnt die Zählerschleife mit der nächsten Zahl. Der Zählvorgang geht dadurch schnell und für das Auge ist nur ein Flackern aller Leuchtdiodenpunkte des Würfels sichtbar. Lässt man nun den Taster los, so bleibt der Zähler stehen und der Würfel zeigt die gewürfelte Zahl an.

Die Funktion zur Prüfung des Tasters liest den digitalen Tastereingang ein und gibt dann als Rückgabewert einen Statuswert 0 (offen) oder 1 (gedrückt) zurück.

```
int ReadTaster (void)
{
  TasterValue=digitalRead(TasterPin);
  if (TasterValue==HIGH) {
    state = 1;
    return state;
  }
  else
```

```
    {
      state= 0;
      return state;
    }
}
```

Durch den modularen Aufbau dieses Würfelprogramms kann als Betätigungstaster auch ein Fotowiderstand (LDR), ein Rüttelkontakt oder ein Reed-Kontakt verwendet werden. Dabei muss nur die Abfrage des Eingabeelements angepasst werden.

Das gesamte Würfelprojekt baut man idealerweise auf einer Erweiterungsplatine auf, die anschließend auf das Arduino-Board gesteckt wird. Dazu eignet sich die Erweiterungsplatine Protoshield. Erweiterungsplatinen werden in Kapitel 7 genauer beschrieben. Auf dem Protoshield lötet man dann die Leuchtdioden wie auf einem Spielwürfel an.

Mit einer Batterie als Spannungsversorgung bekommt man so einen praktischen und portablen elektronischen Würfel.

Kapitel 5

Sensoren, Aktoren, Anzeigen

Sensoren, Aktoren und Anzeigen sind die externen Komponenten, die das Arduino-Board zum Leben erwecken und den Kontakt mit der Außenwelt sicherstellen. Verschiedene Arten von Sensoren ermitteln Daten aus der Umwelt, wie beispielsweise den Abstand des Roboters zur Wand, die relative Luftfeuchtigkeit in einem zu überwachenden Silo oder auch die Trockenheit der Erde einer Pflanze im Wohnzimmer. Aufgrund der erfassten Daten erfolgt meist eine Reaktion mittels eines Aktors. Diese Reaktion kann ein Ausschalten eines Relais oder Motors sein oder auch eine Meldung über ein Netzwerk an eine externe Anwendung oder Datenbank. Der Zustand der Erde im Topf der Pflanze wird via Ethernet-Verbindung an Twitter gesendet und gleichzeitig schaltet ein Ventil die Wasserzufuhr zum Topf ein und die Pflanze bekommt Wasser. Schlussendlich steuert das Arduino-Board ein Anzeigeelement an und gibt Informationen über die Umgebungstemperatur, den Abstand oder auch den geografischen Standort an den Benutzer aus.

Neben diesen praktischen Anwendungen werden Arduino-Boards mit den angeschlossenen Sensoren und Aktoren aber auch für ungewöhnlichere Einsätze verwendet, um physische Objekte zu regeln und zu steuern. Die NETWORKED CAT ist ein Projekt, bei dem die Schlafstelle einer Katze mit Sensoren erweitert wurde, um dem Besitzer mitzuteilen, wann die Katze auf der Schlafmatte liegt. Per Webcam und E-Mail kommuniziert dieses Projekt mit der Umwelt. Das Projekt von Tom Igoe ist in seinem Buch »Making Things Talk« beschrieben (`http://oreilly.com/catalog/9780596510510/`).

Grundsätzlich kann jeder Sensor, jeder Aktor oder jede Anzeige an ein Arduino-Board angeschlossen werden. Einzelne Sensoren liefern Signale, die auf dem Arduino direkt verarbeitet werden können. Andere Signale von Sensoren müssen mittels einer elektronischen Schaltung in eine Form gebracht werden, die auf dem Arduino gelesen werden kann. Bei Sensoren von anderen Anwendungen, beispielsweise einem Wii Nunchuk, ist meist die mechanische Verbindung eine Hürde. Der Nunchuk kann über den I2C-Bus angesprochen werden. Für die Verbindung mit dem Arduino-Board muss aber ein spezieller Adapter verwendet werden oder man schneidet den Anschlussstecker am Ende des Kabels ab und verdrahtet die Anschlussdrähte neu.

In diesem Kapitel werden verschiedene Sensoren, Aktoren und Anzeigen erklärt. Sie erlernen anhand von vielen praktischen Beispielen die Funktionalität und die Verwendung der einzelnen Komponenten.

5.1 Sensoren

5.1.1 LDR (Fotowiderstand)

Ein LDR (Light Dependent Resistor), auch Fotowiderstand genannt, ist ein lichtempfindliches Halbleiterelement. Der Widerstandswert des Fotowiderstands ändert sich je nach Lichteinfall: Je mehr Licht auf die empfindliche Fläche des LDR fällt, umso kleiner wird sein Widerstandswert.

Ein Fotowiderstand besitzt zwei Anschlussdrähte und kann grundsätzlich wie ein normaler Widerstand behandelt werden. Mit einem Ohmmeter kann der Widerstandswert gemessen werden. Je nach verwendetem LDR-Typ liegt der Widerstandswert bei Dunkelheit im Megaohm-Bereich. Bei Helligkeit besitzt der Fotowiderstand einen Widerstandswert im Bereich von 100 bis 300 Ohm.

Fotowiderstände verändern den Widerstandswert bei der Veränderung der Helligkeit relativ langsam. Darum werden diese lichtempfindlichen Bauteile für Anwendungen eingesetzt, die nicht zeitkritisch sind. Meist werden Fotowiderstände in Dämmerungsschaltern oder berührungslosen Bedienungselementen eingesetzt.

In der Praxis wird der Fotowiderstand meist in einer Serienschaltung mit einem Festwiderstand eingesetzt. Dabei wirkt der Fotowiderstand als verstellbarer Widerstand und ändert entsprechend der Helligkeit den Widerstandswert. Die daraus resultierende Spannung wird mit der nachfolgenden Schaltung ausgewertet.

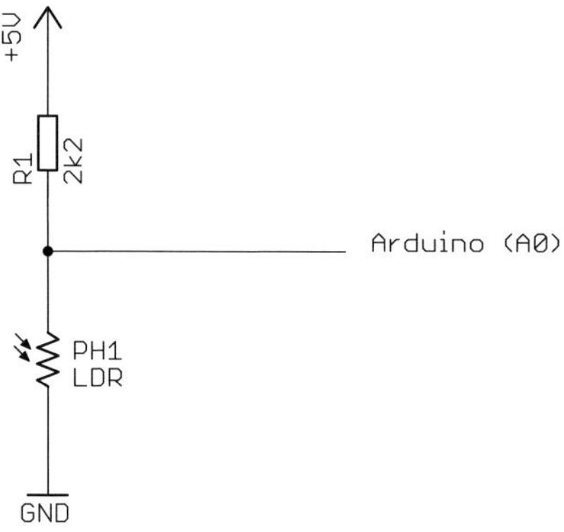

Abb. 5.1: Fotowiderstand (LDR): Helligkeit einlesen über Analogport

Der Spannungsabfall über dem Fotowiderstand wird direkt auf den Analogeingang des Arduino verdrahtet.

Stückliste (Helligkeitsmesser):

1 Arduino-Board

1 Steckbrett

1 LDR (PH1)

1 Widerstand 2,2 kOhm (R1)

Drahtbrücken

Abbildung 5.2 zeigt den Aufbau des Helligkeitsmessers auf dem Steckbrett.

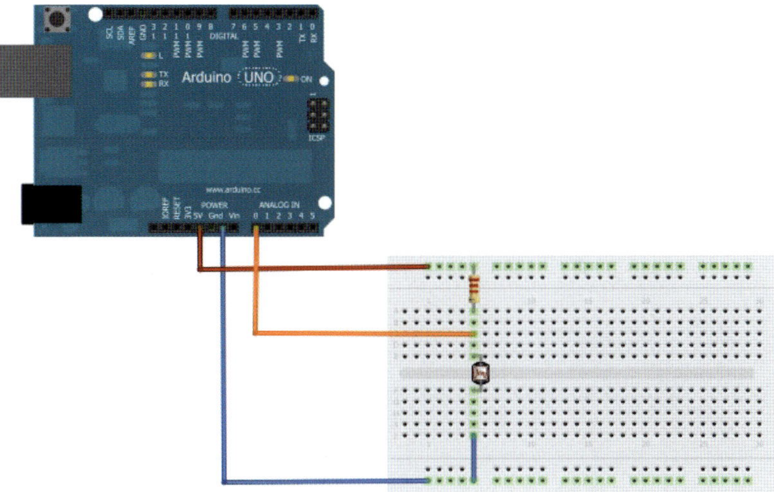

Abb. 5.2: Helligkeit messen mit LDR

In Listing 5.1 wird der am Analogport A0 gemessene Wert mit einem fixen Wert verglichen. Im Testaufbau war bei eingeschaltetem Licht ein Wert von 500 gemessen worden, bei ausgeschaltetem Licht lag der Wert bei 960. Sobald die Lampe nun ausgeschaltet wird, leuchtet die LED.

```
int LEDPin = 13    // LED-Pin
int valLDR = 0;    // Analogwert von LDR
int LDR = 0;       // Analogeingang

void setup() {
  pinMode(LEDPin, OUTPUT);
  Serial.begin(9600);
}

void loop() {
  // Wert von LDR einlesen
  valLDR = analogRead(LDR);
  // falls größer 800, LED EIN
  if (valLDR > 800) {
```

```
    digitalWrite(LEDPin, HIGH);
  }
  // sonst LED AUS
  else
  {
    digitalWrite(LEDPin, LOW);
  }
  // Ausgabe von Wert auf serielle Schnittstelle
  Serial.println(valLDR);
  delay(1000);
}
```

Listing 5.1: Fotowiderstand: LED einschalten, wenn dunkel

Je nach Umgebung muss der Wert der Schaltschwelle individuell angepasst werden.

5.1.2 NTC/PTC

NTC oder Heißleiter sind Temperatursensoren, die ihren Widerstand abhängig von der Temperatur verändern. Ein NTC hat einen hohen Widerstandswert bei Kälte und bei Hitze besitzt er einen niedrigen Widerstandswert. Darum auch der Name NTC, was Negative Temperature Coefficient, also negativer Temperaturkoeffizient, bedeutet.

Heißleiter gibt es mit verschiedenen Widerstandswerten. Der angegebene Widerstandswert ist der Wert bei 25 Grad Celsius.

Der Temperaturbereich für die NTC liegt von unter -50 Grad bis über 200 Grad. Diese Temperatursensoren werden darum für viele Industrieanwendungen oder Mess- und Regelsysteme verwendet. Neben dem großen Temperaturbereich ist auch der günstige Preis dieser Sensoren erwähnenswert.

Die Grundschaltung für die Temperaturmessung kann mit einem einfachen Spannungsteiler realisiert werden. Die resultierende Spannung kann nun direkt am Analogport des Arduino angeschlossen werden. In Abbildung 5.3 wird der Analogwert auf Port A0 des Arduino geführt.

Stückliste (NTC-Grundschaltung)

1 Arduino-Board

1 Steckbrett

1 NTC (R2)

1 Widerstand 10 kOhm (R1)

Drahtbrücken

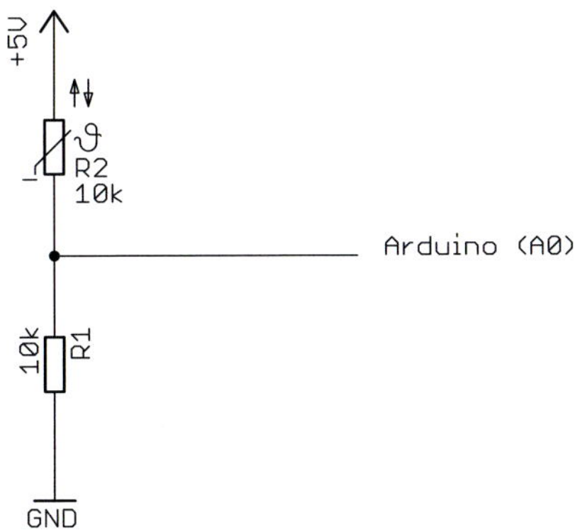

Abb. 5.3: Sensoren: Grundschaltung für NTC (Heißleiter)

Die Grundschaltung des NTC ist in Abbildung 5.4 dargestellt.

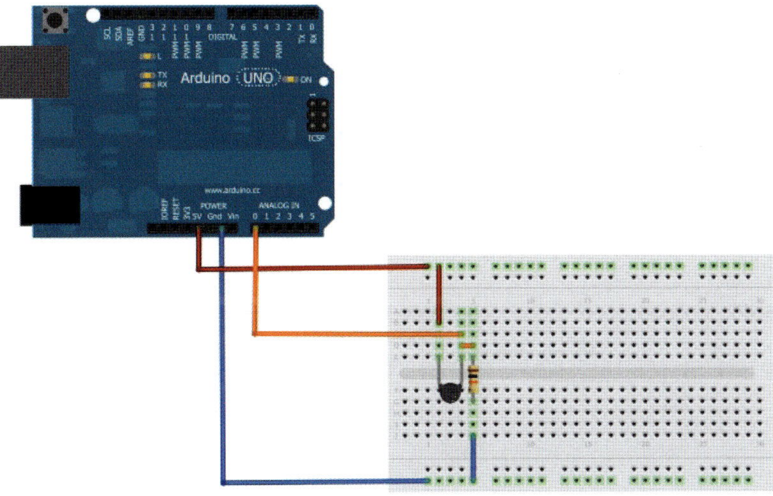

Abb. 5.4: Grundschaltung NTC

Aus dem Analogwert kann nun die Temperatur ermittelt werden, wobei dies mit einer etwas kniffligen Formel erledigt werden muss. In der Praxis wird dabei die so genannte »Stein-Hart-Gleichung« eingesetzt.

```
// Quelle:
// http://www.arduino.cc/playground/ComponentLib/Thermistor2
//
#include <math.h>

int ResValue= 10000;
```

```
 void setup() {
  Serial.begin(115200);
}

void loop() {
  Serial.println(int(Thermister(analogRead(0))));
  delay(100);
}

double Thermister(int RawADC) {
  double Temp;
  Temp = log(((10240000/RawADC) - ResValue));
  Temp = 1 / (0.001129148 + (0.000234125 * Temp) + (0.0000000876741 * Temp *
    Temp * Temp));
  // Wert in Celsius oder Fahrenheit
  Temp = Temp - 273.15;            // Convert Kelvin to Celsius
  //Temp = (Temp * 9.0)/ 5.0 + 32.0; // Convert Celsius to Fahrenheit
  return Temp;
}
```

Neben dem Heißleiter (NTC) gibt es auch noch einen so genannten Kaltleiter, auch PTC genannt.

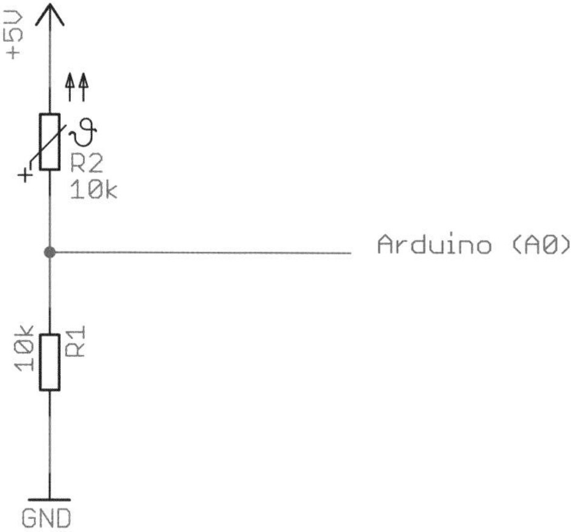

Abb. 5.5: Kaltleiter (PTC) als Temperaturfühler

Bei diesem Sensor ist das Verhalten des Widerstandswertes umgekehrt: Er erhöht sich mit steigender Temperatur, darum auch der Name PTC (Positive Temperature Coefficient, also positiver Temperaturkoeffizient).

5.1.3 Integrierte Temperatursensoren

Ein nicht linearer Widerstandsverlauf und eine komplizierte Berechnung dieses Widerstandswertes sind die Nachteile der günstigen Heißleiter.

Durch den stetig wachsenden Halbleitermarkt wurden integrierte Schaltungen und Transistoren immer komplexer. Die in den Halbleiterschaltungen verwendeten Technologien haben temperaturabhängige Verhalten, die bei höheren Frequenzen oder hohen Schaltströmen verstärkt wurden. Darum musste das Temperaturverhalten kompensiert werden.

Auf der anderen Seite kann aber das temperaturabhängige Verhalten der Halbleiterstoffe sinnvoll genutzt werden, um damit einfache und lineare Temperatursensoren herzustellen. Die unerwünschten Eigenschaften bei den Transistoren und integrierten Schaltungen können nun für integrierte Temperatursensoren verwendet werden, wobei die gleichen Herstellungsprozesse wie bei den anderen Halbleitern genutzt werden können.

Die daraus entstandenen integrierten Temperatursensoren sind sehr linear und einfach in der Anwendung. Mittlerweile gibt es viele verschiedene Typen und Hersteller.

LM35

Der Temperatursensor LM35 (`http://www.ti.com/product/lm35`) ist ein Präzisionssensor von National Semiconductor und liefert eine lineare Ausgangsspannung von 10 Millivolt (mV) pro Grad Celsius. Ein großer Eingangsspannungsbereich und eine einfache Handhabung kennzeichnen diesen Sensor. Die Genauigkeit liegt dabei im Bereich von ca. 0,2 Grad, wobei keine externen Komponenten für die Kalibrierung benötigt werden. Mit dem Anschließen der Versorgungsspannung ist der Sensor für die Messung der Umgebungstemperatur bereit.

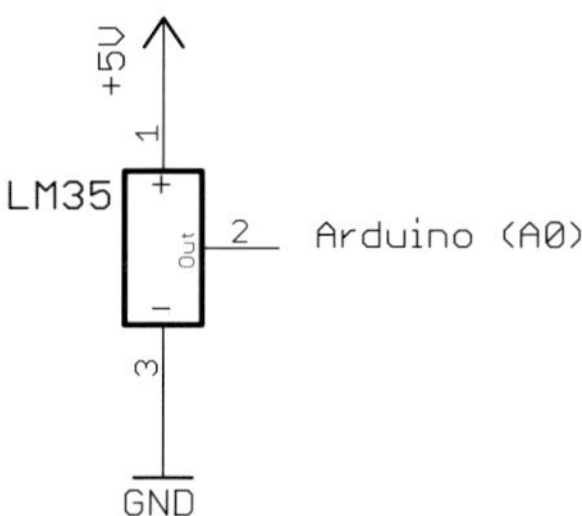

Abb. 5.6: Sensoren: Temperatursensor LM35

Wie aus dem Beispiel in Kapitel 4 zu erkennen ist, kann die Eingangsspannung direkt mit dem Befehl `analogRead()` eingelesen werden mit:

```
{
int tempPin = 0;    // Port A0
// Analogport einlesen
float tempC = analogRead(tempPin);
// Wert konvertieren
tempC = (5.0 * tempC * 100.0)/1024.0;
```

Je nach Anwendungsfall kann man durch die Erfassung mehrerer Temperaturwerte und die anschließende Mittelwertbildung eine Verbesserung des Messergebnisses erreichen. In Listing 5.2 wird die Messung fünfmal durchgeführt und anschließend wird das Gesamtresultat durch 5 geteilt.

```
// Listing Mehrfache Messungen
float tempC = 0;
int tempPin = 0;    // Port A0
int messung[5];  //  5 Messungen für Verbesserung des Messwertes
float valTemp;
int i;

void setup()
{
  // Serielle Schnittstelle initialisieren
  Serial.begin(9600);
}

void loop()
{
  // Schleife über die 5 Messungen
  for(i=0;i<=4;i++)
  {
  // Analogport einlesen
  valTemp = analogRead(tempPin);
  // Wert konvertieren
  messung[i] = (5.0 * valTemp * 100.0)/1024.0;
  tempC=tempC+messung[i];
  delay(500);
  }
  // Mittelwert der Messungen
  tempC = tempC/5;

  // Wert an serielle Schnittstelle senden
  // Ausgabe als Grad Celsius
  Serial.print("Grad C: ");
```

```
  Serial.println(tempC);
  tempC=0;
  // warten 1 Sekunde
  delay(1000);
}
```

Listing 5.2: Sensor LM35: Mehrfachmessung und Mittelwert ermitteln

Der Sensor LM35 erlaubt bei der Verwendung des Typs LM35 oder LM35A eine Temperaturerfassung von -55 bis +150 Grad Celsius. Um negative Spannungswerte zu bekommen, muss ein zusätzlicher Widerstand (R1) am Ausgang und an einer negativen Hilfsspannung (-V) angeschlossen werden.

Die Berechnung des Widerstandswertes erfolgt nach folgender Formel, die im Datenblatt des LM35 vorgegeben wird.

R1 = -V / 50 uA

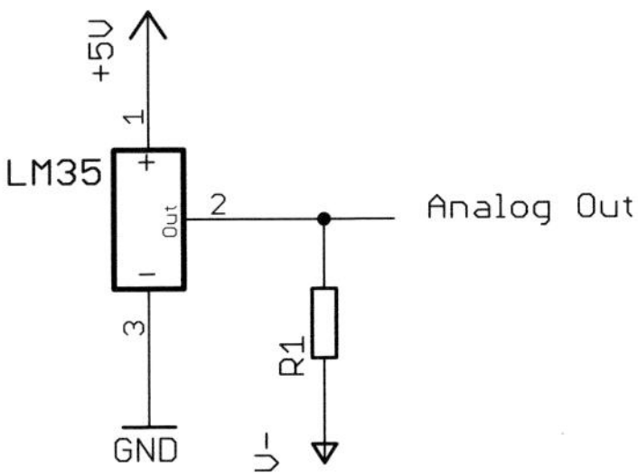

Abb. 5.7: Sensor LM35: Gesamter Temperaturbereich -50 bis +150 Grad Celsius

Vorsicht

Die Lösung in Abbildung 5.7 liefert zwar die korrekten Spannungen für den negativen und positiven Temperaturbereich. Der Analogeingang des Arduino-Microcontrollers kann aber keine negativen Spannungen verarbeiten.

Um auch negative Temperaturen ohne negatives Eingangssignal zu verarbeiten, kann man einen ähnlichen Sensortyp verwenden. Der TMP36 von Analog Devices (`http://ww.analog.com/static/imported-files/data_sheets/TMP35_36_37.pdf`) behilft sich hier mit einem Trick. Mittels einer internen Offset-Spannung können negative Spannungen verarbeitet werden, indem die Ausgangsspannung bei 0 Grad, wo eigentlich 0 Volt am Ausgang erwartet wird, leicht angehoben wird. Gemäß Datenblatt sind dies 500 Millivolt. Diese Offset-

Spannung von 500 mV muss anschließend bei der Berechnung wieder subtrahiert werden.

Beispiele:

Temperatur	Ausgangsspannung	Berechnung
50 Grad Celsius	(TMP) 1.000 mV (LM35): 500 mV	(1.000 mV – 500 mV) / 10 = 50 Grad Celsius 500 mV / 10 = 50 Grad Celsius
0 Grad Celsius	(TMP) 500 mV (LM35): 0 mV	(500 mV – 500 mV) / 10 = 0 Grad Celsius 0 mV / 10 = 0 Grad Celsius
-20 Grad Celsius	(TMP) 300 mV (LM35): --	(300 mV – 500 mV) / 10 = -20 Grad Celsius --

Tabelle 5.1: Sensoren LM35/TMP36: Berechnung Ausgangsspannungen

Bei der Auswahl des richtigen Sensortyps lohnt es sich, Zeit zu investieren. Für Tests auf dem Steckbrett kann man aber meist einen günstigen Typ nutzen.

Tipp

Wird der Sensor in einer Anwendung außerhalb eines Raumes verwendet, muss speziell auf die Verdrahtung der Anschlüsse geachtet werden. Feuchtigkeit kann die Schaltung stören. Um diesem Problem vorzubeugen, kann man die Verdrahtung nach erfolgreichem Test mit Silikonmasse oder ähnlichem Material aus dem Baumarkt wasserfest verpacken.

LM335

Der LM335 (`http://www.ti.com/product/lm335`) ist ein integrierter Temperatursensor für den Messbereich von -40 bis +100 Grad C und eignet sich somit ideal für Außentemperatur-Messungen und Wetterstation-Anwendungen. Der Sensor wird wie eine Diode in Sperr-Richtung betrieben und benötigt einen Vorwiderstand (R1) gemäß Abbildung 5.8. Der Vorwiderstand begrenzt den Strom, welcher gemäß Datenblatt des Herstellers zwischen 0.4 und 5 Milliampere betragen soll.

Stückliste (LM335)

1 Arduino-Board

1 Steckbrett

1 Widerstand 2,2 kOhm (R1)

1 Potentiometer 10 kOhm (P1)

1 LM335 (IC1)

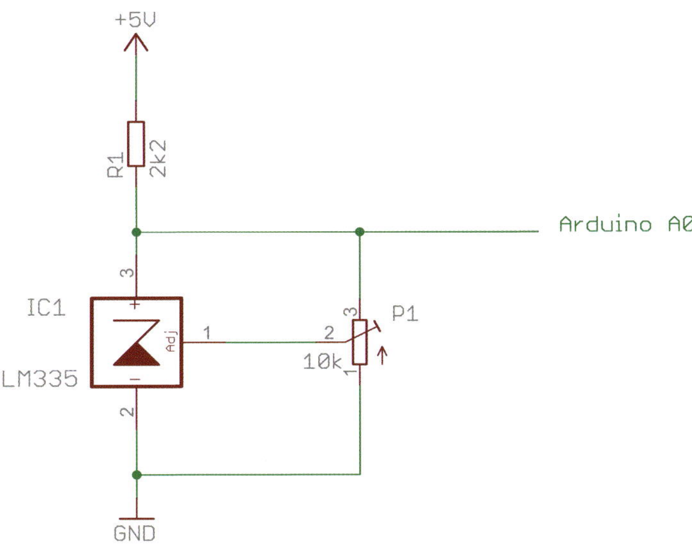

Abb. 5.8: Grundschaltung LM335

Der Aufbau der Schaltung erfolgt gemäß Abbildung 5.9 auf dem Steckbrett.

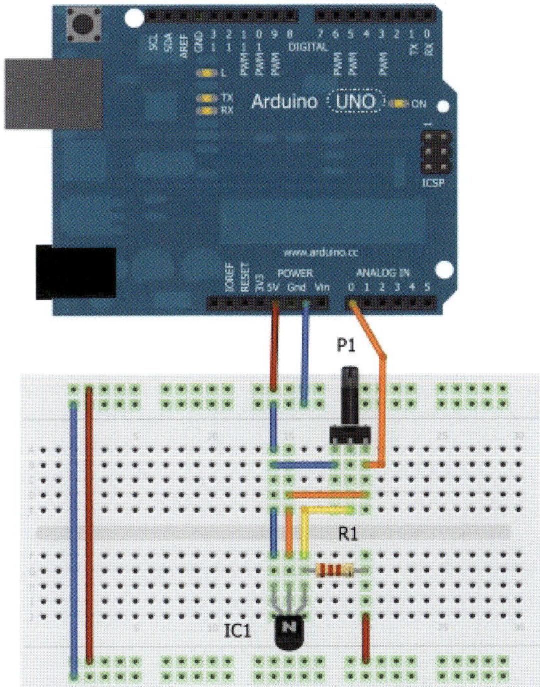

Abb. 5.9: Schaltung LM335

Im Gegensatz zum LM35 benötigt der Sensor LM335 keine zusätzlichen Komponenten oder Spannungsversorgung für die Messung von Temperaturen im Minus-Bereich.

Das analoge Ausgangssignal des LM335 verändert sich um 10 mV/Grad Kelvin, wobei das Ausgangssignal bei 0 Grad Kelvin (entspricht einer Temperatur von –273.15 Grad Celsius) genau 0 Volt entspricht. Mit einem verstellbaren Widerstand, einem Potentiometer, kann am Adj-Anschluss des LM335 (Pin 1) die Ausgangsspannung abgeglichen werden.

Auf den gesamten Messbereich von -40 bis +100 Grad Celsius umgerechnet ergibt das nun den Ausgangsspannungsbereich gemäß Tabelle 5.2.

Temperatur in Grad C	Ausgangsspannung
-40	2,33 V
0	2,73 V
25	2,98 V
50	3,23 V
100	3,73 V

Tabelle 5.2: Ausgangsspannungsbereich LM335

Das analoge Ausgangssignal des LM335 kann nun direkt von einem analogen Port des Arduino eingelesen werden. Für die Ermittlung des Temperaturwertes kann eine ähnliche Formel wie beim LM35 verwendet werden.

```
tempKelvin=(Referenzspannung * Analogwert * 100.0) / 1024
```

Für die Umrechnung von Kelvin zu Celsius wird anschließend der Wert 273.15 subtrahiert.

```
tempCelsius = TempKelvin - 273,15
```

Um die Schwankungen der Messwerte etwas zu verringern, wird, wie auch schon im Beispiel des LM35, ein Mittelwert aus mehreren Messwerten gebildet. Dabei werden zehn Messungen durchgeführt. Zwischen den einzelnen Messwerten erfolgt eine kurze Wartezeit von 100 Millisekunden (ms).

Die Messwerte werden jeweils addiert und aus dem Gesamtwert wird anschließend ein Mittelwert berechnet (Listing 5.3).

```
int messungen = 10;          // Anzahl der Durchläufe
int MessWarteZeit = 100;     // ms zwischen Durchläufen
int WarteZeit = 5000;        // Intervall für Serial Output
```

```
tempCTotal = 0;
  for(int i = 0;i<messungen;i++)
  {
    tempC = analogRead(tempPin);
    tempC=((5.0 * tempC * 100.0) / 1024) - 273.15;
    tempCTotal = tempCTotal + tempC;
    delay(MessWarteZeit);
  }

// Mittelwert ermitteln
tempCMittel = tempCTotal / messungen;
```

Listing 5.3: LM335 mit Mittelwertbildung

Im Listing 5.3 der LM335 wird nun im Zyklus von fünf Sekunden ein Messdurchgang gestartet. Der aus den Messungen berechnete Mittelwert wird für die weitere Verarbeitung an die serielle Schnittstelle übergeben.

```
//Variablen
int tempPin = 0;
float tempC;
float tempCMittel;
float tempCTotal;
int messungen = 10;           // Anzahl der Durchläufe
int MessWarteZeit = 100;      // ms zwischen Durchläufen
int WarteZeit = 5000;         // Intervall für Serial Output

void setup()
{
  Serial.begin(9600);
}

void loop()
{
  // Messung aufrufen
  ReadTemp();
  // Ausgabe auf seriellen Port
  Serial.println(tempCMittel);
  // Warten bis zur nächsten Messung
  delay(WarteZeit);
}

float ReadTemp()
{
```

```
  tempCTotal = 0;
  for(int i = 0;i<messungen;i++)
  {
    tempC = analogRead(tempPin);
    tempC=((5.0 * tempC * 100.0) / 1024) - 273.15;
    tempCTotal = tempCTotal + tempC;
    delay(MessWarteZeit);
  }
  // Mittelwert ermitteln
  tempCMittel = tempCTotal / messungen;
  return(tempCMittel);
}
```

Listing 5.4: Messungen mit LM335

Praxis-Tipp

Dank dem Messbereich von -40 bis +100 Grad eignet sich der Temperatursensor LM335 ideal für Messungen der Umgebungstemperatur im Außenbereich. Um den Sensor vor Feuchtigkeit zu schützen, isoliert man die Anschlussdrähte und den gesamten Sensor mit Schrumpfschlauch oder Silikonmasse.

Sensor für 1-Wire-Bus (Dallas 1820)

Mehrere Temperaturen zu überwachen, erfordert die entsprechende Anzahl von Temperatursensoren und auf dem Arduino-Board genügend freie Analogeingänge.

Umgehen kann man die Problematik der notwendigen Analogeingänge mit einer Buslösung. Temperatursensoren für den 1-Wire- oder I2C-Bus sind mittlerweile kostengünstig und einfach in der Verwendung. Mit der integrierten Schaltung DS1820 von Dallas Semiconductor (Datenblatt unter `http://datasheets.maxim-ic.com/en/ds/DS18S20.pdf`) wird die externe Verdrahtung auf ein Minimum beschränkt. Der Sensor im TO-92-Gehäuse besitzt drei Signalanschlüsse.

Die 3 Anschlusspins des DS1820 haben folgende Bezeichnungen:

Pin 1: GND

Pin 2: DQ (Datensignal)

Pin 3: VDD (+Versorgung)

Jeder Sensor hat eine eindeutige 64-Bit-Adresse, die über den Bus abgefragt werden kann.

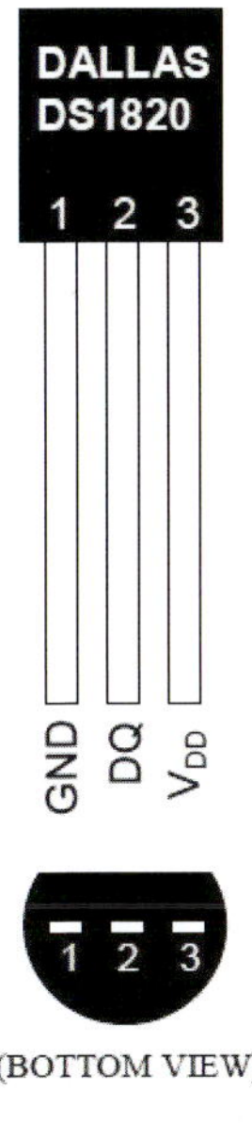

Abb. 5.10: DS1820 – Anschlussbelegung (Quelle: Datenblatt Dallas Semiconductor)

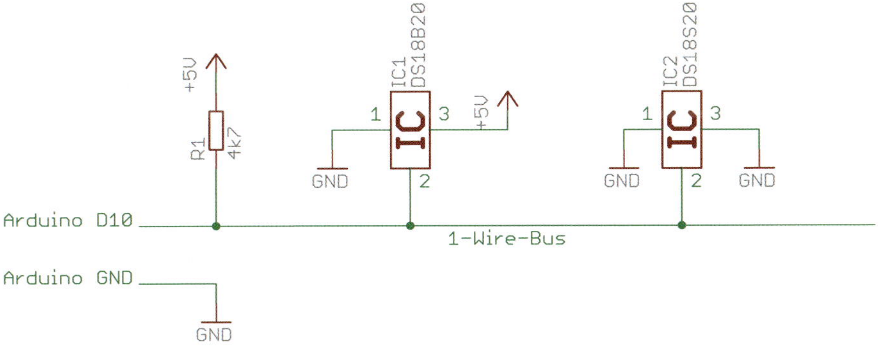

Abb. 5.11: 1-Wire-Bus: Sensorbus mit Temperatursensoren DS1820

Abbildung 5.10 zeigt den Sensorbus mit den Temperatursensoren. Hier ist zu beachten, dass der erste Sensor als Master und die weiteren Sensoren als Slave verdrahtet werden. Der Master wird zusätzlich an +5 Volt angeschlossen, bei den Slave-Elementen wird der rechte Anschluss (Pin 3) mit 0 Volt (GND) verbunden.

Die Abfrage der am 1-Wire-Bus angeschlossenen Sensoren erfolgt mit der Bibliothek OneWire. Zusätzlich wird eine spezielle Bibliothek für die Dallas-Temperatursensoren eingesetzt. Die Bibliothek sowie detaillierte Erklärungen und Beispiele stehen auf der Website des Autors zum Download bereit.

http://milesburton.com/index.php?title=Dallas_Temperature_Control_Library

Nach dem Einfügen der nötigen Bibliotheken

```
#include <OneWire.h>
#include <DallasTemperature.h>
```

wird der Port, an dem der 1-Wire-Bus betrieben wird, definiert.

```
// 1-Wire-Bus an Port 10
#define ONE_WIRE_BUS 10
```

Anschließend werden das Bus-Objekt und das Sensor-Objekt bereitgestellt.

```
// 1-Wire-Bus instanziieren
OneWire oneWire(ONE_WIRE_BUS);

// Instanziieren der Dallas-Sensoren
DallasTemperature sensors(&oneWire);
```

Mit dem Start des 1-Wire-Busses in der Setup-Routine ist die Datenabfrage der Sensoren bereit.

```
// Start der Sensorübertragung
  sensors.begin();
```

Gleichzeitig wird die Anzahl der am Bus angeschlossenen Sensoren ausgegeben.

```
// Anzahl Sensoren angeben
Serial.println("Sensoren suchen...");
Serial.print(sensors.getDeviceCount(), DEC);
Serial.println(" Sensoren");
```

Im Hauptprogramm werden nun die Temperaturen aller Sensoren abgefragt.

```
// Temperaturen abfragen
sensors.requestTemperatures();
```

und anschließend einzeln ausgegeben.

```
// Sensor 0
float tempC1 = sensors.getTempCByIndex(0);
// Anzeige Grad C
Serial.print("Sensor 0: ");
```

```
Serial.println(tempC1);

// Sensor 1
float tempC2 = sensors.getTempCByIndex(1);
Serial.print("Sensor 1: ");
Serial.println(tempC2);
```

In Listing 5.5 ist das gesamte Programm für die Abfrage von zwei 1-Wire-Sensoren vom Typ DS1820 dargestellt.

```
// 1-Wire-Bus an Port 10
#define ONE_WIRE_BUS 10

// 1-Wire-Bus instanziieren
OneWire oneWire(ONE_WIRE_BUS);

// Instanziieren der Dallas-Sensoren
DallasTemperature sensors(&oneWire);

// Übertragungsgeschwindigkeit
int datarate = 9600;

void setup(void)
{
  // Start serieller Port
  Serial.begin(datarate);

  // Start der Sensorübertragung
  sensors.begin();

  // Anzahl Sensoren angeben
  Serial.println("Sensoren suchen...");
  Serial.print(sensors.getDeviceCount(), DEC);
  Serial.println(" Sensoren");
  delay(2000);
}

void loop(void)
{
  // Temperaturen abfragen
  sensors.requestTemperatures();
```

```
    // Sensor 0
    float tempC1 = sensors.getTempCByIndex(0);
    // Anzeige Grad C
    Serial.print("Sensor 0: ");
    Serial.println(tempC1);

    // Sensor 1
    float tempC2 = sensors.getTempCByIndex(1);
    Serial.print("Sensor 1: ");
    Serial.println(tempC2);
    delay(4000);
}
```

Listing 5.5: 1-Wire-Bus: Abfrage und Anzeige von Temperaturen mit Sensoren DS1820

Stückliste (DS1820 im Datenbus)

1 Arduino-Board

1 Steckbrett

1 Widerstand 4,7 kOhm (R1)

2 DS1820 (IC1, IC2)

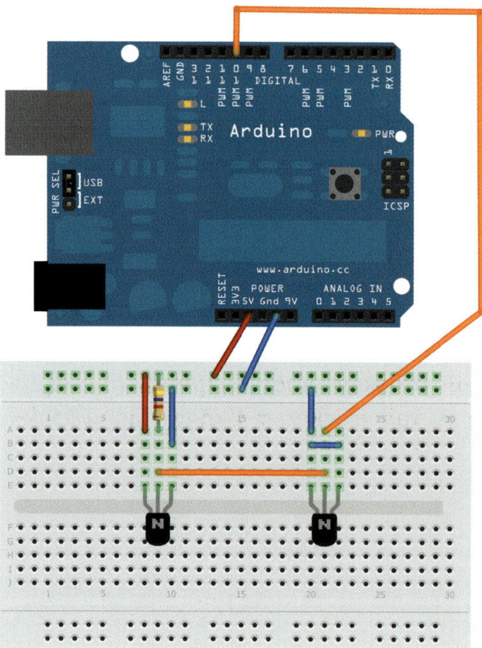

Abb. 5.12: 1-Wire-Bus: Temperatursensoren DS1820, Master-Sensor (links), Slave-Sensor (rechts)

LM75

`http://www.datasheetcatalog.org/datasheet/nationalsemiconductor/DS012658.PDF`

Auch der LM75 ist ein busfähiger Temperatursensor mit 2-Wire-Interface und kann mit der WIRE-Bibliothek abgefragt werden. Damit der richtige Sensor abgefragt wird, muss beim Aufruf die Adresse des Sensors mitgegeben werden.

```
#define SensorAdresse 0x90
```

Die Sensor-Adresse ist im HEX-Format angegeben, im Binärformat wird die 8-Bit-Adresse mit 1001 0000 angegeben. Da die WIRE-Bibliothek nur die 7 höchstwertigen Bits der Adresse erwartet, wird aus der oben genannten Adresse 0x90 (HEX) die Deviceadresse 0x48 (HEX).

Bitadresse	HEX-Adresse
1001 0000	0x90
1001 000	0x48

Die drei niedrigsten Bits, also 000, entsprechen der Adresse, die am LM75 an den Anschlüssen A0 bis A2 definiert werden kann. Der Wert 000 wird erreicht, indem die Anschlüsse A0 bis A2 an 0 Volt angeschlossen werden.

Bit7	Bit6	Bit5	Bit4	Bit3	Bit2	Bit1
1	0	0	1	A2	A1	A0

Da der LM75 in einer Bauform für die Oberflächenmontage (SMD) geliefert wird, muss die Verbindung mittels Breadboard erstellt werden. In der Praxis heißt das, dass der Sensor auf die Adapterplatine gelötet wird. Die Adapterplatine selbst wird dann wiederum mit Anschlussstiften auf die Leiterplatte der Anwendung gelötet oder aufs Steckbrett gesteckt.

Durch den Aufbau auf einem Breakout-Board oder einer Adapterplatine eignet sich dieser Sensor eher für Anwendungen mit trockener Umgebung. Für den praktischen Einsatz empfiehlt sich, die Adapterplatine in einem Gehäuse zu montieren.

In Abbildung 5.13 ist die Grundschaltung mit dem LM75 dargestellt.

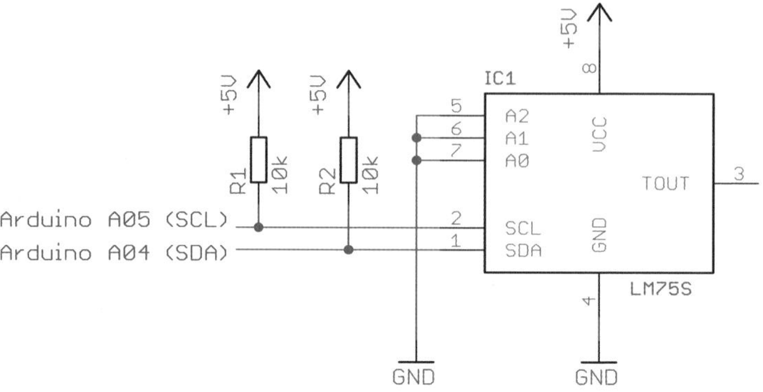

Abb. 5.13: Temperaturmessung über I2C-Bus mit LM75

Stückliste (LM75)

1 Arduino-Board

1 Breakout-Board, Adapterplatine oder Protoshield

1 Steckbrett

1 LM75

2 Widerstand 10 kOhm (R1, R2)

Die Adressierung des Sensors erfolgt nach Laden der WIRE-Bibliothek.

```
#include <Wire.h>

// 7-Bit-Adresse
// 1001000
#define SensorAdresse 0x48
```

Alternativ kann die 8-Bit-Adresse mittels Rechts-Bit-Shift in eine 7-Bit-Adresse umgewandelt werden.

```
// 8-Bit-Adresse mit Rechts-Bit-Shift
#define SensorAdresse 0x90 >> 1
```

Abfrage und Ausgabe der Temperaturdaten des Temperatursensors LM75 über den I2C-Bus (Listing 5.6).

```
#include <Wire.h>

// 7-Bit-Adresse
// 1001000
```

```
#define SensorAdresse 0x48

void setup()
{
  Wire.begin();
  Serial.begin(9600);
}

void loop()
{
  Wire.beginTransmission(SensorAdresse);
  Wire.write((byte)0x00);
  Wire.requestFrom(SensorAdresse, 1);
  int tempVal;
  if (Wire.available()) {
     tempVal = Wire.read();
  }
  Wire.endTransmission();
  Serial.print("Temp 0: ");
  Serial.println(tempVal);
  delay(1000);
}
```

Listing 5.6: I2C-Bus: Abfrage von Temperatursensor LM75

Praxis-Tipp

Da das erwähnte Breakout-Board für SMD-Komponenten nicht überall im Handel verfügbar ist, kann man den Sensor auch auf die vorbereiteten SMD-Lötaugen des Protoshield auflöten.

Lego-NXT-Temperatursensor

Die Produktreihe Mindstorms vom Spielzeughersteller Lego (`http://mindstorms.lego.com/`) ist ein intelligentes Modul mit digitalen Ein- und Ausgängen für Sensoren und Aktoren. Die Zentraleinheit von Mindstorms ist ein Microcontroller-Modul, das über eine grafische Oberfläche programmiert werden kann.

Die aktuelle Mindstorms-Serie nennt sich »Mindstroms NXT 2.0«. Die Zentraleinheit wird über I2C-Busleitungen mit den Sensoren und Aktoren verbunden. Dabei werden spezielle Kabel und Steckverbindungen verwendet, über die auch die Stromversorgung geliefert wird.

Für die Realisierung von Robotern, intelligenten Fahrzeugen und beweglichen Modellen können handelsübliche Legobausteine mit den speziellen Mindstorms-

Sensoren und Aktoren kombiniert werden. Die Palette der Sensoren beinhaltet Druckkontaktsensoren, Geräuschsensor, Ultraschallsensor und Farbsensor. Von Drittfirmen werden weitere Sensortypen wie Kompass, Beschleunigungssensor oder Gyrosensor angeboten.

Neben den bereits erwähnten Sensoren gibt es auch einen busfähigen Temperatursensor (Lego Nr. 9749). Dieser digitale Sensor für die Erfassung von Temperaturen arbeitet im Temperaturbereich von -40 bis +120 Grad und kann auch über den I2C-Bus angesteuert werden.

`http://shop.nxt-roboter.de/main_bigware_34.php?pName=lego-9749-temperatursensor&cName=sensoren`

Im nachfolgenden kleinen Projekt wird nun der Lego-Sensor über den I2C-Bus mit dem Arduino-Board verbunden und abgefragt.

Ein mehradriges Kabel mit einem speziellen Anschlussstecker verbindet die Sensoren der Mindstorms-Reihe mit der Zentraleinheit. Die Anschlussbelegung dieses Steckers ist in Tabelle 5.3 aufgelistet.

Pin	Name	Bezeichnung	Farbe
1	ANA	Analog Interface	Weiß
2	GND	Ground	Schwarz
3	GND	Ground	Rot
4	IPOWERA	+4,3-V- Versorgung	Grün
5	DIGIAI0	I2C SCL	Gelb
6	DIGIAI1	I2C SDA	Blau

Tabelle 5.3: Anschlussbelegung Lego-NXT-Kabel

Abb. 5.14: Lego NXT: Temperatursensor mit präpariertem Stecker

Im Testaufbau des Autors wurde am Temperatursensor der Stecker abgeschnitten und die nötigen Anschlussdrähte auf eine Stiftleiste geführt, siehe Abbildung 5.14. Auf diese Weise kann man ganz einfach den Sensor an einem Steckbrett anschließen.

Die Verbindungen vom Sensor zum Arduino-Board werden nun gemäß Tabelle 5.4 erstellt.

Arduino-Board	Sensor-Kabel
GND	Pin 2, 3
+5 V	Pin 4
A05 (SCL)	Pin 5
A04 (SDA)	Pin 6

Tabelle 5.4: Anschluss Arduino – Temperatursensor Lego NXT

Die externe Beschaltung des Sensors beschränkt sich auf zwei Pullup-Widerstände von je 82 kOhm für die beiden Signalleitungen des I2C-Busses.

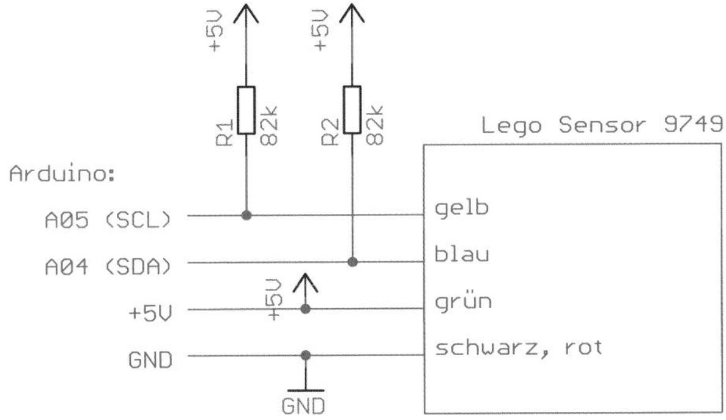

Abb. 5.15: Lego-Sensor 9749 mit Arduino verbunden

Abbildung 5.15 zeigt den Stromlaufplan mit den Verbindungen zwischen Temperatursensor und Arduino-Board. Gemäß nicht-offiziellen Angaben im Lego-Temperatursensor ist ein integrierter Temperatursensor vom Typ TMP275 im Einsatz.

Die Abfrage des Lego-Temperatursensors erfolgt, wie bei allen I2C-Bus-Anwendungen, mittels der WIRE-Bibliothek. Der Sensor arbeitet dabei als Slave am Bus und wird mit der Device-Adresse angesprochen.

```
#include <Wire.h>
```

Da auch hier nur wieder sieben Bits der I2C-Adresse verwendet werden, erfolgt ein Bit-Shift nach rechts.

```
// Rechts-Shift, da nur 7 Bits verwendet werden
int sensorAddress = 0x98 >> 1;
```

Dadurch wird aus der Adresse 0x98 die Adresse 0x48.

Nun werden die Variablen mit den Daten der Temperatur deklariert.

```
byte msb;
byte lsb;
int temperature;
```

Nach der Setup-Routine mit der Initialisierung der seriellen Schnittstelle und des I2C-Busses

```
void setup()
{
  // Serielle Kommunikation
  Serial.begin(9600);
  // teilnehmen am I2C-Bus
  // keine Adresse, da Master
  Wire.begin();
}
```

wird in der Hauptschleife der Slave mit der Deviceadresse aufgerufen und zwei Bytes an Daten angefordert.

```
void loop()
{
  // 2 Bytes vom Slave anfordern
  Wire.requestFrom(sensorAddress,2);
```

Falls zwei Bytes vorhanden sind, werden die beiden Bytes nacheinander eingelesen.

```
  // falls 2 Bytes vorhanden sind
  if (2 <= Wire.available())
  {
    // 1. Byte empfangen
    // entspricht höherwertigem Byte (MSB)
    msb = Wire.read();
    // 2. Byte empfangen
    // entspricht niederwertigem Byte (LSB)
    lsb = Wire.read();
```

Mit einem Links-Bit-Shift für das erste Byte und einem Rechts-Bit-Shift werden die beiden eingelesenen Bytes mit den Temperaturdaten umgewandelt und in der Variablen `temperatur` zusammengefügt.

```
// MSB Byte speichern
temperature = ((msb) << 4);
// LSB Byte hinzufügen
temperature |= (lsb >> 4);
```

Vor der Ausgabe wird der Temperaturwert mit der Auflösung multipliziert und ein Absolutwert der Temperatur in Grad Celsius wird ausgegeben. Zum Schluss wartet das Programm 2 Sekunden und der Messvorgang beginnt wieder von vorne.

```
Serial.print("Temperature: ");
    // Umrechnung der Temperatur mit Auflösung von 0,0625 Grad pro Bit
    // und Ausgabe auf seriellen Port
    Serial.println(temperature*0.0625);
  }
  // 2 Sekunden warten
  delay(2000);
}
```

Listing 5.7 zeigt das gesamte Programm der Sensorabfrage.

```
#include <Wire.h>

// Rechts-Shift, da nur 7 Bits verwendet werden
int sensorAddress = 0x98 >> 1;
byte msb;
byte lsb;
int temperature;

void setup()
{
  // Serielle Kommunikation
  Serial.begin(9600);
  // teilnehmen am I2C-Bus
  // keine Adresse, da Master
  Wire.begin();
}

void loop()
{
```

```
    // 2 Byte vom Slave anfordern
    Wire.requestFrom(sensorAddress,2);
    // falls 2 Bytes vorhanden sind
    if (2 <= Wire.available())
    {
      // 1. Byte empfangen
      // entspricht höherwertigem Byte (MSB)
      msb = Wire.read();
      // 2. Byte empfangen
      // entspricht niederwertigem Byte (LSB)
      lsb = Wire.read();

      // MSB Byte speichern
      temperature = ((msb) << 4);
      // LSB Byte hinzufügen
      temperature |= (lsb >> 4);
      Serial.print("Temperature: ");
      // Umrechnung der Temperatur mit Auflösung von 0.0625 Grad pro Bit
      // und Ausgabe auf seriellen Port
      Serial.println(temperature*0,0625);
    }
    // 2 Sekunden warten
    delay(2000);
}
```

Listing 5.7: Abfrage Lego-Sensor im I2C-Bus

Praxis-Tipp

Falls man bei I2C-Anwendungen nicht genau weiß, welche Adresse der Slave im I2C-Bus besitzt oder ob ein Device im Bus erkannt wird, kann man mit einem Testsketch die Clients abfragen und auflisten. Der I2C-Scanner gehört zu den Beispielsketches der NXT I2C-Library (`https://launchpad.net/nxti2cdevice`)

5.1.4 Pt100 und Thermoelemente

Pt100

Mess- und Regelanwendungen in der Industrieumwelt verwenden für die Erfassung von Temperaturen im Bereich von -100 bis 300 Grad Celsius oft Platinsensoren, so genannte »Pt100-Sensoren«. Bei dieser Art von Temperatursensor wird das Widerstandsverhalten von Platin ausgenutzt. Der Widerstandswert ändert sich bei einer Temperaturveränderung, wobei er bei 0 Grad genau 100

Ohm beträgt. Pt100-Sensoren werden in den verschiedensten Gehäuseausführungen hergestellt.

Im Gegensatz zu Thermistoren (NTC und PTC) und integrierten Temperatursensoren werden die Pt100-Sensoren in vielen unterschiedlichen Bauformen hergestellt. Verschiedene Hersteller entwickeln kundenspezifische Sensoren für die vielfältigen mechanischen Anforderungen im Maschinenbau.

Bekannte Hersteller von Temperatursensoren für professionelle Anwendungen sind dabei die Firmen JUMO (`http://www.jumo.net`) und Endress+Hauser (`http://www.endress.com`). Verschiedene Elektronik-Anbieter liefern auch Pt100-Sensoren für den Hobbybereich.

Die Auswertung der Widerstandsänderung erfolgt meist in aufwendigen Widerstandbrückenschaltungen mit nachfolgenden Verstärkerstufen. Entsprechende Messwandler und Umformer sind am Markt erhältlich.

Durch die genormten Nennwiderstände sind die Sensoren gut austauschbar. Anhand der Widerstandstabellen können die Sensoren und die Wandlerschaltungen überprüft und genau kalibriert werden.

Eine einfache und recht genaue Schaltung zeigt Abbildung 5.16. Diese Pt100-Schaltung mit einem Temperaturbereich von -48 bis +127 Grad Celsius stammt aus dem Projekt microSPS von Holger Buss (`http://microsps.com`) und erfordert keine Kalibrierung.

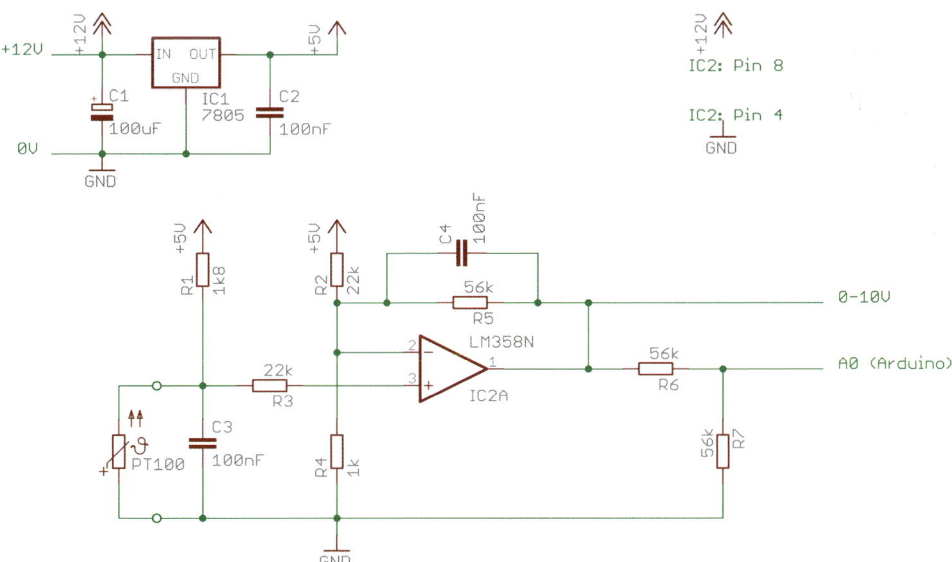

Abb. 5.16: Pt100-Schaltung –48..+127 Grad

Stückliste (Pt100-Schaltung)

1 Arduino-Board

1 Steckbrett

1 Widerstand 1 kOhm/0.5 % (R4)

1 Widerstand 1,8 kOhm/0.5 % (R1)

2 Widerstand 22 kOhm/0.5 % (R2, R3)

3 Widerstand 56 kOhm/0.5 % (R5, R6, R7)

3 Keramikkondensator 100 nF (C1, C3, C4)

1 Elko 100 uF/35 V (C2)

1 Sensor Pt100

1 Spannungsregler 7805 (IC1)

1 Operationsverstärker LM358 (IC2)

Drahtbrücken

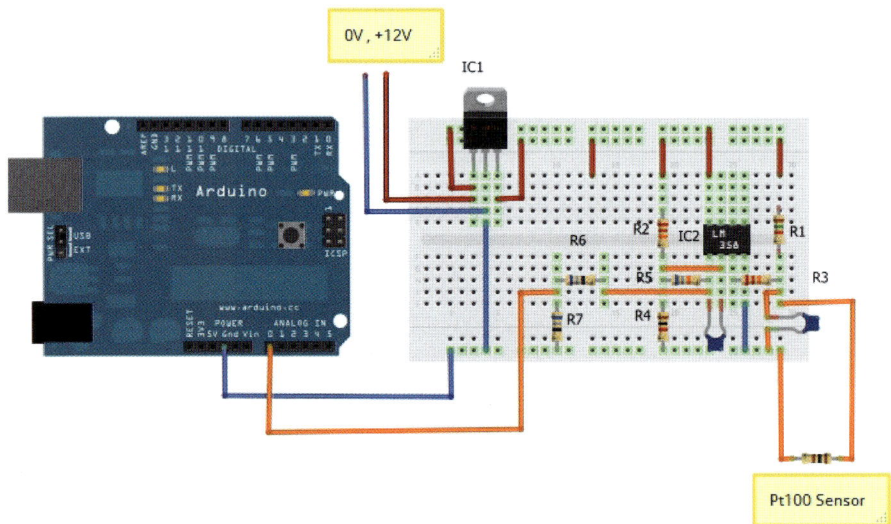

Abb. 5.17: Schaltung Pt100

Der Anschluss des Pt100-Sensors erfolgt in der Schaltung in Abbildung 5.16 als Zweileiterschaltung. In dieser Schaltungsart addiert sich der Widerstandswert der Anschlussleitungen zum Widerstandswert des Sensors und beeinflusst bei sehr langen Anschlussleitungen das Ausgangssignal. Diese Anschlussart ist nur für kurze Sensorleitungen ausgelegt.

Für Anwendungsfälle mit langen Anschlussleitungen muss eine Anschlussart verwendet werden, bei der der Leitungswiderstand keinen Einfluss auf die Messung hat. Die Anschlussart, die diese Anforderung erfüllt, wird Vierleiterschaltung genannt. Die Schaltung in Abbildung 5.18 zeigt die Messschaltung mit der Vierleitertechnik, bei der, wie der Name aussagt, vier Anschlussleitungen vom Sensor zur Messwandlerschaltung geführt werden.

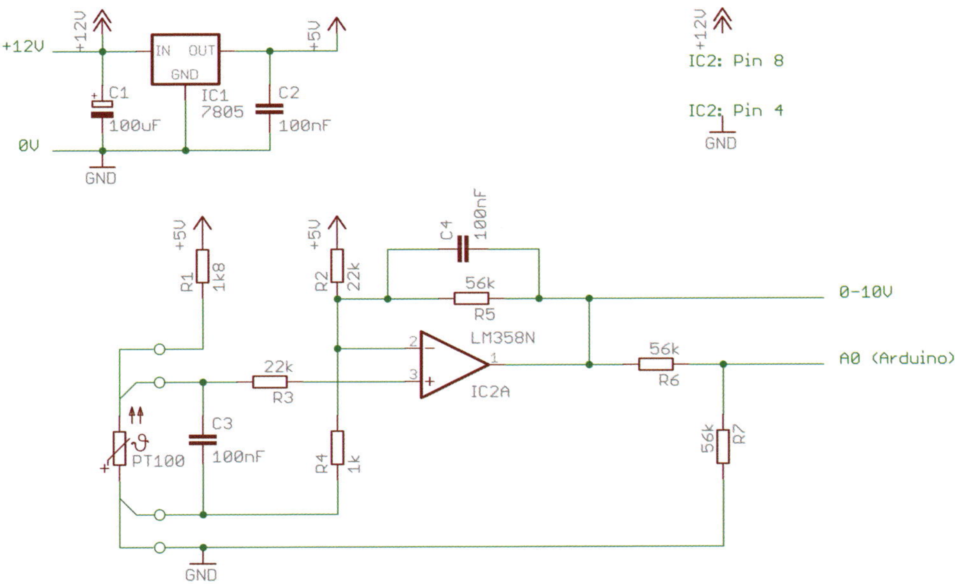

Abb. 5.18: Pt100-Schaltung mit Vierleitertechnik

Die beiden zusätzlichen Anschlussleitungen werden auch als Kompensationsleitungen bezeichnet und leiten das Messsignal an die Verstärkerschaltung. Da über diese Kompensationsleitungen nur ein sehr kleiner Strom fließt, kann der Spannungsabfall über diesen Anschlussleitungen vernachlässigt werden.

Prüfung Messbereich

Wie bereits in der Einleitung erklärt, verändert sich bei Temperaturänderung der Widerstandswert des Pt100-Sensors. In Tabelle 5.2 sind die Temperaturen und die daraus resultierenden Widerstandswerte des Pt100-Sensors aufgelistet, die für die Prüfung der Schaltung benötigt werden.

Temperatur (Grad C)	Widerstandswert (Ohm)
-20	92,16
-10	96,09

Tabelle 5.5: Widerstandswerte Pt100

Temperatur (Grad C)	Widerstandswert (Ohm)
0	100
10	103,9
20	107,79
30	111,67
40	115,54
50	119,39
60	123,24
70	127,07
80	130,89
90	134,7
100	138,5
110	142,29
120	146,06

Tabelle 5.5: Widerstandswerte Pt100 (Forts.)

Aus diesen Widerstandswerten ergibt sich nun für den gesamten Temperaturbereich von -48 bis +127 Grad C eine Ausgangsspannung von 0 bis 10 Volt.

In Tabelle 5.6 sind die entsprechenden Werte der Ausgangsspannung für den gesamten Messbereich aufgelistet.

Temperatur (Grad C)	Ausgangsspannung (Volt)
-48	0,00
-40	0,59
-30	1,18
-20	1,78
-10	2,36
0	2,94
10	3,52
20	4,09
25	4,39
30	4,66
40	5,23
50	5,79
60	6,35

Tabelle 5.6: Pt100-Schaltung – Ausgangsspannungen

Temperatur (Grad C)	Ausgangsspannung (Volt)
70	6,90
80	7,46
90	8,00
100	8,54
120	9,62
127	10,00

Tabelle 5.6: Pt100-Schaltung – Ausgangsspannungen (Forts.)

Die Prüfung der Pt100-Schaltung erfolgt nun gemäß Schaltungsaufbau in Abbildung 5.19. Der Pt100-Sensor wird für die Prüfung durch einen verstellbaren Widerstand, ein Potentiometer, ersetzt. Dabei simuliert man den Widerstandswert eines Sensors über den gesamten Bereich. Das Ausgangssignal als Spannungswert kann nun an Pin 1 des Verstärkers (IC2) gemessen werden. Gleichzeitig kann der umgerechnete Widerstandswert im seriellen Monitor der Entwicklungsumgebung geprüft werden.

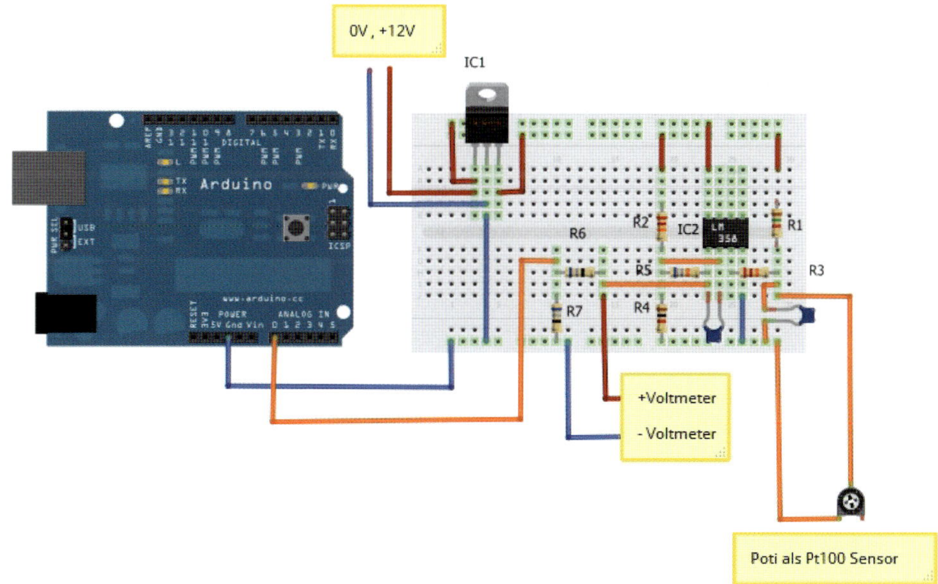

Abb. 5.19: Pt100-Schaltung prüfen

Mit einem genauen Ohmmeter stellt man nun den Widerstandswert des Potentiometers (Poti) auf eine Temperatur von 120 Grad ein, also 146,06 Ohm. Anschließend schließt man das so eingestellte Potentiometer an die Schaltung und prüft die Ausgangsspannung, die ungefähr 8,54 Volt, also 120 Grad, betragen soll. Die

Toleranz der Ausgangsspannung und des Temperaturwertes sollte maximal 2–4 Prozent betragen. Das gleiche Prüfverfahren kann man noch für eine Temperatur von -20 Grad vornehmen. Der Widerstandswert wird auf 92,16 Ohm eingestellt. In der Schaltung sollte die Ausgangsspannung ungefähr 1,78 Volt betragen, was einer Temperatur von -20 Grad Celsius entspricht.

Je nach Toleranz der verwendeten Widerstände gibt es eine kleinere Abweichung. Darum notiert man sich beide gemessenen Temperaturwerte. Im Programm 5.8 für den Pt100-Wandler kann anschließend ein mittlerer Korrekturfaktor in Grad eingegeben werden.

In den Testschaltungen des Autors betrug der Korrekturfaktor im Durchschnitt -4 Grad.

Hinweis

Da das Arduino-Board nur analoge Signale von maximal 5 Volt messen kann, wurde in der Pt100-Schaltung aus Abbildung 5.10 am Ausgang des Verstärkers ein zusätzlicher Spannungsteiler mit den Widerständen R6 und R7 eingebaut. Dieser Spannungsteiler teilt die Ausgangsspannung von 0 bis 10 Volt auf einen Bereich von 0 bis 5 Volt.

Im Arduino-Sketch wird nun die analoge Spannung der Pt100-Schaltung eingelesen, umgerechnet und über die serielle Schnittstelle ausgegeben.

Als Vorbereitung werden die nötigen Variablen gesetzt.

```
//Variablen
float tempC;          // gemessene Temperatur
float tempKorr = 8;   // Korrekturfaktor
int tempPin = 0;      // Pin A0 für Analogmessung
```

In der Setup-Routine `setup()` wird die serielle Schnittstelle bereitgestellt.

```
void setup()
{
  Serial.begin(9600);
}
```

Im Hauptprogramm `loop()` wird nun die analoge Spannung von der Pt100-Schaltung eingelesen.

```
tempC = analogRead(tempPin);
```

Um anschließend die Ist-Temperatur in Grad Celsius zu erhalten, wird der eingelesene Analogwert mittels `map()`-Anweisung umgewandelt. Der gesamte Bereich von 0 bis 1023 wird einem Temperaturbereich von -4800 bis 12700 zugeordnet und im nächsten Stritt durch 100 dividiert. Auf diese Weise können auch die Kommastellen dargestellt werden.

```
tempC = map(tempC, 0, 1023, -4800, 12700);
tempC=tempC/100.00;
```

Ist bei der Schaltungsprüfung eine Abweichung festgestellt worden, kann diese nun im nächsten Schritt mittels Korrekturfaktor korrigiert werden. Dabei ist eine Addition oder Subtraktion des Faktors möglich. In den Prototyp-Testschaltungen waren die gemessenen Werte jeweils zu hoch, darum wird der Korrekturwert subtrahiert.

```
// Korrektur addieren/subtrahieren
tempC=tempC-tempKorr;
```

Nun kann der Temperaturwert auf die serielle Schnittstelle ausgegeben und geprüft und zur Verarbeitung weitergegeben werden.

```
// Ausgabe von Temperaturwert
Serial.print(tempC);
Serial.println(" Grad C");
```

Nach einer Pause von einer Sekunde beginnt der Messdurchgang wieder von Beginn.

Das ganze Programm für die Pt100-Schaltung auf einen Blick:

```
//Variablen
float tempC;          // gemessene Temperatur
float tempKorr = 4;   // Korrekturfaktor
int tempPin = 0;      // Pin A0 für Analogmessung

void setup()
{
  Serial.begin(9600);
}

void loop()
{
  tempC = analogRead(tempPin);
```

```
  // eingelesener Wert umrechnen
  // 0-5 Volt entspricht 0-1023
  // 0-1023 entspricht dem Temperaturbereich von -48 bis +127
  tempC = map(tempC, 0, 1023, -4800, 12700);
  tempC=tempC/100.00;
  // Korrektur addieren/subtrahieren
  tempC=tempC-tempKorr;
  // Ausgabe von Temperaturwert
  Serial.print(tempC);
  Serial.println(" Grad C");
  delay(1000);
}
```

Listing 5.8: Messung Temperaturwert mit Pt100

Praxis-Tipp

In der Praxis werden Pt100-Schaltungen mit so genannten Pt100-Simulatoren oder Widerstandsdekaden geprüft und kalibriert. In diesen Prüfgeräten sind sehr genaue Widerstände eingebaut, die über Um- oder Drehschalter zu einer Reihenschaltung von Widerständen zusammengeschaltet werden und somit den Widerstandswert für eine bestimmte Temperatur ergeben. Falls Sie Zugang zu einem solchen Testgerät haben, kann die Schaltungsprüfung damit durchgeführt werden.

Abb. 5.20: Widerstandsdekade

Hinweis

Für eine höhere Genauigkeit der Pt100-Schaltung empfiehlt sich die Verwendung der Widerstände R2, R4, R5, R6 und R7 mit einer Genauigkeit von 0,1 %.

Thermoelement

Thermoelemente (`http://de.wikipedia.org/wiki/Thermoelement`) sind Temperatursensoren, die durch Thermoelektrizität Wärme in Spannung umwandeln. Diese Sensoren bestehen aus zwei unterschiedlichen Metallen, die sich an der Spitze des Temperaturfühlers berühren. Die Spannung, die dadurch am Sensor erzeugt wird, wird Thermospannung genannt und ist relativ linear zur Temperatur. Dieser physikalische Effekt der Thermospannung wurde im 18. Jahrhundert von Thomas Seebeck entdeckt. Darum wird dieses Verhalten auch Seebeck-Effekt genannt.

Wie Pt100-Sensoren werden auch Thermoelemente hauptsächlich in der industriellen Mess- und Regelungstechnik und im Maschinenbau verwendet. Die unterschiedlichen Arten der Thermoelement-Sensoren werden für Temperaturbereiche von -250 bis +1800 Grad Celsius eingesetzt.

Durch die höheren Sensoren-Kosten und die aufwendigeren Kalibrierungs- und Prüfanforderungen werden die Platin-Sensoren und Thermoelemente im Hobbybereich von fortgeschrittenen Hobbyentwicklern verwendet. Dabei werden Thermoelement-Anwendungen oft mit integrierten Schaltungen realisiert. Häufig verwendete IC-Typen sind der MAX6675 und der AD595. Bei beiden Halbleiterbausteinen sind nur wenige externe Komponenten erforderlich.

Der MAX6675 vom Hersteller MAXIM (`http://www.maxim-ic.com/datasheet/index.mvp/id/3149`) ist ein integrierter Wandlerbaustein für Thermoelement-Sensoren vom Typ K (Nickel-Chrom/Nickel). Der Baustein wird über einen seriellen Datenbus mit drei Signalen angesteuert. Die Schnittstelle ist kompatibel zum SPI (Serial Peripheral Interface) und wird darum auch 3-Wire-Interface genannt.

Die Thermoelement-Sensoren vom Typ K werden in der Praxis sehr häufig eingesetzt und sind auf dem Markt in vielen verschiedenen Bauformen und Baugrößen verfügbar.

Abbildung 5.21 zeigt die Grundschaltung für den MAX6675 mit dem K-Typ-Sensor.

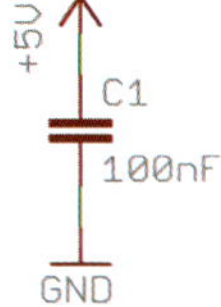

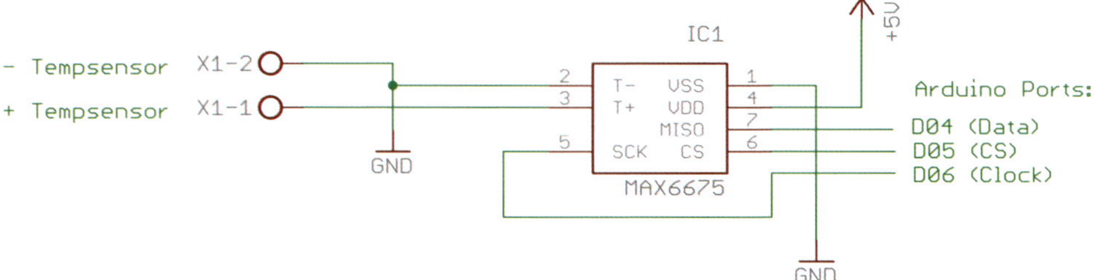

Abb. 5.21: Grundschaltung MAX6675 für Thermoelement-Sensoren (Typ K)

Stückliste (Grundschaltung MAX6675)

1 Arduino-Board

1 Leiterplatte wie Breakout-Board, Protoshield oder Steckbrett

1 IC MAX6675 (IC1)

1 Keramik-Kondensator 100 nF (C1)

Zum Schaltungstest und für erste Experimente mit Thermoelementen kann die Grundschaltung gemäß Abbildung 5.22 auf einem Steckbrett aufgebaut werden.

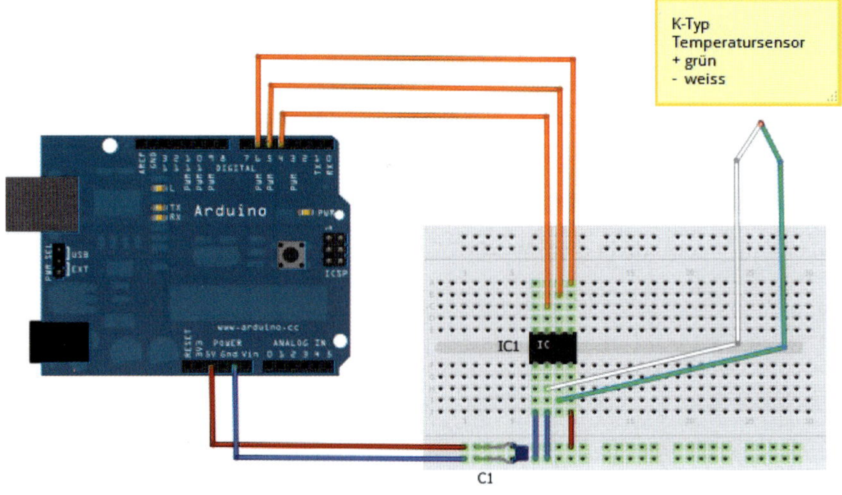

Abb. 5.22: Grundschaltung MAX6675 auf Steckbrett

Wie man aus dem Stromlaufplan gemäß Abbildung 5.21 entnehmen kann, wird der Thermoelement-Sensor direkt an den Wandlerbaustein angeschlossen. Idealerweise nimmt man dafür Schraubklemmen, um eine feste und saubere Verbindung zu erhalten. In der Praxis werden oftmals spezielle Anschlussstecker für Thermoelemente verwendet.

Beim Anschließen eines Thermoelementes ist zu beachten, dass der Sensor einen Plus-Anschluss und einen Minus-Anschluss besitzt. Die Anschlüsse dürfen nicht vertauscht werden. Darum sind die Anschlussdrähte von Thermoelement-Sensoren mit unterschiedlich farbigen Isolierungen ausgeführt.

Die unterschiedlichen Industrienormen verwenden dazu unterschiedliche Farben, die in Tabelle 5.7 aufgelistet sind.

Norm	Anschluss (+)	Anschluss (-)
IEC	grün	weiß
DIN	rot	grün
ANSI	gelb	rot

Tabelle 5.7: Anschlusskabel Thermoelemente Typ K

Der Baustein MAX6675 wird mit einer Spannung von 3 bis 5 Volt betrieben. Bei Anwendungen mit Arduino kann man dabei direkt die 5-Volt-Versorgung des Arduino verwenden. Beim Breakout-Board von Adafruit (`http://www.adafruit.com/index.php?main_page=product_info&products_id=269`) werden sogar zwei digitale Ports für die Stromversorgung verwendet, dazu wird der Port D2 auf LOW und Port D3 auf HIGH gesetzt. Der Keramik-Kondensator C1 filtert allfällige Störungen auf der Versorgungsspannung.

Der serielle Bus zur Ansteuerung des MAX6675 besteht aus den drei Signalen Clock (Takt), Data (Datensignal) und CS (Chip Select), die am Arduino-Board an den 3 Ports D4, D5 und D6 angeschlossen werden.

Für die Ansteuerung des MAX6675 steht eine entsprechende Arduino-Bibliothek zur Verfügung, die den Programmieraufwand auf ein Minimum verringert. Die Bibliothek wurde von Adafruit erstellt und ist unter folgender Adresse zu finden:

`https://github.com/adafruit/MAX6675-library`

Nach dem Einbinden der Bibliothek werden die Arduino-Ports für die serielle Ansteuerung definiert.

```
#include "max6675.h"

// Ports für Ansteuerung von MAX6675
int thermoDO = 4;    // Data
```

```
int thermoCS = 5;   // Chip Select
int thermoCLK = 6;  // Clock
```

Anschließend wird ein Objekt Thermo erstellt.

```
// Thermoelement Objekt erstellen
MAX6675 Thermo(thermoCLK, thermoCS, thermoDO);
```

Falls die Spannungsversorgung der Schaltung über Arduino-Ports erfolgt, was der Fall ist, wenn man das Breakout-Board von Adafruit verwendet, werden die beiden nötigen Ports definiert. Andernfalls können die Zeilen auskommentiert werden.

```
// Port für Spannungsversorgung
int vccPin = 3;
int gndPin = 2;
```

In der Setup-Routine werden die serielle Schnittstelle für die Ausgabe der Daten und Versorgungspins gesetzt, eine kurze Verzögerung und dann ist die Messschaltung bereit.

```
void setup()
{
  Serial.begin(9600);
  // Falls Arduino Ports für Spannungsversorgung
  pinMode(vccPin, OUTPUT);
  digitalWrite(vccPin, HIGH);
  pinMode(gndPin, OUTPUT);
  digitalWrite(gndPin, LOW);
  Serial.println("Temperatur mit MAX6675");
  // Stabilisierungsphase
  delay(500);
}
```

Im Hauptprogramm wird nun der Temperaturwandler angefragt. Dabei stehen Methoden für die Abfrage von Celsius- und Fahrenheit-Werten zur Verfügung. Das Resultat wird anschließend über die serielle Schnittstelle ausgegeben.

```
void loop()
{
  // Ausgabe auf die serielle Schnittstelle
  Serial.print("Temp C: ");
  Serial.println(Thermo.readCelsius());
  Serial.print("Temp F: ");
```

```
  Serial.println(Thermo.readFarenheit());
  delay(1000);
}
```

Da der verwendete Halbleiter-Baustein MAX6675 nur im Gehäuse für die Oberflächenmontage (SMD) geliefert wird, muss der IC auf eine Adapterplatine (SO-DIL) oder auf ein Protoshield mit SMD-Lötaugen gelötet werden.

Nachfolgend sind noch ein paar mögliche Aufbauvarianten für Messverstärker mit dem MAX6675 aufgelistet.

Breakout-Board (komplett):

http://www.adafruit.com/index.php?main_page=product_info&products_id=269

Leiterplatte

https://github.com/adafruit/MAX6675-breakout-board

Thermoelement Shield für Arduino

https://github.com/mcleng/Quad-Thermocouple-Shield

Der MAX6675 ist ein praktischer Wandlerbaustein für den Aufbau einer Temperatur-Messeinrichtung mit Thermoelement-Sensoren vom Typ K. Neben dem großen Vorteil des einfachen Aufbaus ohne viele externe Bauteile müssen auch die Nachteile dieser Lösung erwähnt werden. Der Baustein ist nur als SMD-Variante verfügbar und kostet als Einzelstück rund 15 Euro.

Nach dem Aufbau der Schaltung und dem Hochladen des Sketches auf das Arduino-Board ist der Temperaturwandler betriebsbereit. Eine Konfiguration oder Kalibrierung ist nicht erforderlich. Für die Kontrolle der gemessenen Werte kann man mit Referenzmessungen bei 0 Grad (Eiswasser) und bei 100 Grad (kochendes Wasser) die Messwerte überprüfen.

Die Kontrolle von Messwerten über den gesamten Messbereich des Sensors muss mit einer Vergleichsmessung mit einem genauen Temperaturmessgerät oder mittels Kalibriergerät, beispielsweise dem Prozesskalibrator PCE-123 (http://www.warensortiment.de/technische-daten-1a/kalibriergeraet-sollwertgeber-pce-123.htm), durchgeführt werden.

Hinweis

Zwischenzeitlich wird der MAX6675 vom Hersteller nicht mehr produziert und wird somit nicht mehr für Neuentwicklungen empfohlen, obwohl der Typ bei verschiedenen Elektronik-Lieferanten weiterhin lieferbar ist. Als Ersatz bietet sich der Typ MAX31855 an.

5.1.5 Feuchtesensoren

Feuchtesensoren werden eingesetzt, um den Anteil von Wasser oder Wasserdampf zu ermitteln. Die bekanntesten Feuchtesensoren messen den Anteil von Wasserdampf in der Luft, das Resultat ergibt dann die relative Luftfeuchtigkeit. Diese Messgröße wird von vielen kleinen und großen Wetterstationen ermittelt. Im privaten Umfeld sind das meist kleine, funkgesteuerte Miniaturwetterstationen.

Für den engagierten Gartenbesitzer ist neben der relativen Luftfeuchtigkeit, vor allem der Zustand der Erde wichtig. Um die Feuchtigkeit der Erde zu messen, verwendet man einen Bodenfeuchtesensor. Neben kommerziellen Produkten gibt es viele Selbstbaulösungen für den Hobbygärtner. Im Arduino-Umfeld werden solche Lösungen oft als Garduino bezeichnet. Eine der bekanntesten Gartenanwendungen mit Arduino und Bodenfeuchtesensoren ist das Projekt GardenBot (`http://gardenbot.org`).

Luftfeuchtigkeit

Sensoren für die Erfassung der relativen Luftfeuchtigkeit werden meist bei Wetterstationen eingesetzt. Als Ausgabewert wird ein Prozentwert zwischen 0 und 100 angezeigt. Es sind etliche Sensoren und Ausführungen am Markt erhältlich. Für den Aufbau einer kleinen Wetterstation sollte der Aufwand für die externe Beschaltung gering sein, darum lohnt sich der Einsatz eines integrierten Sensors.

Bodenfeuchtigkeit

Mit den Sensoren für Bodenfeuchtigkeit wird, wie in der Einleitung erwähnt, der Wassergehalt in der Erde ermittelt. Der Feuchtezustand gibt an, ob man dem Gartenbeet oder der Topfpflanze Wasser zuführen muss.

Selbstbausensor für Bodenfeuchtigkeit

Das Grundprinzip der Selbstbausensoren, das in vielen Projekten verwendet wird, ist recht einfach. Zwei Metallstifte oder Nägel werden in die Erde gesteckt und mittels Anschlussdrähten mit der Messschaltung verbunden. Abbildung 5.23 zeigt einen solchen Selbstbausensor. Je nach Feuchtezustand der Erde ist der Widerstand zwischen den beiden Stiften größer (Erde ist trocken) oder kleiner (Erde ist feucht).

Wie die Schaltung 5.24 zeigt, ergeben der Widerstand zwischen den beiden Nägeln und der Widerstand R1 zusammengeschaltet einen Spannungsteiler. Die Spannung am R1 ist die Messspannung, die eine Aussage über die Feuchtigkeit der Erde macht. Diese analoge Spannung wird anschließend an einem analogen Eingang des Arduino eingelesen. Der Kondensator C1 wirkt als Filter und dämpft Störungen, die über die Leitungen am Messeingang auftreten können.

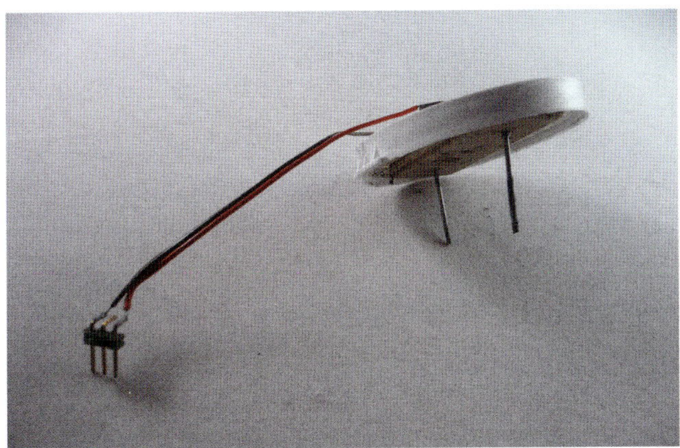

Abb. 5.23: Bodenfeuchtesensor mit Nägeln

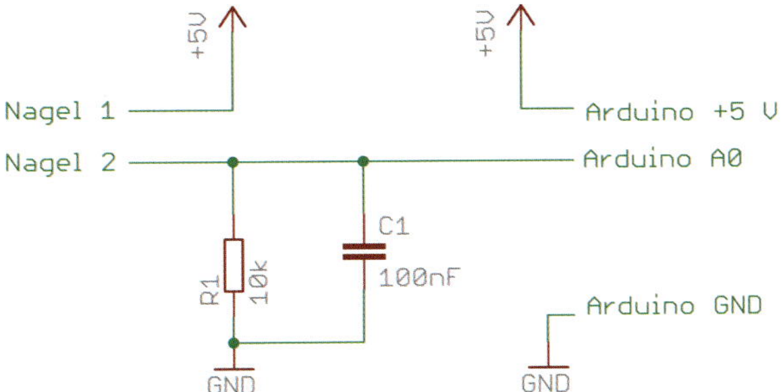

Abb. 5.24: Messung Bodenfeuchtigkeit mit Nägeln

Bei trockenem Boden ist der Widerstand zwischen Nagel 1 und Nagel 2 groß und durch die Spannungsteilerschaltung ergibt das eine kleine Spannung am Analogport A0 des Arduino. Wird die Erde nun befeuchtet, verringert sich der Widerstand zwischen Nagel 1 und Nagel 2 und die Messspannung an A0 wird höher. Die Messspannung ändert sich also umgekehrt proportional zum Widerstandswert zwischen Nagel 1 und Nagel 2.

Verschiedene Messreihen und Vergleiche mit einem professionellen Bodenfeuchtesensor haben gezeigt, dass diese einfache Lösung mit zwei Nägeln als Sensor eine recht lineare Messkurve erzeugt.

Die Messreihen und die Vergleiche mit anderen Sensortypen sind im folgenden Cosm-Datenfeed abrufbar.

`https://cosm.com/feeds/28872`

Neben dem Sensor mit Nägeln und dem kommerziellen Bodenfeuchtesensor VG400 wurde in dieser Messreihe zusätzlich noch ein Sensor mit Nägeln, die in einem Gipsröhrchen eingebaut sind, eingesetzt. Diese Sensorlösung ist sehr träge und die Messkurven weichen teilweise leicht von den Messkurven der anderen beiden Sensoren ab.

Vor dem produktiven Einsatz des Bodenfeuchtesensors seiner Wahl empfiehlt es sich, einen Messaufbau zu machen und die Messwerte für trockene und feuchte Erde zu ermitteln. Auf diese Weise hat man Referenzwerte, die anschließend als Vergleichswerte genutzt werden können.

Das Grundprogramm für die Abfrage des Sensors beschreibt Listing 5.9. Der Wert in der Variablen `valSensor` entspricht dem Feuchtewert und kann anschließend weiter genutzt werden.

```
int valSensor=0;
int SensorPort=0;

void setup()
{
  // Setup serielle Schnittstelle
  Serial.begin(9600);
}

void loop()
{
  // Abfrage Sensorwert
  valSensor=analogRead(SensorPort);
  // Ausgabe Sensordaten
  Serial.println(valSensor);
  // 2 Sekunden warten
  delay(2000);
}
```

Listing 5.9: Abfrage Analogwert von Bodenfeuchtesensor

Nachteil der Nagellösung

Durch die beiden metallenen Stifte, die Säure im Boden und durch den Stromfluss entsteht eine chemische Reaktion, die so genannte Elektrolyse (`http://de.wikipedia.org/wiki/Elektrolyse`) bei der Material von einem Nagel zum anderen Nagel übertragen wird, was die Leitfähigkeit der Nägel und der Erde beeinflusst. Details zu dieser Thematik ist auch im Gartenprojekt GARDEN BOT erklärt. Zusätzlich ist auch ein Beispiel beschrieben, wie man die Problematik der Elektrolyse durch eine Umkehrschaltung minimieren kann (`http://gardenbot.org/howTo/soilMoisture`).

VG400-Bodensensor

Die VG-Sensoren sind kommerzielle Feuchtesensoren von Vegetronix (`http://www.vegetronix.com/Products/Soil-Moisture-Sensor-Probes.phtml`). Der VG400 wird direkt in die Erde gesteckt und verfügt über ein zwei Meter langes Anschlusskabel, welches direkt an der Auswertungsschaltung angeschlossen werden kann. Der Feuchtewert der Erde wird als analoges Signal im Bereich von 0 bis 3 Volt geliefert. Der Sensor kann in einem großen Versorgungsspannungsbereich von 3,3 bis 20 Volt betrieben werden und benötigt nur wenige Milliampere für den Betrieb.

Der Sensor VG400 kann somit direkt an einen analogen Eingang des Arduino angeschlossen werden. Die Spannungsversorgung des Sensors liefert dabei auch das Arduino-Board aus der 5-Volt-Versorgung.

Stückliste (VG400)

1 Arduino-Board

1 Sensor VG400 (Vegetronix)

Die Verdrahtung gemäß Abbildung 5.25 ist einfach, da keine externen Bauteile benötigt werden.

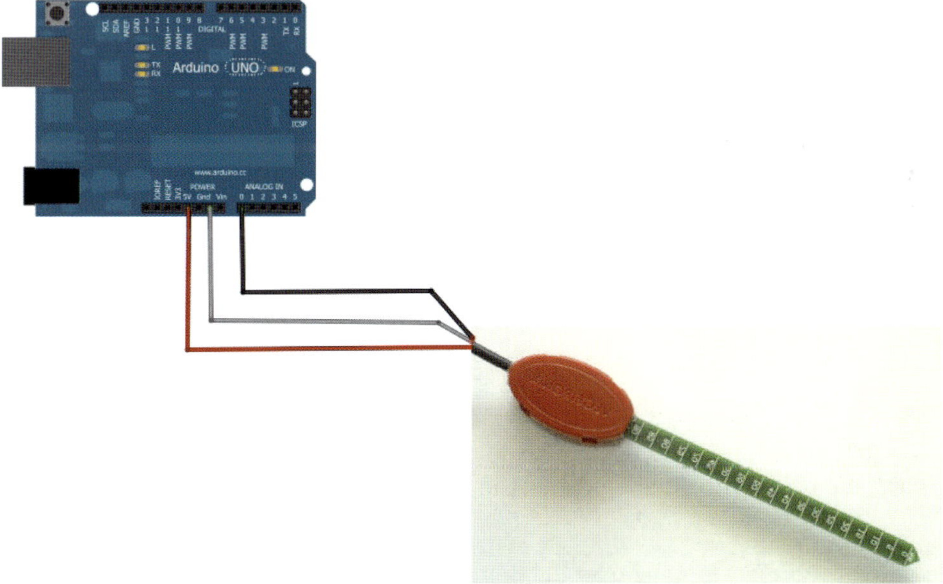

Abb. 5.25: Anschluss VG400 am Arduino-Board

Auch für den VG400-Sensor kann das gleiche Arduino-Programm wie bei den Nagelsensoren verwendet werden.

```
int valSensor=0;
int SensorPort=0;

void setup()
{
  // Setup serielle Schnittstelle
  Serial.begin(9600);
}

void loop()
{
  // Abfrage Sensorwert
  valSensor=analogRead(SensorPort);
  // Ausgabe Sensordaten
  Serial.println(valSensor);
  // 2 Sekunden warten
  delay(2000);
}
```

Listing 5.10: Messung mit Bodensensor VG400

Je nach Anwendungsfall werden die gemessenen Daten wie im Beispiel auf die serielle Schnittstelle für die Weiterverarbeitung ausgegeben. Weitere mögliche Funktionen und Erweiterungen wären beispielsweise:

- Funktion mit zwei Schwellwerten (trocken und nass)
- Auswertung der Schwellwerte mit Ausgabe von Status über LED
- Einstellbare Schwellwerte über Analogpotentiometer

5.1.6 Kombinierte Umweltsensoren

Kombinierte Umweltsensoren erfassen nicht nur einen einzelnen Umweltparameter, beispielsweise die Temperatur, sondern mehrere meteorologische Größen und geben diese als Analog- oder Digitalwert aus.

Die wichtigsten Messgrößen dabei sind Temperatur, Luftfeuchte und Luftdruck.

Diese integrierten Sensoren für die Umweltdatenerfassung werden meist für die Leiterplattenmontage geliefert. Die Sensoren werden dabei mittels Anschlusspins auf eine Leiterplatte gelötet oder der Sensor ist auf einer Adapterplatine (Breakout-Board) montiert, die dann über Stiftleisten auf die Grundplatine gelötet wird.

Für den produktiven Einsatz als Sensor in einer Wetterstation muss bei den meisten Sensoren ein zusätzliches Gehäuse eingesetzt werden, das den Sensor und die Elektronik vor Umwelteinflüssen wie Feuchtigkeit schützt.

DHT11/22 (Luftfeuchtigkeit/Temperatur)

Die integrierten Sensoren DHT11 und DHT22 sind Low-Cost-Sensoren und eignen sich ideal für Anwendungen im Hobbybereich. Diese Sensoren werden über eine 1-Wire-Verbindung angesprochen. Beide Sensortypen beinhalten je einen analogen Sensor Luftfeuchtigkeit und Temperatur. Ein integrierter Analog/Digital-Wandler wandelt die Messwerte in ein Digitalsignal um, das anschließend über die 1-Draht-Schnittstelle ausgegeben wird.

Beide DHT-Typen haben die gleiche Anschlussbelegung, unterscheiden sich aber bei den technischen Daten.

Tabelle 5.8 zeigt die unterschiedlichen technischen Daten.

	DHT11	DHT22
Messbereich	20...90 % (Luftfeuchte) 0...50 Grad C (Temperatur)	0...100 % (Luftfeuchte) -40...+125 Grad C (Temperatur)
Genauigkeit	+/- 2 % (Luftfeuchte) +/- 2 Grad C (Temperatur)	+/- 2 % (Luftfeuchte) +/- 0,5 Grad C (Temperatur)
Versorgung	3...5,5 V	3...6 V
Stromverbrauch	Max. 2,5 mA	Max. 1,5 mA
Sampling Time	1 Messung pro Sekunde	0.5 Messungen pro Sekunde

Tabelle 5.8: Technische Daten DHT11/22

Anschlussbelegung

Pin 1: +5 V

Pin 2: Data

Pin 3: -

Pin 4: GND

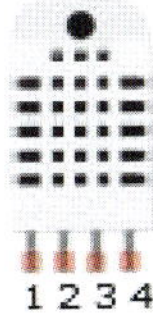

Abb. 5.26: Anschlussbelegung DHT11/22

Stückliste (DHT11/22)

1 Arduino-Board

1 Steckbrett

1 Sensor DHT11 oder DHT22 (Sensor 1)

1 Widerstand 10 kOhm (R1)

Anschlussdrähte

Der Stromlaufplan 5.27 zeigt die Verdrahtung des DHT-Sensors mit dem Arduino.

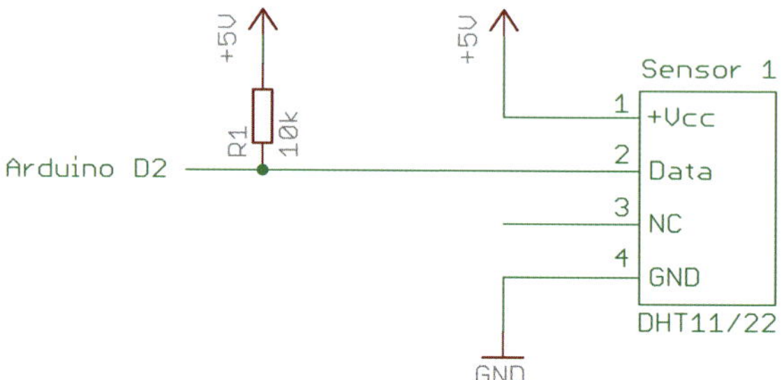

Abb. 5.27: Schaltung DHT11/22 mit Arduino

Abbildung 5.28 zeigt die Schaltung mit dem DHT-Sensor auf dem Steckbrett.

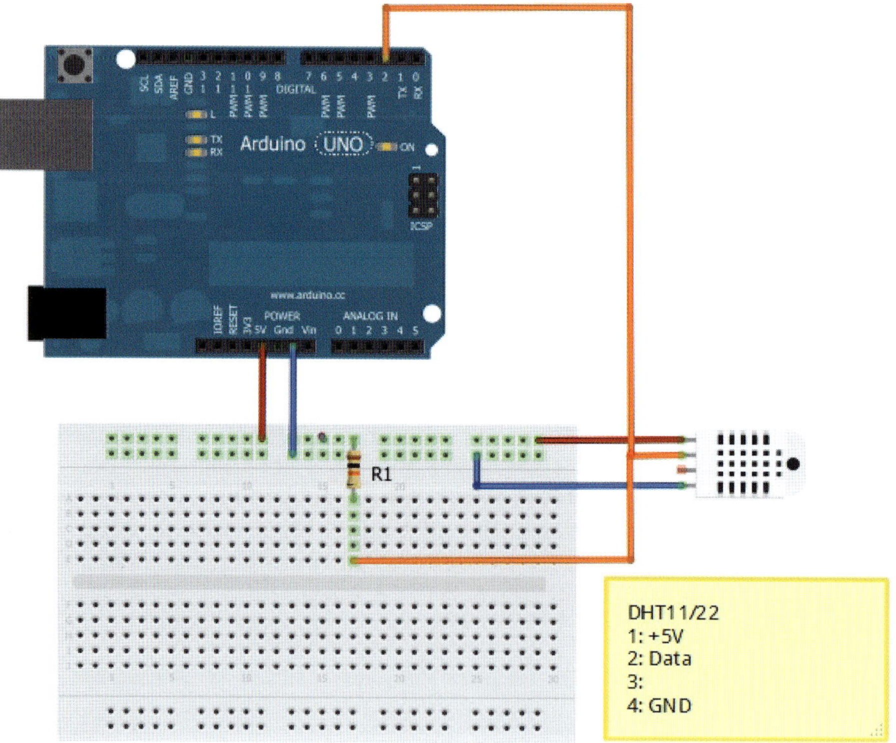

Abb. 5.28: Schaltung DHT11/22

Die Abfrage des Umweltsensors erfolgt mittels Bibliothek von Adafruit (`https://github.com/adafruit/DHT-sensor-library`) und erfordert somit nur einen geringen Programmieraufwand.

Die Sensorabfrage ist dadurch einfach in eigene Anwendungen und Funktionen zu integrieren.

Nach dem Einbinden der Bibliothek

```
#include "DHT.h"
```

wird der Port für den Datenaustausch definiert, der entsprechende Sensortyp gewählt und ein Sensor-Objekt erstellt.

```
// Data Pin
#define DHTPIN 2

// Auswahl Sensor-Typ
#define DHTTYPE DHT11   // DHT 11
//#define DHTTYPE DHT22   // DHT 22  (AM2302)
//#define DHTTYPE DHT21   // DHT 21 (AM2301)

// Sensor-Objekt erstellen
DHT dht(DHTPIN, DHTTYPE);
```

In der Setup-Routine wird die serielle Schnittstelle für die Ausgabe der Messdaten vorbereitet und die serielle Übertragung zum DHT-Sensor gestartet.

```
void setup()
{
  Serial.begin(9600);
  Serial.println("DHTxx Temp/Humidity Sensor");
  dht.begin();
}
```

Im Hauptprogramm werden nun die Messwerte für die Luftfeuchtigkeit und Temperatur eingelesen und den Variablen `h` und `t` zugewiesen. Anschließend erfolgt die Prüfung, ob ein gültiger Zahlenwert für Luftfeuchtigkeit und Temperatur ermittelt wurde. Sind beide Messwerte korrekt, werden diese über die serielle Schnittstelle ausgegeben, andernfalls erfolgt die Ausgabe einer Fehlermeldung.

```
void loop()
{
  // Sensor einlesen
```

```
  // Luftfeuchtigkeit
  float h = dht.readHumidity();
  // Temperatur
  float t = dht.readTemperature();

  // Prüfen, ob richtiger Rückgabewert
  if (isnan(t) || isnan(h))
  {
    Serial.println("Fehler beim Zugriff auf DHT");
  }
  else
  {
    // Ausgabe Daten
    Serial.print("Luftfeuchtigkeit: ");
    Serial.print(h);
    Serial.print("% / ");
    Serial.print("Temperatur: ");
    Serial.print(t);
    Serial.println(" Grad C");
  }
}
```

In Kapitel 8 wird im Projekt WETTERSTATION jeweils ein Sensor vom Typ DHT11 und DHT22 zur Umweltdatenerfassung verwendet.

BMP085 (Luftdruck/Temperatur)

Der Sensor BMP085 vom Hersteller Bosch ist ein digitaler Drucksensor und misst den Luftdruck im Bereich von 300 bis 1100 hPa (Hektopascal). Zusätzlich misst der Sensor die Umgebungstemperatur. Der BMP085 wird über den I2C-Bus angesteuert.

Zu beachten ist, dass der Sensor nur mit einer Versorgungsspannung von maximal 3,6 Volt betrieben werden darf.

Der Drucksensor BMP085 wird in einer Bauform für die Oberflächenmontage (SMD) geliefert. Das Auflöten auf eine Leiterplatte erfordert Löterfahrung. Darum liefern verschiedene Anbieter diesen Sensor komplett montiert auf einer kleinen Leiterplatte (Breakout-Board).

Lieferbare Varianten sind dabei der Pressure Plug von JeeLabs (`http://jeelabs.com/products/pressure-plug`) und das BMP085 Breakout von Sparkfun (`http://www.sparkfun.com/products/9694`).

Abb. 5.29: BMP085-Breakout-Board (Quelle: Sparkfun)

Abbildung 5.30 zeigt die Schaltung des Breakout-Boards von Sparkfun. Alle nötigen Signale sind auf die Stiftleiste ST1 geführt.

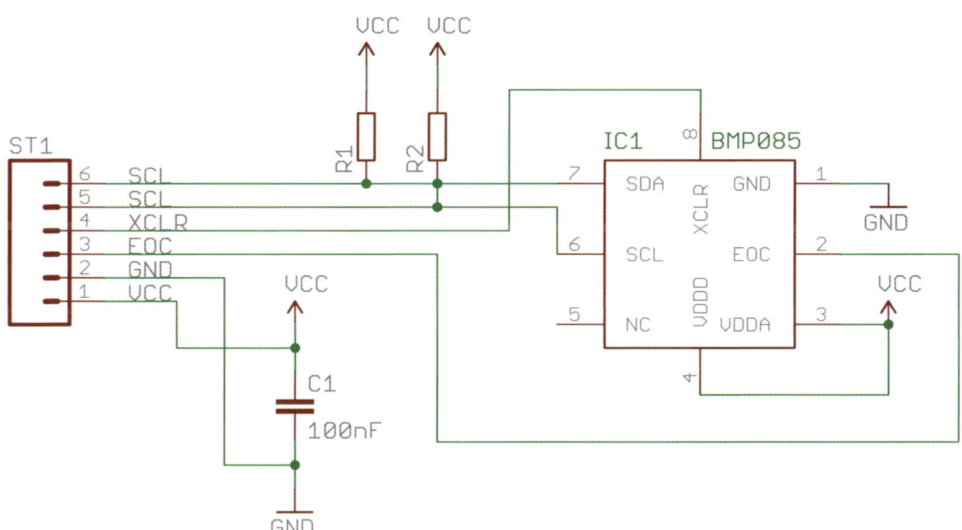

Abb. 5.30: Schaltung BMP085 Breakout

Die Verbindung zum Arduino-Board zeigt Abbildung 5.31. Zu beachten ist, dass die Spannungsversorgung des Sensors am 3,3-Volt-Anschluss des Arduino angeschlossen wird.

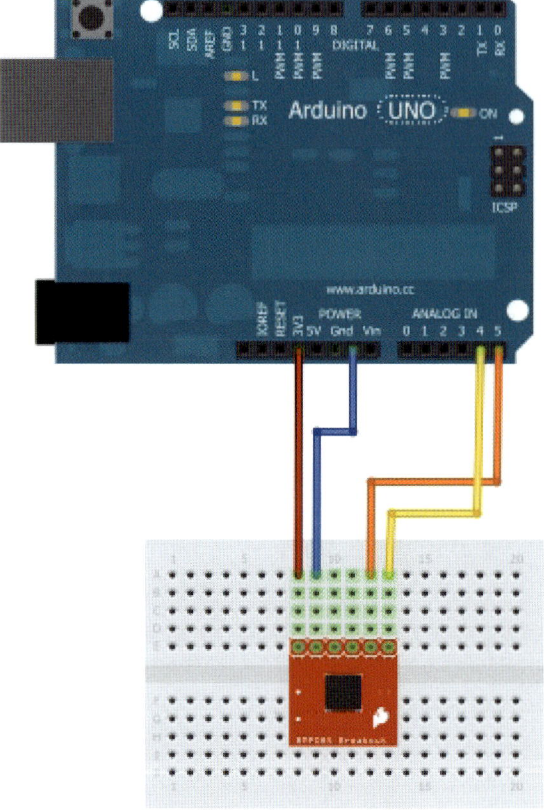

Abb. 5.31: Drucksensor BMP085 mit Arduino

Die Abfrage des Drucksensors erfolgt mittels WIRE-Bibliothek. Die Device-Adresse des Sensors ist fix eingestellt. Gemäß Datenblatt des Herstellers werden die Adressen 0xEF (Read) und 0xEE (Write) verwendet. Wie bereits von anderen I2C-Komponenten bekannt, werden auch beim BMP085 nur die sieben höchstwertigen Bits verwendet. Dazu wird die Device-Adresse mittels Rechts-Bit-Shift umgewandelt.

```
OxDF >> 1 = 0x77
```

Daraus resultiert die zu verwendende Adresse 0x77.

Die Ermittlung der aktuellen Werte für Temperatur und Luftdruck erfolgt in mehreren Schritten. In der Setup-Routine werden Kalibrationsparameter vom Sensor abgefragt.

```
bmp085_get_cal_data();
```

Die aufgerufene Methode liefert eine Liste von Parametern zurück, die für das Debugging genutzt werden können. Wird bei der Sensorabfrage kein Wert angezeigt, kann im seriellen Monitor geprüft werden, ob beim Setup die Kalibrationsparameter gelesen und dargestellt werden (Abbildung 5.32).

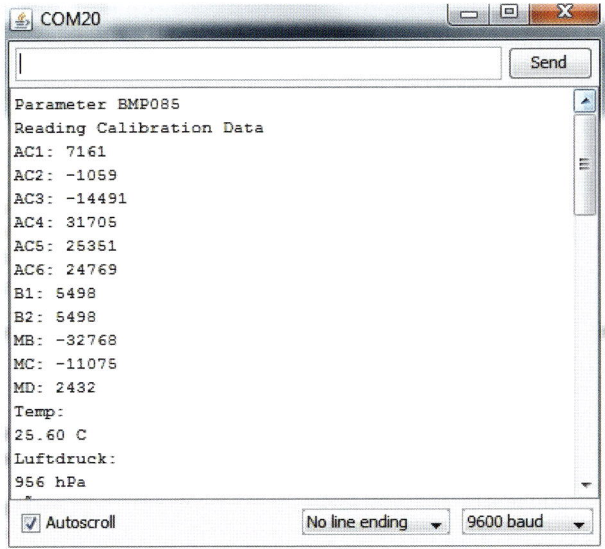

Abb. 5.32: BMP085-Kalibrierungsparameter

Im Hauptprogramm wird nun die Methode zur Abfrage der Sensorwerte aufgerufen.

```
bmp085_read_temperature_and_pressure(&temperature,&pressure);
```

Mit dem Aufruf der Abfragemethode werden verschiedene Abfrage- und Berechnungsmethoden gestartet, die anschließend die Werte für Temperatur und Luftdruck in den Variablen `temperature` und `pressure` speichern.

Vor der Darstellung im seriellen Monitor oder auf einem LC-Display müssen die Messwerte noch umgerechnet werden. Der ganzzahlige Wert für die Temperatur entspricht direkt dem Temperaturwert. Ein Wert von 244 ergibt eine Temperatur von 24.4 Grad Celsius. Dazu muss der Wert umgerechnet werden.

```
float valTemp = temperature * 10.00 / 100.00;
```

Der Wert für den Luftdruck wird in Pascal (Pa) zurückgegeben. Im praktischen Einsatz wird der Luftdruck aber in Hektopascal (hPa) angegeben. Dazu muss der ermittelte Wert durch 100 geteilt werden.

```
int valDruck = pressure / 100;
```

Listing 5.11 mit den einzelnen Abfragen und Umrechnungsfunktionen basiert auf den Lösungen verschiedener Autoren.

```
#include "Wire.h"
// Adresse des BMP085-Sensors
#define I2C_ADDRESS 0x77

const unsigned char oversampling_setting = 3; //Oversampling für Messung
const unsigned char pressure_waittime[4] = { 5, 8, 14, 26 };

// Parameter aus Datenblatt
int ac1;
int ac2;
int ac3;
unsigned int ac4;
unsigned int ac5;
unsigned int ac6;
int b1;
int b2;
int mb;
int mc;
int md;

void setup()
{
  // Start serielle Schnittstelle
  Serial.begin(9600);
  Serial.println("Parameter BMP085");
  Wire.begin();
  // Ausgabe Kalibrierungsparameter
  bmp085_get_cal_data();
}

void bmp085_read_temperature_and_pressure(int& temperature, long& pressure);
void loop()
{
  int temperature = 0;
  long pressure = 0;
  bmp085_read_temperature_and_pressure(&temperature,&pressure);
  // Umrechnung Wert Temperatur
  float valTemp = temperature * 10.00 / 100.00;
```

```
  // Umrechnung Pa in hPa
  int valDruck = pressure / 100;

  // Ausgabe auf serielle Schnittstelle
  Serial.println("Temp: ");
  Serial.print(valTemp);
  Serial.println(" C");
  Serial.println("Luftdruck: ");
  Serial.print(valDruck);
  Serial.println(" hPa");
  delay(1000);
}

// Funktionen BMP085
void bmp085_read_temperature_and_pressure(int* temperature, long* pressure)
{
  long ut = bmp085_read_ut();
  long up = bmp085_read_up();
  long x1, x2, x3, b3, b5, b6, p;
  unsigned long b4, b7;

  // Temperatur berechnen
  x1 = ((long)ut - ac6) * ac5 >> 15;
  x2 = ((long) mc << 11) / (x1 + md);
  b5 = x1 + x2;
  *temperature = (b5 + 8) >> 4;

  //Druck berechnen
  b6 = b5 - 4000;
  x1 = (b2 * (b6 * b6 >> 12)) >> 11;
  x2 = ac2 * b6 >> 11;
  x3 = x1 + x2;

  if (oversampling_setting == 3) b3 = ((int32_t) ac1 * 4 + x3 + 2) << 1;
  if (oversampling_setting == 2) b3 = ((int32_t) ac1 * 4 + x3 + 2);
  if (oversampling_setting == 1) b3 = ((int32_t) ac1 * 4 + x3 + 2) >> 1;
  if (oversampling_setting == 0) b3 = ((int32_t) ac1 * 4 + x3 + 2) >> 2;

  x1 = ac3 * b6 >> 13;
  x2 = (b1 * (b6 * b6 >> 12)) >> 16;
  x3 = ((x1 + x2) + 2) >> 2;
  b4 = (ac4 * (uint32_t) (x3 + 32768)) >> 15;
  b7 = ((uint32_t) up - b3) * (50000 >> oversampling_setting);
```

```
  p = b7 < 0x80000000 ? (b7 * 2) / b4 : (b7 / b4) * 2;

  x1 = (p >> 8) * (p >> 8);
  x1 = (x1 * 3038) >> 16;
  x2 = (-7357 * p) >> 16;
  *pressure = p + ((x1 + x2 + 3791) >> 4);
}

unsigned int bmp085_read_ut()
{
  write_register(0xf4,0x2e);
  delay(5); //warten länger als 4.5 ms
  return read_int_register(0xf6);
}

void bmp085_get_cal_data()
{
  Serial.println("Reading Calibration Data");
  ac1 = read_int_register(0xAA);
  Serial.print("AC1: ");
  Serial.println(ac1,DEC);
  ac2 = read_int_register(0xAC);
  Serial.print("AC2: ");
  Serial.println(ac2,DEC);
  ac3 = read_int_register(0xAE);
  Serial.print("AC3: ");
  Serial.println(ac3,DEC);
  ac4 = read_int_register(0xB0);
  Serial.print("AC4: ");
  Serial.println(ac4,DEC);
  ac5 = read_int_register(0xB2);
  Serial.print("AC5: ");
  Serial.println(ac5,DEC);
  ac6 = read_int_register(0xB4);
  Serial.print("AC6: ");
  Serial.println(ac6,DEC);
  b1 = read_int_register(0xB6);
  Serial.print("B1: ");
  Serial.println(b1,DEC);
  b2 = read_int_register(0xB8);
  Serial.print("B2: ");
  Serial.println(b1,DEC);
```

```
  mb = read_int_register(0xBA);
  Serial.print("MB: ");
  Serial.println(mb,DEC);
  mc = read_int_register(0xBC);
  Serial.print("MC: ");
  Serial.println(mc,DEC);
  md = read_int_register(0xBE);
  Serial.print("MD: ");
  Serial.println(md,DEC);
}

long bmp085_read_up()
{
  write_register(0xf4,0x34+(oversampling_setting<<6));
  delay(pressure_waittime[oversampling_setting]);

  unsigned char msb, lsb, xlsb;
  Wire.beginTransmission(I2C_ADDRESS);
  Wire.write((byte)0xf6); // Leseregister
  Wire.endTransmission();

  Wire.requestFrom(I2C_ADDRESS, 3); // Byte einlesen
  while(!Wire.available()) {
    // warten
  }
  msb = Wire.read();
  while(!Wire.available()) {
    // warten
  }
  lsb |= Wire.read();
  while(!Wire.available()) {
    // warten
  }
  xlsb |= Wire.read();
  return (((long)msb<<16) | ((long)lsb<<8) | ((long)xlsb)) >>(8-
oversampling_setting);
}

void write_register(unsigned char r, unsigned char v)
{
  Wire.beginTransmission(I2C_ADDRESS);
  Wire.write(r);
```

```
  Wire.write(v);
  Wire.endTransmission();
}

char read_register(unsigned char r)
{
  unsigned char v;
  Wire.beginTransmission(I2C_ADDRESS);
  Wire.write(r); // Leseregister
  Wire.endTransmission();
  Wire.requestFrom(I2C_ADDRESS, 1); // Byte einlesen
  while(!Wire.available()) {
    // warten
  }
  v = Wire.read();
  return v;
}

int read_int_register(unsigned char r)
{
  unsigned char msb, lsb;
  Wire.beginTransmission(I2C_ADDRESS);
  Wire.write(r); // Leseregister
  Wire.endTransmission();

  Wire.requestFrom(I2C_ADDRESS, 2); // Byte lesen
  while(!Wire.available()) {
    // warten
  }
  msb = Wire.read();
  while(!Wire.available()) {
    // warten
  }
  lsb = Wire.read();
  return (((int)msb<<8) | ((int)lsb));
}
```

Listing 5.11: Barometer mit BMP085

Barometer-Shield

Eine komplett aufgebaute Lösung ist das BaroTemp-Shield (`http://schmelle2.de/wp/arduino/shields/barotemp-shield`). Diese Lösung verwendet das Breakout-Board von Jeelabs, das über eine Stiftleiste auf das BaroTemp-Shield gelötet wird. Zusätzlich sind auf dieser Erweiterungsplatine ein Uhrenbaustein vom Typ DS1307 und zwei 64kB-EEPROM für die Speicherung der Messwerte vorhanden.

5.1.7 Schaltersensoren

Sensoren mit schaltender Wirkung werden als Endschalter in Industrieanlagen und in Robotern verwendet. Zum Einsatz kommen dabei mechanische Druckschalter oder elektronische Schalter. Die mechanischen Schalter schalten einen Kontakt, sobald seitens der Umwelt eine Kraft auf den Schalter oder Schaltknopf wirkt. Elektronische Schalter arbeiten meist als induktive oder kapazitive Schalter. Bei induktiven Schaltern erfolgt eine Schaltung, sobald ein metallischer Gegenstand in die Nähe der Schaltfläche kommt. Kapazitive Schalter können auch nicht metallische Gegenstände erkennen. Die Schaltabstände liegen bei diesen Schaltern im Bereich von 10 bis 30 mm. Eine direkte Berührung ist bei den elektronischen Schaltern nicht nötig.

Eine weitere Art von induktivem Schalter sind die Reed-Kontakte oder Reed-Relais. Bei diesen induktiven Schaltern wird ein Schaltkontakt, der in einem vakuumgefüllten Glaskolben platziert ist, durch einen Magneten von außen aktiviert. Beim Reed-Relais wird dieser Magnet durch eine Spule mit Kern realisiert, die beim Anlegen einer Schaltspannung einen Magneten erzeugt und so den Reed-Kontakt auslöst.

5.1.8 Abstandssensoren

Abstandssensoren gehören zur Grundausstattung eines mobilen Roboters und erfassen den Abstand zu den Gegenständen, die sich in seiner Reichweite befinden.

Methoden und Technologien zur Messung des Abstands vom Sensor gibt es viele. Je nach Anforderung muss ein genauer Wert vom Abstand des Gegenstands, ein großer Bereich oder nur ein Status ermittelt werden. Entsprechend den Anforderungen sind die Sensoren recht unterschiedlich.

Ultraschallsensoren

Ein Ultraschallsensor sendet ein Signal (Schall), das oberhalb des menschlichen Hörbereichs liegt. Trifft der Schall auf einen Gegenstand, so wird das Signal zurückgeworfen und vom Sensor wieder empfangen. Die Verzögerungszeit zwischen dem Senden und dem Empfangen des Signals entspricht dem Abstand des Gegenstands zum Sensor. Bekanntlich ermitteln die Fledermäuse in der Natur auf diese Art die Umwelt und die Objekte um sie herum.

Der vermutlich bekannteste Ultraschallsensor in der Arduino-Welt ist der PING))) Ultrasonic Sensor von Parallax (`http://www.parallax.com`). Der auf einer Leiterplatte aufgebaute Sensor sendet ein Signalpaket aus und empfängt anschließend das Echo des Signals.

Das Tutorial auf der Arduino-Website (`http://arduino.cc/en/Tutorial/Ping`) zeigt die Verdrahtung des Sensors sowie ein Beispielprogramm für die Ermittlung des Abstands. Der Arduino sendet ein Signalpaket und mit dem Befehl `pulseIn()` wird die Dauer bis zum Empfang des Echos gemessen. Bei einer Schallgeschwindigkeit von 340 m/s oder 29 Mikrosekunden pro cm kann mit einer einfachen Formel die Distanz ermittelt werden:

```
Abstand in cm = gemessene Zeit / 29 * 2
```

Die Division durch 2 ergibt sich dadurch, dass Hin- und Rückweg des Schalls gemessen wurden.

Der PING-Sensor ist eine praktische Sensorlösung für Roboter, um entfernte Gegenstände zu erfassen. Er arbeitet gemäß Hersteller in einem Bereich von 2 bis 300 cm.

Infrarotsensor

Infrarotsensoren für die Abstandsmessung versenden ein Lichtsignal im Infrarotbereich und empfangen die am Gegenstand reflektierten Lichtwellen wieder.

Roboteranwendungen mit Arduino verwenden oftmals den Infrared-Proximity-Sensor GPD2D120 von Sharp. Dieser Infrarotsensor hat einen Analogausgang, der direkt vom angeschlossenen Arduino-Board ausgewertet werden kann. Die Ausgangsspannung liegt im Bereich von 3 Volt (3 cm Abstand) und 0,3 Volt (40 cm Abstand).

Der Sensor kostet rund 14 Euro und ist bei verschiedenen Elektronikhändlern erhältlich.

Ein praktisches Beispiel, wie der Abstandssensor eingesetzt werden kann, zeigt die Abstandsvisualisierung mit Infrarotsensor:

`http://www.uchobby.com/index.php/2009/03/08/visualizing-sensor-with-arduino-and-processing/`

Der vom Infrarotsensor erfasste Gegenstand im Erfassungsbereich wird optisch dargestellt. Der Lösungsansatz kann ein Teil eines Roboters sein, der während der Fahrt die Umwelt im Bereich von 0 bis 180 Grad abfragt. Das Beispiel zeigt auch, wie man über die serielle Schnittstelle Informationen ausgeben kann, die anschließend eine Visualisierungslösung, in diesem Fall Processing, darstellen kann.

5.1.9 Beschleunigungssensor

Beschleunigungssensoren sind Aufnehmer für Beschleunigungen und Neigungen. Die Sensoren werten Kapazitätsänderungen oder Druckänderungen von piezokeramischen Plättchen aus und wandeln diese in ein elektrisches Ausgangssignal um. Die Beschleunigungssensoren liefern meist Signale für verschiedene Richtungsänderungen.

Mit der Spielkonsole Wii und den externen Bedienelementen Wii Remote und Wii Nunchuk hat der Bedarf an Beschleunigungssensoren stark zugenommen. Der Wii-Nunchuk-Controller besitzt neben verschiedenen anderen Sensoren einen 3-Achsen-Beschleunigungssensor, um die Bewegung des Spielers in den verschiedenen Spielen zu erfassen.

Beschleunigungssensoren für die Verarbeitung in eigenen elektronischen Schaltungen werden im Elektronikhandel vertrieben und sind meist auf einer kleinen Leiterplatte mit der nötigen Auswertelektronik und Anschlusstechnik montiert. Zu erwähnen sind dabei die Sensoren Memsic 2125 und der ADXL3xx. Der Memsic 2125 wird als Sensor auf einer Minileiterplatte mit sechs Anschlusspins geliefert und ist ein 2-Achsen-Beschleunigungssensor.

`http://www.makershed.com/ProductDetails.asp?ProductCode=MKPX7&Click=19209`

Dieser Sensor liefert als Ausgangssignal ein Pulssignal und kann mit dem Befehl `pulseIn()` eingelesen werden.

`http://arduino.cc/en/Tutorial/Memsic2125?from=Tutorial.AccelerometerMemsic2125`

Der ADXL3xx ist ein 3-Achsen-Sensor und liefert pro Achse ein lineares Analogsignal, das direkt weiterverarbeitet werden kann.

Ein kleines Projekt (Abbildung 5.33) mit dem ADXL330 zeigt eine Wasserwaage, bei der der Y-Kanal des Sensors als Neigungsmesser verwendet wird. Das analoge Ausgangssignal des Sensors wird eingelesen und mit zwei Schaltschwellen verglichen. Je nach Lage des Sensors zeigt eine von drei Leuchtdioden die Tendenz der Neigung an.

Stückliste (Wasserwaage)

1 Arduino-Board

1 Steckbrett

1 ADXL3xx-Breakout-Board

3 LED rot

3 Widerstand 470 Ohm

Anschlussdrähte

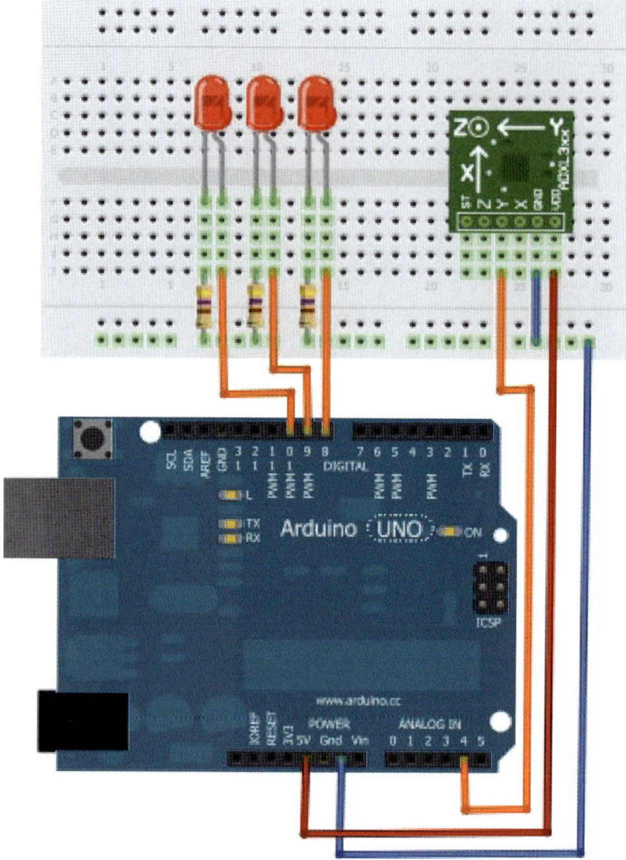

Abb. 5.33: Schaltung Wasserwaage mit Beschleunigungssensor ADXL330

Die Abfrage des Y-Kanals des Beschleunigungssensors erfolgt mittels analogem Eingang A04.

```
// Analogsignal von y-Richtung lesen
yVal = analogRead(yPin);
```

Der gemessene Wert wird in der Variablen `yVal` gespeichert und anschließend mit den beiden Leveln für links und rechts verglichen. Listing 5.12 zeigt das ganze Programm für die Wasserwaage.

```
// Wasserwaage mit Beschleunigungssensor

// Portdefinitionen
#define yPin 4
```

```
#define LEDLinks 10
#define LEDMitte 9
#define LEDRechts 8

//Schaltlevel
int LevelLinks=510;
int LevelRechts=520;

int yVal = 0;

void setup() {
  // Ausgänge mit LED
  pinMode(LEDLinks, OUTPUT);
  pinMode(LEDMitte, OUTPUT);
  pinMode(LEDRechts, OUTPUT);
  Serial.begin(9600);
}

void loop() {
  // Analogsignal von y-Richtung lesen
  yVal = analogRead(yPin);

  // kleiner LevelLinks,  LED links Ein
  if (yVal<LevelLinks+1)
  {
   digitalWrite(LEDLinks,HIGH);
  }
 else
  {
   digitalWrite(LEDLinks,LOW);
  };

  // LED Mitte Ein
  if ((yVal<LevelRechts) && (yVal>LevelLinks))
  {
   digitalWrite(LEDMitte,HIGH);
  }
  else
  {
   digitalWrite(LEDMitte,LOW);
  };
```

```
  // großer LevelRechts, LED rechts Ein
  if (yVal>LevelRechts-1)
  {
   digitalWrite(LEDRechts,HIGH);
  }
  else
  {
   digitalWrite(LEDRechts,LOW);
  };

  Serial.print(yVal);
  Serial.println();
  delay(500);
}
```

Listing 5.12: Beschleunigungssensor im Einsatz als Wasserwaage

5.1.10 Kompass

`http://www.magneticsensors.com/magnetometers-compasses.php`

Der HMC6352 von Honeywell ist ein digitaler Kompass-Baustein, der über den I2C-Bus angesteuert wird.

Dieser Kompass-Sensor eignet sich für allgemeine Kompass-Anwendungen und richtungsgesteuerte Roboter. Der integrierte Baustein hat eine Auflösung von 0,5 Grad und benötigt keine externe Zusatzbeschaltung.

Für den praktischen Einsatz bietet Sparkfun eine Leiterplatte (`http://www.sparkfun.com/products/7915`), auf der bereits die Pullup-Widerstände für den I2C-Bus aufgelötet sind. Der Anwender muss nur noch die Versorgungsspannung und die Signalleitungen SCL und SDA des I2C-Busses anschließen.

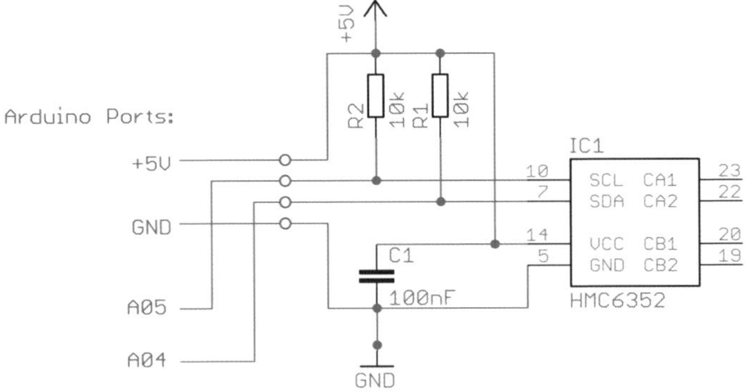

Abb. 5.34: HMC6352-Kompass-Sensor mit Arduino

Stückliste (Kompass)

1 Arduino-Board

1 Steckbrett

1 HMC6352-Breakout-Board

Anschlussdrähte

Mit der Arduino-Bibliothek von Ruben Laguna muss sich der Anwender nicht mehr um die serielle Kommunikation kümmern. Die Bibliothek liefert einen Zahlenwert von 0 bis 360 zurück, was direkt dem Abweichungs-Winkel zur Nordrichtung entspricht.

`http://rubenlaguna.com/wp/2009/03/19/arduino-library-for-hmc6352/index.html`

Nach Laden der nötigen Bibliotheken

```
#include <Wire.h>
#include <hmc6352.h>
```

wird ein Kompass-Objekt erstellt.

```
// HMC6352 Objekt
Hmc6352 hmc6352;
```

In der Setup-Routine wird die serielle Schnittstelle für die Ausgabe bereitgestellt.

```
void setup()
{
  Serial.begin(9600);
  delay(100);
  Serial.print("Start HMC6352");
  delay(100);
}
```

Im Hauptprogramm wird die Sensorabfrage mittels der Methode `wake()` gestartet. Anschließend kann der Sensor abgefragt werden. Nach der Abfrage des Sensors wird dieser wieder mittels der Methode `sleep()` in den Ruhezustand versetzt. Nun kann der eingelesene Wert ausgegeben oder weiterverarbeitet werden.

```
void loop()
{
  hmc6352.wake();
```

```
  // Winkel lesen und in a speichern
  float a = hmc6352.getHeading();
  hmc6352.sleep();
  // Ausgabe Winkel
  Serial.println((int)a,DEC);
}
```

Der ermittelte Wert kann nun als Zahlenwert auf einem Display dargestellt werden oder man wertet den Winkelwert aus und zeigt dies in einer gewünschten Form an.

Am Ende dieses Kapitels wird ein kleines Projekt beschrieben, das den Kompass-Sensor abfragt und das Resultat als Richtungsanzeige auf einem mit Leuchtdioden aufgebauten Kreis darstellt.

5.2 Aktoren

Als Aktoren bezeichnet man (Schalt-)Elemente, die eine Eingangsgröße in eine Ausgangsgröße umwandeln. Aktoren werden in Regelsystemen als »Stellglieder« bezeichnet und erzeugen eine Aktion. Meist ist diese Aktion ein Schaltvorgang, der einen Motor, eine Lampe, ein Relais oder ein Ventil schaltet.

Im täglichen Leben sind wir oft mit Aktoren in Kontakt. Bei Betätigung eines Druckschalters in einem Raum wird in der Gebäudesteuerung ein Signal erzeugt und die Ausgangsschaltung steuert ein Schaltrelais an. Über die Schaltkontakte des Relais bekommt die Beleuchtung im Raum die Spannung zugeschaltet und leuchtet.

Wie Aktoren mittels eines Arduino-Boards angesteuert und betrieben werden, zeigen die folgenden Abschnitte im Detail.

5.2.1 Relais

Relais gehören zu den häufig verwendeten Aktoren. Ein Relais besitzt eine Spule, mit der ein Magnet erzeugt wird. Dieser Magnet schaltet auf mechanische Art einen oder mehrere Kontakte. Relais gibt es in den verschiedensten Ausführungen und Bauarten, für kleine und große Ansteuerspannungen und Lasten.

Schaltrelais

In den meisten Fällen kann ein Relais nicht direkt von einem digitalen Ausgang eines Microcontrollers angesteuert werden. Darum wird für die Ansteuerung eine Verstärkerstufe mit Transistor dazwischengeschaltet.

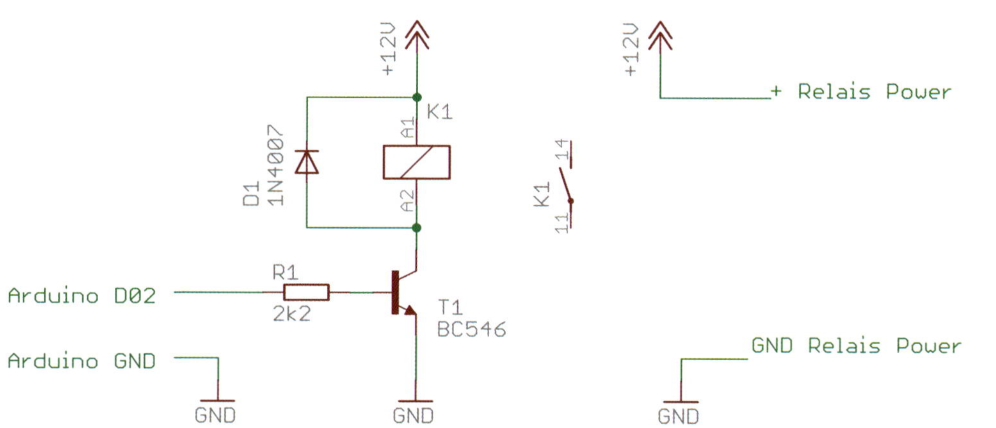

Abb. 5.35: Aktoren: Ansteuerung eines Gleichspannungsrelais mit NPN-Transistor

Über einen Vorwiderstand (R1) wird ein NPN-Transistor angesteuert. Ein HIGH-Signal am digitalen Ausgang des Arduino schaltet den Transistor ein, das Relais wird angesteuert und der Relaiskontakt geschlossen. Die Diode (D1) parallel zur Relaisspule ist eine Freilaufdiode und dient zum Schutz vor Überspannungen beim Ausschalten.

Die Relaisversorgung im rechten Teil der Abbildung 5.35 ist im Beispiel mit 12 Volt gewählt und muss der Relaisspannung entsprechen. Diese Versorgungsspannung wird von einem externen Netzteil gewährleistet.

Der Relaiskontakt des Relais (K1) ist ein Schließer und bei angesteuertem Relais geschlossen. Die Verdrahtung des Relaiskontakts mit der Last erfolgt am besten mittels stabiler Schraubkontakte.

Stückliste (Schaltrelais)

1 Arduino-Board

1 Steckbrett

1 NPN-Transistor BC546

1 Widerstand 2,2 kOhm (R1)

1 Diode 1N4007 (D1)

1 Relais 12 VDC

1 Netzteil 12 V (für Relaisversorgung)

Anschlussdrähte

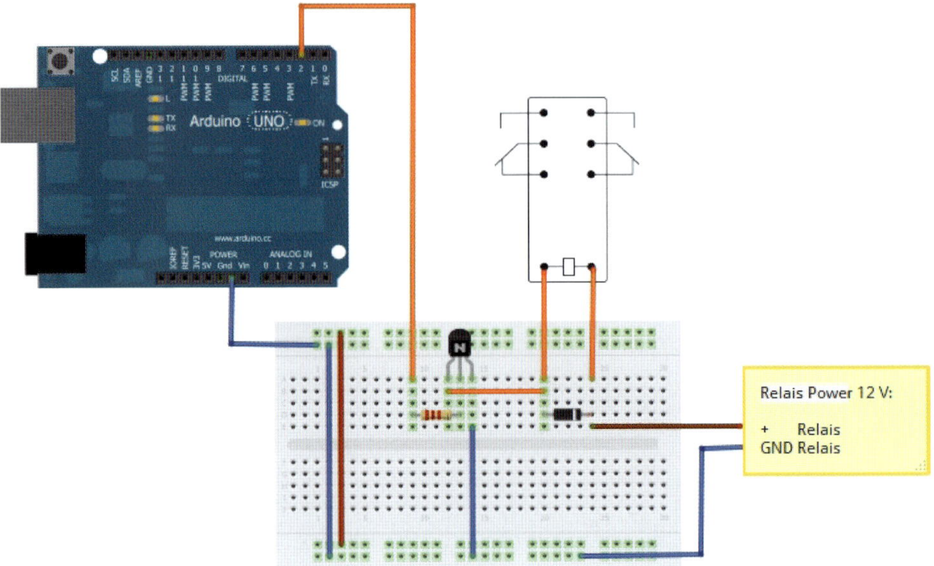

Abb. 5.36: Ansteuerung Relais

> **Vorsicht**
>
> Beim Schalten von Spannungen höher als 30 Volt müssen die Abstände zwischen der Ansteuerelektronik und dem Schaltkreis der Last beachtet werden. Ein direkter Kontakt mit der hohen Spannung kann die Gesundheit gefährden. Bei Unsicherheit sollte man einen Fachmann zu Rate ziehen.

Halbleiterrelais

Ein Halbleiterrelais oder Solid State Relay (SSR) arbeitet wie ein Schaltrelais (Abbildung 5.37). Die Halbleiterrelais besitzen meist vier Anschlüsse: zwei Anschlüsse für die Ansteuerung und zwei Anschlüsse für den Schaltkreis. Im Gegensatz zu konventionellen Schaltrelais besitzen Halbleiterrelais keine mechanischen Teile. Wie der Name aussagt, sind sie aus Halbleitermaterialien hergestellt.

Die Ansteuerung erfolgt mit einer Gleichspannung von 3 bis 30 Volt. Der Lastkreis kann nun eine Wechselspannung schalten, wobei beide Stromkreise, Ansteuerung und Lastkreis, galvanisch getrennt sind. Es besteht keine elektrische Verbindung zwischen den beiden Stromkreisen.

Bei der Ansteuerung des Halbleiterrelais muss der nötige Strom beachtet werden. Der Steuerstrom liegt meist bei etwa 10 Milliampere (mA) und kann somit direkt von einem digitalen Ausgang des Arduino angesteuert werden.

Abb. 5.37: Halbleiterrelais (Solid State Relais)

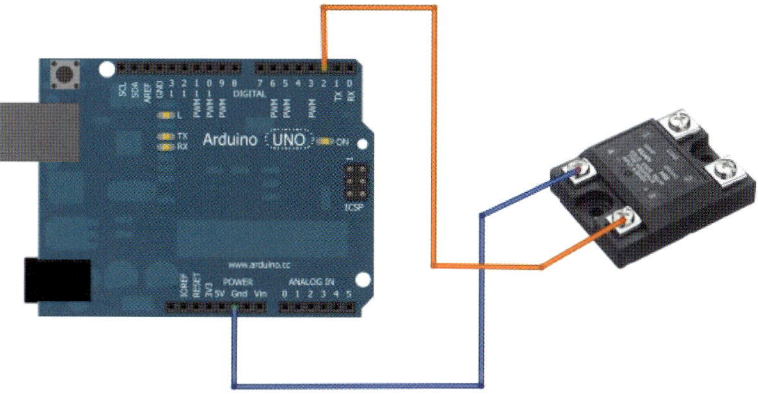

Abb. 5.38: Ansteuerung Halbleiterrelais

Im Lastkreis können, je nach Typ, Lasten von bis 50 Ampere geschaltet werden.

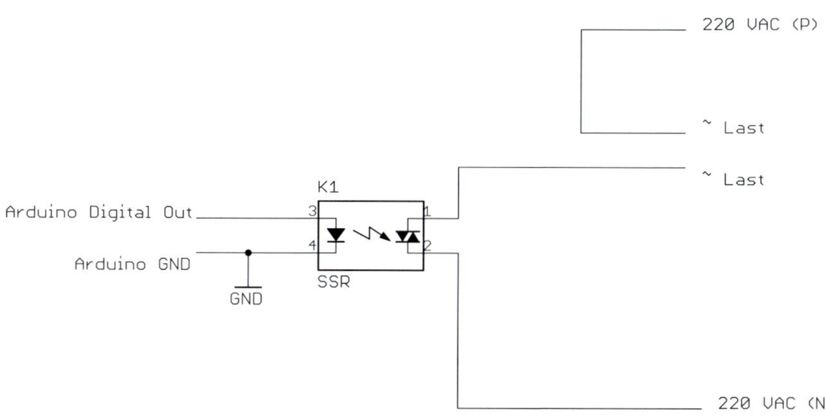

Abb. 5.39: Halbleiterrelais: Ansteuerung mit Arduino-Port

Mit der Schaltung in Abbildung 5.39 können Lasten wie Lampen, Motoren oder Heizelemente, die mit Wechselspannung betrieben werden, durch einen digitalen Ausgang des Arduino gesteuert werden.

5.2.2 Servos

Als Servo bezeichnet man eine elektrische Einheit aus einem Elektromotor und einer Ansteuer- oder Regelungselektronik. Servos für den Modellbau gehören zu den am meisten verbreiteten Varianten von Servos. Modellbauservos wandeln die vom Sender übermittelte elektrische Information in eine mechanische Bewegung um. Dabei werden Lenkung, Höhen- oder Seitenruder und andere bewegliche Teile des ferngesteuerten Modells aktiviert.

In einem Servo sind auf engstem Raum Steuerelektronik und ein Gleichspannungs-Elektromotor untergebracht. Eine integrierte Schaltung ermittelt die aktuelle Drehposition (Drehwinkel) des Motors, der sich nach links und nach rechts drehen muss. Diese Einheit zur Erfassung der Position wird meist mit einem Potentiometer, also einem verstellbaren Widerstand realisiert. Die im Servo integrierte Regeleinheit vergleicht das Eingangssignal des Servos (Sollwert) mit der aktuellen Position des Motors (Istwert) und regelt so den Motor auf die vorgegebene Position.

Modellbauservos werden hauptsächlich mittels PWM-Signal (Pulsweitenmodulation) angesteuert. Die Breite des Pulssignals (HIGH-Signal) entspricht dem Sollwert. Das PWM-Signal hat meist eine Frequenz von 50 Hertz. Dies entspricht einer Periodendauer von 20 ms. Die Pulsweite des Sollwertes liegt dann im Bereich von 1 ms (linker Anschlag) und 2 ms (rechter Anschlag). Die Mittelposition liegt bei 1,5 ms. Die restliche Zeit der Periode bleibt das Signal auf LOW. Der Winkel zwischen linkem und rechtem Anschlag beträgt üblicherweise 180 Grad.

Ein Servo hat jeweils drei Anschlusskabel: +Spannung, Ground (GND) und das PWM-Signal. Das Kabel am Servo kann direkt auf eine 3-polige Stiftleiste gesteckt werden.

Handelsübliche Servos haben folgende Anschlussbelegung:

1: GND (Schwarz)

2: PWM (Weiß, Gelb oder Orange)

3: +5 V (Rot)

Vor dem Einsatz in einer Anwendung sollte aber immer die Anschlussbelegung des verwendeten Servos überprüft werden.

Servos benötigen für die Ansteuerung nur rund 20 mA und können von einem PWM-Ausgang des Arduino direkt angesteuert werden.

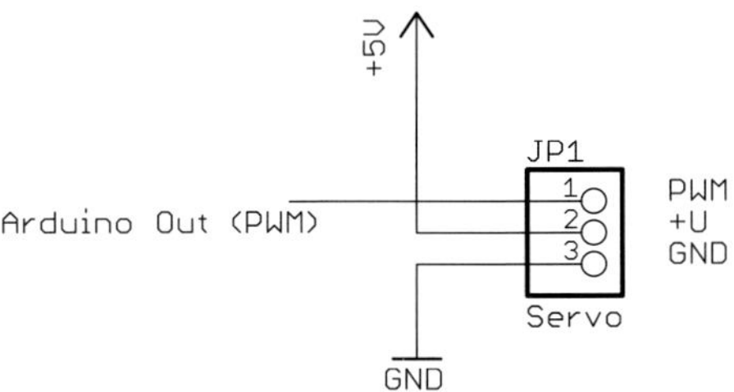

Abb. 5.40: Servo: Ansteuerung Modellbauservo

Die Ansteuerung eines Servos mit dem Arduino erfordert ein Programm, das die nötigen Pulssignale erzeugt. Dies kann einerseits von Hand ausprogrammiert werden oder man nutzt die Standardbibliothek SERVO. Beim Einsatz der SERVO-Bibliothek muss man sich keine Gedanken um die korrekten Impulsbreiten und Frequenzen machen.

`http://www.arduino.cc/en/Reference/Servo`

Die SERVO-Bibliothek unterstützt auf den meisten Boards den Einsatz von bis zu zwölf Servos. Beim Einsatz der SERVO-Bibliothek muss beachtet werden, dass die normale PWM-Funktionalität für die Pins 9 und 10 deaktiviert ist. Die beiden Ports sind in diesem Fall für den Servobetrieb reserviert.

Die Grundschaltung (Abbildung 5.41) steuert einen Servo an Port 9, indem ein Sollwert von einem externen Potentiometer eingelesen wird.

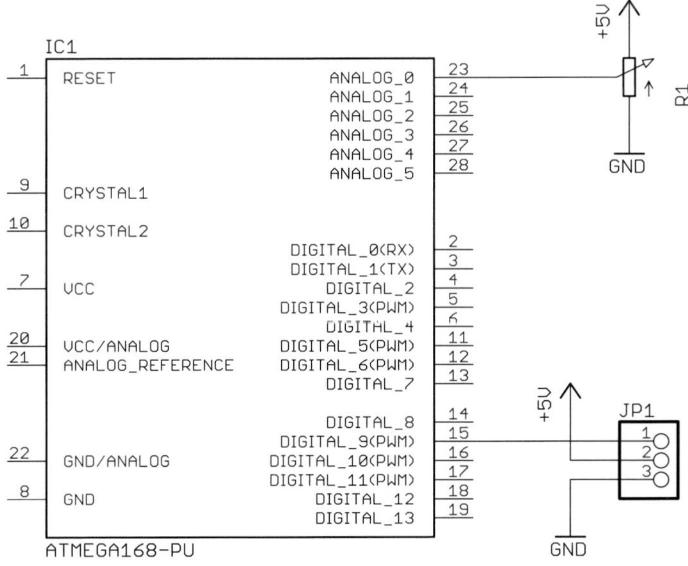

Abb. 5.41: Servo: Ansteuerung eines Servos mit Sollwert von Potentiometer

Stückliste (Servo)

1 Arduino-Board

1 Steckbrett

1 Potentiometer 10 kOhm

1 Servo 5 V

Anschlussdrähte

Abbildung 5.42 zeigt die Ansteuerung des Servos auf dem Steckbrett.

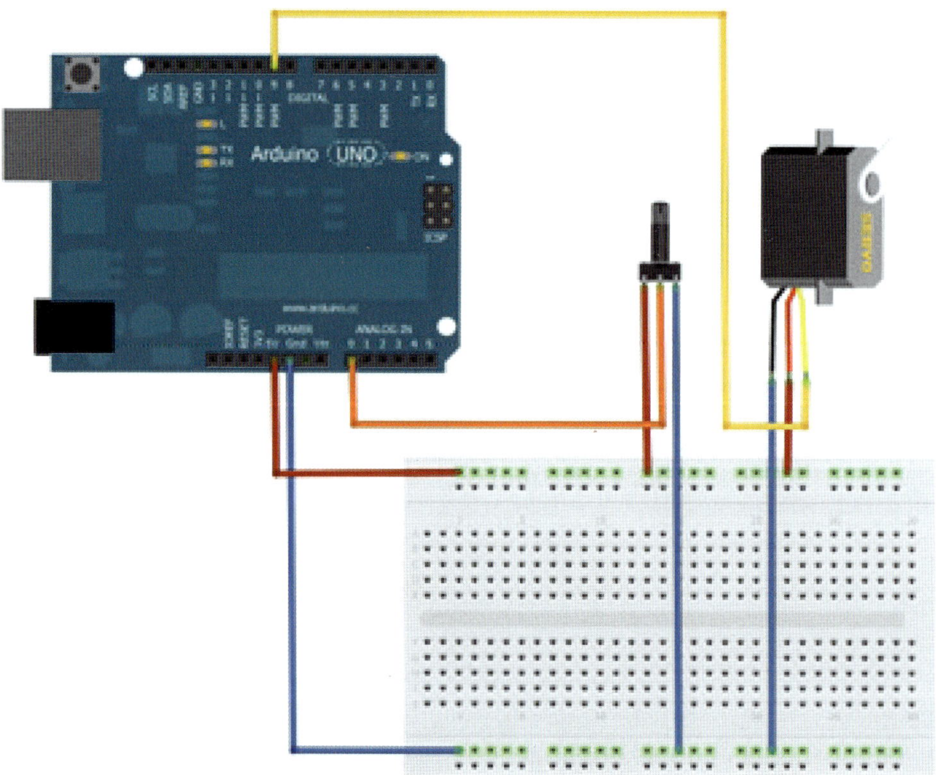

Abb. 5.42: Ansteuerung eines Servos

Das Eingangssignal für den Sollwert der Servoposition liefert das Potentiometer P1 in Form eines analogen Spannungswertes von 0 bis 5 Volt. Dieser Wert wird am Analogport 0 eingelesen. Mittels der Anweisung `map()` kann ein Eingangssignal mit einem zugehörigen Ausgangswert verlinkt werden.

Im Beispielprogramm (Listing 5.13) wird der analoge Wert von 0 bis 5 Volt, was einem Wert von 0-1023 entspricht, mit dem Stellwinkel des Servos verlinkt. Also 0 bis 180 Grad.

```
val = map(val, 0, 1023, 0, 179);
```

Durch das Verstellen des Analogwertes am Potentiometer wird die Position des Servos gesteuert.

Das Steuersignal, das von digitalen Port D09 auf den Servo geführt hat, ist ein Pulssignal mit fester Frequenz und einer veränderlichen Breite des Pulssignals. Üblicherweise beträgt die Frequenz 50 Hz (Hertz), das einer Wiederholzeit von 20 ms (Millisekunden) entspricht. Der Puls selbst hat bei Linksanschlag des Servos, also bei Wert 0, eine Pulsbreite von ca. 1 ms. Bei Rechtsanschlag des Servos, also 180 Grad, ist eine Pulsbreite von ca. 2 ms zu messen. Bei Mittelposition des Servos, also 90 Grad, beträgt die Pulsbreite ca. 1,5 ms. Die Frequenz und die Pulsbreiten sind von Servo zu Servo unterschiedlich.

In Tabelle 5.9 sind die Pulsbreiten des Servosignals und die jeweilige Position des Servos dargestellt.

0 Grad	90 Grad	180 Grad
Wert 0 = 0 V	Wert 512 = 2.50 V	Wert 1023 = 5 V
Servo Position Links	Servo Position Mitte	Servo Position Rechts

Tabelle 5.9: Pulsbreiten bei Servoansteuerung

Die SERVO-Bibliothek für die Servoansteuerung ist standardmäßig bei der Installation der Entwicklungsumgebung dabei und kann umgehend genutzt werden.

Nach Einbinden der Bibliothek

```
#include <Servo.h>
```

wird ein Servo-Objekt erstellt.

```
// Servo-Objekt erstellen
Servo myservo;
```

Nach der Variablendeklaration

```
// Analogpin 0
int AnalogPin = 0;
// Sollwert für Servo
int val;
```

wird in der Setup-Routine das Servo-Objekt mit einem Servoport verknüpft

```
void setup()
{
  // Servo an Port 9
  myservo.attach(9);
}
```

Im Hauptprogramm kann nun der Sollwert der Servoposition, der am Potentiometer eingestellt wird, eingelesen werden. Anschließend wird der Sollwert in der Variablen `val` mittels der Anweisung `map()` mit dem Stellwert in Grad verlinkt.

```
  // Einlesen des Sollwertes für die Servoposition
  val = analogRead(AnalogPin);
  // Skalieren des Sollwertes für den Servo
  // 0-1023 entsprechen 0-180 Grad
  val = map(val, 0, 1023, 0, 179);
```

Nun kann der Sollwert der Servoposition am Servo gesetzt werden.

```
// Sollwert für Servoposition schreiben
  myservo.write(val);
```

Nach einer kurzen Pause beginnt dann der Vorgang wieder von vorne.

```
  // warten
  delay(15);
```

Im praktischen Einsatz verändert sich nun der Drehwinkel der Servoachse, an der beispielsweise ein Sensor oder ein bewegliches Teil von einem Roboter montiert ist (Listing 5.13).

```
#include <Servo.h>

// Servo-Objekt erstellen
Servo myservo;
```

```
// Analogpin 0
int AnalogPin = 0;
// Sollwert für Servo
int val;

void setup()
{
  // Servo an Port 9
  myservo.attach(9);
}

void loop()
{
  // Einlesen des Sollwertes für die Servoposition
  val = analogRead(AnalogPin);
  // Skalieren des Sollwertes für den Servo
  // 0-1023 entsprechen 0-180 Grad
  val = map(val, 0, 1023, 0, 179);
  // Sollwert für Servoposition schreiben
  myservo.write(val);
  // warten
  delay(15);
}
```

Listing 5.13: Ansteuerung von Servo mit SERVO-Bibliothek

Analoge Temperaturanzeige

In der digitalen Welt sind die meisten Temperaturanzeigen und Wetterstationen mit Digitalanzeigen ausgestattet. Mit einer kleinen Servoanwendung kann man aber auch eine analoge Temperaturanzeige realisieren. Die Position des analogen Zeigers, der die aktuelle Umgebungstemperatur auf der Analogskala anzeigt, wird mit dem Servo gesteuert. Dazu wird eine runde Skala mit einem Winkel von 180 Grad auf ein Blatt oder einen Karton gezeichnet. Im Drehpunkt wird ein Loch für den Servo gemacht und an der Drehachse des Servos wird nun ein Zeiger aus Papier oder Karton angeschlossen.

Das Temperatursignal wird von einen Temperatursensor LM35 ermittelt. Der Servo steuert dann den Zeiger für eine Anzeige von 0 bis 50 Grad.

```
#include <Servo.h>

//Variablen
int tempval;
```

```
int tempPin = 0;
int servoval;

// Servo-Objekt erstellen
Servo myservo;

void setup()
{
// Servo an Port 9
myservo.attach(9);
}

void loop()
{
// Temperaturwert vom Analogport 0 lesen
// Daten von LM35
// 0-50 Grad ergeben 0-500 mV = 0-103
tempval = analogRead(tempPin);
// Skalieren des Sollwertes für den Servo
// 103 entsprechen 0-180 Grad
// max Temp von 50 Grad (linker Anschlag)
// min Temp von 0 Grad (rechter Anschlag)
servoval = map(tempval, 103, 0, 0, 179);
// Temperaturwert am Servo ausgeben
myservo.write(servoval);
// warten
delay(1000);
}
```

Listing 5.14: Servoanwendung: Ansteuerung eines Zeigers für eine analoge Temperaturanzeige

Zur Kalibrierung wird mittels Potentiometer der Analogwert der Temperatur simuliert, der Zeiger korrekt positioniert (Endwert) und auf der Skala angezeigt. Zur Kontrolle wird nun noch der Minimalwert für eine Temperatur von 0 Grad eingegeben. Der Zeiger bewegt sich an den Anfang der Skala. Auch hier wird der Skalawert markiert. Nun können noch Werte dazwischen, beispielsweise 20 und 30 Grad, mit derselben Methode simuliert und auf der Skala markiert werden.

Servos als Motor für Miniroboter

Ein Vorteil des Servos ist die genaue Positionierung des Drehwinkels. Der Drehwinkel ist im Servo aber begrenzt und eine Vollumdrehung ist nicht möglich. Antriebe in Roboteranwendungen benötigen meist langsam drehende Motoren und die Möglichkeit der genauen Positionierung. Standardservos haben intern bereits eine Ansteuerelektronik und eignen sich ideal für diese Art von Motor-Anwendung. Das Problem ist nur, dass die Servos, wie bereits erwähnt, intern eine Begrenzung des Drehwinkels haben. Mittlerweile sind verschiedene Servotypen am Markt erhältlich, die keine Begrenzung eingebaut haben. Diese werden als »Continuous Rotation Servo« bezeichnet.

Fertige Servos mit Durchlauf liefern verschiedene Lieferanten und Hersteller:

```
http://www.parallax.com
http://www.pololu.com/catalog/product/536
```

Neben den fertigen Servos mit Durchlauf kann man sich aber auch selbst helfen und vorhandene Servos umbauen. Mit etwas handwerklichem Geschick und Geduld kann man sich auf diese Weise seine durchlaufenden Servos selbst herstellen.

Nachfolgend einige nützliche Quellen für Anleitungen zum Umbau:

```
http://www.freeduino.de/books/servos-für-durchlauf-umbauen
http://todbot.com/blog/2009/04/11/tiny-servos-as-continuous-rotation-
gearmotors
```

5.2.3 Motoren

Neben den Servos gehören Motoren zu den wichtigsten Aktoren in der Robotik. Der Antrieb eines selbstlaufenden Roboters oder die Bewegung eines beweglichen Roboterarms sind häufige Aufgaben eines Motors. Elektromotoren gibt es für Gleich- oder Wechselspannung und Drehstrom (3-Phasen-Wechselspannung). Für genaue Antriebsanwendungen werden Servomotoren oder Schrittmotoren verwendet.

Roboteranwendungen verwenden meist Gleichstrommotoren. Die einfachste Art der Ansteuerung eines Motors mit einem Arduino erfolgt über einen digitalen Ausgang, der eine Transistorstufe ansteuert (Abbildung 5.43).

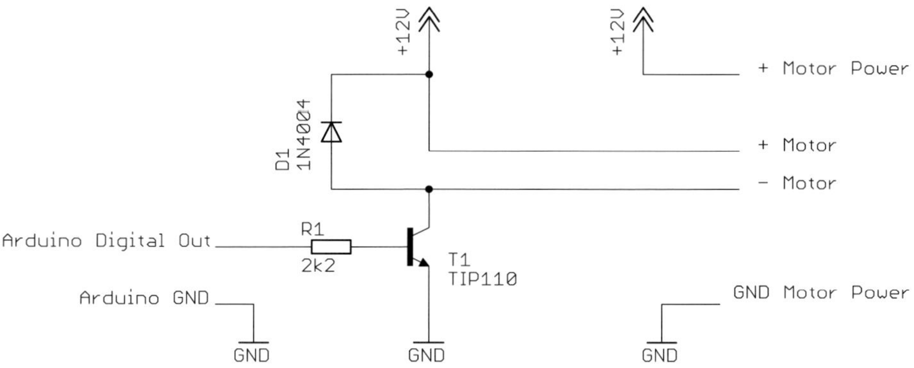

Abb. 5.43: Ansteuerung Gleichstrommotor

Das Einschalten des Motors erfolgt durch das Setzen des digitalen Ausgangs auf HIGH.

```
int MotorPort=10;
digitalWrite(MotorPort, HIGH);
```

Mit der direkten Ansteuerung des Motors aus Abbildung 5.43 kann weder die Geschwindigkeit noch die Drehrichtung des Motors gesteuert werden.

Die Drehrichtung wird umgekehrt, indem man die Anschlüsse +MOTOR und -MOTOR tauscht.

Die einfachste Lösung zur Steuerung der Motor-Geschwindigkeit kann mittels PWM-Signal realisiert werden. Das PWM-Signal wird dazu direkt auf die Leistungsstufe geführt. Im Beispiel aus Abbildung 5.43 wird also direkt der Leistungstransistor T1 (TIP110) angesteuert.

Die volle Geschwindigkeit erreicht man dazu bei maximalem PWM-Signal, also einem Wert von 255. Halbe Geschwindigkeit ergibt einen Wert von 128. Um den Motor zu stoppen, wird ein PWM-Signal mit dem Wert von 0 ausgegeben.

In Listing 5.15 wird eine fixe Geschwindigkeit in der Variablen `MotorSpeed` gespeichert und dann ausgegeben. Je nach Anwendungsfall kann der Wert der Motorgeschwindigkeit auch aus einer anderen Programm-Funktion übergeben werden.

```
// Port für Motor
int MotorOut = 10;
// Geschwindigkeit des Motors
int MotorSpeed = 0;

void setup()
{
  // Motorport als Ausgang setzen
  pinMode(MotorOut, OUTPUT);
}

void loop()
{
  // Geschwindigkeit setzen (0-255)
  // entweder fix oder als Wert von anderem Programm
  int MotorSpeed = 123;
  // Geschwindigkeit als PWM ausgeben
  analogWrite(MotorOut, MotorSpeed);
}
```

Listing 5.15: Geschwindigkeitssteuerung eines Motors mittels PWM

Eine Ansteuerung mit Umschaltung der Drehrichtung kann mittels einer Transistorschaltung oder einer integrierten Schaltung realisiert werden.

Optimale integrierte Schaltungen (IC) für die Steuerung von zwei Motoren sind hier die IC-Typen LM293 oder SN754410. Die beiden Bausteine sind pinkompatibel und benötigen keine zusätzliche externe Beschaltung.

Die Steuerung des Motors erfolgt mit zwei digitalen Signalen für die Drehrichtung und einem Freigabesignal (ENABLE).

Der Stromlaufplan in Abbildung 5.44 zeigt die Ansteuerung eines Motors. Für die Stromversorgung des Motors werden externe 12 Volt benötigt.

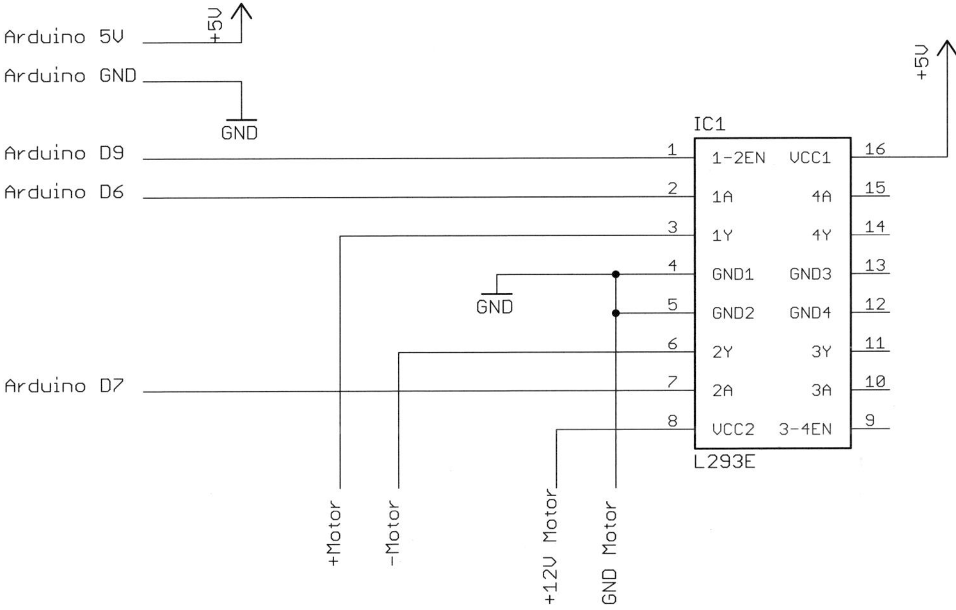

Abb. 5.44: Ansteuerung eines Motors mit L293

Ein HIGH am Freigabesignal (Arduino D9) gibt den Motor frei. Die Drehrichtung wird vom Arduino mit den Ports D6 und D7 gesteuert.

D6	D7	Motorrichtung
HIGH	LOW	Motor dreht rechts
LOW	HIGH	Motor dreht links

Tabelle 5.10: Drehrichtungssteuerung mit L293

Stückliste (Drehrichtungssteuerung)

1 Arduino-Board

1 Steckbrett

1 IC L293 oder SN754410 (IC1)

1 Gleichstrommotor 12 V

1 Netzteil 12 V

Anschlussdrähte

Die Spannungsversorgung des Motortreibers (L293) erfolgt hier über das Arduino-Board. Die Motorspannung von 12 Volt muss aus einem externen Netzgerät zugeführt werden.

Abbildung 5.45 zeigt die Schaltung auf dem Steckbrett aufgebaut.

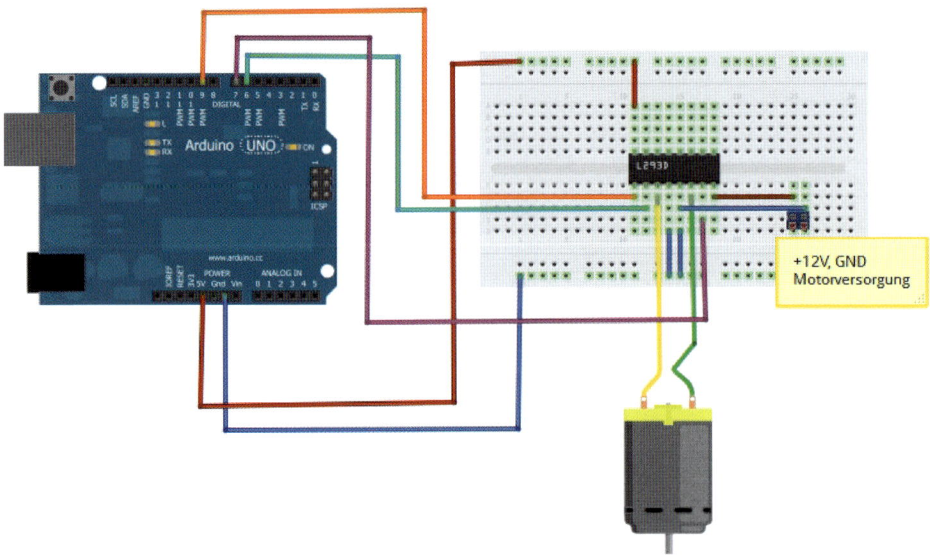

Abb. 5.45: Drehrichtungssteuerung von Gleichstrommotor

Und als Sketch für Arduino realisiert, sieht die Motorsteuerung wie folgt aus:

```
int FreigabePin = 9;     // Freigabe Motor
int MotorPin1 = 6;       // Vor/Rück Motor
int MotorPin2 = 7;       // Vor/Rück Motor

void setup()
```

```
{
  pinMode(FreigabePin, OUTPUT);
  pinMode(MotorPin1, OUTPUT);
  pinMode(MotorPin2, OUTPUT);
}

void loop()
{
  // Motor vorwärts für 2 Sekunden
  digitalWrite(FreigabePin, HIGH);
  digitalWrite(MotorPin1, HIGH);
  digitalWrite(MotorPin1, LOW);
  delay(2000);

  // Motor rückwärts für 2 Sekunden
  digitalWrite(MotorPin1, LOW);
  digitalWrite(MotorPin2, HIGH);
  delay(2000);

  // Motor stoppen für 1 Sekunde
  digitalWrite(FreigabePin, LOW);
  delay(1000);
}
```

Listing 5.16: Motor steuern: vorwärts und rückwärts

Neben der Richtungssteuerung aus Listing 5.16 fehlt jetzt für eine komfortable Lösung einer Motorsteuerung die Möglichkeit, die Geschwindigkeit zu verändern. Der einfachste Ansatz für diese Anforderung ist die Verwendung eines PWM-Signals als Ausgangssignal statt des bisher fixen Signals. Mit wenig Aufwand lässt sich hierzu die bereits realisierte Lösung erweitern. Die Sollgeschwindigkeit wird mittels Potentiometer eingestellt. Der Analogwert wird am Analogeingang A0 eingelesen. Um die 8-Bit-Auflösung für den PWM-Ausgang zu realisieren, muss der eingelesene Analogwert durch 4 geteilt werden, um einen Wertebereich von 0 bis 255 zu erhalten.

```
// Sollwert einlesen
SollSpeed = analogRead(SollSpeedPin) / 4;
// Ausgabe PWM
analogWrite(PWMPin, SollSpeed);
```

Die Verdrahtung der Eingänge des Arduino bleibt unverändert wie in Abbildung 5.44. Einzig das Potentiometer P1 für die Sollwertvorgabe kommt hinzu.

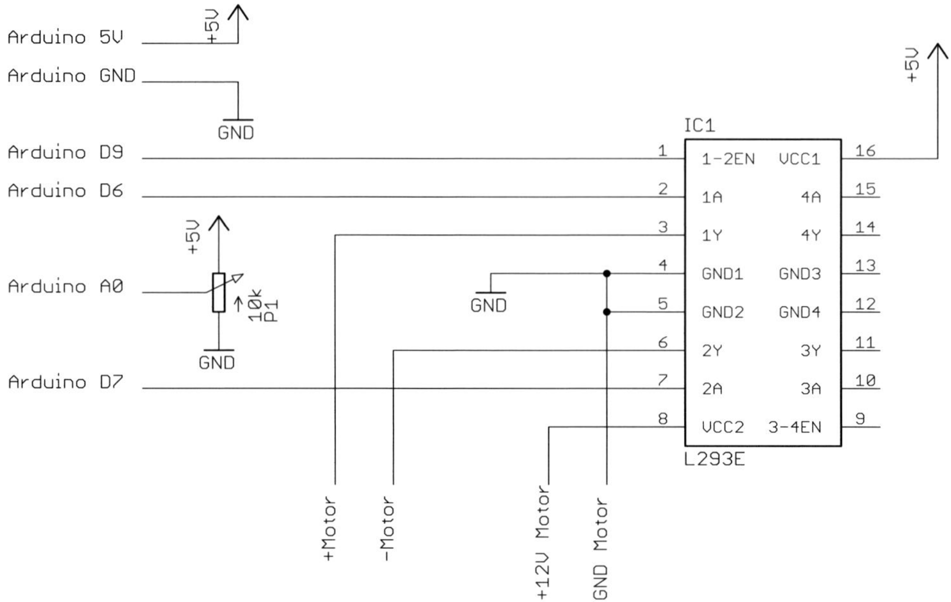

Abb. 5.46: PWM-Ansteuerung eines Motors mit L293

Das gesamte Programm für die Ansteuerung mit PWM-Signal:

```
int PWMPin = 9;          // PWM-Signal Motor
int MotorPin1 = 6;       // Vor/Rück Motor
int MotorPin2 = 7;       // Vor/Rück Motor

int SollSpeedPin = 0;    // Sollwert für Geschwindigkeit
int SollSpeed = 0;       // Eingelesene Sollgeschwindigkeit

void setup()
{
  pinMode(MotorPin1, OUTPUT);
  pinMode(MotorPin2, OUTPUT);
}

void loop()
{
  // Sollwert einlesen
  SollSpeed = analogRead(SollSpeedPin) / 4;
  // Ausgabe PWM
  analogWrite(PWMPin, SollSpeed);
```

```
    // Motor vorwärts
    digitalWrite(MotorPin1, HIGH);
    digitalWrite(MotorPin1, LOW);
    delay(100);
}
```

Listing 5.17: Steuerung der Motorgeschwindigkeit mittels PWM-Signal

Praxis-Tipp

Für Roboter-Anwendungen werden meist zwei Motoren für den Antrieb benötigt. Die bisherigen Beispiele mit dem IC L293 haben bisher nur einen Motor verwendet. Wenn man sich das Datenblatt des L293 genauer anschaut, sieht man, dass die bisher nicht verwendeten Anschlüsse (Pin 9 bis Pin 15) für die Ansteuerung eines zweiten Motors vorbereitet sind.

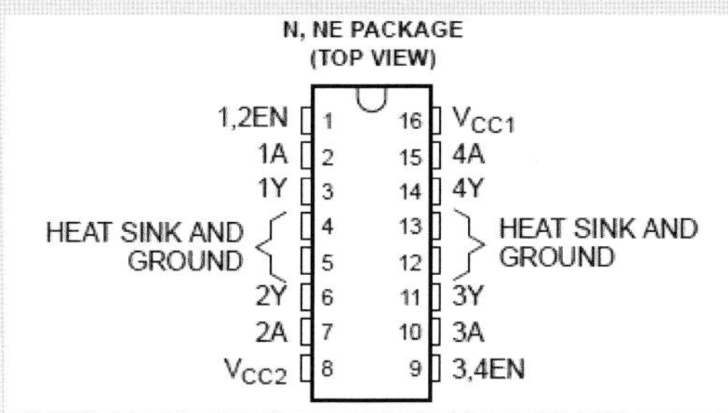

Der zweite Motor wird somit an den Anschlüssen 3Y und 4Y angeschlossen. Die Ansteuerung wird, identisch wie bei der ersten Stufe, mit den Eingängen an den Pins 9 (3,4EN), 10 (3A) und 15 (4A) realisiert.

Motorshield

Durch den einfachen Aufbau einer Motoransteuerung mit dem L293 kann eine solche Lösung gut auf einem Protoshield aufgebaut werden.

Zusätzlich gibt es auf dem Markt eine Anzahl von verschiedenen Shields für Motor-Anwendungen. Sehr bekannt ist dabei das Motor/Stepper/Servo-Shield von Adafruit (`http://www.adafruit.com/products/81`), das verschiedene Ansteuermöglichkeiten für Gleichstrom- und Schrittmotoren sowie Servos beinhaltet.

Weitere Shields für Motor-Anwendungen sind:

Arduino Motor-Shield

`http://www.watterott.com/de/Arduino-Motor-Shield-R3`

2 A Motor Shield

http://www.dfrobot.com/index.php?route=product/product&product_id=69

Ardumoto Motorshield

http://www.sparkfun.com/products/9815

Eine einfache Lösung, die auch auf einem L293-Motortreiber basiert, ist das Arduino Motor-Shield (http://arduino.cc/en/Main/ArduinoMotorShield), das von verschiedenen Herstellern und Vertreibern angeboten wird.

http://www.watterott.com/de/Arduino-Motor-Shield

Verschiedene Anbieter liefern dieses Shield auch als kostengünstigen Bausatz.

http://store.nkcelectronics.com/freeduino-arduino-motor-control-shield-kit.html

Der Autor hat für Roboteranwendungen ein eigenes Motorshield mit Fritzing realisiert. Die Daten sind im Projektbereich der Fritzing-Website verfügbar.

http://fritzing.org/projects/motor-shield/

5.2.4 Hohe Lasten schalten

In Abschnitt 5.2.1 wurde erklärt, wie die Ansteuerung eines Relais über einen Schalttransistor realisiert wird. Eine Schaltstufe wird benötigt, wenn der Strom für die Ansteuerung des Aktors größer als rund 20 mA ist. Auch bei höheren Betriebsspannungen, wie beispielsweise bei Relais oder Halogenlampen, muss eine Schaltstufe dazwischengeschaltet werden.

Das Schalten einer hohen Last kann nun mit verschiedenen Elementen realisiert werden. Wenn Wechselspannungen geschaltet werden müssen, empfiehlt sich der Einsatz eines Transistors, der ein Relais ansteuert. Über die Schaltkontakte des Relais wird nun die Wechselspannungslast geschaltet. Das Schalten von Wechselspannungen kann auch mit einem Halbleiterrelais (siehe Abschnitt 5.2.1) realisiert werden.

Die Ansteuerung von Power-Leuchtdioden, Halogenlampen, Servos oder Motoren erfolgt in der Praxis über einen bipolaren Transistor oder einen Feldeffekttransistor (FET). Normale Schalttransistoren haben den Vorteil, dass sie günstig und gut verfügbar sind. Nachteilig ist der nötige Aufwand für die Kühlung des Halbleiters, sobald man etwas höhere Leistungen schaltet.

Die Ansteuerung des Transistors erfolgt über einen Vorwiderstand R1 an der Basis. Dabei wird die Strecke vom Kollektor zum Emitter niederohmig und der Aktor, beispielsweise das Relais, schaltet.

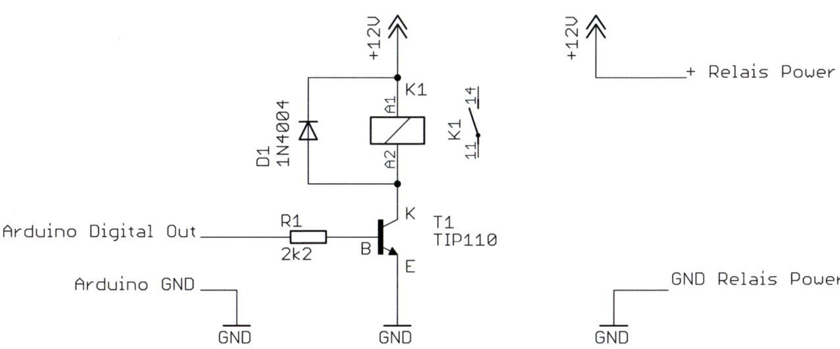

Abb. 5.47: Lasten schalten mit Transistor

> **Tipp**
>
> Der Basiswiderstand R1 am Transistor begrenzt den Basisstrom. In den meisten Fällen reicht ein Basisstrom von 2 mA für die Ansteuerung des Transistors. Somit wird der Widerstandswert gemäß folgender Formel berechnet:
>
> Basiswiderstand = Eingangsspannung – UBE / Basisstrom
>
> Also:
>
> 5 V – 0,7 / 2 mA = 2150 Ohm
>
> Für die Praxis verwenden wir also einen Widerstand R1 von 2200 Ohm.

Feldeffekttransistoren oder für unsere Fälle die so genannten MOSFET (Metalloxid-Halbleiter-Feldeffekttransistoren) sind zwar von der Funktion her schon recht lang bekannt, aber in der Praxis hat sich diese Technologie erst in den letzten 10 bis 20 Jahren richtig durchgesetzt. MOSFET werden ähnlich wie bipolare Transistoren angesteuert.

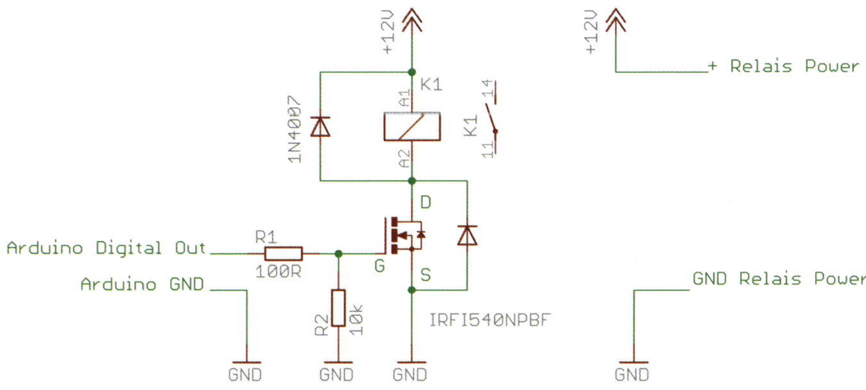

Abb. 5.48: Lasten schalten mit MOSFET

Der MOSFET IRF540N kann über einen Vorwiderstand (R1) direkt vom digitalen Ausgang des Arduino angesteuert werden (Abbildung 5.48). Der Widerstand zwischen Drain (D) und Source (S) ist sehr gering (0,044 Ohm) und kann daher höhere Lasten ohne Kühlung schalten (`http://www.datasheetcatalog.org/datasheet/irf/irf540n.pdf`).

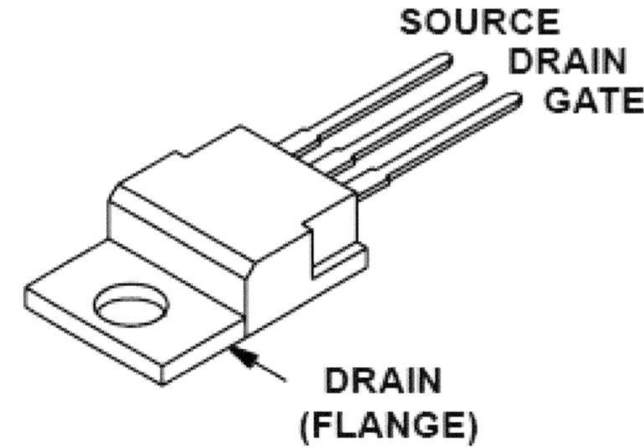

Abb. 5.49: Anschluss und Gehäuse IRF540 (Bild: Quelle Datenblatt Intersil)

MOSFET haben gegenüber normalen Transistoren den Vorteil, dass sie einen geringeren Widerstand im Lastkreis (Drain-Source) besitzen und deshalb weniger Leistung in Wärme umsetzen. Zusätzlich können MOSFET für sehr hohe Frequenzen eingesetzt werden.

Standardtypen von MOSFET sind mittlerweile recht günstig im Handel zu beziehen. Somit lohnt sich beim Entwurf einer Schaltung mit größeren Lasten auch schon im Hobby-Bereich ein Blick auf diese Transistortypen.

Stückliste (MOSFET-Schaltung)

1 Arduino-Board

1 Steckbrett

1 Widerstand 100 Ohm (R1)

1 Widerstand 10 kOhm (R2)

1 Relais 12 V (K1)

1 Diode 1N4007 (D1)

1 Netzteil für Relais-Versorgung

Anschlussdrähte

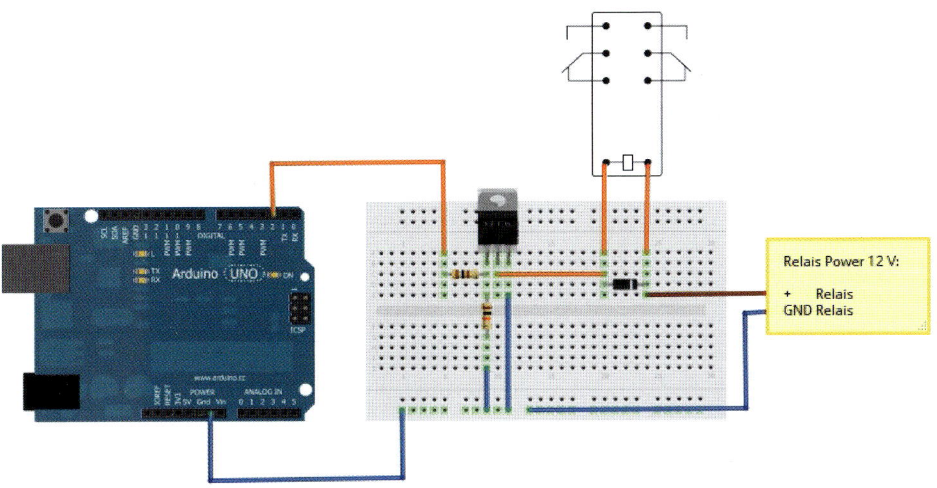

Abb. 5.50: Lasten (Relais) schalten mit MOSFET

Abbildung 5.50 zeigt die Schaltung mit MOSFET auf dem Steckbrett. Beim Steckbrettaufbau ist zu beachten, dass nicht zu viel Strom über die Kontakte fließt. Hohe Schaltlasten von mehr als 1 Ampere sollten nicht über die Steckkontakte des Steckbrettes geschaltet werden. Idealerweise baut man dann die Schaltung direkt auf einer Lochraster-Platine auf.

Praxis-Tipp

Der »MOSFET Power Control Kit« von Sparkfun ist ein Bausatz für eine MOSFET-Schaltstufe. Die Bauteile werden auf einer kleinen Leiterplatte aufgelötet und alle Anschlüsse sind auf stabile Schraubklemmen geführt (`http://www.sparkfun.com/products/10256`).

5.3 Anzeigen

5.3.1 Leuchtdiode (LED)

Wie bereits in Kapitel 3 beschrieben, ist die Leuchtdiode eine Diode, die beim Anlegen einer Spannung Licht abgibt. Mit einem Serienwiderstand wird der Stromfluss auf einen fixen Wert begrenzt. Die Durchlassspannung, also der Spannungsabfall über der LED beträgt je nach verwendetem LED-Typ zwischen 1,5 und 4 Volt. Den genauen Wert können Sie dem Datenblatt der verwendeten Leuchtdiode entnehmen.

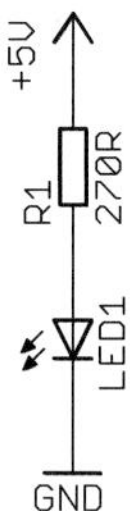

Abb. 5.51: Grundschaltung Ansteuerung LED

Die Grundschaltung einer Leuchtdiode benötigt nur einen Vorwiderstand (R1). Die Berechnung des nötigen Vorwiderstands erfolgt nach folgender Formel:

Widerstand = Versorgungsspannung – Durchlassspannung

also:

R1 = 5 V – 2,4 V / 10 mA = 260 Ohm

Aus der Widerstandsreihe wählen wir also einen Wert von 270 Ohm.

Wird jetzt die Versorgungsspannung verändert, so verändert sich gemäß oben genannter Formel auch der Strom durch die Leuchtdiode (Durchlassstrom).

Um einen fixen Strom durch die Leuchtdiode zu erreichen, muss eine so genannte »Konstantstromquelle« verwendet werden, die, unabhängig von der angelegten Versorgungsspannung, einen fixen Strom liefert. Auf diese Art kann man die Leuchtstärke der LED konstant halten.

Konstantstromquellen kann man auf verschiedene Arten realisieren.

Konstantstromquelle mit Transistor

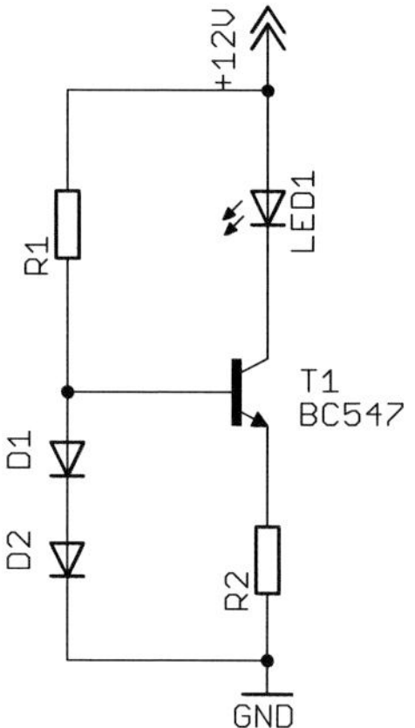

Abb. 5.52: Konstantstromquelle mit Transistor

Eine Konstantstromquelle mit Transistor zeigt die Schaltung in Abbildung 5.52. Der fixe Strom wird über den Widerstand R2 eingestellt. Da über die beiden Dioden jeweils ein Spannungsabfall von 0,7 Volt zu messen ist, liegt auch über dem Widerstand R2, nach Abzug der Diodenspannung UBE im Transistor, immer eine fixe Spannung.

Die Berechnung des konstanten Stroms (I) erfolgt dabei nach folgender Formel:

I = UD1 + UD2 – UBE / R2

Umgeformt für die Berechnung des Widerstands:

R2 = UD1 + UD2 – UBE / I

Und mit praktischen Werten für einen Strom von 20 mA:

R2 = 0,7 V + 0,7 V – 0,7 V / 0,02 A = 35 Ohm

Aus der Widerstandsreihe nehmen wir also einen Wert von 33 Ohm.

Der Widerstand R1 begrenzt den Strom durch die Basis des Transistors und durch die beiden Dioden und kann mit 1 mA angenommen werden. Somit ist der Wert

R1 = 12 V – UD1 – UD2 / 0,001 A = 10600 Ohm

Wir wählen also R1 = 10 kOhm.

Diese Formeln können als Faustformeln betrachtet werden, da der genaue Spannungsabfall über den Dioden (UD1 und UD2) und über der Diodenspannung (UBE) mit 0,7 Volt angenommen wurde. Für die Praxis ist die Formel ausreichend.

Wer sich detaillierter mit der Berechnung beschäftigen will, findet im Internet geeignete Quellen mit zusätzlichen Informationen.

Konstantstromquelle mit Spannungsregler

Mit einem Spannungsregler und einem externen Bauelement lässt sich auch eine einfache Konstantstromquelle realisieren.

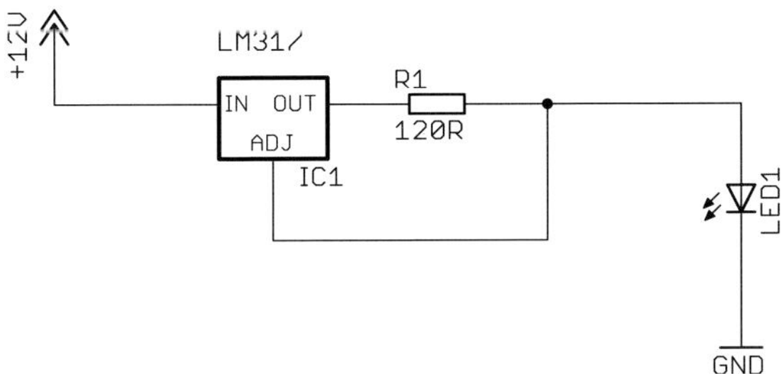

Abb. 5.53: Konstantstromquelle mit Spannungsregler LM317

Der Trick bei der Lösung in Abbildung 5.53 ist, dass beim Spannungsregler LM317 zwischen den Anschlüssen ADJ und OUT immer eine fixe Spannung von 1,25 Volt anliegt. Wird nun ein Widerstand (R1) hinzugefügt, bleibt der Strom über diesen Widerstand immer konstant und entsprechend auch der Strom durch die angeschlossene Last, in diesem Fall eine Leuchtdiode (LED1).

Die Berechnung des Widerstands bei einem Konstantstrom von 10 mA lautet also:

R1 = 1,25 V / 10 mA = 125 Ohm

Aus der Widerstandsreihe nehmen wir einen Wert von 120 Ohm.

Helligkeit steuern

Neben einer konstanten Helligkeit wird oft auch eine regelbare Helligkeit bei Leuchtdioden benötigt, bekannt auch als Dimmer. Eine Lösung wäre hier das Verändern des Stroms durch die Leuchtdiode. Dies ist aber mit den Bordmitteln des Arduino, ohne externe Bauelemente, nicht zu realisieren. Eine einfachere Lösung ist hier die Verwendung des PWM-Signals. Mit der Anweisung `analogWrite()` wird die Helligkeit der Leuchtdiode gesteuert.

```
// Helligkeit setzen (0-255)
int LEDWert = 95;
// Helligkeit als PWM ausgeben
analogWrite(LEDPin, LEDWert);
```

Ein einfaches Beispiel zeigt die Dimmerlösung in Abbildung 5.54.

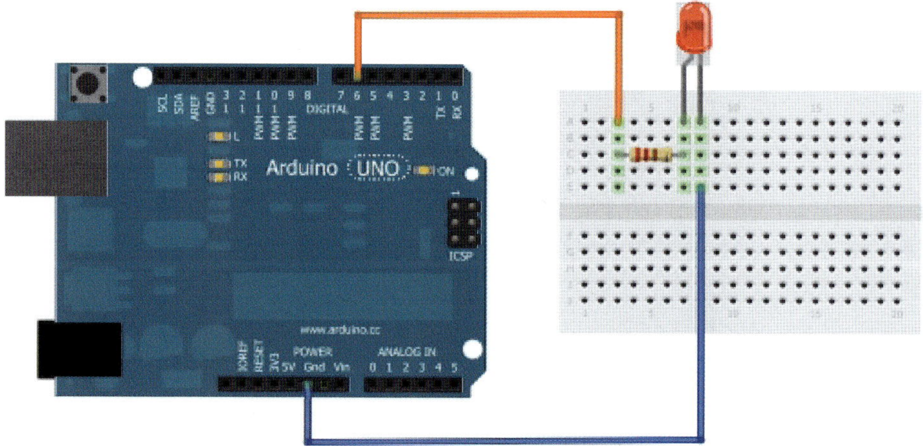

Abb. 5.54: Dimmer für LED-Helligkeit

Stückliste (LED-Dimmer)

1 Arduino-Board

1 Steckbrett

1 Widerstand 220 Ohm

1 LED rot

Anschlussdrähte

Listing 5.18 zeigt das Programm, um die Helligkeit einer LED zu dimmen. Der Wert für die LED-Helligkeit ist in der Variablen `LEDWert` gespeichert und kann, je nach Anforderung, fix angegeben werden oder wird aus einem anderen Programmteil übergeben. Der Wert für die Helligkeit kann dabei zwischen 0 und 255 liegen.

```
// Port für LED
int LEDPin = 6;
// Helligkeit der LED
int LEDWert = 0;

void setup()
{
  // LED-Port als Ausgang
  pinMode(LEDPin, OUTPUT);
}

void loop()
{
  // Helligkeit setzen (0-255)
  // entweder fix oder als Wert von anderem Programm
  int LEDWert = 95;
  // Helligkeit als PWM ausgeben
  analogWrite(LEDPin, LEDWert);
}
```

Listing 5.18: Dimmer für LED-Helligkeit

Tipp

Verwendet man, statt nur einer roten Leuchtdiode, drei Leuchtdioden mit den Farben Rot, Grün, Blau, so können spannende Lichteffekte erzeugt werden. Jede Leuchtdiode wird dabei über einen eigenen PWM-Ausgang angesteuert.

LED als Berührungssensor

Leuchtdioden werden meist als Anzeigeelemente verwendet, um die Umwelt oder den Nutzer einer Anwendung über einen Zustand zu informieren. Dabei gibt es nur zwei Zustände: Leuchtdiode EIN oder Leuchtdiode AUS. LEDs können aber auch als Lichtsensoren oder als Berührungssensoren in Bedienelementen verwendet werden. Dabei nutzt man gewisse physikalische Eigenschaften der Leuchtdiode aus. Wird eine Leuchtdiode in Sperrrichtung betrieben, wirkt der Halbleiterübergang in der LED als kleine Kapazität. Die LED selbst arbeitet quasi als Fotodiode. Die Ladung in der Leuchtdiode kann anschließend von einem analogen Eingang gemessen werden.

Die Steuerung des LED-Lichtsensors erfolgt über zwei Ports des Arduino.

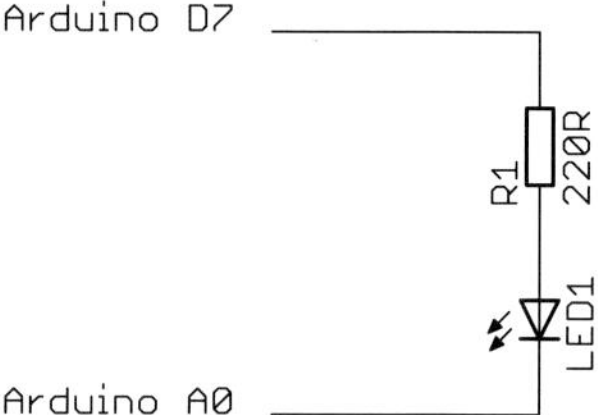

Abb. 5.55: LED als Lichtsensor

Das zugehörige Programm (Listing 5.19), nach einer Idee von Mike Cook (`http://www.thebox.myzen.co.uk/Workshop/LED_Sensing.html`), ermittelt den Status der Leuchtdiode und sendet diesen über die serielle Schnittstelle.

```
// LED als Sensor
// Nach einer Idee von Mike Cook
// http://www.thebox.myzen.co.uk/Workshop/LED_Sensing.html

byte anodePin =  7;    // Port D7
byte cathodePin = 14;  // Port A0
int result;
int refLevel;

void setup() {
  // Disable Pullup-Widerstand
  _SFR_IO8(0x35) |= 0x10;
  digitalWrite(anodePin,LOW);
  pinMode(anodePin,OUTPUT);
  pinMode(cathodePin,INPUT);
```

```
  //Serielle Kommunikation
  Serial.begin(38400);
}

void loop () {
  // LED Ein
  digitalWrite(anodePin,HIGH);
  pinMode(cathodePin,OUTPUT);
  digitalWrite(cathodePin,LOW);

  // LED laden, Kathode = HIGH, Anode = LOW
  digitalWrite(cathodePin,HIGH);
  digitalWrite(anodePin,LOW);

  // Kathode als Analog-Input
  pinMode(cathodePin,INPUT);

  // Analogwert lesen
  result = analogRead(0);
  // LED Entladungszeit
  delay(40);

  // Sensor lesen nach Entladung
  // Veränderung ermitteln
  result -= analogRead(0);
  pinMode(cathodePin,OUTPUT);
  digitalWrite(cathodePin,LOW);

  // Ausgabe Analogwert
  Serial.print(result,DEC);
  Serial.print(" ");
  Serial.println(" ");
}
```

Listing 5.19: LED als Lichtsensor

Ein optisches Sensorfeedback zeigt Mikes Processing-Sketch, der den Analogwert als Balkengrafik darstellt.

http://www.thebox.myzen.co.uk/Workshop/LED_Sensing_files/Sensor_Feedback.pde

Jetzt wird es hell

Bisher wurden Leuchtdioden als Hinweiselemente in Geräten oder Informationstafeln eingesetzt. Mit der Entwicklung von Power-Leuchtdioden werden sie immer öfter auch als Beleuchtungselemente mit leistungs- und lichtstarken Leuchtdiodenmodulen eingesetzt. Diese Power-LEDs benötigen mehrere Watt und erzeugen einen hohen Lichtstrom, allgemein als Helligkeit bezeichnet. Der Lichtstrom solcher LEDs übertrifft den Lichtstrom einer normalen Glühbirne um ein Mehrfaches.

Neben den Vorteilen der hohen Lichtausbeute pro Watt ist auch die hohe Lebensdauer ein markanter Vorteil der Power-Leuchtdioden.

Die Ansteuerung der Power-Leuchtdioden erfordert dafür etwas mehr Aufwand als gewöhnliche Lampen.

1-Watt-Power-LEDs benötigen einen konstanten Strom von 350 mA. Diese Konstantstromquelle wird mit der Konstantstromschaltung aus Abbildung 5.53 realisiert. Für die Helligkeitssteuerung wird zusätzlich ein PWM-Signal eingesetzt, das von einem PWM-Ausgang des Arduino geliefert wird (Abbildung 5.56).

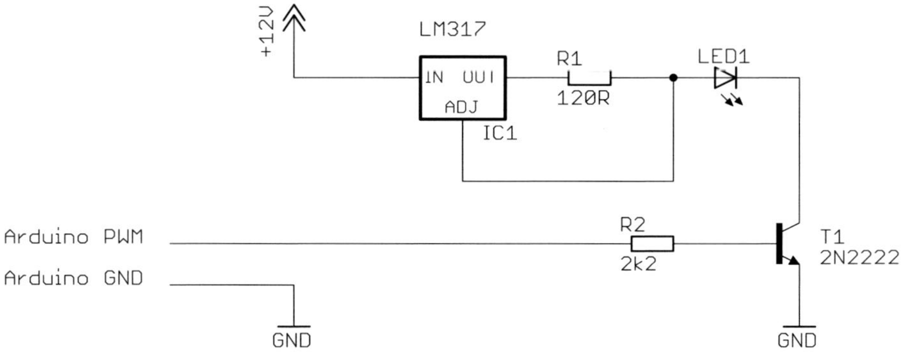

Abb. 5.56: Ansteuerung einer Power-LED mit Konstantstromquelle und PWM

5.3.2 7-Segment-Anzeigen

Eine 7-Segment-Anzeige besteht, wie der Name korrekt aussagt, aus sieben Anzeigesegmenten. Die einzelnen Anzeigesegmente sind meist Leuchtdioden (LED) und können einzeln angesteuert werden, wobei ein gemeinsamer Anschluss (Anode oder Kathode) vorhanden ist. Die einzelnen Segmente der Anzeige werden mit den Buchstaben a bis g gekennzeichnet. Zusätzlich steht meist noch eine runde LED für den Dezimalpunkt (DP) zur Verfügung (Abbildung 5.57).

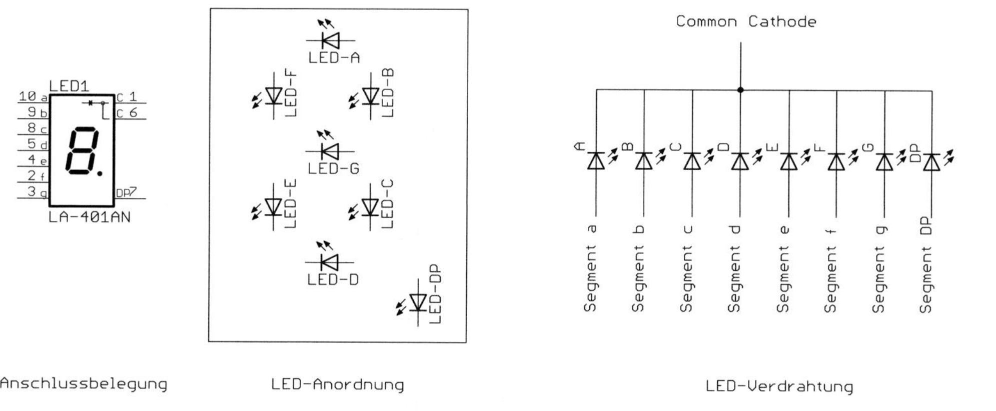

Abb. 5.57: 7-Segment-Anzeige mit LED

Die Ansteuerung aller sieben Segmente plus Dezimalpunkt einer einzelnen Anzeige erfordert acht digitale Ausgangsports des Arduino.

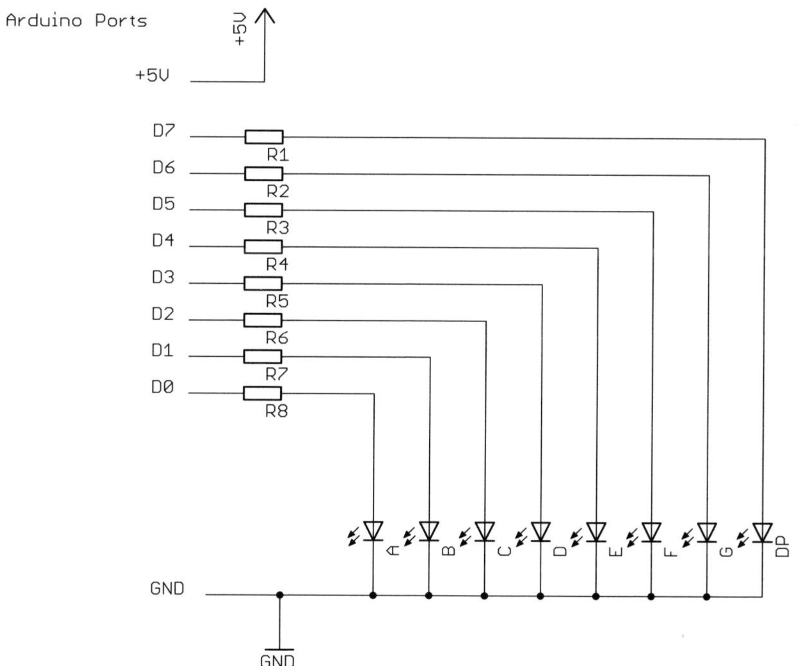

Abb. 5.58: Ansteuerung einer einzelnen 7-Segment-Anzeige

Grundsätzlich wird für jede Segment-Leuchtdiode ein eigener Vorwiderstand benötigt. Falls aber die Ansteuerung getaktet wird, also jeder Ausgang nur kurz eingeschaltet ist, können die einzelnen Strombegrenzungswiderstände entfallen und ein gemeinsamer Widerstand wird an der gemeinsamen Anode oder Kathode angeschlossen.

Jedes Segment der 7-Segment-Anzeige wird über einen eigenen Ausgang des Arduino angesteuert. Um nun die Zahlen von 0 bis 9 darzustellen, müssen die entsprechenden Ausgänge des Arduino auf HIGH oder LOW geschaltet werden.

Die Zahlen von 0 bis 9 benötigen ein eigenes Bitmuster für die Darstellung auf der Anzeige. Für die Darstellung der Zahl 1 müssen beispielsweise die Segmente b (LED-B) und c (LED-C) angesteuert werden.

Welche Segmente für die einzelnen Ziffern geschaltet werden müssen, kann entweder direkt im Code gesteuert werden oder man legt die Information in einem Array ab.

Für jede direkt gesteuerte Zahl sieht der Code wie folgt aus:

```
void SetZahl2()
{
  digitalWrite(ledSegA, HIGH);
  digitalWrite(ledSegB, LOW);
  digitalWrite(ledSegC, LOW);
  digitalWrite(ledSegD, HIGH);
  digitalWrite(ledSegE, HIGH);
  digitalWrite(ledSegF, LOW);
  digitalWrite(ledSegG, HIGH);
}
```

Listing 5.20: Ansteuerung 7-Segment-Anzeige für Zahl 2

Um die Zahl 2 darzustellen, wird im Code (Listing 5.20) die Funktion SetZahl2() aufgerufen, die dann die entsprechenden Ausgänge schaltet. Um alle zehn Zahlen darzustellen, müssen also zehn Funktionen im Programm abgelegt werden. Dies ist zwar gut verständlich und übersichtlich, erfordert aber etliche Zeilen Code.

Das Bitmuster oder der Bytewert für die Ausgabe einer Zahl kann auch in einem Array abgelegt werden.

```
byte ZahlenBitDef[10] = { 63, 6, 91, 79, 102, 109, 124, 7, 127, 103 };
```

In Tabelle 5.11 ist die Zuordnung der Segmente zum digitalen Port aufgelistet.

Segment	Port	Bitwert
a	D0	1
b	D1	2

Tabelle 5.11: Ansteuerung Segmente über digitale Ausgänge

Segment	Port	Bitwert
c	D2	4
d	D3	8
e	D4	16
f	D5	32
g	D6	64

Tabelle 5.11: Ansteuerung Segmente über digitale Ausgänge (Forts.)

Für die Zahl 0 werden also die Ports D0 bis D5 auf HIGH gesetzt, was einem Wert von 63 entspricht (alle Bitwerte zusammenzählen). Für jede einzelne Ziffer kann nun der Bytewert ermittelt und im Array abgelegt werden.

Im Programm selbst muss eine Funktion ermitteln, welche Ausgänge bei den einzelnen Zahlen geschaltet werden müssen. Dazu kann die Anweisung `bitRead()` verwendet werden.

Dieser Befehl ermittelt, ob für einen Wert, in unserem Fall der im Array abgelegte Bytewert, ein Bit gesetzt wird oder nicht. Dabei werden alle Bits vom niedrigsten bis zum höchsten Bit überprüft. Da jedes Bit direkt einem Ausgang für ein Segment entspricht, müssen jeweils alle sieben Bits überprüft werden.

```
void SegmenteSetzen(byte segmente)
{
  // alle Segmente der LED überprüfen
  for (int segBit = 0; segBit < 7; segBit++)
  {
   int bitVal = bitRead(segmente, segBit);
   // Ausgang von Segment setzen HIGH/LOW
   digitalWrite(sebBit, bitVal);
  }
}
```

Das komplette Listing mit den Portdefinitionen und dem Aufruf ist in Listing 5.21 dargestellt. Der Wert für die anzuzeigende Ziffer wird mit der Anweisung `SegmenteSetzen(ZahlenBitDef[Zahl])` gesetzt. Die gewünschte Zahl wird dabei in der Variablen `Zahl` übergeben. Dabei kann die gewünschte Zahl, in unserem Fall die 1, aus einer Funktion übergeben werden oder aus einer Berechnung oder einem Analogwert stammen.

```
// Idee von Jeff
// http://totusterra.com
```

```
void setup()
{
  pinMode(0, OUTPUT);  // Ausgang für Segment a
  pinMode(1, OUTPUT);  // Ausgang für Segment b
  pinMode(2, OUTPUT);  // Ausgang für Segment c
  pinMode(3, OUTPUT);  // Ausgang für Segment d
  pinMode(4, OUTPUT);  // Ausgang für Segment e
  pinMode(5, OUTPUT);  // Ausgang für Segment f
  pinMode(6, OUTPUT);  // Ausgang für Segment g
}

// Bits für Nummern 0-9
const byte ZahlenBitDef[10] = { 63, 6, 91, 79, 102, 109, 124, 7, 127, 103 };

void loop()
{
  // Anzeige von Zahl 1
  SegmenteSetzen(ZahlenBitDef[1]);
}

void SegmenteSetzen(byte segmente)
{
  // alle Segmente der LED überprüfen
  for (int segBit = 0; segBit < 7; segBit++)
  {
    int bitVal = bitRead(segmente, segBit);
    // Ausgang von Segment setzen HIGH/LOW
    digitalWrite(segBit, bitVal);
  }
}
```

Listing 5.21: Ansteuerung einer 7-Segment-Anzeige

Wie bereits erklärt, wird für jedes Segment der 7-Segment-Anzeige ein eigener Ausgangsport des Arduino benötigt. Sobald man aber mehr als eine 7-Segment-Anzeige verwenden will, hat man schnell zu wenig digitale Ausgangsports. Die Lösung für dieses Problem heißt also »Porterweiterung«.

Bausteine für die Porterweiterung arbeiten meist auf Basis einer seriellen Übertragung und benötigen dementsprechend nur wenige Signalleitungen. Für mehrstellige, digitale Anzeigen mit LED und Matrixanzeigen wird in der Praxis oft der Shift-Register-Baustein 74HC595 eingesetzt. Dazu gibt's im Arduino-

Playground detaillierte Tutorials und Beispiele (`http://www.arduino.cc/en/Tutorial/ShiftOut`).

Port Expander über den I2C-Bus

Die Porterweiterung über den I2C-Bus wird mit dem I/O-Baustein PCF8574 realisiert und stellt acht digitale Ein- oder Ausgänge bereit.

Die externe Beschaltung dieser integrierten Schaltung ist sehr gering. Wie in den Erklärungen zum I2C-Bus (siehe Abschnitt 4.4.3) beschrieben, ist für die beiden Signalleitungen jeweils ein Pullup-Widerstand erforderlich. Damit der Baustein über eine Busadresse angesprochen werden kann, wird an den Anschlusspins 1 bis 3 eine binäre Adresse konfiguriert. Alle drei Adresseingänge (A0–A2) an GND ergeben die Bausteinadresse 00100000.

Der Aufbau der Adresse sieht wie folgt aus:

0	1	0	0	A2	A1	A0

Da die WIRE-Bibliothek nur sieben Adressbits erwartet, ist bei der Adresscodierung im Code das höchstwertige Bit auf 0 gesetzt.

```
#define expander B00100000
```

Zu beachten ist, dass dieser Portbaustein, abhängig vom Typ, eine unterschiedliche Adressierung verwendet. Man beachte die Unterschiede für PCF8574 und PCF8574A.

Bei der Verwendung der acht Ports als Ausgang muss zusätzlich beachtet werden, dass diese als »Opendrain«, also offene Ausgänge ohne Pullup-Widerstände ausgeführt sind. Die in unserem nachfolgenden Projekt in Abbildung 5.59 verwendete 7-Segment-Anzeige muss also die Segmente gegen GND schalten.

Dazu wird ein entsprechender Typ mit gemeinsamer Anode (Common Anode) eingesetzt.

Stückliste (I2C-Porterweiterung)

1 Arduino-Board

1 Steckbrett

1 PCF8574 (IC1)

2 Widerstand 10 kOhm (R1, R2)

8 Widerstand 220 Ohm (R3–R10)

1 7-Segment-Anzeige LA-401AD (LED1)

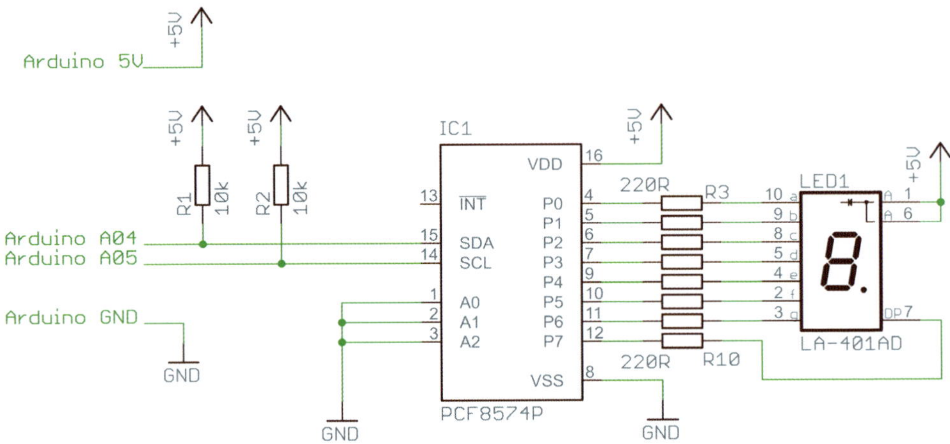

Abb. 5.59: Porterweiterung über I2C-Bus mit PCF8574

Durch das invertierte Schaltverhalten, also LED EIN bei LOW am Ausgang, muss auch der Bytewert für die Ausgabe invertiert werden.

Aus den bisherigen Werten für die Darstellung der Ziffern

`byte ZahlenBitDef[10] = { 63, 6, 91, 79, 102, 109, 124, 7, 127, 103 };`

werden nun die invertierten Werte ausgegeben.

`byte ZahlenBitDefInv[10] = { 192, 249, 164, 176, 153, 146, 131, 248, 128, 152 };`

Die Werte aus dem Array können jetzt direkt an den Portbaustein gesendet werden.

Der einstellige Zähler in Projektlisting 5.22 zählt von 0 bis 9 und beginnt dann wieder bei 0.

```
// Zähler mit 7-Segment-Anzeige
// Ausgabe via I2C-Bus
#include <Wire.h>

// Adresse des I/O-Bausteins
#define expander B00100000

// Bits für Nummern 0-9
const byte ZahlenBitDef[10] = { 63, 6, 91, 79, 102, 109, 124, 7, 127, 103 };
// Invertiert, da LED Ein = Ausgang LOW
const byte ZahlenBitDefInv[10] = { 192, 249, 164, 176, 153, 146, 131, 248, 128, 152 };
```

```
void setup()
 {
  Wire.begin();
}

void loop()
 {
  for (int z = 0; z < 10; z++)  {
  // Bytewert von Ziffer
  int bval=ZahlenBitDefInv[z];
  // Ausgabe von Zahl an I/O
  expanderWrite(ZahlenBitDefInv[z]);
  // warten
  delay(1000);
  }
}

void expanderWrite(byte _data) {
  Wire.beginTransmission(expander);
  Wire.write(_data);
  Wire.endTransmission();
}
```

Listing 5.22: I2C-Port Expander steuert 7-Segment-Anzeige an.

Durch die Verwendung des I2C-Busses können nun weitere Portbausteine, alle jeweils mit einer eigenen Adresse, am Bus angeschlossen und angesteuert werden.

7-Segment-Anzeigen eignen sich ideal für Anzeigen, die auch im Dunkeln sichtbar sein sollten. In den 80er Jahren wurden die roten 7-Segment-Anzeigen durch das Aufkommen der Radiowecker bekannt. Durch den Aufbau mit einzelnen Leuchtdioden kann jedes einzelne Segment einer 7-Segment-Anzeige einfach angesteuert werden. Mit etwas Fantasie können auch andere Zeichen dargestellt werden.

Tipp

Fertige mehrstellige 7-Segment-Anzeigen, die über den I2C-Bus angesteuert werden, liefert unter anderem die Firma Adafruit (`http://www.adafruit.com/products/881`).

5.3.3 LC-Display (LCD)

Größere Informationsanzeigen mit der Möglichkeit der grafischen Darstellung von Informationen werden meistens mit Flüssigkristallanzeigen (LC-Display) realisiert. LC-Displays gibt es in verschiedenen Größen und Ausführungen, vom zweizeiligen Display bis zum großflächigen Display mit Grafikfunktionalität. Durch die Verwendung in Handys und Flachbildschirmen hat sich diese Art von Bildschirm oder Informationsdisplay durchgesetzt.

Die Vorteile von LC-Displays sind der geringe Energieverbrauch, die geringe Einbautiefe und LC-Displays sind strahlungsarm.

Die Ansteuerung der einzelnen Segmente eines LC-Displays übernimmt in den meisten Fällen ein spezieller Controllerbaustein. In vielen LC-Modulen, also Anzeigen mit integrierter Logik, wird der Display-Controller HD44780 eingesetzt. Dieser Baustein kann quasi als Standard bezeichnet werden. Die externe Beschaltung und die Ansteuerung des LC-Displays wird durch die Onboard-Logik verringert.

Die Ansteuerung eines LC-Displays kann auf zwei Arten umgesetzt werden: parallel und seriell.

Für die Ansteuerung von Flüssigkristallanzeigen mit dem Arduino-Board stehen entsprechende Bibliotheken zur Verfügung, die den Aufwand für die korrekte Ansteuerung vereinfachen.

Paralleles LC-Display

Displays mit paralleler Ansteuerung können vom Arduino-Board in zwei verschiedenen Modi angesteuert werden: im 4-Bit-Modus und im 8-Bit-Modus. Wie der Name bereits sagt, werden dabei für die Ansteuerung 4 oder 8 Datenbits benötigt.

Der 4-Bit-Modus hat hier den Vorteil, dass weniger digitale Ausgänge des Arduino erforderlich sind.

Im 8-Bit-Modus können mehr Informationen parallel geliefert werden und entsprechend kann die Anzeige schneller aktualisiert werden.

Die Kommunikation zwischen dem Arduino-Board und dem parallelen Display erfolgt mittels der Arduino-Bibliothek LiquidCrystal, die bei der Standard-Installation der Entwicklungsumgebung mitgeliefert wird (`http://www.arduino.cc/en/Tutorial/LiquidCrystal`).

Bei der Verbindung des LC-Displays mit dem Arduino ist zu beachten, dass für den 4-Bit-Modus neben den Kommunikationssignalen (RS, R/W, Enable) nur die Datenleitungen D4 bis D7 verwendet werden. Die Datenleitungen D0 bis D3 bleiben ungenutzt.

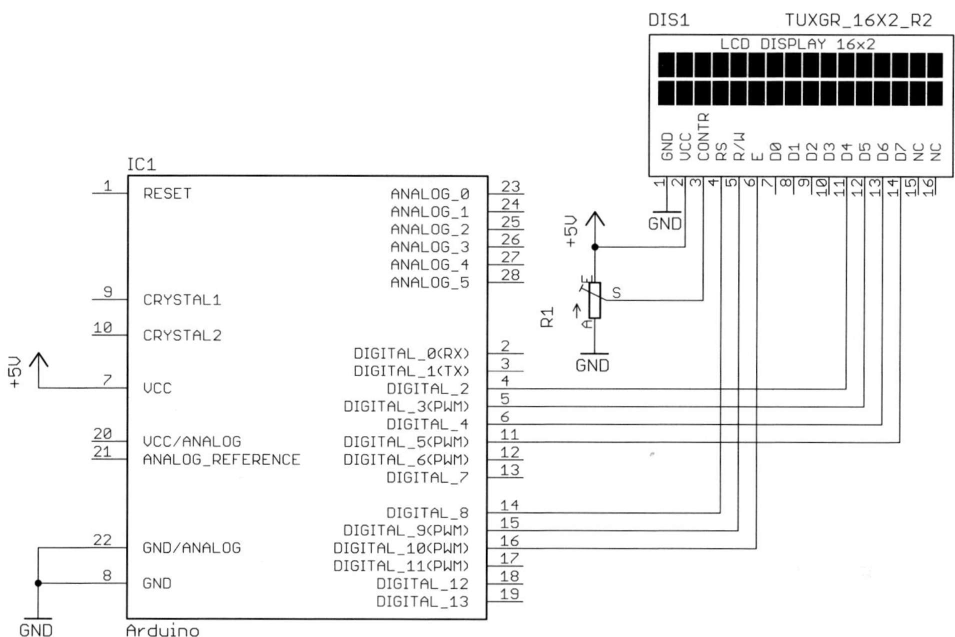

Abb. 5.60: LC-Display: Ansteuerung eines parallelen Displays im 4-Bit-Modus

```
#include <LiquidCrystal.h>

//lcd (rs, rw, enable, D4, D5, D6, D7)
LiquidCrystal lcd(8, 9, 10, 2, 3, 4, 5);

void setup()
{
  // LCD-Setup: Anzahl Zeichen, Anzahl Zeilen
  lcd.begin(16, 2);
  // Ausgabe Text
  lcd.print("Hallo Arduino-Benutzer");
}

void loop()
{
  // Cursor setzen setCursor(Spalte, Zeile)
  // 1. Zeichen, 1 Zeile
  lcd.setCursor(0, 0);
  lcd.print("Zeile 1");
```

```
  // 1. Zeichen, 2. Zeile
  lcd.setCursor(0, 1);
  lcd.print("Zeile 2");
}
```

Listing 5.23: LC-Display: Setup für paralleles Display im 4-Bit-Modus

Wie man in Listing 5.23 erkennt, wird mit der Anweisung `LiquidCrystalylcd()` ein Display-Objekt erstellt. Mit den zusätzlichen Parametern werden die Signale und Datenleitungen des Arduino an das Objekt übergeben. Die Zahlen entsprechen den Portnummern des Arduino-Boards. Anschließend kann mittels der Anweisung `print()` ein Text auf das Display ausgegeben werden.

Nachfolgend die wichtigsten Funktionen für die Ansteuerung des parallelen LC-Displays mit der LIQUIDCRYSTAL-Bibliothek.

LiquidCrystal(rs, rw, enable, d4, d5, d6, d7)/ LiquidCrystal(rs, rw, enable, d0, d1, d2, d3, d4, d5, d6, d7)

Erzeugt ein Objekt mit den zugehörigen Parametern. Jede übergebene Zahl entspricht der Portnummer des Arduino-Ausgangs. Bei der Übergabe der Datenleitungen D4 bis D7 wird das Display im 4-Bit-Modus betrieben, bei der Übergabe der Datenleitungen D0 bis D7 arbeitet das Display im 8-Bit-Modus.

```
LiquidCrystal lcd(8, 9, 10, 2, 3, 4, 5);
```

clear()

Diese Funktion löscht den Display-Inhalt und der Cursor setzt sich in die linke obere Position.

```
lcd.clear();
```

home()

Setzt den Cursor in die linke obere Position. Die Display-Anzeige bleibt unverändert.

```
lcd.home();
```

setCursor(Spalte, Zeile)

Diese Funktion setzt den Cursor an eine angegebene Position auf dem Display. Eine 0 setzt den Cursor auf die erste Spalte beziehungsweise Zeile.

```
// Cursor an 10.Zeichen in 2. Zeile
lcd.setCursor(9,1);
// Cursor an 1.Zeichen in 1. Zeile
lcd.setCursor(0,0);
```

write()

Gibt ein einzelnes Zeichen auf dem Display aus.

```
lcd.write(Serial.read());
```

print()

Gibt einen Text auf dem Display aus.

```
lcd.print("Hallo Arduino-Benutzer");
```

cursor()

Diese Funktion blendet den Cursor an der Position ein, auf der das nächste Zeichen geschrieben wird.

```
lcd.cursor();
```

noCursor()

Blendet den Cursor wieder aus.

```
lcd.noCursor();
```

Weitere Funktionen und Beispiele sind bei den Beispielsketches der Bibliothek in der Entwicklungsumgebung zu finden.

Serielle LC-Displays

Serielle Displays sind im Gegensatz zu parallelen Displays teurer, dafür vermindert sich der Aufwand für die Verdrahtung und Ansteuerung des Displays. Eine Elektronik auf dem Display regelt die Umsetzung des seriellen Signals und die Anzeige der Zeichen auf dem Display. Die Ansteuerung selbst erfolgt mittels des seriellen Signals Senden (TX). Zusätzlich werden die Versorgungsleitungen GND und 5 V mit dem Display verbunden.

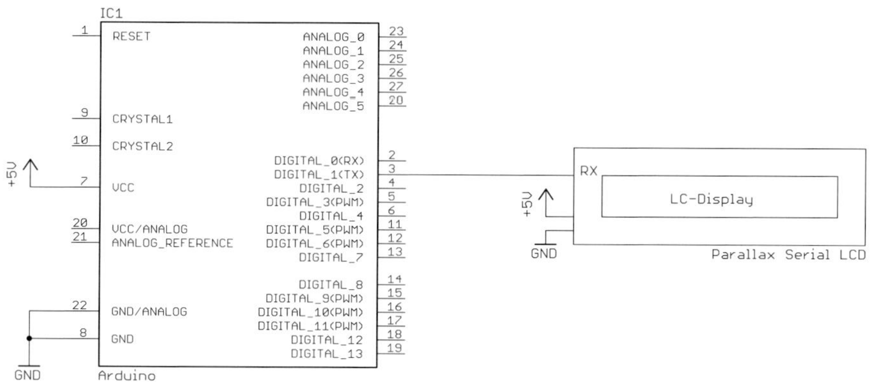

Abb. 5.61: LC-Display: Ansteuerung serielles Display

Die Ansteuerung im Arduino-Programm erledigt die Bibliothek SERIALLCD (`http://www.freeduino.de/blogs/gatonero/software-library-seriallcd`). Nachdem auf dem LC-Display die Übertragungsgeschwindigkeit eingestellt ist, können nun Informationen auf dem Display dargestellt werden.

```
#include <SerialLCD.h>  // Einbinden der Library

int datarate = 9600;  // Übertragungsgeschwindigkeit
SerialLCD mySerialLCD(datarate);  // ein LCD-Objekt erzeugen

void setup()
{
  Serial.begin(datarate);
  //LCD löschen
  mySerialLCD.clearLCD();
  // Display einschalten, ohne Cursor und Blinken
  mySerialLCD.displayOn(0, 0);
  // Hintergrundbeleuchtung ausschalten
  mySerialLCD.backlightOff();
}

void loop()
{
  mySerialLCD.clearLCD();
  mySerialLCD.displayOn(0, 0);
  // Cursor positionieren (Zeile,Spalte)
  mySerialLCD.cursorPosition(0, 0);
  Serial.print("Arduino Buch");
  mySerialLCD.cursorPosition(1, 2);
  Serial.print("arduino.ch");
  delay(1000);
}
```

Listing 5.24: Ansteuerung serielles LC-Display mit Bibliothek SERIALLCD

Tipp

Falls die serielle Schnittstelle an Port 0 und 1 des Arduino bereits durch eine andere Funktion belegt ist, kann mittels der Bibliothek SOFTSERIAL eine softwaremäßige Erweiterung der seriellen Schnittstellen realisiert werden (`http://arduiniana.org/libraries/NewSoftSerial/`).

Serial LCD Kit

Neben dem erwähnten seriellen Display der Firma Parallax gibt es weitere Lösungen für Displays mit serieller Ansteuerung.

Das Serial LCD Kit von Sparkfun (`http://www.sparkfun.com/tutorials/289`) ist ein Standard-Display mit paralleler Ansteuerung, das über eine Zusatzelektronik zum seriellen Display erweitert wurde. Für die Seriell/Parallel-Wandlung wurde ein ATmega328-Microcontroller mit Arduino-Bootloader verwendet.

Dank der Arduino-Grundschaltung als Logik kann das Display auch für eigene Arduino-Anwendungen verwendet werden. Die Schaltung mit dem Arduino-Controller ist als Zusatzplatine realisiert und wird auf die Rückseite des LC-Displays gelötet.

Serial LCD Backpack

`http://www.sparkfun.com/products/258`

Wie das vorherige Serial LCD Kit ist das Serial LCD Backpack eine kleine Zusatzschaltung, die mittels Leiterplatte auf ein paralleles LC-Display gelötet wird. Nachdem die Leiterplatte auf das Display gelötet ist, kann man das Display über eine serielle Schnittstelle ansteuern. Praktisch für Arduino-Anwendungen, bei denen man nicht mehr genügend Ports für eine parallele Displayansteuerung hat.

5.3.4 LC Display Nokia 3310/5110

Neben den bisher beschriebenen Standard-Displays gibt es auch viele spezifische Displayvarianten. Als Beispiel ist hier das mehrzeilige Display, das in Handys von Nokia verwendet wird, zu erwähnen. Findige Bastler haben das mehrzeilige Display, das Texte und Grafiken darstellen kann, aus alten Nokia-Geräten ausgebaut und als Anzeigeelement für eigene Anwendungen umfunktioniert.

Zwischenzeitlich gibt es mehrere Shields und Breakout-Boards mit dem relativ günstigen Display.

iteadstudio

`http://iteadstudio.com/store/`
`index.php?main_page=product_info&cPath=57_60&products_id=155`

nuelectronics

`http://www.nuelectronics.com/estore/`
`index.php?main_page=product_info&cPath=1&products_id=12`

Dieses LC-Display hat eine Auflösung von 84 x 48 Pixeln (Breite x Höhe) und wird über die SPI-Schnittstelle (Treiberbaustein Typ PDC8544) angesteuert. Das Display kann mit einer Spannung von 2,7 bis 3,3 Volt betrieben werden. Für den Einsatz mit einem Standard-Arduino-Board müssen für die fünf Ansteuerleitungen entsprechende Spannungsteiler mit Widerständen verwendet werden.

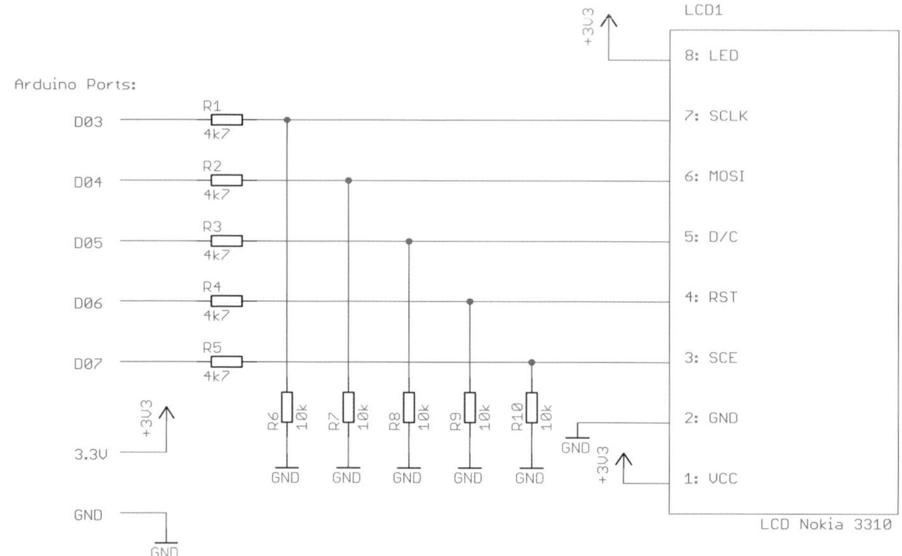

Abb. 5.62: LCD Nokia 3310/5110 mit Arduino

Die Display-Typen für das Nokia 3310 und Nokia 5110 sind kompatibel und können mit der gleichen Arduino-Bibliothek angesteuert werden.

`http://code.google.com/p/pcd8544/`

Neben dieser genannten Library gibt es noch weitere Bibliotheken, die von Arduino-Anwendern realisiert wurden. Diese sind aber noch nicht alle mit Arduino 1.0 kompatibel.

Nach dem Importieren der Bibliothek wird das LCD-Objekt erstellt.

```
#include <PCD8544.h>

// LCD Objekt erstellen
static PCD8544 lcd;
```

In der Setup-Routine wird die LCD-Abfrage gestartet und die Auflösung des Displays in Pixeln übergeben. In unserem Fall eine Breite von 84 Pixeln und eine Höhe von 48 Pixeln.

```
void setup()
{
```

```
  // Auflösung setzen (Breite, Höhe) in Pixel
  lcd.begin(84, 48);
}
```

Im Hauptprogramm können nun Daten auf die einzelnen Zeilen geschrieben werden. Nach jedem Durchgang erfolgt eine kurze Verzögerung bevor wieder von Anfang an gestartet wird.

```
void loop()
{
  // Ausgabe 1. Zeile, Position Mitte
  lcd.setCursor(42, 0);
  lcd.print("Zeile 1");
  // Ausgabe 2. Zeile, Position Anfang
  lcd.setCursor(0, 1);
  lcd.print("Zeile 2");
  // Verzögerung
  delay(500);
}
```

Basierend auf den beiden Beispielen, die mit der Bibliothek mitgeliefert werden, kann man relativ schnell eigene Zeichen realisieren und so das Programm den eigenen Wünschen anpassen.

5.3.5 LED-Matrix

LED-Matrizen sind eine spezielle Art von LED-Anzeige. LED-Matrizen bestehen aus einer Anzahl von Leuchtdioden, die gleichmäßig in Zeilen und Spalten aufgeteilt sind. Viele Matrixtypen sind mit 8 x 8 LEDs (acht Zeilen mit je acht LEDs) aufgebaut.

Um diese große Anzahl von Leuchtdioden anzusteuern, können nicht alle Anschlusspins aller Leuchtdioden herausgeführt werden. Theoretisch müssten in diesem Fall 128 Anschlussstifte (8 x 8 x 2) an der LED-Matrix vorhanden sein.

Die Lösung des Problems wird schon im Namen erwähnt: Ein Aufbau als Matrix vermindert die Anzahl der Anschlusspins.

Im Beispiel aus Abbildung 5.63 werden 16 Leuchtdioden für 4-Spalten- und 4-Zeilen-Pins angesteuert. Damit eine Leuchtdiode leuchtet, muss ein COL-Anschluss auf HIGH sein und der zugehörige ROW-Anschluss auf LOW. Möchte man beispielsweise LED 6 zum Leuchten bringen, muss COL2 auf HIGH und ROW2 auf LOW gesetzt werden. Damit mehrere Leuchtdioden zum Leuchten gebracht werden, wird jede einzelne LED nur kurz angesteuert. Auf diese Weise können alle Spalten- und Zeilen-LEDs durchgescannt und mit dem nötigen Pegel angesteuert werden. Diese Art der Ansteuerung wird als »Row-Column Scanning« bezeichnet.

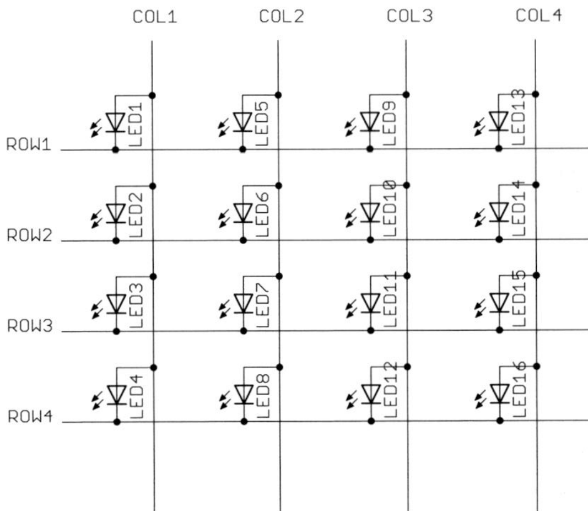

Abb. 5.63: LED-Matrix: Aufbau mit Spalten (COL) und Zeilen (ROW)

Viele Beispiele und Bibliotheken für die Ansteuerung von LED-Matrix-Anzeigen findet man im Arduino Playground unter

`http://www.arduino.cc/playground/Main/LedControlDemos`

5.4 Projekt: Roboter mit Wii-Steuerung

In diesem Projekt wollen wir ein kleines Roboterfahrzeug realisieren, das über eine Bedieneinheit gesteuert wird. Der Roboter besteht aus zwei zentralen Komponenten: dem Motor und der Bedieneinheit. Die Motoreinheit bewegt den Roboter und die Bedieneinheit gibt die Richtung der Bewegung vor.

Damit das Projekt ohne große Spezialkomponenten realisiert werden kann, werden gewöhnliche und einfach zu besorgende Teile verwendet. Es muss nämlich nicht immer ein fertiger Bausatz dafür benutzt werden.

Das Projekt soll mit der Realisierung dieses Roboters nicht beendet sein, sondern Ideen für einen eigenen Weiterausbau geben.

Die Stückliste mit den notwendigen Komponenten für diesen Roboter ist in Tabelle 5.12 aufgelistet:

Komponente	Bauteil/Bemerkung
Motor	Durchlaufender Servo (2 Stück) **Alternative:** Standardservo und Selbstumbau
Bedienelement	Wii Nunchuk (1 Stück)

Tabelle 5.12: Projekt Roboter: Stückliste

Komponente	Bauteil/Bemerkung
Chassis	Grundplatte von Lego Duplo (1 Stück) **Alternativen:** Holzplatte 90 x 180 mm, Dicke 3–5 mm Magician Chassis (Sparkfun)
Räder	**Hinterräder**: (2 Stück) Räder von Lego oder altem Spielzeugauto Durchmesser etwa 60–80 mm **Vorderrad**: (1 Stück) Einzelrad von Lego **Alternative:** Räder aus Bausatz von Magician Chassis
Verdrahtung	auf Ministeckbrett
Batterieversorgung	9-Volt-Blockbatterie (1 Stück) **Alternative:** 4 x 1,5 Volt (AA-LR6-Zellen) im Batteriehalter
Steuerung	Arduino Uno oder kompatibles Board

Tabelle 5.12: Projekt Roboter: Stückliste (Forts.)

Der Aufbau des Roboters (Abbildung 5.64) erfolgt auf einer Grundplatte von Lego oder einer zugeschnittenen Holzplatte mit einer Dicke von etwa 3 bis 5 mm. Am hinteren Ende werden zwei selbstlaufende Servos montiert. Für die Befestigung wird ein doppelseitiges Klebeband (beispielsweise Powerstrips) verwendet.

Die Hinterräder von Lego werden mittels Schrauben direkt auf die Achse der Servos geschraubt.

Das Vorderrad wird mit Klebeband und einer kleinen Legoplatte am vorderen Ende der Grundplatte montiert.

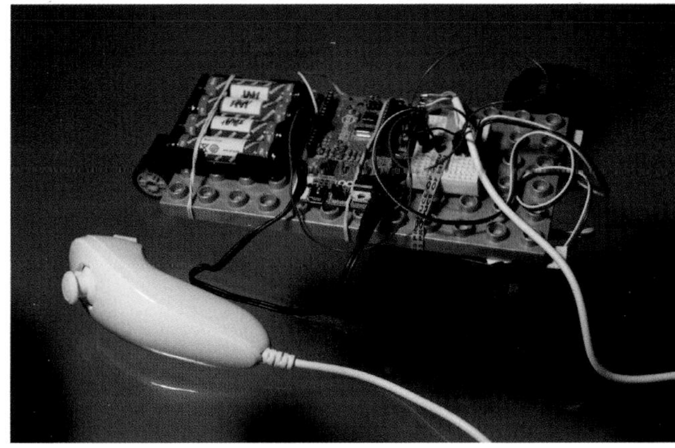

Abb. 5.64: Projekt: Roboter

Die Batterieeinheit, das Arduino-Board und die Kabelverdrahtung auf dem Steckbrett werden jeweils mit einem Gummiring an der Grundplatte befestigt.

Die Verdrahtung der zwei Servos erfolgt auf dem Steckbrett, indem die 3-poligen Kabel mit einer 3-poligen Stiftleiste auf das Steckbrett gesteckt werden. Mit einem kleinen Kabel erfolgt dann die Verdrahtung der Servoansteuerung mit dem Arduino-Board (orange Signalleitungen). Die Spannungsversorgung der Servos erfolgt über die Versorgungsspannungen (5 Volt und GND) des Arduino-Boards (rote und blaue Leitungen).

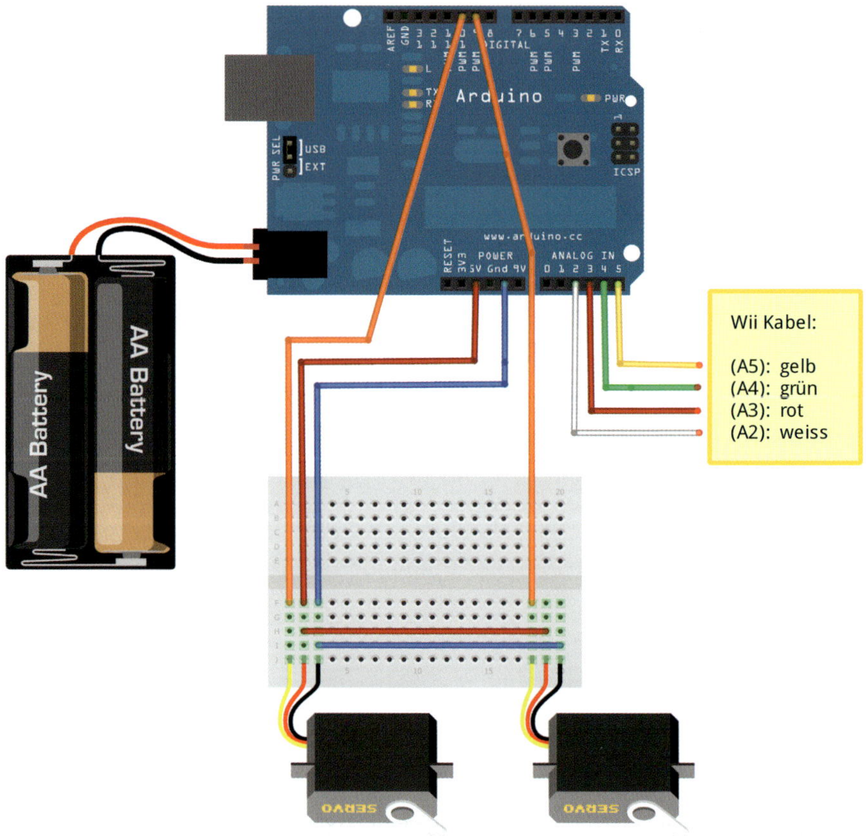

Abb. 5.65: Projekt Roboter: Verdrahtungsschema. Die Anschlüsse an A2–A5 gehen zum Wii Nunchuk.

Als Bedienelement wird ein Wii Nunchuk verwendet. Diese Bedieneinheit besitzt neben dem zentralen Joystick zwei Drucktasten, die mit dem Zeige- oder Mittelfinger bedient werden, und einen 3-achsigen Beschleunigungssensor. Die Wii-Einheit wird über den I2C-Bus angesteuert, wobei am Kabelende ein anwendungsspezifischer Stecker montiert ist. Für unser Projekt wird der Stecker entfernt, indem das Kabel kurz hinter dem Stecker abgeschnitten wird. Die vier Anschlusskabel mit den Farben Weiß, Rot, Grün und Gelb werden dann, wie im Anschlussschema in Abbildung 5.65 dargestellt, an den Analogport A2 bis A5 angeschlossen. Bei der Konfektionierung der Anschlussdrähte wird das weiße Kabel so weit abisoliert, dass die vier inneren Kabel etwa 2 cm herausschauen. Das Drahtgeflecht im Innern des Kabels kann dabei auf dieser Länge entfernt werden.

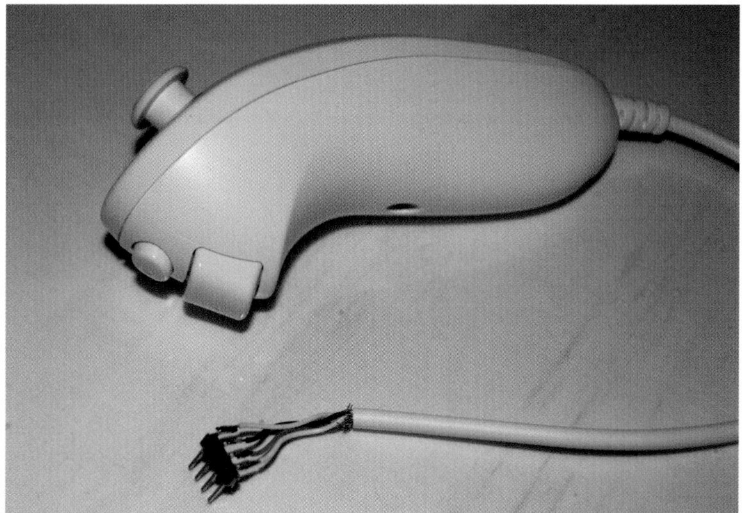

Abb. 5.66: Wii-Nunchuk-Anschlusskabel für Roboter vorbereitet

Die Stromversorgung des Nunchuk wird dabei direkt vom analogen Port realisiert. Mehr Infos zu dieser speziellen Anschlusstechnik und eine Beschreibung eines passenden Adapters finden Sie in Kapitel 7.

Aufbau mit Magician Chassis

Eine alternative Variante für die Mechanik des Roboters kann auch ein auf dem Markt erhältliches Chassis verwendet werden. Der Autor hat dazu das Magician Chassis (`http://www.sparkfun.com/products/10825`) als Basis für einen Prototyp verwendet. Diese recht günstige Bauvariante beinhaltet zwei Grundplatten, alle mechanischen Komponenten wie Schrauben und Abstandbolzen, zwei Elektromotoren und 2 Räder mit Gummireifen.

Der Aufbau mit diesem Chassis-Bausatz ist einfach und stabil. Die Grundplatten sind mit vielen Bohrungen und Aussparungen ausgeführt und erlauben die flexible Montage der erforderlichen Komponenten für einen Roboter (Abbildung 5.67).

Abb. 5.67: Roboter mit Magician Chassis

Durch den Aufbau mit zwei Grundplatten bietet dieser Aufbau genügend Platz für die Aufnahme der Batterien, der Elektronik und zusätzlichen Sensoren.

Im Prototyp des Autors wurde die Batterie auf der unteren Platte mittels Gummiband befestigt. Das Arduino-Board und die Verbindungstechnik mit Steckbrett wurden auf der oberen Platte befestigt. Die beiden Servos sind auf der unteren Platte mittels doppelseitigem Klebeband (Powerstrip) montiert.

Falls man die im Bausatz mitgelieferten Elektromotoren verwenden möchte, ist eine zusätzliche Motorstufe in Form eines Motorshields notwendig. Diese Roboterlösung hat der Autor auf der Website zum Buch beschrieben.

`http://arduino-praxis.ch/2012/01/motor-shield/`

Programmierung

Nachdem die Komponenten gemäß Verdrahtungsschema angeschlossen sind, kann mit der Programmierung des Roboters begonnen werden. Das Programm für den Roboter beinhaltet zwei Programmteile: das Lesen der Daten vom Wii Nunchuk und die Ansteuerung der beiden Servos, die für die Bewegung des Roboters verantwortlich sind.

Daten von Wii Nunchuk lesen

Das Einlesen des Wii Nunchuks erfolgt mit einer von Tod E. Kurt bereitgestellten Funktionsbibliothek via I2C-Bus. Dazu wird zusätzlich die WIRE-Bibliothek in das Programm eingefügt.

`http://todbot.com/blog/2008/02/18/wiichuck-wii-nunchuck-adapter-available/`

Die Wii-Bibliothek ist keine Bibliothek, sondern eine Zusatzdatei, die mittels `Include`-Anweisung in den Sketch eingefügt wird. Dazu wird die Datei `nunchuck_funcs.h` in das Verzeichnis gelegt, in dem das Programm für den Roboter abgelegt ist. Über das Menü SKETCH|ADD FILE der Entwicklungsumgebung kann diese Funktionsdatei ausgewählt und eingefügt werden. Dabei öffnet sich ein zusätzliches Register mit dem Inhalt der ausgewählten Datei. Die gesamte Datei mit den Wii-Funktionen ist in Anhang D abgedruckt.

Im Haupt-Sketch kann nun auf die nötigen Dateien und Bibliotheken verwiesen werden.

```
#include <Wire.h>
#include "nunchuck_funcs.h"
```

Nach der Initialisierung der Variablen für die Daten aus dem Nunchuk wird in der Setup-Routine die Nunchuk-Ansteuerung vorbereitet.

```
int loop_cnt=0;
byte accx,accy,accz,zbut,cbut;
byte joyx, joyy;

void setup()
{
  Serial.begin(19200);
  nunchuck_setpowerpins();
  nunchuck_init();
}
```

Im Hauptprogramm erfolgt nun alle 100 Millisekunden eine Abfrage der Werte des Beschleunigungssensors, des Joysticks und der beiden Drucktaster. Die Werte werden dabei in die entsprechenden Variablen gelegt, um anschließend weiterverarbeitet zu werden.

```
void loop()
{
  if(loop_cnt > 100)
  {
    loop_cnt = 0;
    nunchuck_get_data();

    // Beschleunigungssensor
    accx  = nunchuck_accelx();
    accy  = nunchuck_accely();
    accz  = nunchuck_accelz();
    // Drucktasten
    zbut = nunchuck_zbutton();
    cbut = nunchuck_cbutton();
    // Joystick
    joyx = nunchuck_joyx();
    joyy = nunchuck_joyy();

    // Joystick-Ausgabe auf seriellen Port
    Serial.print("Joystick-X: ");
    Serial.print((byte)joyx,DEC);
    Serial.print("  Joystick-Y: ");
    Serial.println((byte)joyy,DEC);
  }
  loop_cnt++;
  delay(1);
}
```

Da die Joystick-Daten später im Roboter weiterverarbeitet werden, empfiehlt es sich, die Werte der verschiedenen Positionen zu prüfen und zu notieren. Dazu werden die Daten auf die serielle Schnittstelle ausgegeben und können über den seriellen Monitor geprüft werden. Hier notiert man die x- und y-Werte für die Positionen oben, unten, links, rechts und für die Mittelstellung.

Servos ansteuern

Die Ansteuerung der durchlaufenden Servos erfolgt auf die bekannte Art und mittels der SERVO-Standardbibliothek. Ein durchlaufender Servo bewegt seine Achse um 360 Grad und wirkt somit wie ein Motor. Bei einem »normalen« Servo kann sich die Achse nur um einen Winkel von 180 Grad bewegen.

Der durchlaufende Servo dreht sich also nach dem Absenden eines PWM-Signals dauernd im Kreis. Der Wert, der dem Objekt übergeben wird, steuert einerseits die Richtung und andererseits die Geschwindigkeit. Bei einem Wert, der etwa in der

Mitte des gesamten Bereichs liegt, bleibt der Servo stehen. Dieser Wert wird für den Stillstand benötigt und lag beim Prototyp für dieses Buch bei 95.

Die Servoansteuerung wird nun vorbereitet und die beiden Servo-Objekte für die beiden Servos werden erstellt.

```
#include <Servo.h>
// Servoinitialisierung
#define ServoPinLinks  10
#define ServoPinRechts  9
// Servo-Objekte
Servo ServoLinks;
Servo ServoRechts;
// Servogeschwindigkeit 0-100 Prozent
int speed = 50;
```

Aus der Setup-Routine wird dann die Funktion mit den Robotereinstellungen `SetupRobot()` einmalig aufgerufen.

```
void setup()
{
    // ...
    // Initialisierung Servos
    SetupRobot();
    // ...
}
```

Diese Roboter-Setup-Funktion setzt die Servoausgänge und verbindet die Servopins mit den Servo-Objekten. Zum Schluss werden die beiden Servos gestoppt. Wie bereits erwähnt, müssen die Werte für die Stop-Anweisung `ServoStop()` selbst ermittelt und möglicherweise leicht korrigiert werden.

```
void SetupRobot()
{
  pinMode(ServoPinLinks, OUTPUT);
  pinMode(ServoPinRechts, OUTPUT);
  ServoLinks.attach(ServoPinLinks);
  ServoRechts.attach(ServoPinRechts);
  ServoStop();
}

// Servo stoppen
void ServoStop()
```

```
{
 ServoLinks.write(95);
 ServoRechts.write(95);
}
```

Für die Vorwärts- und Rückwärtsbewegung werden nun separate Funktionen realisiert.

```
// Servo vorwärts
void ServoVor()
{
  ServoLinks.write(90 + speed);
  ServoRechts.write(90 - speed);
}

// Servo rückwärts
void ServoRueck()
{
  ServoLinks.write(90 - speed);
  ServoRechts.write(90 + speed);
}
```

Vom Mittelwert 90 ausgehend, wird der vorher definierte Geschwindigkeitswert addiert oder subtrahiert. Da die Servos an der linken und rechten hinteren Ecke der Grundplatte montiert sind, muss der Wert für die eine Seite addiert und für die andere Seite subtrahiert werden, um eine gleiche Bewegung beider Räder zu erzielen.

Aus dem Hauptprogramm können nach Abfrage des Wii Nunchuks die beiden Funktionen für die Richtung aufgerufen werden. Falls der Joystick weder vorwärts noch rückwärts betätigt wird, bedeutet das Mittelstellung oder Ruhestellung und der Roboter soll stoppen. Dazu wird die Stop-Funktion `ServoStop()` aufgerufen.

```
// Motor vorwärts und rückwärts bewegen
// mit Wii Nunchuk
#include <Servo.h>
#include <Wire.h>
#include "nunchuck_funcs.h"

int loop_cnt=0;
byte accx,accy,accz,zbut,cbut;
byte joyx, joyy;
```

```
// Servoinitialisierung
#define ServoPinLinks  10
#define ServoPinRechts  9

// Servo-Objekte
Servo ServoLinks;
Servo ServoRechts;

// Servogeschwindigkeit 0-100 Prozent
int speed = 50;

void setup()
{
    Serial.begin(19200);
    nunchuck_setpowerpins();
    nunchuck_init(); // send the initilization handshake
    // Initialisierung Servos
    SetupRobot();
    delay(200);
}

void loop()
{
  if(loop_cnt > 100)
  {
    loop_cnt = 0;
    nunchuck_get_data();

    // Beschleunigungssensor
    accx  = nunchuck_accelx();
    accy  = nunchuck_accely();
    accz  = nunchuck_accelz();
    // Drucktasten
    zbut = nunchuck_zbutton();
    cbut = nunchuck_cbutton();
    // Joystick
    joyx = nunchuck_joyx();
    joyy = nunchuck_joyy();

    // Joystick-Ausgabe auf seriellen Port
    Serial.print("Joystick-X: ");
    Serial.print((byte)joyx,DEC);
```

```
    Serial.print("  Joystick-Y: ");
    Serial.println((byte)joyy,DEC);

    // Servos ansteuern
    if (joyy > 200)
    {
      ServoVor(); // vorwärts
    }
    else
    {
      if (joyy < 30)
      {
        ServoRueck(); // rückwärts
      }
      else
      {
        ServoStop(); // Stopp
      }
    }
  }
  loop_cnt++;
  delay(1);
}

// Roboterfunktionen

void SetupRobot()
{
  pinMode(ServoPinLinks, OUTPUT);
  pinMode(ServoPinRechts, OUTPUT);
  ServoLinks.attach(ServoPinLinks);
  ServoRechts.attach(ServoPinRechts);
  ServoStop();
}

// Servo vorwärts
void ServoVor()
{
  ServoLinks.write(90 + speed);
  ServoRechts.write(90 - speed);
}
```

```
// Servo rückwärts
void ServoRueck()
{
  ServoLinks.write(90 - speed);
  ServoRechts.write(90 + speed);
}

// Servo stoppen
void ServoStop()
{
 ServoLinks.write(95);
 ServoRechts.write(95);
}
```

Listing 5.25: Roboter mit Wii Nunchuk bewegen

Für die Bewegung des Roboters nach links und nach rechts kommen nun noch die entsprechenden Funktionen dazu.

```
// Servo links
void ServoLi(){
 ServoLinks.write(90 + speed);
 ServoRechts.write(90 + speed);
}

// Servo rechts
void ServoRe(){
 ServoLinks.write(90 - speed);
 ServoRechts.write(90 - speed);
}
```

Somit stehen alle nötigen Funktionen zur Verfügung, um den Roboter nach eigenen Wünschen und Ideen weiter auszubauen.

Falls kein Wii Nunchuk zur Verfügung steht, kann die Fernsteuerung auch über eine kleine Fernbedienung mit vier Drucktasten realisiert werden. Für eine drahtlose Verbindung könnte auch eine Infrarotlösung mit einer Fernseher-Fernbedienung oder eine Verbindung mittels RF-Komponenten (433-MHz-Technologie) aufgebaut werden.

Mögliche weitere Komponenten für den Roboter sind Abstandssensoren, Drucktaster und weitere optische Sensoren.

Die Möglichkeiten sind grenzenlos.

5.5 Projekt: Kompass mit Richtungsanzeige

Der digitale Kompassbaustein HMC6352 aus Abschnitt 5.1.10 dient in diesem Projekt als zentraler Sensor für einen kleinen Kompass mit elektronischer Richtungsanzeige. Die Richtungsanzeige wird dabei in Form von acht Leuchtdioden (LED) aufgebaut und zeigt jeweils die Nordrichtung an.

Mit dem Einsatz von acht Leuchtdioden wird dabei jeweils ein Winkelbereich von 45 Grad angezeigt.

Berechnung:

360 / 8 = 45

In Abbildung 5.68 ist die gesamte Schaltung des Kompasses dargestellt.

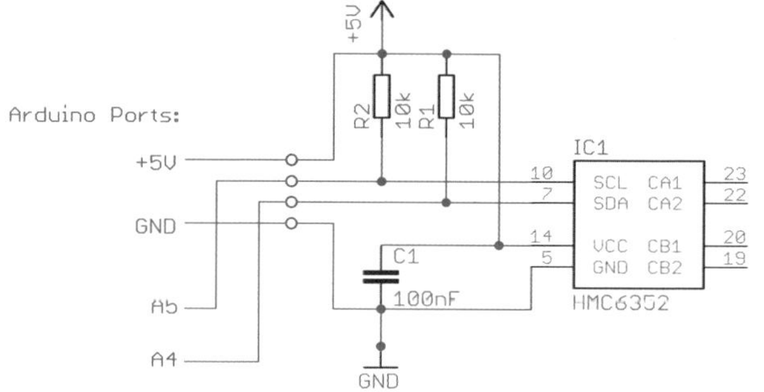

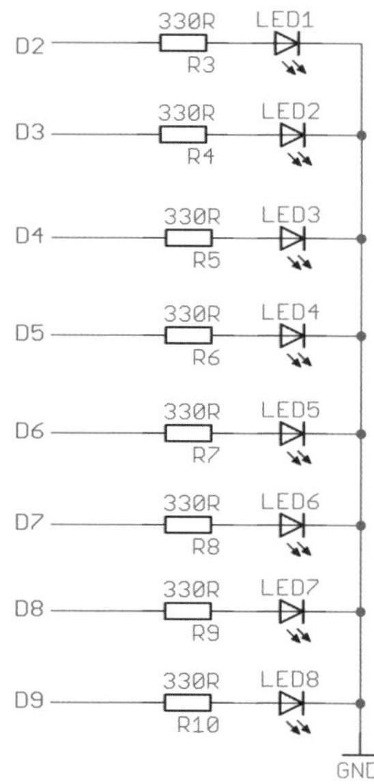

Abb. 5.68: Kompass mit Richtungsanzeige

Die acht Leuchtdioden können direkt von acht digitalen Ausgängen des Arduino angesteuert werden (D02 bis D09). Der Sensor (IC1) wird wie in Schaltung aus Abbildung 5.34 über die beiden Signalleitungen des I2C-Busses angesteuert (SDA an A04 und SCL an A05).

Stückliste (Kompass mit Richtungsanzeige)

1 Arduino-Board

1 Steckbrett oder Protoshield

1 Kompass-Sensor HMC6352 Breakout-Board (IC1)

8 Leuchtdioden (LED1–LED8)

2 Widerstände 10 kOhm (R1, R2, sind bereits auf Breakout-Board aufgelötet)

8 Widerstände 330 Ohm (R3–R10)

Abbildung 5.69 zeigt den Aufbau der Kompass-Schaltung auf dem Steckbrett.

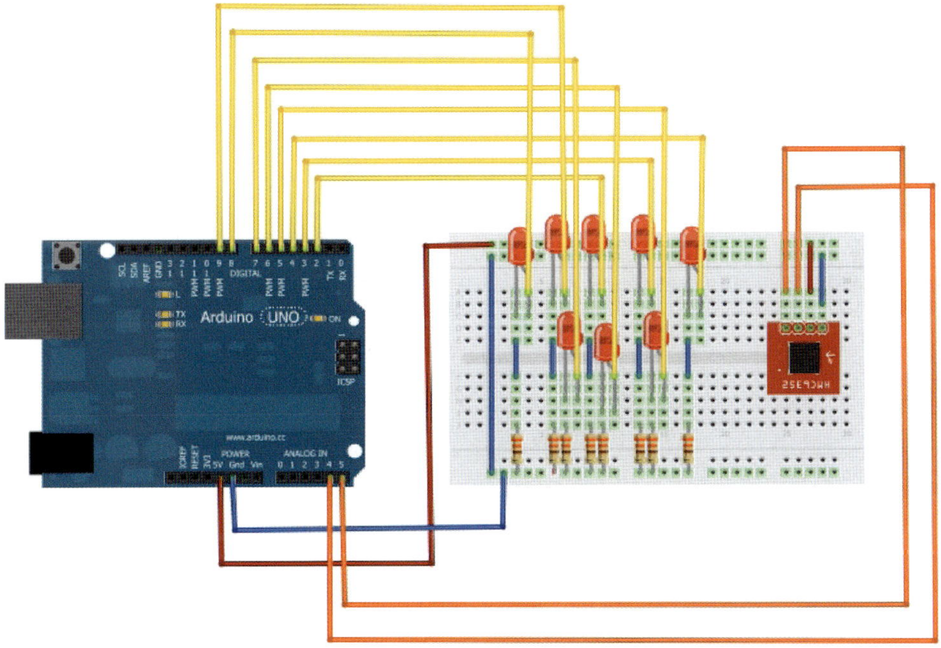

Abb. 5.69: Kompass mit Richtungsanzeige

Die acht Leuchtdioden des Kompasses werden über die digitalen Ausgänge D2 bis D9 angesteuert.

In Tabelle 5.13 ist dargestellt, welche Leuchtdiode bei welchem Drehwinkelbereich leuchtet. Die angesteuerte Leuchtdiode zeigt dabei immer die Nordrichtung an.

Ausgang des Arduino	Drehwinkel-Bereich (Grad)
D2	337,5–360, 0–22,5
D3	22,5–67,5
D4	67,5–112,5
D5	112,5–157,5
D6	157,5–202,5
D7	202,5–247,5
D8	247,5–292,5
D9	292,5–337,5

Tabelle 5.13: Aktive Ausgänge bei Drehwinkelbereich

Die acht Leuchtdioden werden nun in einem Kreis auf dem Steckbrett oder Protoshield platziert. Abbildung 5.70 zeigt die Anordnung der Leuchtdioden für die Richtungsanzeige auf einem Protoshield Basic der Firma Freetronics (`http://shieldlist.org/freetronics/protoshieldbasic`). Dieses Protoshield hat eine große Fläche mit freien Lötaugen und bietet Platz für die gesamte Schaltung.

Neben den Leuchtdioden wird auf der Erweiterungsplatine auch der Kompass-Sensor, der auf einem Breakout-Board montiert ist, platziert. Über eine 4-polige Stiftleiste wird die Sensorplatine auf das Protoshield gelötet.

Abb. 5.70: Kompass mit Richtungsanzeige auf Protoshield

Für die Abfrage des Abweichungswinkels zur Nordrichtung wird das bereits bekannte Programm aus Abschnitt 5.1.10 verwendet. Statt der Ausgabe des Winkels auf die serielle Schnittstelle wird dann der entsprechende Ausgang des Arduino auf HIGH gesetzt.

Nach dem Importieren der nötigen Bibliotheken

```
#include <Wire.h>
#include <hmc6352.h>
```

werden die Variablen für den Winkel und die Portdefinitionen gesetzt.

```
float winkel;
int w;

// Portdefinitionen
#define LED1 2
#define LED2 3
#define LED3 4
#define LED4 5
#define LED5 6
#define LED6 7
#define LED7 8
#define LED8 9
```

Anschließend wird das Kompassobjekt erstellt.

```
// HMC6352 Objekt
Hmc6352 hmc6352;
```

In der Setup-Routine werden die verwendeten Ports als Ausgang gesetzt und die serielle Schnittstelle initialisiert. Die Ausgabe auf den seriellen Port meldet den Start der Anwendung.

```
void setup()
{
 // Ausgänge setzen
 pinMode(LED1, OUTPUT);
 pinMode(LED2, OUTPUT);
 pinMode(LED3, OUTPUT);
 pinMode(LED4, OUTPUT);
 pinMode(LED5, OUTPUT);
 pinMode(LED6, OUTPUT);
 pinMode(LED7, OUTPUT);
```

```
  pinMode(LED8, OUTPUT);

  // Serieller Port
  Serial.begin(9600);
  delay(100);
  Serial.print("Start Kompass mit HMC6352");
  delay(100);
}
```

Im Hauptprogramm wird der Kompass-Sensor angesprochen, der Winkelwert ausgelesen und der Sensor wieder in den Sleep-Zustand gesetzt.

```
void loop()
{
  hmc6352.wake();
  winkel = hmc6352.getHeading();
  hmc6352.sleep();
```

Der Winkelwert in der Variablen `winkel` wird anschließend in einer ganzzahligen Variablen w gespeichert.

```
// Winkel als Integer
  w = winkel;
```

Anschließend wird der Winkelwert aus der Variablen `w` mit den Winkelbereichen der einzelnen Leuchtdioden verglichen. Liegt der Wert innerhalb eines Bereiches, wird die entsprechende Leuchtdiode eingeschaltet.

```
// Ausgabe des Winkels an entsprechende LED

  // D1, 337.5 - 360, 0-22.5
  if (w > 337.5 &&  w < 361)
  {
    digitalWrite(LED1, HIGH);
  }
  else
  {
    digitalWrite(LED1, LOW);
  }
  if (w > 0 &&  w < 22.5)
  {
    digitalWrite(LED1, HIGH);
  }
```

```
  else
  {
    digitalWrite(LED1, LOW);
  }

  // D2, 22.5-67.5
  if (w > 22.5 &&  w < 67.5)
  {
    digitalWrite(LED2, HIGH);
  }
  else
  {
    digitalWrite(LED2, LOW);
  }

  // D3, 67.5-112.5
  if (w > 67.5 &&  w < 112.5)
  {
    digitalWrite(LED3, HIGH);
  }
  else
  {
    digitalWrite(LED3, LOW);
  }

// D4, 112.5-157.5
  if (w > 112.5 &&  w < 157.5)
  {
    digitalWrite(LED4, HIGH);
  }
  else
  {
    digitalWrite(LED4, LOW);
  }

  // D5, 157.5-202.5
  if (w > 157.5 &&  w < 202.5)
  {
    digitalWrite(LED5, HIGH);
  }
  else
  {
    digitalWrite(LED5, LOW);
```

```
  }

  // D6, 202.5-247.5
  if (w > 202.5 &&  w < 247.5)
  {
    digitalWrite(LED6, HIGH);
  }
  else
  {
    digitalWrite(LED6, LOW);
  }

  // D7, 247.5-292.5
  if (w > 247.5 &&  w < 292.5)
  {
    digitalWrite(LED7, HIGH);
  }
  else
  {
    digitalWrite(LED7, LOW);
  }

  // D8, 292.5-337.5
  if (w > 292.5 &&  w < 337.5)
  {
    digitalWrite(LED8, HIGH);
  }
  else
  {
    digitalWrite(LED8, LOW);
  }

  // Ausgabe Winkelgrad
  Serial.print("Winkel: ");
  Serial.println(w);
}
```

Listing 5.26: Kompass mit Richtungsanzeige

Nach dem Aufbau des Protoshields mit der Leuchtdiodenanzeige kann die Erweiterungsplatine auf dem Arduino-Board gesteckt und geprüft werden.

Für den praktischen Einsatz wird der Arduino-Kompass idealerweise mit einer Batterie versorgt und in ein passendes, durchsichtiges Gehäuse aus Plastik verpackt.

Kapitel 6

Datenverarbeitung

Die Schaltzentrale Arduino empfängt Daten, wertet Informationen aus und sendet Signale an die angeschlossenen Aktoren. Analoge und digitale Informationen werden im Arduino eingelesen und ausgewertet. Soeben ist die Hauskatze am Katzentürchen aufgetaucht und der RFID-Reader hat die Information am Halsband der Katze erkannt und gibt das Okay an den Servo. Die Katzenklappe geht auf.

Im Wohnzimmer meldet der Drucksensor, dass eine Person über die Türschwelle getreten ist und die Beleuchtung wird langsam eingeschaltet.

Wird Arduino als Datenlogger oder Messwerterfassungssystem genutzt, werden Daten gesammelt. Diese Daten werden meist auf einer Anzeige ausgegeben, beispielsweise ein Temperaturwert, ein Abstandswert oder geografische Standortinformationen. Möchte man die gemessenen Daten weiterverwenden, müssen sie in ein Speichermedium oder Logfile abgelegt werden.

Die folgenden Abschnitte beschreiben Techniken wie man diese Daten weiterverarbeiten oder an andere Systeme oder Programme übertragen kann.

6.1 Daten speichern

6.1.1 Daten im ATmega-Controller speichern

Der Microcontroller auf dem Arduino-Board besitzt ein eigenes internes EEPROM, in dem Daten gespeichert werden können. Diese Daten stehen auch nach einer Unterbrechung der Versorgungsspannung wieder zur Verfügung. Das interne EEPROM hat eine Größe von 512 Bytes. So wenig Speicherplatz kann somit nicht als optimaler Ablageort für ein GPS-Modul gedacht sein, das alle fünf Minuten einen Wert im Speicher ablegen will. Andernfalls kann man einfach nur eine kleine Reihe von Daten speichern. Sobald alle 512 Bytes aufgebraucht sind, wird beim Speichern wieder der erste Speicherort verwendet und der bisherige Wert überschrieben.

Das Beschreiben und Lesen des internen EEPROMs erfolgt mit der EEPROM-Bibliothek. Diese Bibliothek besitzt die beiden Funktionen `write()` und `read()`.

Beim Schreiben der Daten ins EEPROM ist zu beachten, dass jeweils nur 1 Byte, also 8 Bit, pro Adresse geschrieben werden kann. Der Adressbereich liegt zwischen 0 und 511.

```
// EEPROM beschreiben
#include <EEPROM.h>

void setup()
{
  for (int i = 0; i < 512; i++)
  // Adresse mit Adresswert beschreiben
  EEPROM.write(i, i);
}

void loop()
{
}
```

Listing 6.1: EPPROM: Schreiben ins interne EEPROM

Mit der Lesefunktion können nun die Daten aus dem EEPROM gelesen werden.

```
// Lesen der Daten aus dem EEPROM
#include <EEPROM.h>

int a = 0;
int valEE;

void setup()
{
  Serial.begin(9600);
}

void loop()
{
  // Daten lesen aus EEPROM
  valEE = EEPROM.read(a);
  // Ausgabe an serielle Schnittstelle
  Serial.print(a);
  Serial.print(": ");
  Serial.println(valEE);

  // Adresszähler erhöhen
  a = a + 1;
```

```
  // Falls Adresse = 512, wieder bei 0 beginnen
  if (a == 512) {
   a = 0;
  }
  delay(500);
}
```

Listing 6.2: EEPROM: Daten auslesen

Da vor dem erstmaligen Beschreiben des EEPROM alle Werte auf 255 gesetzt sind, sollte vor jedem Start eines Schreibvorgangs das gesamte EEPROM gelöscht werden, indem alle Speicherplätze mit 0 überschrieben werden.

```
void ClearEEPROM ()
{
  // ganzes EEPROM durchlaufen
  for (int a=0; a < 512; a++)
  {
   // und Werte auf 0 setzen
   EEPROM.write(a, 0);
  }
}
```

Da der Speicherbereich im EEPROM sehr klein ist, sollten Sie sich bei der Speicherung von Daten Gedanken über den Rhythmus der Speicherung machen. Muss wirklich jede Minute ein Temperaturwert ermittelt werden oder reicht vielleicht auch ein Wert jede halbe Stunde?

Ein Punkt, den man beim Einsatz des EEPROM beachten sollte, ist die Anzahl der Schreib-/Lesezyklen. Gemäß Datenblatt des Microcontrollers liegt die Anzahl der garantierten Schreib- und Lesezyklen bei 100.000. Bei regelmäßigem Beschreiben kann dieser Wert schnell erreicht werden. Aus Erfahrung liegt die Zahl in der Praxis aber höher. Um sich keine unnötigen Probleme einzuhandeln, sollten Sie diesen Umstand dennoch im Kopf behalten.

Beim Realisieren einer Lösung zur Datenspeicherung sollte man sich also immer diese Gedanken machen. Ein Ansatz wäre das Speichern der gemessenen Werte im RAM. Nach einer bestimmten Anzahl Messwerte könnte dann ein Mittelwert ermittelt werden und dieser wird dann im EEPROM gespeichert.

6.1.2 Daten in externem EEPROM ablegen

Ist mit den 512 Bytes des internen EEPROM nicht genügend Platz vorhanden, muss die Datenspeicherung in einen externen Speicherbaustein ausgelagert werden. EEPROMs gibt es mittlerweile mit Speichergrößen von über 256 KB.

Um auch in dieser Anwendung Arduino-Ports zu sparen, wird als EEPROM-Baustein ein serieller Baustein eingesetzt. Der Typ 24LC64 ist ein serielles 64-KB-EEPROM, das über den bereits bekannten I2C-Bus angesteuert werden kann.

`http://ww1.microchip.com/downloads/en/devicedoc/21189f.pdf`

Wie auch bei anderen I2C-Bus-Bausteinen ist für den 24LC64 nur eine minimale externe Beschaltung nötig.

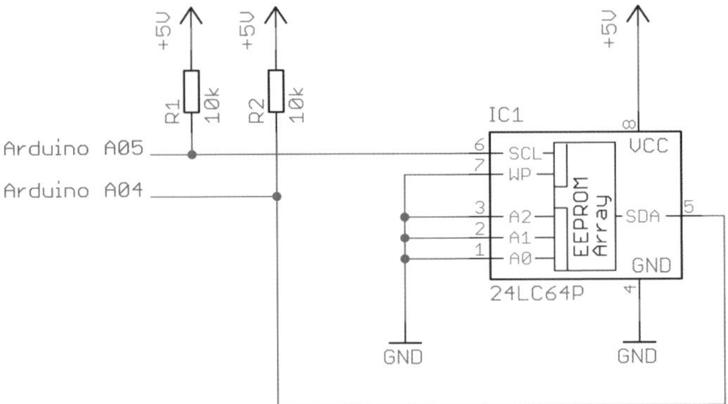

Abb. 6.1: Daten in externem EEPROM speichern

Wie die anderen I2C-Bausteine benötigt das serielle EEPROM ebenfalls eine eindeutige Busadresse. Diese kann über die Pins 1 bis 3 (A0 bis A2) konfiguriert werden. Im Beispiel sind die Anschlüsse fest an GND angeschlossen, dies gibt die Bausteinadresse 50 (Hex) oder 80 (Dezimal).

Die Busadresse wird in der folgenden Form definiert:

1	0	1	0	A2	A1	A0

Der Zugriff auf das EEPROM für das Lesen und Schreiben von Daten erfolgt mit mehreren Funktionen, die nicht als Bibliothek, aber als direkt verwendbare Funktionen zur Verfügung stehen (`http://www.arduino.cc/playground/Code/I2CEEPROM`).

Die eigentliche Kommunikation erledigt wieder die WIRE-Bibliothek.

```
#include <Wire.h>
#define eeprom 0x50  // Adresse festlegen

void setup(void)
{
  Wire.begin();
```

```
  Serial.begin(9600);
  unsigned int address = 0;  // Startadresse
  Serial.println("10 Bytes Daten schreiben");
  for(address = 0; address<10; address++)
  {
  // Daten ausgeben
  Serial.print("Write: ");
  Serial.println(address);
  // Adresswert als Daten in EEPROM schreiben
  writeEEPROM(eeprom, address, address);
  }

  // Ausgabe Daten
  for(address = 0; address<10; address++) {
    Serial.print(readEEPROM(eeprom, address), HEX);
    Serial.print(", ");
  }
}

void loop()
{
}

void writeEEPROM(int deviceaddress, unsigned int eeaddress, byte data )
{
  Wire.beginTransmission(deviceaddress);
  Wire.write((int)(eeaddress >> 8));   // MSB
  Wire.write((int)(eeaddress & 0xFF)); // LSB
  Wire.write(data);
  Wire.endTransmission();
}

byte readEEPROM(int deviceaddress, unsigned int eeaddress )
{
  byte rdata = 0xFF;
  Wire.beginTransmission(deviceaddress);
  Wire.write((int)(eeaddress >> 8));   // MSB
  Wire.write((int)(eeaddress & 0xFF)); // LSB
  Wire.endTransmission();
  Wire.requestFrom(deviceaddress,1);
  if (Wire.available()) rdata = Wire.read();
  return rdata;
}
```

Listing 6.3: Externes EEPROM: Daten schreiben und lesen

Auch bei externen EEPROM-Bausteinen ist die Anzahl der Schreib-/Lesezyklen begrenzt und sollte bei der Realisierung einer Anwendung beachtet werden.

6.1.3 Daten auf SD-Karte speichern

Größere Datenmengen zu speichern und anschließend auf dem eigenen Rechner auszuwerten und weiterzuverarbeiten, kann mit den bisher beschriebenen Methoden zur Datenspeicherung nicht realisiert werden. Daten von einem Temperatursensor oder die Luftfeuchtigkeit können zwar im EEPROM gespeichert werden. Wir haben aber gesehen, dass einerseits die Anzahl der Bearbeitungszyklen im EEPROM zu beachten ist und andererseits die Größe des möglichen Speichers noch nicht für große Datenmengen ausgelegt ist.

Im PC- und Fotobereich werden größere Datenmengen auf einfach zu nutzenden Memory Cards, beispielsweise SD-Karten gespeichert. Diese Karten sind robust, können einfach transportiert und auf dem Zielsystem wieder gelesen werden.

Somit ist es naheliegend, diese Art von Speichermedium für den Einsatz im Arduino-Umfeld zu nutzen. Für den Datenzugriff auf eine SD-Karte ist ein entsprechender SD-Card-Adapter nötig. Ein solcher SD-Card-Adapter ist beispielsweise auf dem Ethernet Shield verfügbar. Der Zugriff auf die SD-Karte erfolgt über den SPI-Bus (Serial Peripheral Interface). Der SPI-Bus ist eine Schnittstelle vom Microcontroller zu externen Komponenten und digitalen Schaltungen. Die SPI-Kommunikation erfolgt hierbei als synchrone Datenübertragung, das heißt, dass das Senden und Empfangen von Daten parallel ablaufen kann, da für beide Datenrichtungen eigene Signalleitungen zur Verfügung stehen. Das Arduino-Board nutzt für die SPI-Kommunikation die Portleitungen D10 bis D13.

Die Signale sind dabei:

D10: Slave Select (SS)

D11: Master Out, Slave In (MOSI)

D12: Master In, Slave Out (MISO)

D13: Clock (SCK)

Hinweis

Da die Ethernet-Schnittstelle standardmäßig auch über SPI mit dem Microcontroller kommuniziert, wird für die Nutzung der SD-Card zusätzlich noch ein Slave Select benötigt, dieser ist auf dem Ethernet Shield auf Pin 4 geführt. Der Slave Select für die Ethernet-Schnittstelle, der an Pin 10 ist, bleibt bei der SD-Card-Anwendung ungenutzt.

SD Card Library

Ab der IDE-Version 0022 wird standardmäßig eine Bibliothek für das Schreiben und Lesen einer SD-Card mitgeliefert. Die Beispiel-Sketches der SD CARD-Library ermöglichen dem Anwender einen einfachen und schnellen Einsatz.

Das Beispiel »Datalogger« schreibt eingelesene Analogwerte auf die SD-Karte. Zur Kontrolle der Funktionalität werden Statusmeldungen auf die serielle Schnittstelle geschrieben. Die erfassten Messwerte der analogen Ports werden nun, durch Komma getrennt, in die Textdatei `datalogger.txt` geschrieben.

Nach dem Einbinden der SD CARD-Bibliothek wird der Chip-Select-Port definiert

```
#include <SD.h>

// Chip Select, Signal SS (Slave Select)
const int chipSelect = 4;
```

Dies ist, wie oben erwähnt, das Select-Signal für die SD-Card.

In der Setup-Routine wird die serielle Schnittstelle initialisiert und der Standard-Chip-Select des SPI als Ausgang definiert. Anschließend wird geprüft, ob die Karte bereit ist.

```
void setup()
{
  Serial.begin(9600);
  Serial.print("Initialisierung SD-Card...");
  // SPI Chip Select als Ausgang setzen, auch wenn nicht genutzt
  pinMode(10, OUTPUT);

  // Prüfen, ob SD-Card bereit für Initialisierung
  if (!SD.begin(chipSelect))
  {
    Serial.println("SD-Card nicht bereit oder fehlend");
    // nichts weiter zu tun
    return;
  }
  Serial.println("SD-Card initialisiert");
}
```

Zu Beginn der Hauptroutine wird ein Datenstring `datastring` definiert. In diesem String werden alle Daten zusammengefügt, die anschließend als Zeile im File auf der SD-Card erscheinen. Nach jedem Schreiben einer Zeile auf die Speicherkarte wird wieder ein neuer, leerer String erzeugt.

```
void loop()
{
  // String für Daten
  String dataString = "";
```

In einer Schleife werden die drei analogen Ports A0 bis A3 gelesen und die Daten mittels Kommazeichen getrennt in den Datenstring geschrieben.

```
// 3 analoge Ports lesen und zusammenfügen
  // Trennzeichen ist Komma (,)
  for (int analogPin = 0; analogPin < 3; analogPin++) {
    int sensor = analogRead(analogPin);
    dataString += String(sensor);
    if (analogPin < 2) {
      dataString += ",";
    }
  }
```

Nun erfolgt der Zugriff auf die Speicherkarte und das Datenfile wird geöffnet.

```
// Datenfile öffnen
  // es kann immer nur ein File gleichzeitig geöffnet werden
  File dataFile = SD.open("datalogger.txt", FILE_WRITE);
```

Falls das File bereit ist, werden die Daten in die Datei

```
// falls File bereit, Daten schreiben
  if (dataFile)
 {
    dataFile.println(dataString);
    dataFile.close();
    // Daten auf seriellen Port schreiben
    Serial.println(dataString);
  }
```

Ist die Datei nicht bereit, erfolgt die Ausgabe einer Fehlermeldung auf die serielle Schnittstelle.

```
}
  // Falls Fehler beim Öffnen des Files, Meldung ausgeben
  else
  {
    Serial.println("Fehler beim Öffnen des Datenfiles datalogger.txt");
  }
}
```

In Listing 6.4 ist der gesamte Datenlogger dargestellt.

```
#include <SD.h>

// Chip Select, Signal SS (Slave Select)
const int chipSelect = 4;

void setup()
{
  Serial.begin(9600);
  Serial.print("Initialisierung SD-Card...");
  // SPI Chip Select als Ausgang setzen, auch wenn nicht genutzt
  pinMode(10, OUTPUT);

  // Prüfen, ob SD-Card bereit für Initialisierung
  if (!SD.begin(chipSelect))
  {
    Serial.println("SD-Card nicht bereit oder fehlend");
    // nichts weiter zu tun
    return;
  }
  Serial.println("SD-Card initialisiert");
}

void loop()
{
  // String für Daten
  String dataString = "";

  // 3 analoge Ports lesen und zusammenfügen
  // Trennzeichen ist Komma (,)
  for (int analogPin = 0; analogPin < 3; analogPin++) {
    int sensor = analogRead(analogPin);
    dataString += String(sensor);
    if (analogPin < 2) {
      dataString += ",";
    }
  }

  // Datenfile öffnen
  // es kann immer nur ein File gleichzeitig geöffnet werden
  File dataFile = SD.open("datalogger.txt", FILE_WRITE);

  // falls File bereit, Daten schreiben
  if (dataFile)
```

```
    {
      dataFile.println(dataString);
      dataFile.close();
      // Daten auf seriellen Port schreiben
      Serial.println(dataString);
    }
    // Falls Fehler beim Öffnen des Files, Meldung ausgeben
    else
    {
      Serial.println("Fehler beim Öffnen des Datenfiles datalogger.txt");
    }
}
```

Listing 6.4: Datenlogger – Daten speichern auf SD-Card

Eingebaut in eine kleine Box kann dieser einfache Datenlogger unabhängig Daten sammeln und intern speichern. Um die Daten auf einer Zeitachse auszuwerten, fehlt dem Datenlogger ein Zeitstempel. Die genaue Zeit kann mit einem speziellen Uhrenbaustein, beispielsweise einem DS1307 (siehe Abschnitt 4.4.3), oder einem DCF-77-Empfänger ermittelt werden. Falls der Datenlogger GPS-Daten erfasst, kann die genaue Uhrzeit direkt aus dem Datenstring des GPS-Moduls ausgelesen werden.

SD Card Shield

Neben dem SD-Card-Adapter auf dem Ethernet Shield gibt es weitere Hardware-Lösungen mit integriertem SD-Card-Adapter. Diese Lösungen sind meist als Shield realisiert und können direkt auf ein Arduino-Board gesteckt werden. Je nach Bauform und Art und Größe des Shields können SD-Cards oder Mini-SD-Cards eingesteckt werden. Da diese Kartenadapter, wie beim Ethernet Shield, über den SPI-Bus angesprochen werden, kann die Standard-Bibliothek SD für den Datenzugriff eingesetzt werden. Falls einige Hardware-Varianten diese Bibliothek nicht unterstützen, ist das in der Produktbeschreibung erwähnt.

Nachfolgend ein paar Hardware-Lösungen, die für Datenlogger-Anwendungen genutzt werden können.

Logger Shield (Adafruit)

`http://www.ladyada.net/make/logshield/index.html`

Das Logger Shield von Adafruit ist ein verbreitetes Shield mit integriertem SD-Card-Adapter. Zusätzlich zum Adapter für die Speicherkarte ist auf dieser Lösung eine Uhrenschaltung mit Speicherbatterie vorhanden, die für Zeitstempel in Datenloggeranwendungen verwendet werden kann. Daneben ist auf dem Shield Platz für eigene Schaltungen vorhanden.

Stackable SD Card Shield (ITead Studio)

http://iteadstudio.com/store/index.php?main_page=product_info&cPath=18&products_id=232

Dieses Shield für Speicherkarten ist mit zusätzlichen Buchsenleisten ausgerüstet, um weitere Shields aufzunehmen. Das Shield besitzt zwei Adapter für Speicherkarten, einen SD-Card-Adapter auf der Oberseite und einen Adapter für Micro-SD auf der Unterseite.

Memoire Shield (Snootlab)

http://shop.snootlab.com/lang-en/snootlab-shields/86-memoire.html

Das Memoire Shield vom französischen Hersteller Snootlab hat neben dem Kartenadapter für SD-Speicherkarten auch einen Uhrenbaustein mit Speicherbatterie und ein kleines Protoshield integriert.

SD-Card-Schaltung

Die Ansteuerung der SD-Card benötigt nur die vier Signalleitungen des SPI und kann für eigene Anwendungen selbst aufgebaut werden. Da die Speicherkarte mit 3,3-V-Signalen angesteuert werden muss, wird ein Pegelwandler benötigt, um die 5-V-Pegel des Arduino auf die erforderlichen Pegel zu wandeln. Ein Pegelwandler kann dabei mit Widerständen realisiert werden. Abbildung 6.2 zeigt die konventionelle Ansteuerschaltung eines SD-Card-Adapters.

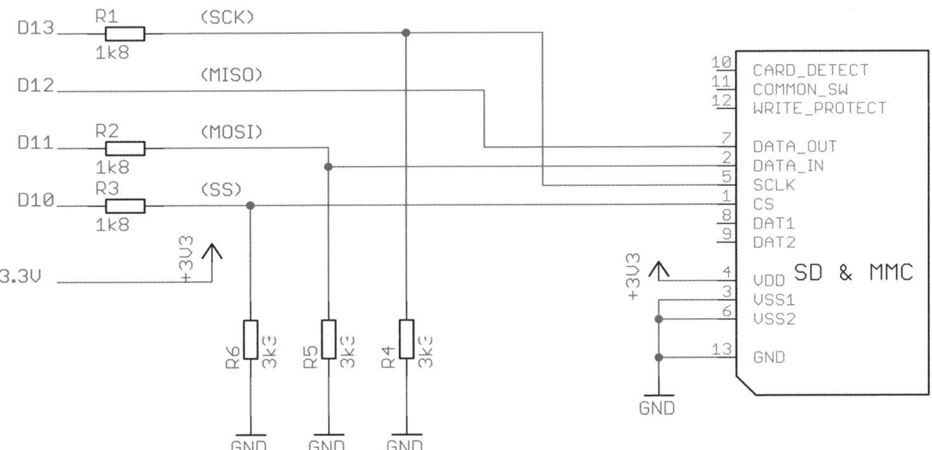

Abb. 6.2: Ansteuerung SD-Card-Adapter

Die Reihenschaltung der Widerstände mit 1,8 kOhm und 3,3 kOhm ist eine so genannte Spannungsteilerschaltung. Die Signalspannung vom Arduino-Port wird über die Reihenschaltung der beiden Widerstände geteilt und gemäß ohmschen Gesetz fällt dabei über dem 3,3-kOhm-Widerstand von 3,23 Volt ab.

Berechnung des Strom durch die Reihenschaltung:

I = U / R = 5 V / (1k8+3k3) = **0,98 mA**

Somit ergibt das einen Spannungsabfall am 3,3-kOhm-Widerstand von

U = I * R = 0,98 mA * 3k3 = **3.23 V**

Für das SPI-Signal MISO (Master In, Slave Out) ist kein Spannungsteiler nötig, da dieses Signal vom Slave (SD-Card) zum Master (Arduino) gesendet wird. Ein 3,3-V-Signal wird dabei vom Arduino-Port als HIGH eingelesen und benötigt darum keine Signalwandlung mehr. Die restlichen drei Signale der SPI-Kommunikation (SCK, MOSI, SS) sind jeweils Signale vom Master zum Slave.

Die Spannungsversorgung der SD-Card, die 3,3 V beträgt, wird vom Arduino-Board über die 3,3-V-Versorgung geliefert.

6.2 Daten ins Internet senden

Als Datenerfassungseinheit oder als Interface-Modul eignet sich ein Arduino-Board mit der entsprechenden Interface-Technik ideal zur Erfassung von Zuständen oder Analogwerten. Mittels Speicherfunktionalität können diese, wie in den vorherigen Abschnitten beschrieben, gespeichert werden. Um die Daten ins Internet zu senden, muss das Arduino-Board mit einer Ethernet-Schnittstelle ausgerüstet werden. Diese Technik in Form des Ethernet Shields und die Möglichkeiten, die sich dadurch eröffnen, werden in Kapitel 8 beschrieben. Das Arduino-Board wird so in die Lage versetzt, mit der ganzen Welt zu kommunizieren.

6.3 Datenverarbeitung mit Processing

»Processing« ist wie die Arduino-IDE eine Entwicklungsumgebung und wurde entwickelt, um Studenten, Künstler und Designer das Programmieren zu lehren. Sie ist speziell für die Erstellung von grafischen Elementen, Animationen und Sound ausgelegt.

Die Processing-IDE ist quasi die Entwicklungsumgebung für das visuelle Interface von Arduino. Sie basiert auf Java und hat eine ähnliche Programmstruktur wie die Arduino-Programmierung. In Kapitel 5 wurde Processing bereits einmal im Zusammenhang mit der Leuchtdiode als Berührungssensor erwähnt. In diesem Beispiel wird der analoge Wert, der der Lichtstärke entspricht, in Processing visualisiert.

Das Open-Source-Produkt Processing ist eine Alternative zu kommerziellen Softwareprodukten und steht als Download unter `http://processing.org/download/` für die Betriebssysteme Windows, Mac und Linux zur Verfügung.

In einem Texteditor wird der Processing-Programmcode erstellt, der anschließend in einem einfachen Fenster dargestellt wird. Durch die bestehenden Bibliotheken zur Anbindung an Hardwarekomponenten, wie beispielsweise Arduino, nutzen viele Physical-Computing-Anwendungen Processing für die Datenverarbeitung.

Die Programmstruktur von Processing ähnelt der von Arduino-Programmen. Die Grundstruktur besitzt ebenfalls zwei Hauptfunktionen: `void setup()` und `void draw()`. Wie von Arduino bekannt, wird die Setup-Funktion `setup()` einmalig beim Start ausgeführt, die Hauptfunktion `draw()` dagegen wird dauernd durchlaufen.

```
void setup()
{
  // Fenstergröße festlegen
  size(400, 400);
}

void draw() {
  // gelber Kreis
  fill(255,200,0);
  ellipse(200,200,50,50);
  // grüner Kreis
  fill(0,200,0);
  ellipse(100,100,20,20);
}
```

Listing 6.5: Processing-Sketch: Grundstruktur

Hinweis

Frühere Programme (Sketches) für Arduino und Processing-Programme haben dieselbe Dateiendung: `.pde`. Beim Erstellen von Programmen sollte darum eine saubere Dateibenennung erfolgen, damit die einzelnen Programmtypen später auch schnell unterschieden werden können.

6.3.1 Processing – Bitte antworten

Wie im vorherigen Abschnitt gezeigt wurde, kann man mit Processing auf sehr einfache und schnelle Art eine Oberfläche und eine Visualisierung realisieren. Darum ist es naheliegend, dass man Daten vom Arduino-Board für eine optische

Darstellung an Processing überträgt. Die Übertragung der Daten als String erfolgt über die serielle Schnittstelle. Dies ist der einfachste Weg, da sowohl bei Arduino als auch bei Processing das Übertragen und Empfangen von Daten über die serielle Schnittstelle einfach zu realisieren ist.

Damit die Kommunikation zwischen den beiden Teilnehmern funktioniert, müssen beide mit derselben Übertragungsgeschwindigkeit arbeiten. Dabei sendet das Arduino-Board einen analogen Wert von einem Potentiometer über den seriellen Port.

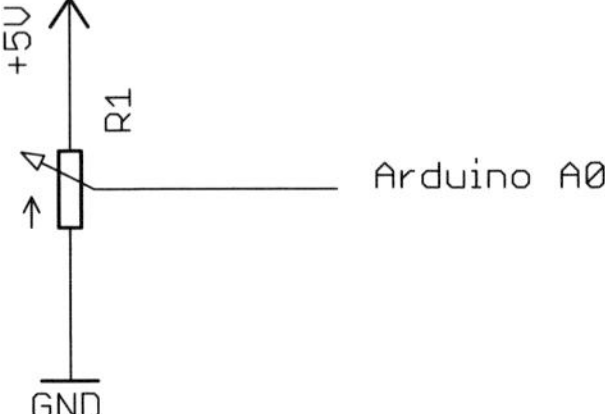

Abb. 6.3: Eingabe von Analogwert über Potentiometer

Die Datenübertragung erfolgt als String mit einem Zeilenumbruch zur Erkennung des String-Endes.

```
// Potentiometer an Port A0
int pinPot = 0;
// Wert von Potentiometer
int valPot = 0;

void setup()
{
  // Übertragungsgeschwindigkeit einstellen
  Serial.begin(9600);
}

void loop()
{
  // Wert 0...255 versenden
  valPot = analogRead(pinPot) / 4;
  // Daten senden und Zeilenumbruch am Ende
  Serial.println(valPot);
 // kurz warten, damit sicher alles versendet werden kann
  delay(20);
}
```

Listing 6.6: Analogen Wert als String senden

Im Processing-Programm soll nun der vom Arduino gesendete Wert eingelesen und verarbeitet werden. Um eine optische Anzeige zu realisieren, wollen wir damit den in Listing 6.5 erstellten grünen Kreis vergrößern und verkleinern, je nach Position des Potentiometers.

Damit eine Kommunikation mit der seriellen Schnittstelle aus Processing möglich ist, muss die Funktionalität eingebunden werden.

`import processing.serial.*;`

Über die serielle Schnittstelle wird ein Wert verschickt. Das Ende wird, wie bereits erwähnt, mit einem Zeilenumbruch realisiert und im Processing-Programm als ASCII-Wert = 10 erkannt.

```
// ASCII-Code für Linefeed (Ende des Strings)
int linefeed = 10;
```

Wie bei den Arduino-Programmen wird auch bei Processing in der Setup-Routine die serielle Schnittstelle konfiguriert, wobei die Nummer oder der Name des Ports und die Übertragungsgeschwindigkeit eingestellt werden.

Die Konfiguration kann auf verschiedene Arten realisiert werden:

```
// Nr. aus der Liste der COM-Ports, wobei 0 meist COM1 ist
serport = new Serial(this, Serial.list()[1], 9600);
// Direkt mit dem COM-Namen
serport = new Serial(this, "COM5", 9600);
// Aus der Liste der COM-Ports den letzten auswählen
serport = new Serial(this, Serial.list()[Serial.list().length-1], 9600);
```

In der Hauptschleife `draw()` wird nun der Empfang von Daten auf der seriellen Schnittstelle geprüft.

```
while (serport.available() > 0)
```

Bei Daten auf der Schnittstelle werden diese bis zum Endzeichen (`Linefeed`, also ASCII = 10) eingelesen.

`String valString = serport.readStringUntil(linefeed);`

Die empfangenen Daten im String `valString` werden nun in eine Integerzahl konvertiert. Da es bei Tests teilweise Probleme mit der Umwandlung eines Strings in einen Integerwert gab – andere User haben dies in verschiedenen Foren auch gemeldet –, wird der String zuerst in eine Float-Zahl und dann in einen Integerwert konvertiert. Der empfangene Wert ist nun in der Variablen `valPoti` gespeichert und kann für die Ausgabe verwendet werden.

Die Ausgabe erfolgt in Form einer Ellipse, die als Kreis dargestellt wird. Nach dem Setzen der Hintergrundfarbe wird die Farbe für den Kreis mit `fill()` bestimmt und anschließend die Ellipse aufgebaut, wobei für Breite und Höhe der Ellipse der Wert der Variablen `valPoti` verwendet wird.

```
background(153);
// gelber Kreis
fill(255,200,0);
// Ellipse zeichnen, ellipse(x-Koordinate, y-Koordinate, Breite, Höhe)
ellipse(200,200,valPoti,valPoti);
```

Nun kann das Programm auf dem Arduino-Board hochgeladen werden und die Processing-Anwendung wird gestartet. Das an Port A0 angeschlossene Potentiometer liefert daraufhin einen Analogwert von 0 bis5 Volt. Dieser wird eingelesen, durch 4 geteilt und auf der seriellen Schnittstelle ausgegeben.

Im Processing-Programm (Listing 6.7) wird ein Fenster erstellt und ein gelber Kreis mit veränderbarem Durchmesser dargestellt (Abbildung 6.4).

Abb. 6.4: Analogwert in Processing darstellen

Das gesamte Processing-Programm sieht nun wie folgt aus:

```
import processing.serial.*;
// eingelesener Wert, Stellung des Potentiometers
int valPoti;
float valFloat;
```

```
// ASCII-Code für Linefeed (Ende des Strings)
int linefeed = 10;

Serial serport;

void setup ()
{
  // Fenstergröße festlegen
  size(600, 600);
  // Serieller Port (Portnummer und Geschwindigkeit)/
  //serport = new Serial(this, Serial.list()[1], 9600);
  //serport = new Serial(this, "COM5", 9600);
  serport = new Serial(this, Serial.list()[Serial.list().length-1], 9600);
}

void draw()
{
  // Prüfen, ob Daten vorhanden
  while (serport.available() > 0) {
    // Daten einlesen bis Zeichen für Zeilenumbruch (Linefeed)
    String valString = serport.readStringUntil(linefeed);
    // falls Zeichen nicht leer
    if (valString != null)
    {
      // Kontrolle von Zeichen
      print(valString);
      // Konvertierung String to Float
      valFloat=float(valString);
      // Konvertierung Float to Integer
      valPoti=int(valFloat);
     }
  }
  // Background Farbe setzen
  background(153);
  // gelber Kreis
  fill(255,200,0);
  ellipse(200,200,valPoti,valPoti);
  // Reinigung Schnittstelle
  serport.clear();
}
```

Listing 6.7: Processing: Daten von serieller Schnittstelle einlesen und Kreis verändern

6.3.2 Arduino steuern mit Processing

Im vorigen Beispiel wurden Daten vom Arduino an Processing gesendet. Auch der umgekehrte Weg ist möglich, indem eine Processing-Oberfläche Eingaben erwartet, beispielsweise einen Mausklick, und anschließend eine Meldung an das Arduino-Board verschickt. Auch in diesem Fall wird für die Kommunikation die serielle Schnittstelle verwendet.

Kommunikation mit Messenger-Bibliothek

Für diese Kommunikation wird auf dem Arduino die MESSENGER-Bibliothek verwendet. Wie das in der Praxis aussieht, zeigt das Beispiel aus einem Workshop der FH Mainz.

`http://raumfuehler.andreasmuxel.com/index.php/arduino-und-processing/kommunikation-processing-zu-arduino-board/`

Processing übernimmt das Kommando

Auch die komplette Steuerung des Arduino kann über die Processing-Oberfläche realisiert werden. Dabei wird im Arduino und auf der Seite von Processing je eine Bibliothek installiert. Die Bibliothek für das Arduino-Board heißt FIRMATA und wird bei der Installation der Arduino-IDE mit installiert.

`http://www.arduino.cc/en/Reference/Firmata`

Das Importieren der FIRMATA-Bibliothek erfolgt in der Entwicklungsumgebung über das Hauptmenü:

SKETCH|IMPORT LIBRARY|FIRMATA

Dabei wird im Arduino-Programm ein Verweis auf die Datei `Firmata.h` eingefügt.

```
#include <Firmata.h>
```

Für die Steuerung des Arduino über Processing ist in der Arduino-Sketchsammlung bereits ein komplettes Programm vorhanden, das geöffnet und auf das Board hochgeladen werden kann. Dabei sind keine weiteren Einträge nötig.

Das Programm heißt StandardFirmata und ist unter FILE|EXAMPLES|FIRMATA zu finden. Nach dem Hochladen auf das Arduino-Board passiert vorerst nichts, da von Processing her noch keine Kommunikation erfolgt ist.

In Processing muss die Arduino-Bibliothek importiert werden. Diese Bibliothek erweitert Processing um Arduino-Steuerbefehle. Die Erweiterung steht auf der Arduino-Website zum Download bereit:

`http://www.arduino.cc/playground/Interfacing/Processing`

Die ZIP-Datei wird nach dem Download extrahiert und im Processing-Verzeichnis abgelegt:

```
Processing-Verzeichnis\Libraries
```

Somit sind alle nötigen Schritte durchgeführt und das erste Beipielprogramm kann geladen und ausgeführt werden.

Alle Programme beginnen nun jeweils mit dem Verknüpfen der Arduino-Library und dem anschließenden Erstellen eines Arduino-Objekts.

```
// Bibliotheken einbinden
import processing.serial.*;
import cc.arduino.*;

// Arduino-Objekt initialisieren
Arduino arduino;
```

Als erstes Programm soll auch mit Processing ein Blink-Programm ausgeführt werden.

```
import processing.serial.*;
import cc.arduino.*;

Arduino arduino;
// Port mit LED-Ausgang
int ledPin = 13;

void setup()
{
  // Verbindung zu Objekt erstellen
  arduino = new Arduino(this, Arduino.list()[1], 57600);
  // Port als Ausgang
  arduino.pinMode(ledPin, Arduino.OUTPUT);
}

void draw()
{
  // LED Port EIN
  arduino.digitalWrite(ledPin, Arduino.HIGH);
  delay(1000);
  // LED Port AUS
  arduino.digitalWrite(ledPin, Arduino.LOW);
  delay(1000);
}
```

Listing 6.8: Processing: Arduino-Blink-Programm

Das Beispiel in Listing 6.8 zeigt das Zusammenspiel von Processing und Arduino-Befehlen. Die bekannten Arduino-Befehle beginnen nun jeweils mit dem Objektnamen arduino.

Die wichtigsten Arduino-Befehle lauten:

Port als Eingang oder Ausgang setzen

```
arduino.pinMode(PortNummer, Arduino.OUTPUT);
arduino.pinMode(PortNummer, Arduino.INPUT);
```

Digitalen Eingang einlesen

```
arduino.digitalRead(PortNummer);
```

Digitalen Ausgang setzen

```
arduino.digitalWrite(ledPin, Arduino.HIGH);
arduino.digitalWrite(ledPin, Arduino.LOW);
```

Analogen Eingang einlesen

```
arduino.analogRead(PortNummer);
```

Analogen Wert ausgeben

```
arduino.analogWrite(PortNummer, Wert);
```

Mit dieser Funktionserweiterung kann ein Arduino über die Processing-Oberfläche programmiert werden, wobei Arduino-Befehle und Processing-Funktionen, beispielsweise zur Darstellung der Oberfläche, gemischt werden können.

6.4 Gobetwino – Übernehmen Sie!

Auch wenn der Arduino die Zentraleinheit und der Herrscher über die Sensoren und Aktoren ist, kann er trotzdem nicht alles selbst übernehmen. Das Gehirn des Arduino-Boards, der ATmega-Controller ist ausgelegt, um die eingehenden Signale zu verarbeiten und Aktionen auszuführen. Eine komplexe Verarbeitung von Daten kann mit diesem Controller nicht ausgeführt werden, da die internen Speicher begrenzt sind. Kleine Helfer in Form von Zusatzprogrammen und Funktionen können den Arduino entlasten, indem sie Daten weiterbearbeiten und externe Aktionen starten.

Eines dieser Helferchen heißt »Gobetwino« (http://www.mikmo.dk/gobetwino.html). Gobetwino ist ein Windows-Programm und wartet auf Anweisungen, die vom Arduino-Board über die serielle Schnittstelle versendet wurden. Zusätzlich kann das Programm Informationen an den Arduino zurücksenden.

Als Schnittstelle zwischen dem Arduino und dem heimischen Rechner kann Gobetwino auf Anweisung Programme starten, Informationen in einem Logfile ablegen oder die Mailbox prüfen. Der Vorteil dabei ist, dass keine zusätzlichen Erweiterungen, wie beispielsweise das Ethernet Shield, benötigt werden. Nachteilig bei dieser Lösung ist, dass das Arduino-Board nicht unabhängig laufen kann. Es ist immer eine serielle Verbindung zu einem laufenden PC nötig. Und auf dem PC muss Gobetwino gestartet sein.

Nach dem Download des Programms als ZIP-Datei kann diese auf dem Windows-PC entpackt werden. Eine Installationsroutine ist nicht vorhanden. Nach dem Entpacken steht die ausführbare Datei `Gobetwino.exe` zum Start bereit. Falls auf dem Rechner eine Fehlermeldung erscheint, ist meist das .NET-Framework nicht installiert oder die Framework-Version ist nicht aktuell.

Nach erfolgreichem Start von Gobetwino erscheint der Startbildschirm. Im oberen der beiden Textfelder erscheint ein Status und zeigt an, ob die Verbindung zum Arduino funktioniert hat. Eventuell muss unter SETTING|SERIAL PORT die richtige serielle Schnittstelle ausgewählt werden. Dazu muss das Arduino-Board mit dem Rechner verbunden sein.

Damit Gobetwino eine Aktion ausführt, muss im Arduino-Programm ein Befehl via serieller Schnittstelle übertragen werden. Alle Anweisungen an Gobetwino sind in Rauten (#) eingeschlossen. Auf diese Weise erkennt das Programm Start und Ende. Nach der Startraute folgt immer ein großes S und dann eine Pipe (|). Nun wird der Befehlsname in Großbuchstaben mit einer abschließenden Pipe gesendet. Zum Schluss folgen die Parameter, jeweils in eckigen Klammern und getrennt durch ein &.

Im Code sieht das dann wie folgt aus:

```
Serial.println("#S|MXL|[]#");
```

Der Befehlsname MXL muss nun in Gobetwino erfasst und mit einem Kommandotyp verknüpft sein. In diesem Fall soll eine E-Mail verschickt werden. Dazu wird der Kommandotyp SMAIL – SEND AN EMAIL verwendet.

Werden mehrere Befehle mit `Serial.print()` verschickt, muss in der letzten Anweisung ein `Serial.println()` verwendet werden. Auf diese Weise erkennt Gobetwino das Ende der Anweisung.

Sobald nun das Arduino-Board den E-Mail-Befehl auf die serielle Schnittstelle schickt, startet Gobetwino eine neue E-Mail an den im Befehl hinterlegten Empfänger.

Im Downloadpaket dieses Programms sind detaillierte Anweisungen für die Verwendung der einzelnen Kommandos enthalten. Zusätzlich werden Beispiel-Sketche geliefert, die die Funktionalität von Gobetwino erklären und für eigene Anwendungen verwendet werden können.

6.5 Projekt: Programmierbarer Signalgeber

Die analoge Signalausgabe mit Arduino erfolgt standardmäßig mit der Anweisung `analogWrite(Pinnummer, Wert)`. Das daraus generierte Signal ist ein Quasi-Analogsignal. In Wirklichkeit ist es ein PWM-Signal mit veränderbarer Pulsweite. Detailliert wurde die analoge Ausgabe in Kapitel 4 beschrieben.

Um ein wirkliches analoges Signal zu bekommen, benötigt man eine Umwandlerschaltung, die aus dem PWM-Signal ein richtiges Analogsignal generiert. Bei dieser Art der Umwandlung muss jeweils die Frequenz des PWM-Signals bekannt sein.

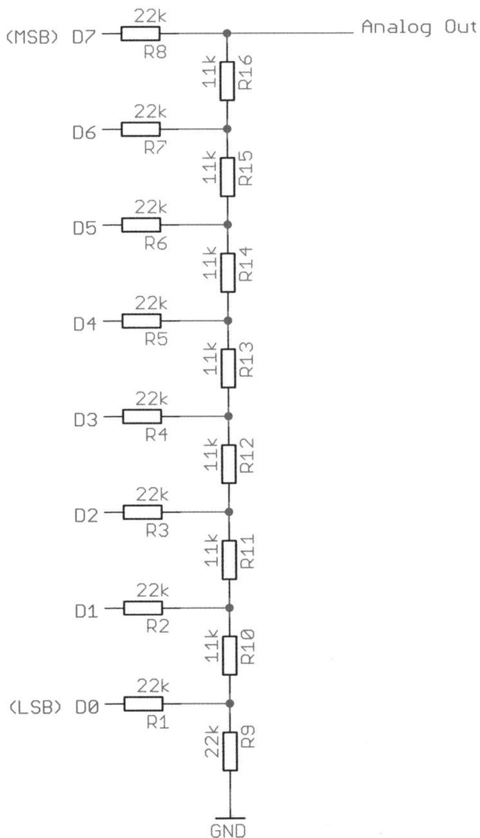

Abb. 6.5: Analogsignalgeber mit Widerstandsleiter

Analoge Signale können als Sollwerte für Regel- oder Überwachungssysteme wie Wasserstandsmesser oder Temperaturschwellschalter genutzt werden. Dabei wird im System der aktuelle Wert eines Sensors mit dem eingestellten Sollwert verglichen. Ist der Wasserstand beispielsweise höher als der Sollwert, schaltet das Regelsystem einen Aktor ein.

Um ein analoges Signal zu generieren, kann man aber auch eine andere, frequenzunabhängige Technik verwenden. Die Lösung eines Digital/Analog-Wandlers auf Basis einer so genannten »Widerstandsleiter« benötigt nur eine Handvoll Widerstände und eine Verstärkerstufe. Die Schaltung einer Widerstandsleiter ist ein spezieller Schaltungsaufbau für die Realisierung eines Digital/Analog-Wandlers. Abbildung 6.5 zeigt die Grundschaltung dafür.

Ein Binärcounter im Arduino-Sketch zählt nun über acht digitale Ausgänge hoch. Durch die Binärsignale an den Datenleitungen D0 bis D7 (Port D) ergibt dies durch die Widerstandsbeschaltung ein treppenförmiges Analogsignal.

```
// 8-Bit Counter

// Variable Zähler
unsigned char count;

void setup (void)
{
  // PortD: D0-D7 als Output
  pinMode (0, OUTPUT);
  pinMode (1, OUTPUT);
  pinMode (2, OUTPUT);
  pinMode (3, OUTPUT);
  pinMode (4, OUTPUT);
  pinMode (5, OUTPUT);
  pinMode (6, OUTPUT);
  pinMode (7, OUTPUT);
}

void loop (void)
{
  PORTD = count++;
  delay (10);
}
```

Listing 6.9: Binärcounter mittels Portmanipulation

Die Lösung eines Binärcounters ist recht einfach und nutzt die Technik der Portmanipulation (`http://www.arduino.cc/en/Reference/PortManipulation`).

Hierbei werden die Register des Ports direkt angesteuert. In unserem Binärcounter werden alle acht Bits des Portregisters `PortD` angesprochen, dabei zählt ein Zähler hoch und gibt den Zählerstand direkt an das Portregister aus.

```
PORTD = count++;
```

Aus der Dokumentation der Portmanipulation ist zu erkennen, welche Portregister welchen Pins zugeordnet sind.

Diese Programmierung hat gewisse Vorteile, da man die verschiedenen Ports sehr direkt und schnell schalten kann. Der Programmieraufwand ist geringer und dadurch wird auch der Speicherbedarf für die Programme kleiner. Dies kann von Vorteil sein, wenn man auf den benötigten Speicherplatz achten muss.

Hinweis

Beim direkten Ansprechen der Portregister mittels der beschriebenen Portmanipulation ist zu beachten, dass diese Beschreibung nur für die Standardports mit einem ATmega168 und ATmega328 gilt. Bevor man diese Technik also einsetzt, sollte man den Microcontroller und die Dokumentation prüfen. Andernfalls könnte der Microcontroller dadurch zerstört werden.

Der Binärcounter zählt nun von 0000 0000 bis 1111 1111 und beginnt dann wieder bei 0000 0000. Werden die Datenleitungen D0 bis D7 gemäß Schaltung 6.4 an die Widerstandsleiter angeschlossen, so ergibt jede Änderung eines Datenbits eine andere Ausgangsspannung am Anschluss OUT. Durch das bitweise Hochzählen erzeugt die Widerstandsschaltung ein Ausgangssignal in Treppenform.

Stückliste (Signalgeber)

Anzahl	Bezeichnung
7	Widerstand 11 kOhm (R10–R16)
9	Widerstand 22 kOhm (R1–R9)

Tabelle 6.1: Stückliste Signalgeber

Auf dem Steckbrett sieht der Schaltungsaufbau aus wie in Abbildung 6.6.

Bei der Wahl der Widerstände muss das Verhältnis (2:1) beachtet werden. In der Schaltung in Abbildung 6.5 werden dabei Widerstände der E24-Reihe verwendet, konkret sind das Widerstandswerte von 11 kOhm und 22 kOhm.

Nach dem Schaltungsaufbau gemäß Abbildung 6.6 prüft man idealerweise das Ausgangssignal mit einem Oszilloskop. Mehr zum Thema Oszilloskop und wie man ein Arduino-Board als Oszilloskop verwendet, erfahren Sie in Kapitel 10.

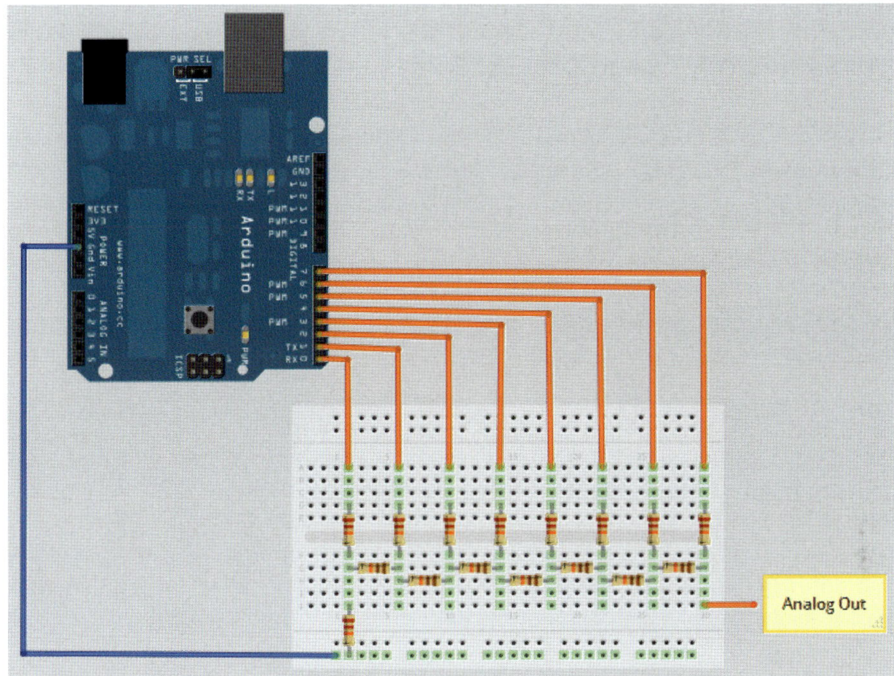

Abb. 6.6: Projekt: Programmierbarer Signalgeber

Berechnung der Ausgangsspannung

Die einzelnen Werte der Ausgangsspannung für jedes Bitmuster können mit Hilfe mehrerer Berechnungen ermittelt werden.

Die grundsätzliche Berechnungsformel einer Widerstandsleiterschaltung sieht so aus:

$$\mathbf{Vout = Vref * VAL / 2^n}$$

Vout: Ausgangsspannung

Vref: Eingangssignal von den Datenleitungen, HIGH-Signal = 5 Volt

VAL: Wert, abhängig vom Bitmuster

n: Anzahl Datenbits vom Binärcounter

Die Berechnung des Wertes VAL ist abhängig vom Bitmuster. Bei einem Binärzähler mit 8 Datenleitungen sind folgende Minimal- und Maximalwerte möglich:

0000 0000: Minimalwert
1111 1111: Maximalwert, entspricht dem Wert = 255
0000 0001: Einzelschritt, entspricht dem Wert = 1

Somit ist die Ausgangsspannung für einen Einzelschritt:

$$Vout = Vref * VAL / 2^n = 5 \text{ Volt} * 1 / 2^8 = 5 * 1 / 255 = 0{,}0196 \text{ V}$$

Die maximale Ausgangsspannung beträgt:

$$Vout = Vref * VAL / 2^n = 5 \text{ Volt} * 15 / 2^8 = 5 * 255 / 255 = 5{,}00 \text{ V}$$

Wie man aus den Berechnungsformeln erkennen kann, wird der Wert für einen Einzelschritt umso kleiner, je mehr Datenbits zur Verfügung stehen.

Tipp

Um diese Berechnungsformeln mit der Widerstandsleiterschaltung zu überprüfen, kann man statt des Binärzählers die digitalen Ausgänge einzeln setzen und anschließend das Ausgangssignal mit einem Voltmeter messen und mit der Berechnung vergleichen.

Mittels des Bitmusters an den digitalen Ausgängen und der nachfolgenden Widerstandsschaltung können verschiedene Signalhöhen generiert werden.

Um beispielsweise ein Sinussignal zu generieren, müssen die Einzelwerte in einem Array gespeichert werden. Mit der direkten Ansteuerung des Portregisters werden nun die einzelnen Werte an die Ports geschrieben. Über die Widerstandsleiter wird aus dem binären Digitalsignal ein analoges Ausgangssignal erzeugt. Der zeitliche Verlauf der Ausgangsspannung kann mittels Zeitfunktionen realisiert werden.

Drei mögliche Anwendungsbeispiele und Ausbaumöglichkeiten:

1. Sollwertgeber für Temperaturregler
2. Spannungswähler für programmierbares Netzgerät (mit Speicherung der gewählten Werte)
3. Signalgenerierung für Testgerät für Transistoren und Dioden

Sinusgenerator

Mit der Signalgeber-Schaltung aus Abbildung 6.5 können nun verschiedene Ausgangssignale generiert werden. Im folgenden Beispiel wird ein Sinussignal generiert. Die einzelnen Werte für das Sinussignal sind einmalig ermittelt worden und werden in einem Array mit 40 Werten abgelegt.

```
int arrSinus[40]={127,147,166,185,202,217,230,240,248,252,254,252,248,240,230,
217,202,185,166,147,127,107,88,69,52,37,24,14,6,2,0,2,6,14,24,37,52,69,88,107};
```

In einer Programmschleife wird nun jeweils bis 40 gezählt und für jede Zahl den entsprechenden Sinus-Wert aus dem Array gelesen und ausgegeben. Die Datenausgabe erfolgt dabei wieder mittels der Direktausgabe an das Portregister.

```
for(s=0;s<40;s++)     //Loop über das Array
{
 valSin=arrSinus[s];  // aktueller Wert lesen
 PORTD = valSin;      // Wert an Port D ausgeben
}
```

Die gesamte Funktion des Sinusgenerators zeigt Listing 6.10.

```
// Sinusgenerator
// Variablen deklarieren
unsigned char count;
int valSin;
int s;

// Werte von Sinuskurve
int arrSinus[40]={127,147,166,185,202,217,230,240,248,252,254,252,248,240,230,
217,202,185,166,147,127,107,88,69,52,37,24,14,6,2,0,2,6,14,24,37,52,69,88,107};

void setup (void)
{
  // PortD: D0-D7 als Output
  pinMode (0, OUTPUT);
  pinMode (1, OUTPUT);
  pinMode (2, OUTPUT);
  pinMode (3, OUTPUT);
  pinMode (4, OUTPUT);
  pinMode (5, OUTPUT);
  pinMode (6, OUTPUT);
  pinMode (7, OUTPUT);
}

void loop(void)
{
  for(s=0;s<40;s++)    //Loop über das Array
  {
  valSin=arrSinus[s]; // aktuellen Wert lesen
  PORTD = valSin;     // Wert an Port D ausgeben
  }
}
```

Listing 6.10: Sinusgenerator

Praxis-Tipp

Die in der Schaltung des Signalgebers verwendeten Widerstandswerte von 22 kOhm und 11 kOhm müssen das Verhältnis 2:1 besitzen. Falls man keine Widerstandswerte von 11 kOhm zur Verfügung hat, kann man sich diesen Wert durch die Parallelschaltung zweier Widerstände mit je 22 kOhm erstellen.

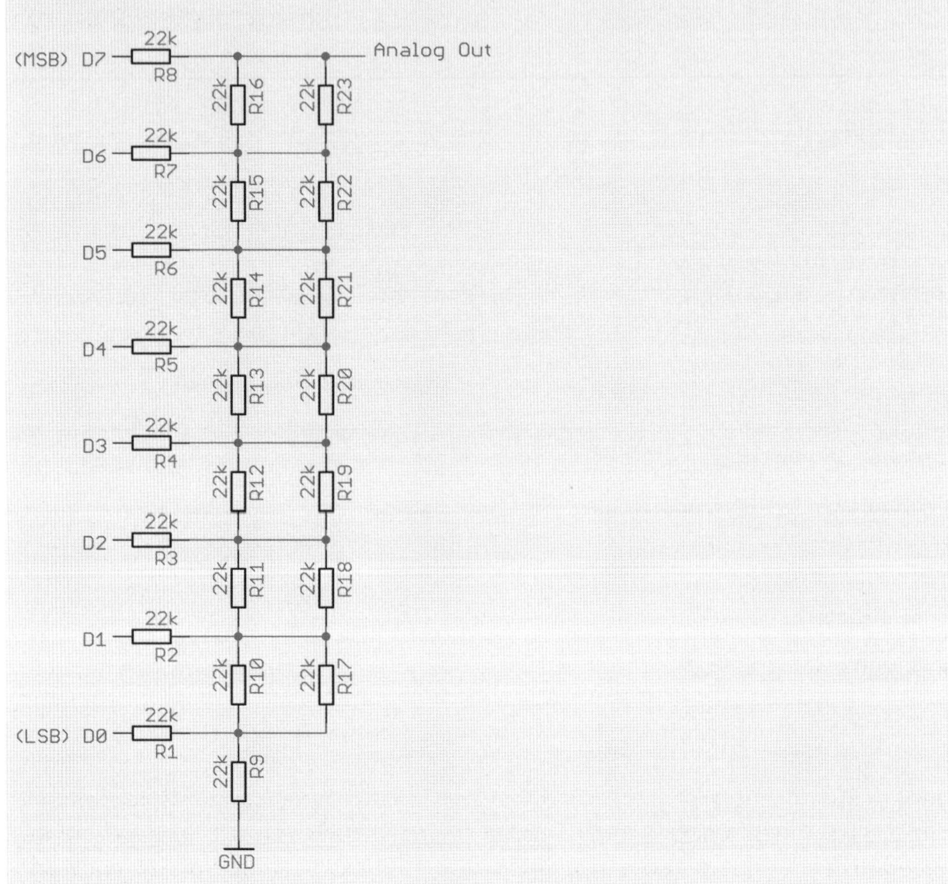

6.6 Projekt: Digitales Netzteil

Der im vorherigen Abschnitt realisierte Signalgeber wird in diesem Netzteilprojekt als interner Sollwertgeber für die Spannungseinstellung verwendet. Dieses digitale Netzgerät kann mehrere Servos und Motoren versorgen. Der digitale Teil am Netzteil ist die Ansteuerung und Einstellung des internen Sollwertes für die Ausgangsspannung.

Die Sollwertgeberschaltung liefert dabei ein Spannungssignal von 0 bis 5 Volt. Damit kann ein Spannungsbereich von 0 bis zur maximalen Ausgangsspannung eingestellt werden. Die Höhe der maximalen Ausgangsspannung ist dabei abhängig von der Eingangsspannung des Leistungsteils und der Konfiguration der Ausgangsschaltung. Im Prototyp des Autors kann eine Ausgangsspannung von 0 bis 15 Volt eingestellt werden.

Abbildung 6.7 zeigt das Blockschaltbild des Netzteils mit den einzelnen Hauptmodulen.

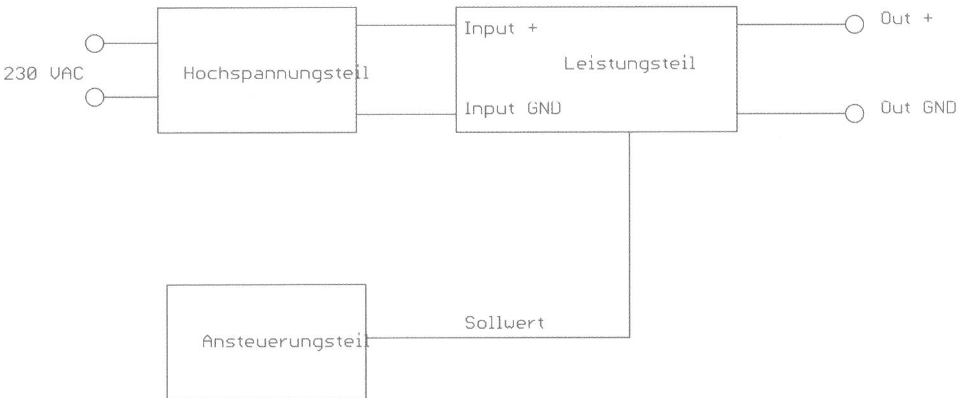

Abb. 6.7: Blockschaltbild digitales Netzteil

Der Aufbau des Netzteils unterteilt sich in die Module

- Hochspannungsteil
- Leistungsteil
- Ansteuerschaltung

Der Hochspannungsteil ist der Schaltungsteil, an den die Wechselspannung von 230 VAC angeschlossen wird. Da dieser Teil gefährlich ist, wird eine sichere und ungefährliche Lösung verwendet – ein altes Netzteil von einem Notebook oder Flachbildschirm. Diese Netzgeräte sind kompakt aufgebaut und in einem geschlossenen Kunststoffgehäuse verpackt. Die Wechselspannung von 230 Volt wird über ein Standardnetzkabel angeschlossen (Abbildung 6.8).

Je nach Typ und Ausführung des verwendeten Computer-Netzteils steht am Ausgang eine Gleichspannung von 12 bis 30 Volt und ein Ausgangsstrom von 1 bis 3 Ampere zur Verfügung. Die Ausgangsspannung ist bereits stabilisiert und eignet sich ideal als Eingangsspannung für unser steuerbares Netzteil. Für kleinere Netzteilanwendungen kann auch ein passendes Steckernetzteil verwendet werden (Abbildung 6.9).

Abb. 6.8: Netzteil Notebook

Abb. 6.9: Stecker-Netzteile

Das verwendete Netzteil des Autors hat eine Ausgangsspannung von 19 Volt und liefert einen maximalen Strom von 2 Ampere. Die einstellbare Ausgangsspannung des digitalen Netzteils ist somit auf 0 bis 15 Volt festgelegt. Gemäß Datenblatt sind rund 4 Volt Gate-Source-Spannung nötig, um den Strom von 2 A zu schalten.

Die zentrale Komponente im Modul Ansteuerungsteil ist das Arduino-Board. Über die digitalen Ports und die bereits bekannte Widerstandsleiterschaltung, siehe Projekt SOLLWERTGEBER, wird der analoge Sollwert von 0 bis 5 V bereitgestellt. Die Eingabe der gewünschten Ausgangsspannung erfolgt dabei über eine kleine Folientastatur, ein so genanntes Keypad (Abbildung 6.10).

Abb. 6.10: Keypad für Netzteilbedienung

Zusätzlich kann der Sollwert über ein Dreh-Potentiometer oder über ein PWM-Signal eingestellt werden.

Die Verstärkerschaltung im Leistungsteil vergleicht den Sollwert für die Ausgangsspannung mit dem Istwert der Ausgangsspannung und steuert die Leistungsstufe an. Die Leistungsstufe wird dabei mit einem Leistungstransistor realisiert.

Abbildung 6.11 zeigt die Schaltung des Leistungsteils.

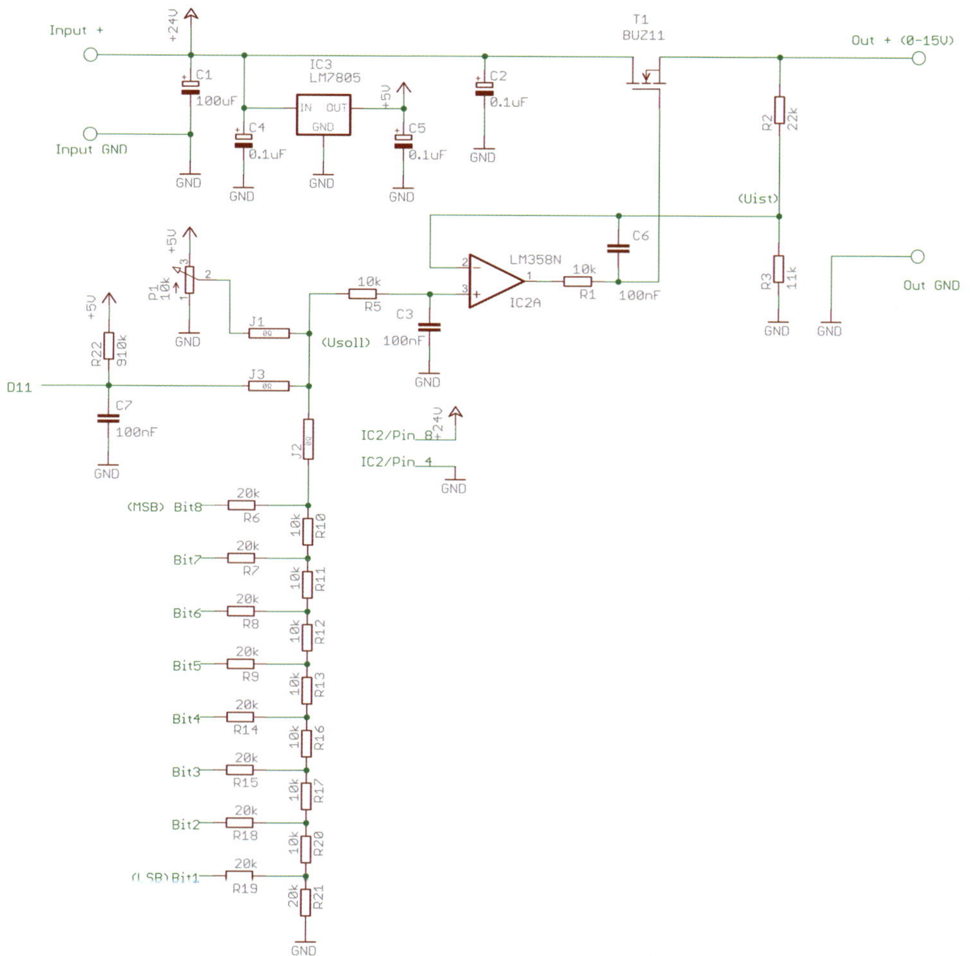

Abb. 6.11: Schaltung digitales Netzteil

Die stabilisierte Ausgangsspannung von 19 Volt des Notebook-Netzteils wird an den Anschlüssen `Input +` und `Input GND` angeschlossen.

Für interne Zwecke wird über einen Spannungsregler (IC3) 5 Volt bereitgestellt, der für die Sollwerteingabe mit Dreh-Potentiometer und für PWM verwendet wird.

Die Eingangsspannung an INPUT + wird direkt auf den Leistungstransistor (T1) geführt, der die Ausgangsspannung unseres Netzteils regelt. Als Leistungstransistor wird ein MOSFET vom Typ BUZ11 verwendet.

MOSFET sind spezielle Leistungstransistoren, bei denen durch Anlegen einer Spannung am Steueranschluss Gate der Stromfluss zwischen Drain und Source gesteuert werden kann. Der Gate-Anschluss entspricht bei einem normalen Transistor der Basis, der Drain-Anschluss dem Kollektor und der Source-Anschluss dem Emitter. Durch den geringen Übergangswiderstand zwischen Drain und Source werden die MOSFET hauptsächlich für Anwendungen mit hohen Schaltspannungen und -ströme verwendet.

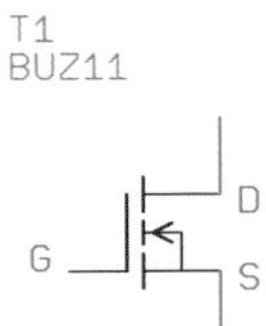

Abb. 6.12: MOSFET (n-Kanal, selbstsperrend)

Abbildung 6.12 zeigt einen MOSFET vom Typ BUZ11. Der BUZ11 ist ein selbstsperrender n-Kanal-Typ, der mit einer positiven Gate-Spannung angesteuert wird. Dieser Typ leitet erst, wenn eine Gate-Spannung angelegt wird. Im Gegensatz dazu ist die Drain-Source-Verbindung bei selbstsperrenden Typen im ungeschalteten Zustand leitend und wird hochohmig, wenn eine Gate-Spannung angelegt wird.

In der Netzteilschaltung aus Abbildung 6.11 wirkt der MOSFET als steuerbarer Widerstand zwischen der Eingangsspannung am Anschluss INPUT+ und dem Ausgang an OUT+. Die Spannung am Source-Anschluss des MOSFET entspricht dann jeweils der gewünschten Ausgangsspannung unseres Netzteils.

Der Istwert der Ausgangsspannung (Uist) wird über einen Spannungsteiler mit den Widerständen R2 und R3 ermittelt. Bei einer maximalen Ausgangsspannung von 15 Volt und einem maximalen Istwert von 5 Volt fallen über dem Widerstand R2 somit 10 Volt und über R3 5 Volt ab.

Der Istwert wird anschließend auf den negativen Eingang des Verstärkers (IC2A) geführt. Die Sollwertspannung (Usoll), die die Ausgangsspannung vorgibt wird über den Widerstand R5 auf den positiven Eingang des Verstärkers geführt. Der Verstärker vergleicht nun die Sollwertspannung (Pin 3) mit der Istwertspannung (Pin 2) und steuert über den Widerstand R1 das Gate des MOSFET an. Mit Höhe der Spannung am Gate kann nun der Widerstand zwischen Drain und Source des MOSFET gesteuert werden. Das Resultat dieses Regelvorganges ist dann die gewünschte Spannung am Ausgang unseres Netzteils.

Der Sollwertspannung, die proportional zur Ausgangsspannung ist, kann in der Netzteilschaltung auf verschiedene Arten eingestellt werden.

- über die Widerstandsleiter-Schaltung (Bit1–Bit8)
- über das Potentiometer (P1)
- über die RC-Schaltung (R22, C7), die vom PWM-Signal am Port D11 des Arduino ausgegeben wird.

Alle drei Varianten der Sollwertvorgabe liefern eine Sollwertspannung von 0 bis 5 Volt. Die gewünschte Art der Sollwerteinstellung muss über die Drahtbrücken (J1–J3) eingestellt werden, wobei immer nur eine der drei Drahtbrücken gesetzt sein darf. Alternativ kann auch ein Umschalter oder ein mehrstufiger Schalter statt der Drahtbrücken eingesetzt werden.

Sollwert über Widerstandsleiter-Schaltung

Die bereits bekannte Sollwerteinstellung mit der Widerstandsleiter-Schaltung ist mit den Widerständen R6–R21 aufgebaut. Die Ansteuerung erfolgt dabei über acht digitale Signale, die im Schaltbild aus Abbildung 6.8 mit Bit1–Bit8 bezeichnet sind. Im Gegensatz vom Sollwertgeber aus dem vorherigen Abschnitt werden die digitalen Signale über den I2C-Bus und den Portexpander PCF8574, der bereits in Kapitel 5 verwendet wurde, realisiert. Auf diese Weise können digitale Ports des Arduino eingespart und für zusätzliche Funktionen wie Display-Ansteuerung verwendet werden.

Abbildung 6.13 zeigt die bereits früher beschriebene Schaltung des Portexpanders.

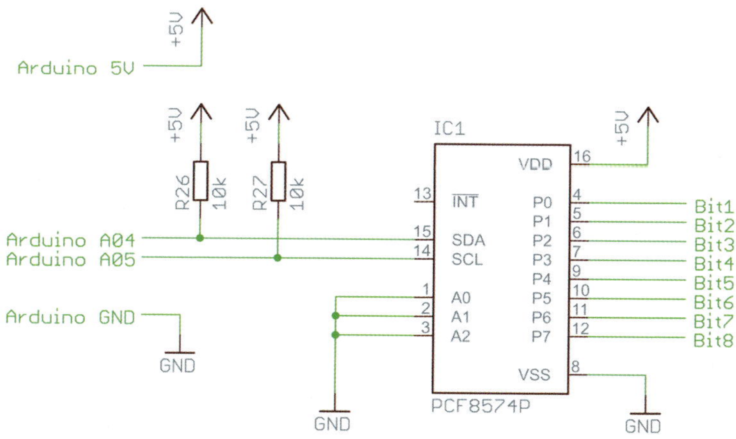

Abb. 6.13: Portexpander über I2C-Bus

Der Portexpander wird über die Adresse B00100000 im I2C-Bus angesprochen und schaltet entsprechend dem gesendeten Wert die digitalen Ausgänge auf HIGH oder LOW.

Als Eingabeelement für die Einstellung der Ausgangsspannung dient eine Folientastatur, auch Keypad genannt. Die Eingabetastatur besitzt 3x4 Tasten und kann auf eine gerade Fläche, beispielsweise eine Frontplatte, geklebt werden.

Die Folientastatur ist als Matrix mit Spalten und Zeilen aufgebaut und benötigt drei digitale Ports für die Spalten und vier digitale Ports für die Zeilen. Abbildung 6.14 zeigt den Aufbau der Tastatur und die Verbindung mit den Arduino-Ports.

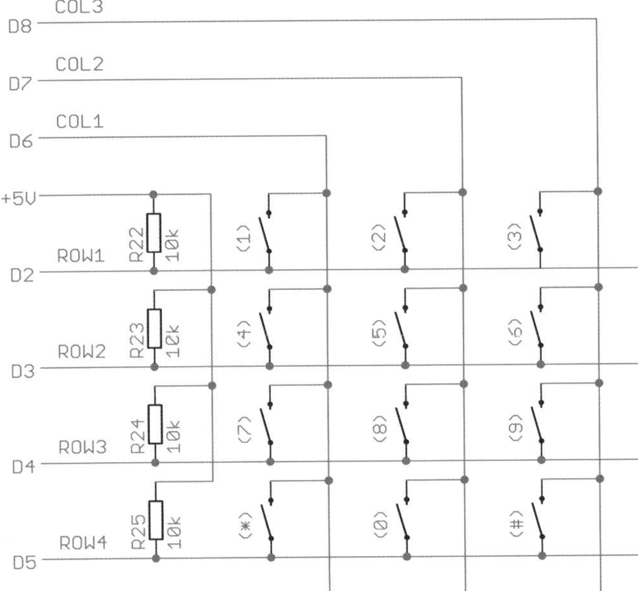

Abb. 6.14: Schaltung Keypad

Für die Abfrage des Keypads werden die digitalen Arduino-Ports D2 bis D8 genutzt. Die Ports D6–D8 sind die Spaltenleitungen und als Ausgänge geschaltet. Die Ports D2–D5 sind die Zeilenleitungen und als Eingänge geschaltet.

Über vier Pullup-Widerstände (R22–R25) sind die Zeilenleitungen auf Pegel HIGH gesetzt. Im unbetätigten Zustand, wenn also keine Taste gedrückt ist, wird an den Datenleitungen D2–D5 jeweils HIGH eingelesen.

Beim Abfragen der Tasteneingaben werden nacheinander die Ausgänge der Spalten, also die Datenleitungen D6 bis D8 auf LOW gesetzt und die Eingänge an den Datenleitungen D2 bis D5 eingelesen. Falls an allen Eingängen ein HIGH eingelesen wird, wurde keine Taste betätigt. Wurde eine Taste betätigt, wird am jeweiligen Eingang der Zeileneingänge ein LOW gemessen.

Beispiel: Taste 5 gedrückt

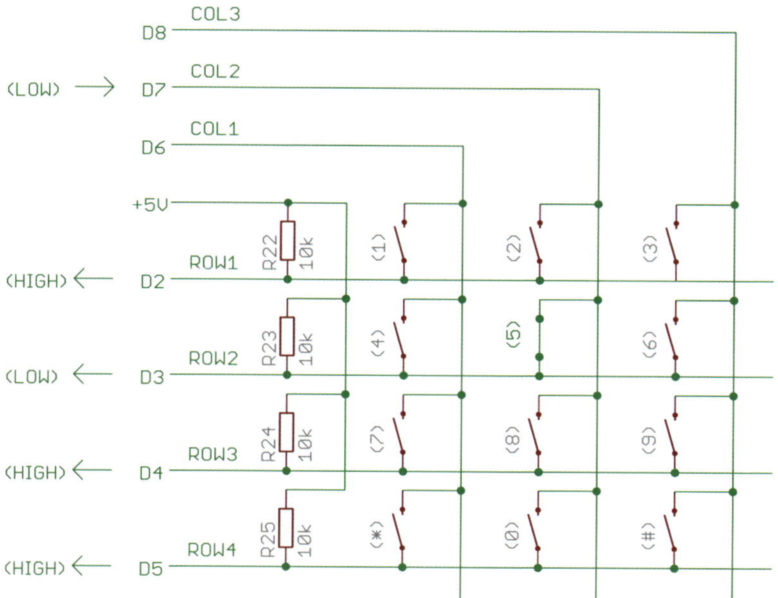

Abb. 6.15: Keypad – Taste 5 gedrückt.

Abbildung 6.15 zeigt die Schaltung bei gedrückter Taste 5.

Jede der drei Spaltenleitungen (D6 bis D8) wird einzeln auf LOW gesetzt und dann werden die Eingänge an D2 bis D5 eingelesen. Bei D6 gleich LOW sind alle Eingänge auf HIGH. Bei D7 gleich HIGH sind die Eingänge D2, D4 und D5 auf HIGH, D3 ist LOW, also Taste 5 gedrückt. Bei Spaltenleitung D8 gleich LOW sind wieder alle Eingänge der Zeilenleitungen auf HIGH. Tabelle 6.2 listet nochmals alle Zustände der Tastaturabfrage auf.

	Spalte D6 (HIGH)	Spalte D6 (LOW)	Spalte D7 (HIGH)	Spalte D7 (LOW)	Spalte D8 (HIGH)	Spalte D8 (LOW)
Zeile D2	HIGH	HIGH	HIGH	HIGH	HIGH	HIGH
Zeile D3	HIGH	HIGH	HIGH	LOW	HIGH	HIGH
Zeile D4	HIGH	HIGH	HIGH	HIGH	HIGH	HIGH
Zeile D5	HIGH	HIGH	HIGH	HIGH	HIGH	HIGH

Tabelle 6.2: Zustände Keypad – Taste 5 gedrückt

Die Eingabe einer Spannung über die Folientastatur wird jeweils mit dem Zeichen # abgeschlossen. Das Setzen von beispielsweise 12,00 Volt am Ausgang erfordert die Eingabe 1200#. Nach der Bestätigung mit # wird die Ausgangsspannung intern in einen Wert von 0 bis 255 umgewandelt. Dieser Wert wird anschließend via I2C-Bus an den Portexpander PCF8574 geschickt und im internen EEPROM des Arduino-Microcontrollers gespeichert. Mit dem Speichern des eingegebenen Wertes ist nach einem Neustart des Netzteils die letzte eingestellte Ausgangsspannung weiterhin verfügbar.

Sollwert über PWM

Als zusätzliche Option steht die Eingabe des Sollwertes der Ausgangsspannung mittels PWM-Signal zur Verfügung. Über die Widerstand/Kondensatorschaltung (R22/C7), in der Praxis als RC-Glied bezeichnet, kann aus einem PWM-Signal eine analoge Spannung generiert werden. Das angelegte PWM-Signal hat dabei über den Widerstand R22 den Kondensator C7 geladen und der Sollwert steht als analoger Wert zur Verfügung.

Sollwert über Potentiometer

Das Potentiometer P1 ist ein verstellbarer Widerstand und liefert an seinem Abgriff, dem Schleifer, eine Sollwertspannung von 0 bis 5 Volt. Die 5 Volt werden dabei vom internen Spannungsregler zur Verfügung gestellt. Für die schnelle Sollwerteinstellung wird der verstellbare Widerstand in die Frontplatte des Netzgeräts montiert.

Begrenzung Ausgangsstrom

In der Netzteilschaltung aus Abbildung 6.11 ist keine Begrenzung des maximalen Ausgangsstroms realisiert. Der maximale Ausgangsstrom wird durch den maximalen Ausgangsstrom des Notebook-Netzteils aus dem Hochspannungsteil begrenzt. Dieser maximale Strom ist auf dem Computernetzteil angegeben.

Mittels einer kleinen Zusatzschaltung kann der maximale Ausgangsstrom einstellbar gemacht werden (Abbildung 6.16). Das Netzteil wird dadurch kurzschlussfest. Kurzschlussfest bedeutet, dass die Netzteilschaltung im Kurzschlussfall automatisch die Ausgangsspannung zurückregelt und nur den maximalen Strom liefert.

Die Zusatzschaltung für die Strombegrenzung ist in Abbildung 6.16 dargestellt. Bei Stromfluss fällt über dem Strommesswiderstand (R4) in die Minusleitung eine Spannung ab, die dem `Uiist` entspricht. Wird der Widerstand mit 1 Ohm dimensioniert, ergibt dies bei einem Strom von 1 Ampere.

$$U = R * I = 1 \text{ Ohm} * 1 \text{ A} = 1 \text{ V}$$

Der Sollwert für die Strombegrenzungsschaltung wird am Potentiometer P1 eingestellt und auf Pin 3 des Operationsverstärkers IC4A geführt. Durch den Vorwiderstand von 10 kOhm beträgt die maximale Sollwertspannung 2,5 Volt, da auch das Potentiometer P1 einen Wert von 10 kOhm besitzt. Die Schaltung P1 und R1 wirkt also als Spannungsteiler und teilt die 5 Volt im Verhältnis 1:1.

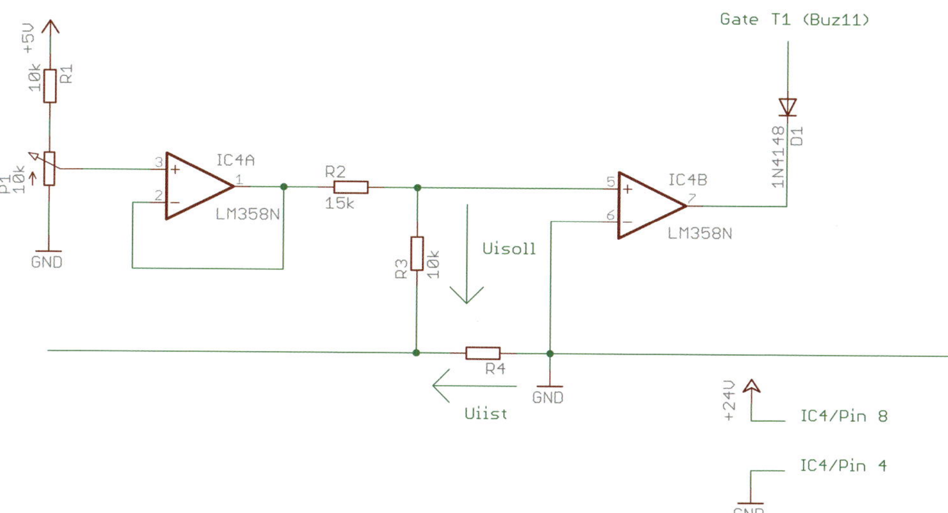

Abb. 6.16: Schaltung Strombegrenzung

Der Verstärker IC4 wirkt quasi als Buffer, in der Praxis nennt man diese Art Impedanzwandler. An Pin 1 des IC4A wird ebenso eine maximale Spannung von 2,5 Volt anliegen, die über den nachfolgenden Spannungsteiler mit R2 und R3 nochmals geteilt wird. Durch das Widerstandsverhältnis von 1,5: 1 (15 kOhm:10 kOhm) ergibt dies schlussendlich eine maximale Sollwertspannung `Uisoll` von 1 Volt.

Der Verstärker IC4B vergleicht nun an seinen Eingangspins 5 und 6 die Sollwertspannung mit der Istwertspannung. Solange die Sollwertspannung an Pin 5 höher ist als die Istwertspannung an Pin 6, ist der Ausgang des Verstärkers IC4B auf rund 20 Volt. Die nachfolgend geschaltete Diode D1, die an den Gate-Anschluss des Leistungstransistors angeschlossen ist, sperrt, und die Schaltung des Netzteils arbeitet als Spannungsregler.

Wird nun durch den angeschlossenen Verbraucher am Netzteil, beispielsweise ein Motor oder eine LED-Kette, ein höherer Strom gezogen, so vergrößert sich auch der Spannungsabfall am Strommesswiderstand R4. Wird dabei die Istwertspannung höher als die Sollwertspannung, so schaltet der Verstärker IC4B seinen Ausgang gegen 0 Volt und über die Diode D1 wird auch die Gate-Spannung gegen 0 Volt gezogen. Der Leistungstransistor leitet dadurch weniger und die Ausgangsspannung senkt sich. Der Strom bleibt dabei konstant, da die Regelschaltung versucht, den Strom zu halten, und die gesamte Netzteilschaltung arbeitet als Stromquelle.

Die Dimensionierung des gewünschten maximalen Stroms erfolgt mit der oben genannten Formel für die Istspannung `Uiist` über den Messwiderstand. Zusätzlich muss der maximale Sollwert `Uisoll` mittels der beiden Widerstände R2 und R3 angepasst werden.

Bei der Berechnung der Strombegrenzung spielt der verwendete Messwiderstand eine große Rolle. Neben dem Widerstandswert, in unserem Fall 1 Ohm, muss auch die Leistung des Widerstandes beachtet werden. Im Berechnungsbeispiel fließt ein Strom von 1 Ampere und dabei ist ein Spannungsabfall von 1 Volt zu messen. Die Leistung, die über den Widerstand in Wärme umgesetzt wird, berechnet sich nach der folgenden Formel:

Leistung P = Spannung U * Strom I

Daraus ergibt sich konkret eine Leistung P von:

P= U * I = 1V * 1A = 1 Watt

In der Praxis wird nun als nächstmöglicher Typ ein Leistungswiderstand von 1 Ohm mit einer Leistung von 2 Watt eingesetzt.

Spannungsversorgungen

Das Notebook-Netzteil liefert hauptsächlich die Leistung für die verstellbare Ausgangsspannung. Dazu versorgt das Netzteil einen internen 5-Volt-Spannungsregler LM7805 (IC3), der für das Sollwertgeber-Potentiometer und für andere interne Schaltungen genutzt werden kann. Die Versorgung der Regelschaltung im Leistungsteil wird direkt aus der geregelten Ausgangsspannung des Notebook-Netzteils entnommen. Der Ansteuerteil der Netzteilschaltung beinhaltet als zentrales Element ein Arduino-Board. Das Arduino-Board kann über verschiedene Arten versorgt werden. In unserem Fall kann ein separates 5-Volt-Steckernetzteil verwendet werden oder die Versorgung erfolgt über eine zusätzliche Spannungsregler-Schaltung. In beiden Fällen erfolgt die Spannungszuführung über den 2,1-mm-Stecker. Da das Notebook-Netzteil aber meist eine Spannung liefert, die im Bereich der maximalen Eingangsspannung des Arduino liegt, also rund 20 Volt, empfiehlt es sich, eine niedrigere Versorgungsspannung zu verwenden, da sonst über dem Spannungsregler auf dem Arduino-Board zu viel Energie in Wärme umgesetzt werden muss.

Im Prototyp des Autors wird darum ein Zwischenmodul in Form eines kleinen Spannungswandlers verwendet. Dazu eignen sich fertig aufgebaute DC/DC-Wandler oder kleine Schaltnetzteile auf Leiterplatten.

Ein mögliches Reglermodul (`http://www.play-zone.ch/de/lm2596-dc-dc-abwartswandler-modul.html`) ist mit einem Schaltreglerbaustein vom Typ LM2596 aufgebaut und benötigt relativ wenige Komponenten. Solche Module sind meist kompakt aufgebaut und können eine verstellbare Spannung liefern.

Die Ausgangsleistung ist genügend groß, dass über diese Versorgung auch zusätzliche Elemente, wie beispielsweise ein Display versorgt werden können. Der Autor hatte einen Bausatz mit einem L4962 für den Netzteilprototyp verwendet.

Abb. 6.17: Spannungswandler-Modul

Stückliste (Netzteil Grundaufbau)

Anzahl	Bezeichnung
1	Gehäuse
1	Netzgerät von Notebook mit Netzkabel
1	Steckernetzteil 7 Volt oder DC/DC-Wandlermodul
1	Arduino-Board
1	Lochrasterplatine (Leistungsteil)
1	4-mm-Buchse rot
1	4-mm-Buchse schwarz
1	Potentiometer 10 kOhm für Frontplattenmontage (Strombegrenzung) (P1)
1	Drehknopf für Potentiometer
1	Durchführungstülle oder Kabelschutz für Netzkabel

Tabelle 6.3: Stückliste Grundaufbau Netzteil

Stückliste (Netzteil Leistungsteil)

Anzahl	Bezeichnung
1	Operationsverstärker LM358 (IC2)
1	Spannungsregler LM7805, TO220 (IC3)
1	MOSFET BUZ11 (T1)
9	Widerstand 10 kOhm (R1, R5, R10, R11, R12, R13, R16, R17, R20)
1	Widerstand 11 kOhm (R3)
9	Widerstand 20 kOhm (R6, R7, R8, R9, R14, R15, R18, R19, R21)
1	Widerstand 22 kOhm (R2)
1	Widerstand 0 Ohm (J1 oder J2 oder J3)
1	Widerstand 910 kOhm (R22) (bei Bedarf)
3	Keramik-Kondensator 100 nF (C3, C6, C7 bei Bedarf)
3	Tantal-Kondensator 0,1 uF/35 V (C2, C4, C5)
1	Elko 100 uF/50 V (C1)
1	Kühlkörper (siehe Text)
1	Isolierbuchse TO-220
1	Wärmeleitfolie 0,3 mm TO-220

Tabelle 6.4: Stückliste Netzteilschaltung Leistungsteil (Schaltung 6.11)

Stückliste (Netzteil Ansteuerungsteil)

Anzahl	Bezeichnung
1	Folientastur »Keypad« (3x4 Tasten)
1	Protoshield (Ansteuerteil mit Keypad und Portexpander)
6	Widerstand 10 kOhm (R22, R23, R24, R25, R26, R27)
1	IC PCF8574P (IC1)

Tabelle 6.5: Stückliste Netzteil Ansteuerungsteil (Schaltung 6.13 und 6.14)

Schaltungsaufbau Steckbrett

Der Schaltungsaufbau auf einem Steckbrett empfiehlt sich in der Phase des Prototyp-Aufbaus. Für einen praktischen Einsatz des Netzteils lohnt es sich, die gesamte Schaltung auf einer Lochrasterplatine oder eigenen Leiterplatte aufzubauen.

Abbildung 6.18 zeigt den Leistungsteil auf dem Steckbrett aufgebaut.

Beim Leistungstest der Schaltung auf dem Steckbrett sollte der MOSFET auf eine kleine Lochrasterplatine gelötet werden, statt direkt auf das Steckbrett gesteckt wie in

Abbildung 6.18. Gleichzeitig sollte die Eingangsspannung am Anschluss DRAIN und die Ausgangsspannung am Anschluss SOURCE auch außerhalb des Steckbrettes angeschlossen werden, um die Kontakte des Steckbretts nicht unnötig zu belasten.

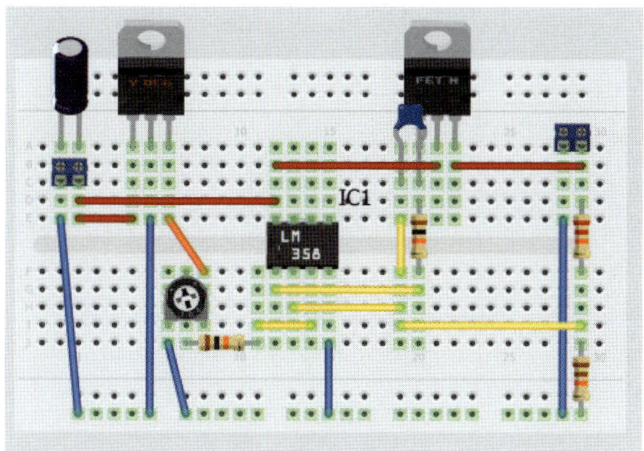

Abb. 6.18: Leistungsteil auf Steckbrett

Im Kurzschlussfall kann der Strom die Kontakte des Steckbretts beschädigen.

Schaltung Eingabeteil

Für einen stabilen Aufbau hat der Autor den Eingabeteil mit dem Keypad (Schaltung Abbildung 6.14) und die Ansteuerung mit dem Portexpander (Schaltung Abbildung 6.13), inklusive Widerstandsnetzwerk-Schaltung auf einem eigenen Shield aufgebaut (Abbildung 6.19).

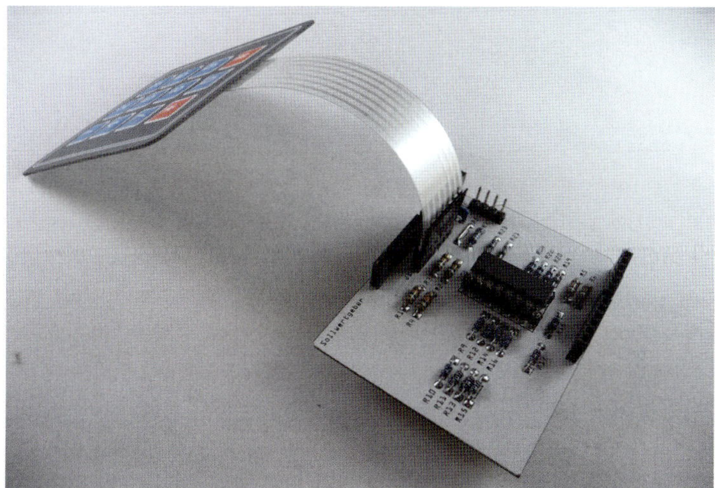

Abb. 6.19: Eingabeteil als Shield mit Keypad und Portexpander

Sketch (Netzteil)

```
// Digitales Netzteil
#include <Keypad2.h>
#include <EEPROM.h>
#include <Wire.h>

const int ROWS = 4; // 4 Zeilen
const int COLS = 3; // 3 Spalten
// Aufbau Keypad
char keys[ROWS][COLS] = {
  {'1','2','3'},
  {'4','5','6'},
  {'7','8','9'},
  {'*','0','#'}
};

// Zeilen ROW0, ROW1, ROW2 und ROW3 an Arduino Pins
int rowPins[ROWS] = { 10, 9, 8, 7 };
// Spalten COL0, COL1 und COL2 an Arduino Pins
int colPins[COLS] = { 6, 5, 4 };

// Keypad-Objekt
Keypad kpd = Keypad( makeKeymap(keys), rowPins, colPins, ROWS, COLS );
// Variablen Keypad
// Anzahl Zeichen für Eingabe = 5
// Bsp. 1000# = Eingabe 10.00 Volt
char keyreihe[5];
char key;
int count=0;

// EEPROM
int eeaddress = 0;
byte eevalue;

// Sollwert
int varSoll;
byte uv, umv;
// Referenzspannung
float vref=5.00;
// max. Ausgangsspanung
float uaus=15.00;
float teiler;
```

```
// Adresse des I2C-I/O-Bausteins
#define expander B00100000

void setup()
{
  // Serielle Schnittstelle Start
  Serial.begin(9600);
  // I2C Start
  Wire.begin();
  // Ausgang 0
  expanderWrite(0);
  delay(500);
  // EEPROM-Wert lesen
  eevalue = EEPROM.read(eeaddress);
  varSoll=eevalue;
  expanderWrite(varSoll);
}

void loop()
{
  key = kpd.getKey();
  if(key)  // gleich wie if(key != NO_KEY)
  {
    switch (key)
    {
      case '*':
        //
        break;
      case '#':
        showKey();
        count=0;
        // Werte löschen
        for (int zz=0; zz<4; zz++)
        {
          keyreihe[zz]=0;
        }
        // EEPROM-Wert lesen
        eevalue = EEPROM.read(eeaddress);
        varSoll=eevalue;
        break;
      default:
```

```
        keyreihe[count]=key;
        count=count+1;
        if (count == 4){
          count=0;
        }
    }
  }

  // Ausgabe von empfangenem Startzeichen
  Serial.print("Sollwert: ");
  Serial.println(varSoll);

  // Ausgabe auf I2C-Port
  expanderWrite(varSoll);
}

//
// Funktionen
//

void showKey()
{
  Serial.print("KP Wrt: ");
  Serial.println(keyreihe);
  Serial.print("KP Int: ");
  int keyreiheint=atoi(keyreihe);
  Serial.println(keyreiheint);
  float usoll = keyreiheint;
  Serial.print("KP Usoll: ");
  Serial.println(usoll);

  // Sollspannung in Volt umrechnen
  usoll=usoll/100;
  // Teilerwert für Sollwert berechnen
  // Bsp. max. Ausgangsspannung 15 V -> 15/vref=15/5=3
  teiler=uaus/vref;
  usoll=usoll/teiler;

  // Berechnung Int-Wert für Ausgabe
  int varSollU = (usoll*255)/vref;

  // Wert in EEPROM schreiben
```

```
  EEPROM.write(eeaddress, varSollU);
}

void expanderWrite(byte _data )
{
  Wire.beginTransmission(expander);
  Wire.write(_data);
  Wire.endTransmission();
}
```

Listing 6.11: Listing digitales Netzteil

Listing 6.11 zeigt das gesamte Arduino-Programm für die Steuerung des Netzteils. Die Hauptaufgabe des Programms ist dabei die Abfrage des Keypads und die Umwandlung der Eingabe über die Tastatur in einen internen Sollwert, der der gewünschten Ausgangsspannung entspricht. Dabei ist zu beachten, dass, unabhängig von der maximalen Ausgangsspannung, die maximale Sollwertspannung immer genau 5 Volt beträgt.

Codebeschreibung im Detail:

Wie gewohnt, werden zuerst die nötigen Bibliotheken geladen.

```
#include <Keypad2.h>
#include <EEPROM.h>
#include <Wire.h>
```

Nun wird das Keypad definiert, indem man die Anzahl der Zeilen und Spalten angibt

```
const int ROWS = 4; // 4 Zeilen
const int COLS = 3; // 3 Spalten
```

und den Aufbau des Keypads mit der Tastenbelegung festlegt.

```
// Aufbau Keypad
char keys[ROWS][COLS] = {
  {'1','2','3'},
  {'4','5','6'},
  {'7','8','9'},
  {'*','0','#'}
};
```

Zum Schluss der Keypad-Definitionen werden die zugehörigen Arduino-Pins angegeben.

```
// Zeilen ROW0, ROW1, ROW2 und ROW3 an Arduino-Pins
int rowPins[ROWS] = { 10, 9, 8, 7 };
// Spalten COL0, COL1 und COL2 an Arduino-Pins
int colPins[COLS] = { 6, 5, 4 };
```

Nun wird ein Keypad-Objekt erstellt und interne Variablen für die Keypad-Eingaben deklariert.

```
// Keypad-Objekt
Keypad kpd = Keypad( makeKeymap(keys), rowPins, colPins, ROWS, COLS );
// Variablen Keypad
char keyreihe[5];
char key;
int count=0;
```

Weitere Variablen werden definiert.

```
// EEPROM
int eeaddress = 0;
byte eevalue;

// Sollwert
int varSoll;
byte uv, umv;
// Referenzspannung
float vref=5.00;
// max. Ausgangsspannung
float uaus=15.00;
float teiler;
```

Die Angabe der maximalen Ausgangsspannung muss mit der Berechnung des Spannungsteilerverhältnisses (R2, R3) übereinstimmen.

Jetzt wird noch die Adresse des I2C-Portexpanders definiert.

```
// Adresse des I2C-I/O-Bausteins
#define expander B00100000
```

Im Setup werden die serielle Schnittstelle und der I2C-Bus gestartet und der Portexpander auf 0 gesetzt. Nun wird der Sollwert im internen EEPROM abgefragt und der Variablen `varSoll` zugeordnet. Der Sollwert wird dann auf den Portexpander ausgegeben.

```
void setup()
{
  // Serielle Schnittstelle Start
  Serial.begin(9600);
  // I2C Start
  Wire.begin();
  // Ausgang 0
  expanderWrite(0);
  delay(500);
  // EEPROM-Wert lesen
  eevalue = EEPROM.read(eeaddress);
  varSoll=eevalue;
  expanderWrite(varSoll);
}
```

Im Hauptprogramm wird laufend geprüft, ob ein Zeichen an der Tastatur eingegeben wird.

```
void loop()
{
  key = kpd.getKey();
```

Ist eine Eingabe erfolgt, wird nach der Eingabe geprüft. Bei Eingabe von * erfolgt ein Sprung aus dem Programm und die Abfrage geht weiter. Ein # bedeutet Abschluss der Eingabe, das Unterprogramm `showKey()` wird aufgerufen und anschließend werden die Eingabedaten gelöscht. Alle anderen Eingaben werden dem Array mit der Eingabe `keyreihe[zz]` angehängt. Bei mehr als 4 Zeichen Eingabe wird die Eingabe wieder von vorne überschrieben.

```
  if(key)  // gleich wie (key != NO_KEY)
  {
    switch (key)
    {
      case '*':
        //
        break;
      case '#':
        showKey();
        count=0;
        // Werte löschen
        for (int zz=0; zz<4; zz++)
        {
```

```
          keyreihe[zz]=0;
        }
        // EEPROM-Wert lesen
        eevalue = EEPROM.read(eeaddress);
        varSoll=eevalue;
        break;
      default:
        keyreihe[count]=key;
        count=count+1;
        if (count == 4){
          count=0;
        }
    }
  }
```

Zum Schluss wird der Sollwert ausgegeben.

```
  // Ausgabe von empfangenem Startzeichen
  Serial.print("Sollwert: ");
  Serial.println(varSoll);
  // Ausgabe auf I2C-Port
  expanderWrite(varSoll);
}
```

Die Funktion `showKey()` schreibt zuerst die Eingabe auf den seriellen Port.

```
void showKey()
{
  Serial.print("KP Wrt: ");
  Serial.println(keyreihe);
  Serial.print("KP Int: ");
  int keyreiheint=atoi(keyreihe);
  Serial.println(keyreiheint);
  float usoll = keyreiheint;
  Serial.print("KP Usoll: ");
  Serial.println(usoll);
```

Anschließend wird der dezimale Sollwert umgerechnet, damit die maximale Ausgangsspannung, die zu Beginn definiert wurde, immer einem Wert von 255 entspricht. Der neue Sollwert `varSollU` wird zum Schluss wieder im EEPROM gespeichert.

```
  // Sollspannung in Volt umrechnen
  usoll=usoll/100;
  // Teilerwert für Sollwert berechnen
  // Bsp. max. Ausgangsspannung 15 V -> 15/vref=15/5=3
  teiler=uaus/vref;
  usoll=usoll/teiler;

  // Berechnung Int-Wert für Ausgabe
  int varSollU = (usoll*255)/vref;

  // Wert in EEPROM schreiben
  EEPROM.write(eeaddress, varSollU);
}
```

Die interne Variable `teiler` ist ein Teilerverhältnis, das dem Verhältnis

`Maximale Ausgangsspannung / Referenzspannung`

entspricht. Die Referenzspannung ist dabei standardmäßig auf 5 Volt eingestellt. Falls die Ausgänge des Portexpanders bei HIGH-Signal zu weit von 5 Volt abweichen, kann damit die Ausgabe korrigiert werden.

Die Funktion `expanderWrite()` sendet den ermittelten Sollwert über den I2C-Bus an den Portexpander-Baustein PCF8574.

```
void expanderWrite(byte _data )
{
  Wire.beginTransmission(expander);
  Wire.write(_data);
  Wire.endTransmission();
}
```

Zum Test kann die Eingabe über das Keypad im seriellen Monitor überprüft werden. Zusätzlich kann der Sollwert am Ausgang der Widerstandsleiterschaltung mit einem Voltmeter überprüft werden.

Aufbau Netzgerät

Für den produktiven Einsatz des Netzgeräts baut man alle Teile der Netzteilschaltung in ein stabiles Gehäuse ein und führt die Bedienungselemente und Anschlüsse auf die Frontplatte. Die Zuführung der Netzspannung über das Netzkabel ist an der Rückseite vorgesehen. Dazu platziert man das Notebook-Netzteil im Gehäuse so, dass das Netzkabel direkt durch die Rückwand geführt wird. Mit einer Bohrung in der Rückwand und einem Gummischutz in Form einer Kabel-Durchführungstülle ist das Anschlusskabel vom Notebook-Netzgerät nach außen geführt. Mit dieser Lösung bleibt das Kabel unversehrt und die spannungsführenden Teile sind weiterhin geschützt.

Abb. 6.20: Aufbau Netzgerät

Abbildung 6.20 zeigt den Aufbau des Netzgeräts in der Ansicht von oben. Das rotweiße Kabel ist die Spannungsversorgung für das Arduino-Board. Die Anschlussdrähte in Braun und Schwarz, die nach links führen, sind das Sollwertsignal und das Bezugspotential (GND), die auch auf das Arduino-Board führen.

Die Ansteuerung mit der Widerstandsleiterschaltung und die Anschlüsse für das Keypad können auf einem Protoshield aufgebaut werden. Der Autor hat für diesen Schaltungsteil, wie Abbildung 6.19 zeigt, ein eigenes Shield realisiert. Das Shield wurde dabei mit der Software Fritzing (`http://fritzing.org`) realisiert und vom Leiterplattenservice Fritzing Fab (`http://fab.fritzing.org`) produziert. Die Daten des Sollwertgeber-Shields im Fritzing-Format sind auf der Buchwebsite im Downloadbereich sowie auf der Projekt-Plattform von Fritzing verfügbar.

Das Arduino-Board mit dem Sollwertgeber-Shield ist im Gehäusedeckel gemäß Abbildung 6.21 montiert und wird mittels der vorher beschriebenen Signale mit den Komponenten im Gehäuseboden verbunden.

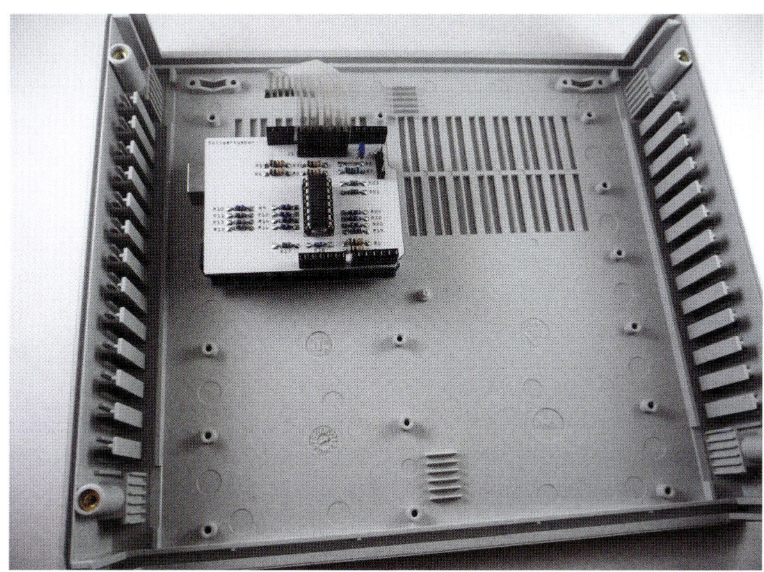

Abb. 6.21: Netzteil: Montage Arduino und Sollwertgeber-Shield im Gehäusedeckel

Der Leistungsteil mit dem MOSFET und der Regelungsschaltung wird auf einer stabilen Lochrasterplatine aufgebaut. Bei der Montage ist zu beachten, dass der FET am Rand der Platine montiert ist, um die einfache Montage eines Kühlkörpers zu ermöglichen (Abbildung 6.22).

Abb. 6.22: Leistungsteil Netzteil

Die Folientastatur für die Sollwerteingabe wird auf die Frontplatte oder Oberseite des Gehäuses geklebt. Das flache Anschlusskabel mit den einzelnen Signalen für die Spalten und Zeilen wird durch einen schmalen Spalt in der Frontplatte ins Innere des Gehäuses geführt. Beim Prototyp ist die Tastatur auf der Oberseite des Geräts. Dadurch steht auf der Frontseite mehr Platz für Bedien- und Anzeigeelemente zur Verfügung.

Auf der Frontplatte stehen 4-mm-Anschlussbuchsen, so genannte Bananenbuchsen, mit der Ausgangsspannung zur Verfügung (Abbildung 6.23).

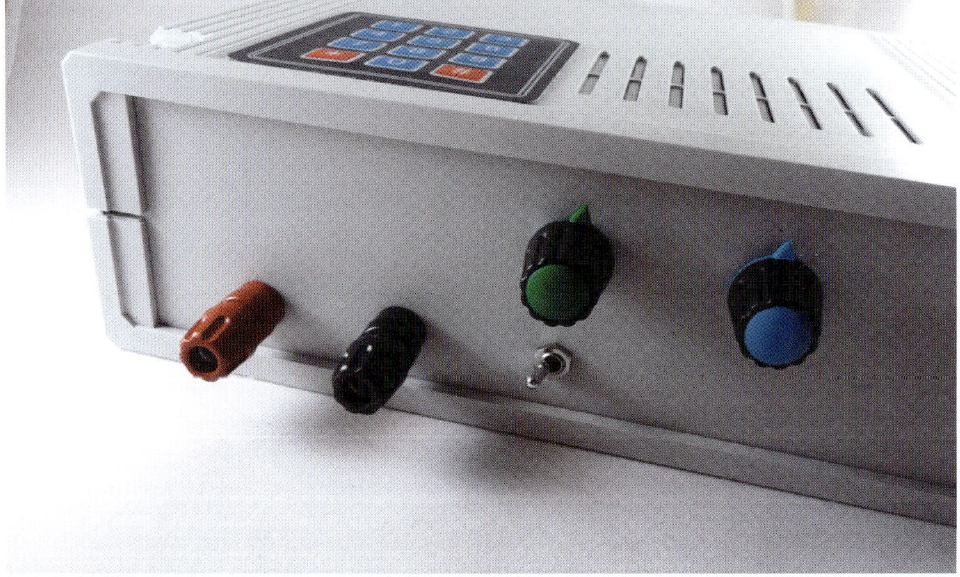

Abb. 6.23: Ausgangsspannung mit Bananenbuchsen

Die Anzeige der aktuell eingestellten Spannung kann mit einem kleinen 3-stelligen Digitalanzeige-Instrument realisiert werden. Dazu eignet sich beispielsweise das Mini-Voltmeter von Adafruit (`https://www.adafruit.com/products/460`).

Je nach Aufbauwunsch kann die Anzeige auch durch ein LC-Display mit weiteren Informationen wie Ausgangsstrom und Ausgangsleistung erweitert werden. Dazu eignen sich serielle Displays oder auch grafische Displays. Je nach Anzeige muss für diese Funktion ein zusätzliches Arduino-Board eingesetzt werden.

Kühlung der Leistungsstufe

Im Leistungsteil des Netzgeräts wird wie beschrieben ein MOSFET eingesetzt. Über die Drain-Source-Stecker dieses Halbleiters fließt der gesamte Strom, der vom angeschlossenen Verbraucher bezogen wird. Zusätzlich ist über dem MOS-

FET zwischen dem Eingang (Drain) und dem Ausgang (Source) dieser Leistungsstufe eine Spannung zu messen. Diese Spannung ist abhängig von der eingestellten Ausgangsspannung des Netzteils. Der Spannungsabfall (UDS) über dem MOSFET ist umso höher, je kleiner die eingestellte Ausgangsspannung ist.

Man kann also folgende Rechnung anstellen:

U_{DS} = Eingangsspannung – Ausgangsspannung – 1 Volt

Die 1 Volt sind der Spannungsabfall über dem Strom-Messwiderstand.

Entsprechend wird die Leistung über dem MOSFET berechnet:

$P = U * I = (U_{DS}) * I$

Für die Berechnung nehmen wir folgende Werte an:

Eingangsspannung: 19 V

Ausgangsspannung: 1 V

Ausgangsstrom: 1 A

Daraus kann man die Spannung U_{DS} ermitteln:

$U_{DS} = 19\ V - 1\ V = 18\ V$

Die Leistung über dem MOS-FET ist somit:

$P = 18\ V * 1\ A = 18\ W$

Diese Leistung über dem Halbleiter erzeugt Wärme, die der MOSFET abgeben muss. Dazu wird in der Elektronik ein Kühlkörper eingesetzt.

Die richtige Auswahl eines Kühlkörpers erfordert etwas Rechenarbeit und zusätzlich müssen verschiedene Parameter aus dem Datenblatt des verwendeten Halbleiters ausgelesen werden.

Im ersten Schritt muss definiert werden, wie der Halbleiter auf den Kühlkörper montiert wird. Der verwendete BUZ11 beispielsweise ist als Bauteil mit der Gehäuseform TO-220 aufgebaut. Bei TO-220-Bauformen wird der Halbleiter mittels Schraube auf eine Kühlfläche oder einen Kühlkörper geschraubt. Kleinere Kühlkörper können sogar direkt auf das Bauteil gesteckt werden und benötigen keine Schraubverbindung. Zwischen dem Halbleiter und dem Kühlkörper wird ein Wärmeleiter, Wärmeleitpaste oder eine spezielle Glimmerscheibe, verwendet.

Damit die metallene Fläche des Halbleiters, an der die Schraube durchs Montageloch geführt wird, nicht Verbindung zum Kühlkörper hat, wird auf die Montageschraube noch eine schwarze Isolierbuchse gesteckt (Abbildung 6.24).

Abb. 6.24: Montage Kühlkörper mit MOSFET

Wie bereits erwähnt, müssen für die Kühlkörperdimensionierung Parameter aus dem Datenblatt des Halbleiters herausgelesen werden.

T_{max}: maximale Sperrschichttemperatur

R_{thjc}: thermischer Widerstand zwischen Sperrschicht (junction) und Gehäuse (case)

R_{thGK}: thermischer Widerstand an der Montagefläche (kann durch Wärmeleitpaste stark minimiert werden, bei isolierter Montage muss Wert für Isolator mitberechnet werden)

Aus dem Datenblatt des BUZ11 sind das dann die konkreten Werte:

T_{max}: 150 Grad C

R_{thjc}: $<1{,}67$ K/W

Die Berechnungsformel für die Ermittlung des thermischen Widerstandes in Kelvin pro Watt (K/W) des Kühlkörpers lautet nun:

$$R_{thK} = (T_J - T_U / P) - R_{thjc} - R_{thGK}$$

$$R_{thK} = (150 \text{ Grad} - 25 \text{ Grad} / 20 \text{ W}) - 1{,}67 \text{ K/W} - 1 \text{ K/W} = 3{,}58 \text{ K/W}$$

Ein Kühlkörper für die Montage von TO-220-Bauteilen mit einem Wärmewiderstand von ungefähr 3,5 K/W kann nun ausgewählt werden.

Im Prototyp des Autors wurde ein Typ SK 68/75 SA (Fischer Elektronik) eingesetzt. Dieser Kühlkörper ist bei verschiedenen Elektronik-Lieferanten verfügbar.

Tipp

Wer sich nicht mit der Formel zur Kühlkörperberechnung herumschlagen will, kann die Berechnung mit einem der im Internet verfügbaren Onlinetools erledigen. Ein sehr praktisches Tool ist auf der Website des Kühlkörperherstellers Alutronic (`http://www.alutronic.de`) zu finden (unter dem Menüpunkt TECHNIK/SERVICE).

Test und Inbetriebnahme

Wie im Stromlaufplan in Abbildung 6.11 zu erkennen ist, wird der Sollwert für die Ausgangsspannung am Verstärker (IC2A) an Pin 3 angelegt. Für die Inbetriebnahme und die ersten Tests kann die Sollwertspannung über die Variante mit dem Potentiometer eingestellt werden. Dazu setzt man die Drahtbrücke J1. Durch Verstellen des Potentiometers sollte an Pin 3 des Verstärkers eine Spannung von 0 bis 5 Volt zu messen sein. Entsprechend der Position des Potentiometers sollte nun am Ausgang des Leistungsteils eine Ausgangsspannung zu messen sein. Bei maximalem Sollwert von 5 Volt sollte über dem Widerstand R3 (Uist) auch eine Spannung von 5 Volt zu messen sein. Wird nun das Potentiometer von 0 bis Maximum verändert, ist am Ausgang eine Spannung von 0 bis zur maximalen Ausgangsspannung messbar. Die maximale Ausgangsspannung ist abhängig von den Widerstandswerten der Widerstände R2 und R3.

Für die Berechnung der maximalen Ausgangsspannung kann folgende Formel zur Berechnung verwendet werden:

Uout = (5 V * R2 / R3) + 5 V

In Tabelle 6.6 sind einzelne Widerstandswerte und die entsprechenden maximalen Ausgangsspannungen aufgelistet.

Max. Ausgangsspannung	R2	R3
12 V	47 kOhm	33 kOhm
15 V	22 kOhm	11 kOhm
18 V	39 kOhm	15 kOhm
24 V	68 kOhm	18 kOhm

Tabelle 6.6: Konfiguration Spannungsteiler für Einstellung Ausgangsspannung

Bei der Berechnung und Konfiguration des Widerstandsspannungsteilers mit R2 und R3 ist zu beachten, dass die vom Notebook-Netzteil gelieferte Spannung, die an den Anschlüssen Input+ und Input GND angeschlossen wird, jeweils 5 Volt höher sein muss.

Für Tests unter Belastung verwendet man am besten Leistungswiderstände, wobei man ein Ampere-Meter in den Lastkreis einfügt. Parallel zur Last wird mit einem zweiten Messgerät die Ausgangsspannung in Volt gemessen.

Statt Leistungswiderständen kann man das Netzteil auch mit einer elektronischen Last prüfen. Eine elektronische Last ist eine kleine Schaltung, die mittels Leistungstransistoren die Last simuliert.

Nachfolgend einige elektronische Last-Projekte:

Dave Jones Video erklärt den Aufbau einer elektronischen Last:

`http://www.eevblog.com/2010/08/01/eevblog-102-diy-constant-current-dummy-load-for-power-supply-and-battery-testing/`

George Graves Dummy-Load-Projekt:

`http://forums.adafruit.com/viewtopic.php?f=44&t=28487`

Constant Current Source Project:

`http://twilightrobotics.com/prototyping/constantcurrentsource`

Tipp

Für eine genaue Einstellung des Spannungsteilers mit den Widerständen R2 und R3 sollten Widerstände mit einer Genauigkeit von 1 % oder genauer verwendet werden. Statt des Widerstands R2 kann auch ein Potentiometer verwendet werden. Auf diese Weise kann man die maximale Ausgangsspannung genau abgleichen, indem man den maximalen Sollwert von 5 Volt setzt und die gewünschte, maximale Ausgangsspannung einstellt.

Optionen

Mit dem Aufbau und Zusammenbau steht ein einfaches Netzgerät, das über ein Arduino-Board angesteuert wird, zur Verfügung. Je nach Anforderungen und Bedürfnissen kann das Netzgerät weiter ausgebaut werden.

Einige mögliche Ausbaumöglichkeiten sind nachfolgend aufgelistet:

- Sollwerteinstellung via serieller Schnittstelle
- Ausgabe von Statusinformationen über die serielle Schnittstelle
- drahtlose Sollwerteinstellung über IR-Fernbedienung oder 433-MHz-Sender/Empfänger
- zusätzliche Ausgänge für 5 Volt oder 12 Volt
- Anzeige Ausgangsstrom mit Balkenanzeige (Bargraph)
- Zusätzliche Ausgangsspannungen 5 Volt via USB-Stecker

Kapitel 7

Erweiterungen

7.1 Bibliotheken

Arduino-Boards nutzen Bibliotheken in Form von Softwarebibliotheken. Diese Softwarebibliotheken, englisch »Library« oder »Libraries« (Mehrzahl), sind in sich geschlossene Programme mit meist einer Anzahl von Funktionen. Sie erweitern die Funktionalität des Arduino und sind speziell für einen Anwendungsfall erstellt. Der Vorteil dieser Bibliotheken ist, dass der Anwender auf vorgefertigte Funktionen zurückgreifen kann und diese nicht selbst ausprogrammieren muss. Bei einer Bibliothek für ein serielles GPS-Modul beispielsweise kann man Daten wie Längen- und Breitengrad direkt abfragen und muss den über die serielle Schnittstelle eingelesenen String nicht selbst auseinandernehmen. Bibliotheken werden meist verwendet, wenn externe Sensoren, Aktoren oder andere elektronische Schaltungen mit dem Arduino eingesetzt werden.

Auf der Arduino-Website werden viele Bibliotheken für die verschiedensten Einsatzgebiete aufgelistet:

`http://arduino.cc/en/Reference/Libraries`

Fortgeschrittene Anwender können eigene Bibliotheken für Arduino schreiben und der Community zur Verfügung stellen. Eine ausführliche Anleitung erklärt alles Wissenswerte dazu:

`http://arduino.cc/en/Hacking/LibraryTutorial`

Die Arduino-Bibliotheken sind in der Arduino-IDE in einem eigenen Verzeichnis abgelegt. Der Pfad hierzu lautet:

Arduino-IDE 1.0:

`Arduino-Verzeichnis\libraries`

Arduino IDE 0017 und älter:

`Arduino-Verzeichnis\hardware\libraries`

Jede Bibliothek wird in einem eigenen Unterverzeichnis abgelegt. Nach dem Neustart der Arduino-IDE kann eine neu eingefügte Bibliothek im Menü über SKETCH|IMPORT LIBRARY in den aktuellen Sketch eingefügt werden.

Die in einem Sketch geladenen Bibliotheken werden jeweils am Beginn des Codes mit der Anweisung `include` eingefügt.

```
#include <EEPROM.h>
```

Die meisten Bibliotheken liefern zur eigentlichen Funktion zusätzliche Beispiele mit, die die Nutzung der Bibliothek beschreiben. Diese Beispiele sind ein guter Startpunkt für den Anwender.

Nachfolgend werden einige Standardbibliotheken und weitere nützliche Bibliotheken beschrieben.

7.1.1 Ethernet Lib

`http://www.arduino.cc/en/Reference/Ethernet`

Mit der ETHERNET-Bibliothek und einem entsprechenden Ethernet-Modul kann eine Ethernet-Verbindung und entsprechend eine Verbindung zum lokalen Netzwerk realisiert werden. Steht im Netzwerk ein Internet-Router zur Verfügung, kann auch eine Verbindung zum Internet realisiert werden.

Die ETHERNET-Bibliothek kann das Arduino-Board als Webserver oder als Webclient betreiben und somit Daten via Netzwerk anbieten (Server) oder Daten aus dem Netz empfangen (Client).

Im Abschnitt 7.2, »Hardwareerweiterungen (Shields)« sind die nötigen Hardwarekomponenten beschrieben. Praktische Beispiele und mehrere Internetanwendungen werden in Kapitel 8 erklärt.

7.1.2 Wire Lib

`http://www.arduino.cc/en/Reference/Wire`

Die WIRE-Bibliothek dient zur Kommunikation mit dem I2C-Bus und 2-Wire-Devices. Auf den Standardboards erfolgt die Datenkommunikation über die beiden Analogports A4 (SDA, entspricht der Datenleitung) und A5 (SCL, entspricht dem Clock). Auf dem Arduino-Mega-Board werden dafür die Pins 20 (SDA) und 21 (SCL) verwendet.

Für die Kommunikation stehen verschiedene Funktionen zur Verfügung.

Wire.begin(), Wire.begin(Adresse)

Initialisierung des I2C-Busses und Definition als Master- oder Slave-Teilnehmer.

Parameter

Mit dem Parameter `Adresse` wird die 7-Bit-Adresse des Busteilnehmers definiert. Ist keine Adresse definiert, wird der Teilnehmer als Master betrieben.

```
void setup()
{
  // teilnehmen am Bus mit Adresse 4 (Slave)
  Wire.begin(4);
}
```

Wire.requestFrom(Adresse, Anzahl)

Anfordern von Daten von einem Busteilnehmer.

Parameter

Adresse: Adresse des Busteilnehmers (7 Bit)

Anzahl: Anzahl erwarteter Bytes

Wire.beginTransmission(address)

Start der Kommunikation mit dem adressierten Slave-Teilnehmer.

Wire.endTransmission()

Abschließen der Datenübertragung mit dem Slave-Teilnehmer, die mit `beginTransmission()` gestartet wurde.

Wire.write(Wert), Wire.write(String), Wire.write(Daten, Anzahl)

Senden von Daten von einem Slave zum Master als Antwort auf einen Request oder zur Speicherung von Daten in einer Warteschlange (Queue), die von einem Master an einen Slave gesendet wurden. Der Sendebefehl erfolgt im Anschluss an den Kommunikationsstart `beginTransmission()`.

Parameter

Wert: Daten als Bytewert (`byte`)

String: Daten als String (`char *`)

Daten: Daten als Array (`byte *`)

Anzahl: Anzahl der Bytes, die übertragen werden

Wire.available()

Gibt die Anzahl der Datenbytes zurück, die zum Empfang bereitstehen. Ein Master kann damit feststellen, wie viel Daten ein Slave nach `requestFrom()` versendet hat.

```
if (Wire.available())
{
```

```
 rdata = Wire.read();
.// weitere Anweisungen
}
```

Wire.read()

Empfangen von Daten, die übertragen wurden. Dabei wird als Rückgabewert der empfangene Wert als Bytewert zurückgegeben.

onReceive(Handler)

Wenn ein Slave Daten vom Master erhält, wird die Funktion aufgerufen, die als Handler übergeben wurde.

```
// falls Daten empfangen wurden, Funktion receiveData aufrufen
Wire.onReceive(receiveData);
```

Die Funktion, die nach `onReceive()` aufgerufen wird, muss als Funktion im Sketch vorhanden sein. Als Übergabeparameter für diese Funktion wird ein Integerwert mitgegeben.

```
// Funktion ausführen, falls Daten empfangen
void receiveData(int AnzahlBytes)
{
  // Daten empfangen und in Variable ablegen
  int recData =  Wire.read();
}
```

Wire.onRequest(Handler)

Empfängt der Master Daten von einem Slave, wird die im Handler übergebene Funktion aufgerufen.

7.1.3 SoftwareSerial

`http://arduino.cc/en/Reference/SoftwareSerial`

Die SOFTWARESERIAL-Bibliothek kann dazu verwendet werden, per Software zusätzliche serielle Schnittstellen zu erstellen. Auf dem Arduino-Board steht standardmäßig nur eine hardwaremäßige serielle Schnittstelle an den Pins 0 (Rx) und Pin 1 (Tx) zur Verfügung.

Mit der Arduino-IDE-Version 1.0 ist diese Bibliothek standardmäßig dabei. Die bisherige Bibliothek NEWSOFTSERIAL wird durch diese Standard-Bibliothek abgelöst. Beim Migrieren von Sketches, in denen NEWSOFTSERIAL verwendet wurde, empfiehlt sich ein Blick auf die Webseite des Entwicklers (`http://arduiniana.org/libraries/NewSoftSerial/`).

Nach dem Einbinden der Bibliothek werden die Pins der gewünschten seriellen Schnittstelle definiert und ein Schnittstellenobjekt `gps` wird erstellt.

```
#include <SoftwareSerial.h>
int rxPin=2;
int txPin=3;
SoftwareSerial GPS(rxPin, txPin);
```

Mit der Bibliothek ist man nun in der Lage, ein serielles LC-Display und ein serielles GPS-Modul gleichzeitig zu betreiben.

```
#include <SoftwareSerial.h>

// Serielles GPS-Modul an Pin 2 und Pin 3 (RX, TX)
SoftwareSerial GPS(2, 3);
// Serielles LC-Display an Pin 4 und Pin 5 (RX, TX)
SoftwareSerial LCD(4, 5);
```

Das anschließende Ansteuern und Abfragen über die serielle Schnittstelle erfolgt auf dieselbe Art wie bei der Standardschnittstelle. Dabei können die Methoden `begin()`, `available()`, `read()`, `print()` und `println()` verwendet werden.

```
void setup ()
{
  // Schnittstelle LCD starten
  LCD.begin(9600);
  // Schnittstelle GPS starten
  GPS.begin(9600);
}

void loop ()
{
  // falls Daten von GPS vorhanden sind
  if (GPS.available())
  {
    // GPS-Daten einlesen
    // und Daten auf LCD
    LCD.write(GPS.read());
  }
}
```

Listing 7.1: 2 Serielle Schnittstellen im Einsatz

Beim Einsatz dieser Bibliothek zur Erweiterung der seriellen Schnittstellen können alle Ports des Arduino (D0–D13 sowie die analogen Ports D14–D19) verwendet werden. Zu beachten ist, dass beim Einsatz mehrerer softwaremäßiger Schnittstellen immer nur eine Schnittstelle gleichzeitig Daten empfangen kann.

7.1.4 TinyGPS

`http://arduiniana.org/libraries/tinygps/`

Bibliothek zum Lesen und Auswerten von Daten von einem GPS-Modul, ohne dass viel Aufwand für die Datenauswertung nötig ist. Ideal für Anwendungen, bei denen die wichtigsten Parameter aus dem NMEA-Format (`http://www.kowoma.de/gps/zusatzerklaerungen/NMEA.htm`) stammen. Zu diesen Daten gehören Position (Längen- und Breitenangabe), Datum, Zeit, Höhe, Geschwindigkeit.

Nach dem Einbinden der Bibliothek und dem Erstellen eines neuen Objekts wird mittels der SOFTSERIAL-Bibliothek eine zusätzliche serielle Schnittstelle erzeugt. Über diese serielle Schnittstelle an den Pins 2 und 3 werden die Daten des GPS-Moduls eingelesen. Auf diese Weise ist die Standardschnittstelle an Pin 0 und 1 weiterhin frei und kann für die Kommunikation mit dem angeschlossenen Rechner und für Datenausgabe im seriellen Monitor verwendet werden.

```
#include <SoftwareSerial.h>
#include <TinyGPS.h>

// GPS-Objekt
TinyGPS gps;
// Zusätzliche Schnittstelle, nss (RX, TX)
SoftwareSerial nss(2, 3);

// Variablen
float flat, flon;
unsigned long age;

void setup ()
{
  // Hardwareschnittstelle
  Serial.begin(9600);
  // GPS
  nss.begin(4800);
  // Ausgabe auf Schnittstelle
  Serial.println("GPS-Modul");
  Serial.print("Suchen...");
}

void loop()
```

```
{
  while (nss.available())
  {
    // GPS-NMEA-Daten einlesen
    int c = nss.read();
    if (gps.encode(c))
    {
      gps.f_get_position(&flat, &flon, &age);
      // Ausgabe GPS Breitengrad
      Serial.print("Lat: ");
      Serial.println(flat);
      // Ausgabe GPS Längengrad
      Serial.print("Lon: ");
      Serial.print(flon);
      }
  }
}
```

Listing 7.2: Mini-GPS mit Positionsanzeige auf LC-Display

Neben den Positionsdaten aus dem Beispiel liefert diese GPS-Bibliothek weitere nützliche Daten, wie beispielsweise die Uhrzeit, Höhe über Meer oder die Anzahl der verfügbaren Satelliten, die nach Bedarf verwendet werden können.

7.1.5 NMEA

`http://www.maartenlamers.com/nmea/`

NMEA 0183 ist das Standardformat von GPS-Modulen (`http://de.wikipedia.org/wiki/NMEA_0183`). Mit dieser Bibliothek können aus dem Datenstring des GPS-Moduls die einzelnen Einträge wie Längengrad oder Geschwindigkeit ausgelesen werden, ohne dass der Aufbau des NMEA-Datensatzes bekannt ist. Die Daten aus dem Datenstring können mit Hilfe verschiedener Methoden abgefragt werden.

NMEA(GPRMC) or NMEA(ALL)

Verbindungsaufbau zu einem GPS-Empfänger:

```
// GPS-Datenverbindung zu einem GPRMC-Datentyp
NMEA gps(GPRMC);
```

decode()

Dekodierung der Daten, die von einem GPS-Empfänger empfangen wurden. Ein Rückgabewert meldet, ob der Datensatz komplett ist.

1: OK

0: nicht abgeschlossen

```
// Ankommende Daten vom GPS lesen
char c = Serial1.read();
// Daten prüfen, ob Datensatz komplett
if (gps.decode(c)) {
..// Daten .
}
```

gprmc_status()

Gibt das Statuszeichen des letzten GPRMC-Strings zurück.

A: Aktiv

V: Void (keine gute Verbindung oder Suche nach Satelliten)

gprmc_utc()

Rückgabewert mit der UTC-Zeit der letzten Position. Universal Time Coordinated (UTC) ist unabhängig von der Zeitzone und von der Sommer-/Winterzeit und bezieht sich üblicherweise auf die Greenwich Mean Time (GMT).

Der Rückgabewert ist eine Float-Zahl in Form von 235219.281 (entspricht 23:52:19 Uhr und 281 Millisekunden)

gprmc_latitude()

Breitengrad der aktuellen Position.

`float valLat = gps.gprmc_latitude();`

gprmc_longitude()

Längengrad der aktuellen Position.

`Float valLon= gps.gprmc_longitude();`

Weitere ausführliche Informationen zu NMEA und dem Aufbau der Daten erhalten Sie unter `http://www.kowoma.de/gps/zusatzerklaerungen/NMEA.htm`.

Tipp

Die NMEA-Bibliothek liefert mehr Daten als die TinyGPS-Bibliothek und wird meist für anspruchsvollere Navigationsaufgaben eingesetzt. Für die einfache Abfrage der aktuellen Position empfiehlt sich der Einsatz der TinyGPS-Bibliothek. Bei der Auswahl der richtigen Bibliothek empfiehlt sich ein Test mit der TinyGPS-

Library. Falls diese die gewünschten Daten nicht liefert, kann die NMEA-Bibliothek verwendet werden.

7.1.6 PString

`http://arduiniana.org/libraries/pstring/`

Diese Bibliothek konvertiert und bearbeitet Textzeichen eines Buffers (Array) und ermöglicht beispielsweise das Zusammenhängen von Zeichen für die Ausgabe über die serielle Schnittstelle.

7.1.7 Matrix

`http://wiring.org.co/reference/libraries/Matrix/Matrix.html`

Eine Bibliothek zur einfachen Ausgabe von Daten auf einer LED-Matrixanzeige, die von einem Baustein MAX7219 (Matrix-Controller) angesteuert wird. Dabei wird der MAX7219 über drei Datenleitungen des Arduino-Boards angesprochen.

Nach der Definition der Pins der Signalleitungen

```
// Matrix (Data, Clock, Load)
Matrix LEDMatrix = Matrix(0, 2, 1);
```

können die einzelnen Leuchtdioden der LED direkt mit `write()` angesteuert werden.

`matrix.write(x, y, value)`

Die übergebenen Werte sind

x: x-Position der LED (Spalte)

y: y-Position der LED (Zeile)

Value: Schaltzustand der LED, HIGH oder LOW

Das Datenblatt des Matrix-Controllers ist unter folgender Adresse verfügbar:

`http://datasheets.maxim-ic.com/cn/ds/MAX7219-MAX7221.pdf`

7.1.8 LiquidCrystal (LCD)

`http://arduino.cc/en/Reference/LiquidCrystal`

Diese Bibliothek gehört zum Arduino-Standardpaket und erlaubt die Ansteuerung von LC-Anzeigen, die auf dem Display-Controller Hitachi HD44780 basieren.

Die Einsatzmöglichkeiten und die vorhandenen Methoden dieser Bibliothek sind in Kapitel 5 detailliert beschrieben. Etliche Beispiele, die die Möglichkeiten dieser

Display-Bibliothek zeigen, sind als Beispiel-Sketches in der IDE mitgeliefert und dienen als Grundlage für eigene Anwendungen.

7.1.9 MIDI

http://www.arduino.cc/playground/Main/MIDILibrary

MIDI (Musical Instrument Digital Interface), siehe auch http://de.wikipedia.org/wiki/Musical_Instrument_Digital_Interface, ist eine digitale Schnittstelle zur Kommunikation mit Musikinstrumenten. Die Übertragung der Steuerdaten erfolgt über ein serielles Protokoll.

Das Beispiel aus der MIDI-Bibliothek zeigt, wie man auf einfache Weise eine Note ausgeben kann.

```
#include <MIDI.h>

// LED-Pin
#define LED 13

void setup()
{
  pinMode(LED, OUTPUT);
  // MIDI starten mit Kanal 4
  MIDI.begin(4);
}

void loop()
{
 if (MIDI.read()) {
  // falls Daten, LED EIN
  digitalWrite(LED,HIGH);
  // Ausgabe einer Note auf Kanal 1
  MIDI.sendNoteOn(42,127,1);
  // warten 1 Sekunde
  delay(1000);
  // Stoppen von Notenausgabe
  MIDI.sendNoteOff(42,0,1);
  // LED AUS
  digitalWrite(LED,LOW);
 }
}
```

Listing 7.3: MIDI-Ausgabe mit Arduino

In Listing 7.3 ist zu beachten, dass die serielle Übertragung in der Bibliothek erfolgt. Der Anwender muss also keine Ausgabebefehle an die serielle Schnittstelle senden.

Wie das Arduino-Board mit einer MIDI-Schnittstelle erweitert wird, ist in Abschnitt 7.2 »Hardwareerweiterungen (Shields)« beschrieben.

7.1.10 Stepper

`http://www.arduino.cc/en/Reference/Stepper`

Diese Bibliothek erlaubt das Ansteuern von uni- und bipolaren Schrittmotoren. Schrittmotoren sind Motoren, die für Positionierungsaufgaben oder Roboteranwendungen zum Einsatz kommen. Eine wichtige Maßzahl bei Schrittmotoren ist die Anzahl der Schritte pro Umdrehung. Mit der STEPPER-Bibliothek kann die Geschwindigkeit in Umdrehungen pro Minute und die Anzahl der Schritte, um die sich der Motor bewegen soll, angegeben werden.

Beispiel:

Bei einem Schrittmotor mit 100 Schritten pro Umdrehung dreht sich der Motor somit um 180 Grad, wenn man in der Anweisung die zu bewegenden Schritte mit 50 angibt.

Nach dem Einbinden der Bibliothek wird ein Stepperobjekt erstellt. Dabei werden die Anzahl der Schritte pro Umdrehung und die digitalen Pins für die Ansteuerung durch das Arduino-Board angegeben.

```
#include <Stepper.h>
// Initialisierung der Stepper-Library
// Stepper StepperObjekt(Schritte, Pin1, Pin2, Pin3, Pin4)
Stepper ArduStepper(100,6,7,8,9);
```

Mit der Methode `steps(anzahl)` kann der Schrittmotor um die angegebene Anzahl von Schritten bewegt werden.

```
// Motor bewegen um 50 Schritte
ArduStepper.step(50);
```

Die Ansteuerung und die Leistungsstufe werden dabei, wie bereits in Kapitel 5 beschrieben, mit einem Treiberbaustein L293 oder SN754410 realisiert. Abbildung 7.1 zeigt die Schaltung und die Ansteuerung durch das Arduino-Board. Die Ports D6 bis D9 werden wie im Beispiel definiert für die Ansteuerung des Schrittmotors verwendet. Der digitale Port D10 dient als Freigabesignal für den Motorbaustein. Ein HIGH an D10 gibt den Motorbaustein L293 frei.

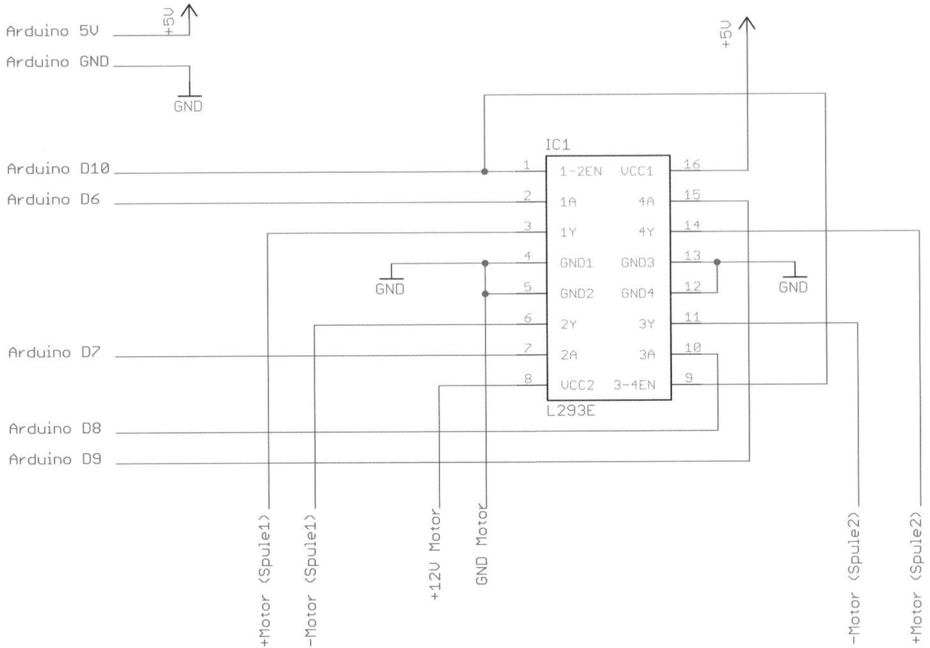

Abb. 7.1: STEPPER-Bibliothek: Ansteuerung eines Schrittmotors

Für eine Drehrichtungsänderung wird in der Anweisung `steps()` einfach eine negative Zahl angegeben und der Schrittmotor bewegt sich in die umgekehrte Richtung.

```
// Motor bewegen um 50 Schritte zurück
ArduStepper.step(-50);
```

Für Experimente mit Schrittmotoren eignet sich ideal das Adafruit Motor Shield, das in Abschnitt 7.2, »Hardwareerweiterungen (Shields)« noch erwähnt wird (`http://www.ladyada.net/make/mshield/`).

7.1.11 Webduino

`https://github.com/sirleech/Webduino`

Zusammen mit der ETHERNET-Bibliothek kann mit der WEBDUINO-Bibliothek ein Webserver mit erweiterter Funktionalität realisiert werden. Damit sind erweiterte Parameterabfragen und Formularfunktionen möglich.

7.1.12 Wii Nunchuk

`http://todbot.com/blog/2008/02/18/wiichuck-wii-nunchuck-adapter-available/`

Die Bedieneinheit Nunchuk für die Spielkonsole Nintendo Wii ist eine Erweiterung für die Fernbedienung Wii Remote und besitzt einen analogen Joystick, einen dreiachsigen Bewegungssensor und zwei Drucktasten. Dieses Bedienelement wird über ein kurzes Anschlusskabel an der Fernbedienung angeschlossen. Die Datenübertragung zwischen den beiden Geräten erfolgt über einen I2C-Bus. Dadurch ist es naheliegend, dass man die Wii-Nunchuk-Einheit auch ohne Spielkonsole benutzen kann.

7.2 Hardwareerweiterungen (Shields)

Hardwareerweiterungen und Varianten von Zusatzplatinen, im Arduino-Umfeld als Shield bezeichnet, beinhalten Schaltungen zur Erweiterung des Arduino. Zu den bekanntesten gehören das »Protoshield« (Prototypplatine) und das »Ethernet Shield« (Erweiterungsplatine für die Verbindung zum Ethernet). Die Arduino-Shields werden direkt auf ein Standard-Arduino-Board aufgebracht, indem die Stiftleisten auf der Unterseite der Erweiterungsplatine in die Steckerleiste auf dem Arduino gesteckt werden. Eine Art Sandwich-Montage. Auf dem Shield selbst sind dann die Zusatzschaltungen und Anschlusskomponenten untergebracht.

Wer sich ein Shield selbst erstellen will, kann eine normale Lochrasterplatine einsetzen oder man baut sich mittels CAD-Programm, beispielsweise Eagle, seine Schaltung auf eine stabile Leiterplatte. Die mechanischen Layoutdaten sind als Bibliothek für Eagle CAD unter der Adresse `http://github.com/adafruit/Adafruit-Eagle-Library` verfügbar.

7.2.1 Protoshield

`http://www.ladyada.net/make/pshield`

Mit dem Protoshield steht dem Arduino-Anwender eine universelle Erweiterung für verschiedene Anwendungsfälle zur Verfügung. Die Erweiterung besitzt einige fixe Anschlussmöglichkeiten für LEDs, ICSP-Stecker und Reset-Taster. Zusätzlich sind genügend Anschlussmöglichkeiten für +5 Volt und GND vorhanden. Der Hauptanteil der Leiterplattenfläche ist mit Lötpunkten für die eigene Bestückung und die Verdrahtung von Bauteilen vorbereitet. Die Bauteile können auf diese Art sauber auf die Leiterplatte gesteckt und verlötet werden.

Neben den Lötpunkten für konventionelle Bauteile befindet sich auf dem Protoshield auch ein Bereich mit Lötanschlüssen für eine integrierte Schaltung in Oberflächenmontage (SMD). Das SMD-Bauteil wird direkt auf die Leiterplatte gelötet. Die 14 Anschlüsse dieses Miniaturbauteils sind auf konventionelle Lötanschlüsse geführt. Eine ideale Lösung, falls man einen integrierten Baustein nur in der Ausführung für die Oberflächenmontage bekommt (beispielsweise den Temperatursensor LM74 im SO-8-Gehäuse).

Für eine flexible Bestückung kann dieser Bereich auch mit einem Ministeckbrett erweitert werden. Auf diese Weise können saubere und relativ stabile Testschaltungen realisiert werden, ohne dass Bauteile zusammengelötet werden müssen.

Abb. 7.2: Protoshield

Für die eigene Leiterplattenherstellung oder Anpassungen am Layout können die Rohdaten der Leiterplatten im Eagle-Format heruntergeladen werden:

`http://www.ladyada.net/make/pshield/download.html`

Das Protoshield ist zwischenzeitlich von verschiedenen Anbietern und Herstellern in verschiedenen Ausführungen verfügbar. Tabelle 7.1 zeigt eine Anzahl von Varianten von Protoshields. Je nach Anforderung und Platzbedarf eignet sich das eine oder andere. Eine ganz spezielle Lösung eines Protoshields ist das DIY Shield, das von Adafruit angeboten wird. Die Leiterplatte ist eine leere Lochrasterplatine. Im Lieferumgang sind zusätzlich die nötigen Buchsenleisten enthalten. Der Anwender kann das DIY Shield mit eigenen Komponenten bestücken und hat auf diese Weise schnell ein eigenes Shield aufgebaut, das auf das Arduino-Board gesteckt werden kann. Da der Abstand der Buchsenleisten auf dem Arduino-Board nicht mit den Bohrungen auf dem DIY Shield übereinstimmen, sind die Stifte der mitgelieferten Buchsenleisten entsprechend vorgebogen.

Bezeichnung	Lieferant
ProtoShield	Freetronics (http://www.freetronics.com/collections/protoshields)
ProtoShield Kit	Sparkfun (http://www.sparkfun.com/products/7914)
Arduino Proto Shield	Arduino (http://arduino.cc/en/Main/ArduinoProtoShield)
DIY Shield	Adafruit (http://www.adafruit.com/products/187)

Tabelle 7.1: Protoshield: Ausführungen und Lieferanten

7.2.2 Ethernet Shield

`http://www.arduino.cc/en/Main/ArduinoEthernetShield`

Die Ethernet-Erweiterung Ethernet Shield erlaubt dem Arduino die Kommunikation via Ethernet-Protokoll. Mit diesem Shield stehen dem Nutzer unzählige Möglichkeiten zur Verfügung. Die Nutzung von aktuellen Web-2.0-Anwendungen wie Twitter machen diese Hardware-Erweiterungen zu einem Muss für jeden Arduino-Anwender. Die bekannten Lösungen, bei denen eine Pflanze Statusmeldungen auf der Twitter-Plattform verschickt, sind durch alle Medien gegangen.

Das Ethernet Shield wird wie die meisten Shields direkt auf das Arduino-Board gesteckt. Für die Kommunikation mit dem Arduino-Board verwendet das Ethernet Shield eine Anzahl von digitalen Ports. Die Pins 10, 11, 12 und 13 (SPI) erledigen diesen Datenverkehr. Zu beachten ist, dass diese Kommunikationsports bei der Nutzung des Ethernet Shields belegt sind und nicht für andere Anwendungen zur Verfügung stehen. Dies ist speziell beim Einsatz von zusätzlichen Shields zu berücksichtigen.

Auf dem Ethernet Shield wird ein Ethernet-Controller vom Typ Wiz5100 eingesetzt. Bei der Auswahl eines Ethernet Shields von Dritthersteller sollte immer geprüft werden, welcher Ethernet-Controller verwendet wird. Diese Angabe wird meist im Datenblatt oder auf der Produktseite erwähnt. Andere Ethernet-Controller-Typen werden von der Standard-ETHERNET-Bibliothek unterstützt.

Für die physische Verbindung zum Internet oder zum internen Netzwerk ist auf dem Ethernet Shield ein RJ45-Stecker vorhanden. Der Anschluss an das Ethernet erfolgt mittels Standard-Ethernet-Kabel.

Weiter steht auf dem Ethernet Shield ein Adapter für eine Micro-SD-Card zur Verfügung, mit der man Daten über ein Netzwerk speichern kann. Die SD-Card wird dabei mit der Standard-SD CARD-Bibliothek (`http://arduino.cc/en/Reference/SD`) angesprochen.

Die Nutzung und Programmierung der Ethernet-Funktionalität ist relativ einfach, da eine Arduino-Library (ETHERNET-Bibliothek, `http://www.arduino.cc/en/Reference/Ethernet`) das Ansprechen der Kommunikation sehr vereinfacht. Diese Bibliothek ermöglicht, das Arduino-Board als Server oder als Client zu betreiben, wobei maximal vier parallele Anfragen unterstützt werden.

Der Serverbetrieb ermöglicht die Verarbeitung von eingehenden Anfragen eines Browsers und die Darstellung von Webseiten mit Informationen wie Statusinformationen oder Analogwerten von Sensoren.

Im Clientbetrieb können mit dem Ethernet Shield Anfragen (Requests) an eine externe Adresse versendet werden. Diese Betriebsart wird genutzt, um bei der Twitter-Lösung Informationen an die Twitter-Plattform zu senden.

Hinweis

Im Gegensatz zu früheren Versionen des Ethernet Shields wird die aktuelle Version (R3) vom Arduino Mega unterstützt.

Neben dem Standard-Ethernet-Shield gibt es noch weitere Module für die Erweiterung des Arduino.

Ethernet Shield von Seeedstudio

`http://www.seeedstudio.com/depot/ethernet-shield-p-518.html`

Das Ethernet Shield vom chinesischen Hersteller Seeedstudio ist eine etwas günstigere Variante eines Ethernet Shields. Auch dieses Shield wird mit einem Wiz5100 betrieben und ist kompatibel mit der Standard-ETHERNET-Bibliothek.

Im Gegensatz zum Arduino-Ethernet-Shield ist auf der Variante von Seeedstudio kein SD-Card-Adapter vorhanden. Zusätzlich fehlen Buchsenleisten für das Aufstecken von weiteren Shields. Falls man ein zusätzliches Shield auf das Ethernet Shield aufstecken will, muss man Buchsenleisten einlöten. Die entsprechenden Lötpins stehen auf dem Ethernet Shield zur Verfügung.

Ethernet Shield von Ladyada

Als weitere Ethernet-Möglichkeit kann auf dem Arduino auch die Leiterplatte Ethernet Shield von Ladyada (`http://ladyada.net/make/eshield/index.html`) verwendet werden. Dieses Prototyp-Board ermöglicht die Aufnahme verschiedener Ethernet-Module (beispielsweise eines Xport-Moduls von Lantronix).

Ethernet Shield von Nuelectronics

`http://www.nuelectronics.com/estore/index.php?main_page=product_info&cPath=1&products_id=4`

Das Arduino Ethernet Shield V1.0 von Nuelectronics wird oft bei Elektronikhändlern oder auf Auktionsplattformen zu einem günstigen Preis angeboten. Dieses Shield kann auch für die Ethernet-Kommunikation mit dem Arduino verwendet werden, ist aber nicht mit der Standard-ETHERNET-Bibliothek kompatibel, da dieses Shield einen anderen Ethernet-Controller verwendet. Zum Einsatz kommt hier ein Ethernet-Controller vom Typ ENC28J60. Shields, die diesen Controller-Typ verwendet, müssen mit einer anderen ETHERNET-Bibliothek angesteuert werden. Für diesen Ethernet-Controller eignet sich die ETHERCARD-Library (`https://github.com/jcw/ethercard`). Nachteil bei dieser Lösung ist die etwas aufwendigere Ansteuerung im Arduino-Sketch.

Ethernet Shield Gate 0.5 von Snootlab

`http://shop.snootlab.com/lang-en/ethernet/85-gate.html`

Das Gate 0.5 ist eines der wenigen Ethernet Shields, das als Bausatz angeboten wird. Auch dieses Shield wird mit einem Ethernet-Controller ENC28J60 betrieben und kann mit der ETHERCARD-Bibliothek angesteuert werden.

Ethernet-Anwendungen

Praktische Anwendungen mit dem Ethernet Shield sind in Kapitel 8 beschrieben.

7.2.3 Datalogger und GPS Shield

`http://www.ladyada.net/make/gpsshield/`

Sensordaten erfassen und gleichzeitig die aktuelle Uhrzeit und die geografische Position des erfassten Datenwertes speichern, kann mit Ladyadas Datenlogger- und GPS-Shield realisiert werden. Diese standortbasierte Lösung als Arduino-Shield besitzt neben einem Adapter für die SD-Karte zusätzlich die Anschlussmöglichkeit eines seriellen GPS-Moduls. Die ermittelten Sensordaten können direkt auf die Speicherkarte geschrieben werden, wobei die aktuelle Uhrzeit und der Standort Informationen sind, die vom GPS-Modul geliefert werden.

Mit diesem Shield können natürlich auch andere standortbasierte (geo-based) Anwendungen realisiert werden. Für Wanderer oder Naturbeobachter kann beispielsweise ein GPS-Modul mit Tracking-Funktion realisiert werden. Die geografische Position wird dabei laufend auf der Speicherkarte gesichert.

Zu Hause können dann die gespeicherten Wegpunkte der Wanderung mittels Zusatztools, wie beispielsweise dem Online-Tool GPSVisualizer (`http://www.gpsvisualizer.com/`), konvertiert und in Kartenanwendungen weiterverarbeitet werden. Werden die Wegdaten ins KML-Format umgewandelt, kann die gesamte Wanderung anschließend mit Google Earth (`http://earth.google.com/`) visualisiert werden.

Auf der Website dieses Shields stehen auch Beispiel-Sketches für den Zugriff auf das GPS-Modul sowie zur Datenspeicherung zur Verfügung.

7.2.4 Adafruit Motor Shield

`http://www.ladyada.net/make/mshield/`

Das Motor Shield ist eine kleine und kompakte Leistungsendstufe für die Ansteuerung von Servos, Gleichstrom- oder Schrittmotoren. Auch dieses Shield lässt sich direkt auf das Arduino-Board stecken.

An den auf der Leiterplatte aufgelöteten Schraubklemmen können die Motoren direkt angeschlossen werden. Zusätzliche Anschlüsse stehen für die Motorspannung zur Verfügung.

Für die Ansteuerung von zwei Miniaturservos, die mit 5 Volt betrieben werden, stehen die nötigen Stiftleisten bereit.

7.2.5 DFRobot Motor Shield

`http://www.robotshop.com/dfrobot-arduino-compatiable-motor-shield.html`

Dieses etwas einfachere Motor Shield erlaubt die Ansteuerung von zwei Gleichstrommotoren. Auch hier können die Motoren über stabile Anschlussklemmen angeschlossen werden.

7.2.6 Keypad Shield

`http://www.robotshop.com/dfrobot-lcd-keypad-shield-arduino-1.html`

Das Keypad Shield ist eine Erweiterung mit einem zweizeiligen LC-Display und zusätzlichen Tasten, mit denen man eine Navigation durch eine Anwendung, beispielsweise ein Konfigurationsmenü, realisieren kann. Die Tasten sind so angeordnet, dass damit ein Navigieren VOR und ZURÜCK sowie AUF und AB möglich ist. Durch die clevere Schaltungstechnik wird für die Abfrage der Tasten nur ein analoger Port benötigt.

7.2.7 TouchShield

Das TouchShield ist eine Erweiterungsplatine mit einem 128 x 128 Pixel großen Touchscreen-Display. Der farbige Bildschirm erlaubt die Darstellung von grafischen Elementen – einige sind bereits integriert – sowie das Abbilden von geometrischen Figuren. Mittels zusätzlicher Anweisungen wie `lcd_rectangle(20,20,80,80, red, blue)` können Darstellungen auf dem Bildschirm erstellt werden.

Mit dem TouchShield können visuelle Bedienoberflächen für die Arduino-Anwendungen realisiert werden. Ein Beispiel ist der Pin Visualizer, der den Status der einzelnen Arduino-Ports optisch darstellt.

http://www.liquidware.com/projects/8/Pin+Visualizer

Die Installation des TouchShields erfordert eine einmalige Konfiguration in der IDE. Dabei müssen gewisse Daten ausgetauscht werden.

Eine genaue Anleitung hierzu liefert der Hersteller unter:

http://antipastohw.blogspot.com/2008/04/touchshield-up-and-running-in-5-minutes.html

Diese Erweiterungsplatine weitet die Möglichkeiten von Arduino-Anwendungen enorm aus. Da das TouchShield nicht ganz günstig ist, sind seine Einsatzmöglichkeiten natürlich gut abzuwägen.

Einen noch größeren Bildschirm bietet die Luxusvariante des TouchShields, das TouchShield Slide. Es besitzt ein Touchscreen-Display mit einer Auflösung von 320 x 240 Pixeln. Mit der erweiterten Grafikfähigkeit können professionelle User Interfaces realisiert werden. Auch hier spielt der Kostenfaktor im Hinblick auf den Einsatz eine Rolle: Das TouchShield Slide kostet knapp 200 US-Dollar.

7.2.8 Wave Shield

http://ladyada.net/make/waveshield/

Mit dem Wave Shield können Audiodaten, in Form von WAV-Files über einen Lautsprecher oder einen Kopfhörer ausgegeben werden. Die Audiodaten werden dabei direkt aus der SD-Speicherkarte ausgelesen, die auf das Shield gesteckt werden kann. Die Möglichkeit, via Arduino-Board Stimmen oder Musik auszugeben, kann für viele Projekte genutzt werden: eine sprechende Uhr, ein sprechendes Thermometer oder eine Sprachausgabe statt der Textinformationen auf einem Display.

Das Shield besitzt einen Regler für die Lautstärke sowie Anschlussmöglichkeiten für einen 3,5-mm-Stecker für einen Kopfhörer.

7.2.9 SD Card Shield

Die Möglichkeit der Speicherung von Daten auf einer SD-Speicherkarte wurde auf verschiedenen Erweiterungsplatinen bereits realisiert. Der Nachteil dabei ist aber, dass jeweils noch Zusatzelektronik für andere Anwendungen, wie ein GPS-Modul oder auch eine Ethernet-Verbindung, auf demselben Board vorhanden ist. Das macht die SD-Funktionalität unnötig teuer. Ein einfaches SD Card Shield ohne Zusatzelektronik bietet Seeedstudio.

http://www.seeedstudio.com/depot/sd-card-shield-for-arduino-v21-p-492.html

Diese kleine Erweiterungsplatine beinhaltet nur den Adapter für die SD-Karte sowie ein paar Widerstände für die Spannungsteilung. Der Adapter beansprucht den kompletten Platz eines Standard-Shields. Darum kann bei der Verwendung der SD-Karte keine weitere Erweiterungsplatine aufgesteckt werden.

Die Ansteuerung der SD-Karte erfolgt über SPI (Serial Peripheral Interface), das auf dem Arduino Uno die Pins 10, 11, 12 und 13 verwendet.

Die Ansteuerung der SD-Karte und die Speicherung von Daten sind in Kapitel 6 beschrieben.

Hinweis

Beim Einsatz des SPI sind die Ports 10 bis 13 des Arduino belegt und können nicht für andere Anwendungen genutzt werden. Der parallele Betrieb eines Ethernet Shields ist deshalb nicht möglich.

7.2.10 MIDI Shield

Geräte, die eine MIDI-Schnittstelle besitzen, haben meist drei Anschlussstecker: MIDI-IN, MIDI-OUT und MIDI-THRU. Die Ein- und Ausgangsports empfangen oder senden Daten und der MIDI-THRU ist ein Durchgangsport, der die Signale direkt an ein weiteres Gerät weitergibt.

Als Steckertyp wird bei allen Anschlüssen ein 5-poliger DIN-Stecker verwendet. Die Signale werden in den Geräten jeweils mittels Optokoppler getrennt. Dadurch sind die Geräte galvanisch voneinander getrennt.

Die Schaltung mit Ein- und Ausgang erfordert wenige Bauelemente und kann einfach auf einer Platine aufgebaut werden.

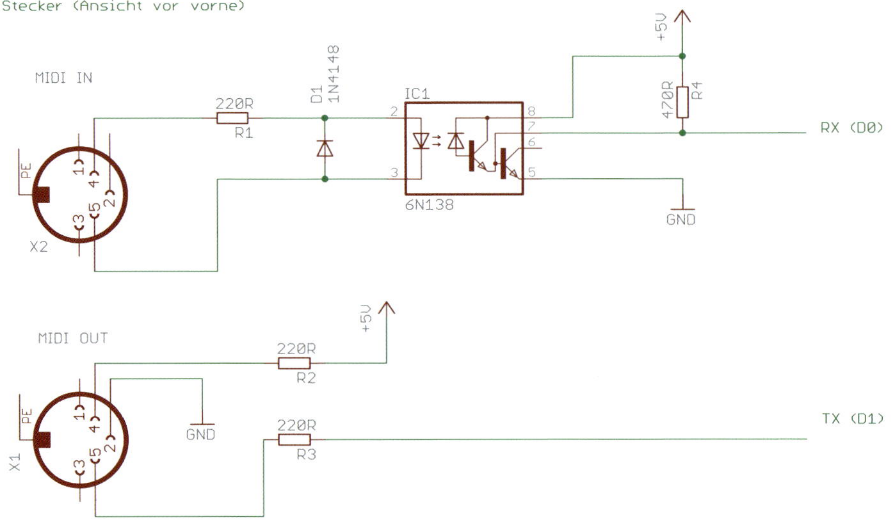

Abb. 7.3: MIDI-Interface für Arduino

Neben dem Eigenbau einer MIDI-Platine gibt es auch fertige Lösungen, die als Shields direkt auf das Arduino-Board gesteckt werden können.

`http://www.sparkfun.com/commerce/product_info.php?products_id=9595`

Die softwaremäßige Ansteuerung des MIDI-Shields erfolgt mit der in Abschnitt 7.1, »Bibliotheken« beschriebenen MIDI-Bibliothek.

7.2.11 Nano Shield

`http://www.robotshop.com/dfrobot-nano-i-o-shield.html`

Auf diese Erweiterungsplatine kann ein Arduino Nano aufgesteckt werden. Dabei werden die Pins des Arduino-Boards auf Stiftleisten geführt. Dadurch bietet sich eine einfache Möglichkeit, um externe Sensoren, Aktoren und Anzeigen anzuschließen.

7.2.12 Lithium Backpack

`http://antipastohw.blogspot.com/2008/06/how-to-install-lithium-backpack-to-your.html`

Mit dem Lithium Backpack lassen sich portable Arduino-Anwendungen realisieren, die ohne externe Stromversorgung betrieben werden. Je nach verwendeter Lithium-Batterie können Standby-Zeiten von 9 bis 29 Stunden erreicht werden. Die dabei verwendeten Lithium-Ionen-Zellen haben eine Kapazität von 600 mAh bis 2200 mAh.

Diese Powereinheit hat die Baugröße einer normalen Erweiterungsplatine und kann direkt auf das Board gesteckt werden. Die Batterieeinheit liefert geregelte 3,3 und 5 Volt und kann bei Bedarf über den USB-Port des angeschlossenen Rechners nachgeladen werden.

7.2.13 Xbee Shield

`http://www.arduino.cc/playground/Shields/Xbee01`

Das Xbee Shield gestattet eine Wireless(kabellose)-Verbindung nach dem ZigBee-Standard. ZigBee ist ein offener Funknetzstandard und ermöglicht das Verbinden von Geräten im Umkreis von 10 bis 100 Metern. Er wird von über 200 Firmen unterstützt und ist für den Einsatz in Haushaltsgeräten, Gebäude- und Sensortechnik gedacht.

Neben dem Xbee Shield werden auch die so genannten Xbee-Module verwendet, die die Verbindung zum Gegenüber aufnehmen.

Nach dem Aufstecken des Shields auf das Arduino-Board muss das Xbee-Modul montiert und über eine Testsoftware oder ein Terminalprogramm konfiguriert werden. Der gleiche Vorgang muss auch bei der gegenüberliegenden Stelle, sprich dem Arduino-Board, erfolgen.

Nach erfolgreichem Verbinden beider Boards können nun über die bekannten seriellen Befehle `serial.print()` und `serial.read()` die Daten von einem auf das andere Arduino-Board verschickt werden.

7.2.14 WiShield

`http://asynclabs.com/store?page=shop.product_details&flypage=flypage.tpl&product_id=26&category_id=6`

Das WiShield erweitert ein Arduino zu einem kabellosen Gerät mit Internetverbindung. Es unterstützt den 802.11b-Standard und die Möglichkeit für sichere Datenübertragung mit 64- oder 128-Bit-Verschlüsselung.

Dieses Shield ist für kabellose Anwendungen ohne große Datenraten ausgelegt und erlaubt Übertragungsraten von 1 bis 2 Mbit/s.

7.2.15 Schraubklemmen-Shield

Externe Komponenten des Arduino-Boards werden meistens über einzelne Drahtverbindungen mit dem Arduino verbunden. Der Anschluss an der Buchsenleiste des Arduino-Boards erfolgt üblicherweise mit einer Stiftleiste, an der die Drahtverbindung angelötet wird.

Leider ist diese Art der Verbindung sehr empfindlich gegen mechanische Belastung. Schnell passiert es, dass die Stiftleiste aus der Buchsenleiste fällt und der Arduino keine Signale mehr vom externen Gerät bekommt.

Eine praktische Lösung für eine stabilere Anschlusstechnik ist eine Erweiterung mit Schraubklemmen. Das Terminal Shield verbindet alle Signale der Arduino-Buchsenleiste mit Schraubklemmen. Diese können dabei auch etwas dickere Anschlusskabel aufnehmen.

Nachfolgend Shields mit Schraubklemmen, die zu empfehlen sind.

Terminal Shield (Freetronics)

`http://www.freetronics.com/products/terminal-shield-for-arduino`

Dieses Schraubklemmen-Shield bietet jede Menge Platz für eigene Schaltungen. Der Anschluss von Leitungen erfolgt über stabile Schraubklemmen. Jeder Schraubanschluss ist mit einer gut lesbaren Beschriftung versehen.

ProtoScrewShield (Sparkfun)

`http://www.sparkfun.com/products/9729`

Das ProtoScrewShield von Sparkfun (Abbildung 7.4) hat alle Ports und Versorgungssignale auf Schraubklemmen herausgeführt. Zusätzlich bietet das Shield viel freien Platz mit Lötaugen für den Aufbau von eigenen Zusatzschaltungen. Sehr praktisch ist dabei die saubere und gut leserliche Beschriftung aller Anschlüsse.

Abb. 7.4: ProtoScrewShield

Terminal Shield (Creatron)

`http://creatroninc.com/ardts-012000a.html`

Das Terminal Shield vom kanadischen Arduino-Distributor Creatron Inc. bietet die gleiche Anschlusstechnik wie das oben erwähnte ProtoScrewShield. Statt der freien Fläche für eigene Schaltungen ist dieser Bereich mit einer Aussparung realisiert. Anzeigeelemente, Bedienelemente oder Anschlusstechniken vom darunterliegenden Board oder Shield können auf diese Weise weiterhin genutzt werden.

7.3 Hardwareadapter

Neben den Hardwareerweiterungen, die meist auf einer stabilen Leiterplatte aufgebaut sind, gibt es natürliche noch viele kleinere Hardwaremodifikationen, die die Arbeit mit dem Arduino-Board vereinfachen oder für einen speziellen Anwendungsfall entwickelt wurden. Diese kleinen Lösungen und Beispiele werden von vielen Arduino-Anwendern realisiert und die meisten kommen via Hardwareforen wie Instructable.com (`http://www.instructables.com`) oder über das offizielle Arduino-Forum (`http://www.arduino.cc/forum/`) ins Internet. Auch kleine und meist originelle Hardwareprojekte können für einen anderen Bastler genau die Lösung sein, die er für seine Anwendung sucht.

7.3.1 Wii-Nunchuk-Adapter

Wie in vielen Forumbeiträgen und Internetblogs erwähnt wird, ist in der Wii-Erweiterung Wii Nunchuk (`http://de.wikipedia.org/wiki/Wii-Fernbedienung#Nunchuk`) ein dreiachsiger Beschleunigungssensor eingebaut. Da einzelne Beschleunigungssensoren, beispielsweise der ADXL3xx, im Verhältnis relativ teuer sind, lohnt es sich speziell für Bastler, einen Zugriff auf den Sensor im Wii Nunchuk zu versuchen. Das erste Problem hat man aber zu lösen, sobald man die Wii-Einheit in Händen hat: Der Steckeranschluss entspricht keiner Norm. Er ähnelt einem USB-Anschluss, hat aber andere Abmessungen und Dimensionen.

Jetzt gibt es zwei Varianten, wie man die Wii Nunchuk konnektieren kann: Stecker abschneiden und Kabel verdrahten oder einen Adapter bauen.

Den Stecker abzuschneiden, ist die einfachste und schnellste Variante. Möchte man die Wii-Einheit später aber wieder mit einer richtigen Wii nutzen, geht das nicht mehr so einfach.

Wer dennoch den Stecker abschneiden will, findet nachfolgend die Anschlussbelegung des Kabels:

Kabelfarbe	Beschreibung
Weiß	GND
Rot	+U (3,3 V oder 5 V)
Grün	SDA (Data)
Gelb	SCL (Clock)

Tabelle 7.2: Anschlussbelegung Wii Nunchuk

Eine kleine Leiterplatte als Adapter zeigt Tod E. Kurt in seinem Blog.

`http://todbot.com/blog/2008/02/18/wiichuck-wii-nunchuck-adapter-available/`

Die Adapterplatine kann direkt in den Stecker des Nunchuks gesteckt werden. Die Leiterbahnen auf der Platine berühren die Kontakte und stellen so eine Verbindung her. Die abgegriffenen Signale werden nun auf eine 4-polige Stiftleiste weitergeführt und können anschließend direkt auf die Steckerleiste mit den analogen Ports auf dem Arduino-Board gesteckt werden. Der Trick dabei ist, dass die Stromversorgung vom einen Arduino-Port geliefert wird und somit keine weitere Verdrahtung notwendig ist.

Die Verbindung der Signale ist wie folgt realisiert:

Signalname	Arduino-Port
GND	A2
+U	A3
SDA	A4
SCL	A5

Tabelle 7.3: Verbindung Wii Nunchuk an Arduino-Board

Damit man die Lösung sofort testen kann, liefert Tod auch die nötige Bibliothek für den Zugriff. Dabei ist zu erwähnen, dass die Übertragung mittels I2C-Bus realisiert wird.

Die nötigen Programme stehen ebenfalls unter der oben genannten Adresse zum Download bereit.

Kapitel 8

Arduino im Einsatz

Die Einsatzgebiete und Anwendungen mit Arduino sind sehr vielfältig und die Arduino-Community realisiert täglich interessante und nützliche Lösungen mit Arduino.

In diesem Kapitel werden verschiedene Projekte beschrieben, die aufzeigen, wie man Arduino nutzen und das kleine Board als Helferchen einsetzen kann. Die Projekte setzen unter anderem die relativ einfache Verbindung mittels Ethernet Shield ein und demonstrieren, wie man Daten aus dem Internet lesen und weiternutzen kann. Arduino eignet sich ideal als Schnittstelle zwischen der Umwelt und dem Internet. Diese Projekte sollen als Anregung dienen und den Anwender zur Erweiterung und zum Weiterausbau animieren. Viel Spaß mit dem Arduino im Einsatz!

8.1 Verbindung zum Internet

Das Internet ist heutzutage ein Werkzeug für Millionen von Menschen. In vielen Haushalten stehen ein oder mehrere Computer. Durch die schnelle Entwicklung in der Telekommunikation gehören Breitbandanschlüsse und Internetzugang zum Haushalt wie ein Kochherd. Ohne Internet zu sein, kann man sich fast nicht mehr vorstellen. Unsere Kinder wachsen mit dem Internet auf, spielen über Internet Onlinespiele, chatten mit Schulkameraden und nutzen E-Mail, Twitter und Facebook.

Auch im Bereich der technischen Geräte und Anwendungen wird immer mehr auf das Internet vertraut. Spieleboxen haben Netzwerkzugang, Geräte werden über das Internet aktualisiert. Im Haus sind Telefonanlage und Haustechnik über Internet vernetzt und von überall her kann man die Heizung und die Temperatur im Wohnzimmer überwachen.

Somit ist es naheliegend, dass ein technisches Tool wie Arduino auch Zugang zum internen Netzwerk und somit zum Internet bekommt. Mit dem bereits erwähnten Ethernet Shield (`http://www.arduino.cc/en/Main/ArduinoEthernetShield`) und der ETHERNET-Bibliothek (`http://arduino.cc/en/Reference/Ethernet`) ist eine Netzwerkverbindung (Ethernet-Verbindung) schnell hergestellt.

Das Internet und auch das firmeninterne Web, Intranet genannt, nutzen TCP (Transmission Control Protocol) als Übertragungsprotokoll.

Ein Protokoll ist eine Vereinbarung darüber, wie Daten zwischen Computern ausgetauscht werden. Die technischen Details sollen hier jedoch nicht näher behandelt werden. Alle wichtigen Dienste im Internet wie der WWW-Dienst oder E-Mail nutzen TCP und IP (Internet Protocoll), um Daten auszutauschen. Im Internet arbeiten viele Rechner als Server und bieten Dienste und Informationen an. Beispiele hierfür sind Webserver, FTP-Server (File Transfer) oder E-Mail-Server. Die Nutzer dieser Dienste sind die Clients. Darum nennt man diese Technologie auch »Client/Server-Technologie«.

Damit die Server und Clients miteinander kommunizieren können, also einander ansprechen können, benötigen sie eine Adresse, die so genannte »IP-Adresse«. Eine IP-Adresse besteht immer aus vier Bytes und hat die Form 123.123.123.123. Zusätzlich zu der IP-Adresse des Clients hat jedes Gerät, das am Netz angeschlossen ist, eine eindeutige MAC-Adresse. Diese Adresse hat nichts mit dem bekannten Computer des Herstellers mit dem Apfel-Logo zu tun, sondern wird vom Hersteller der Geräte, beispielsweise Netzwerkkarten, festgelegt und ändert sich auch dann nicht, wenn die Netzwerkkarte an ein anderes Netzwerk angeschlossen wird. Auch die IP-Adresse eines Computers im Netz sollte eindeutig sein, da sonst Konflikte entstehen. Für die Vergabe von IP-Adressen gibt es gewisse Regeln, da gewisse Adressbereiche nur für interne Netzwerke gedacht sind. In unseren Beispielen werden wir interne Adressen aus dem Bereich 192.168.x.x nutzen.

Die am internen Netz angeschlossenen Computer haben meist Internetzugang über eine einzelne Komponente, genannt »Router«. Dieser Router ist die Schnittstelle zwischen internem Netz und dem Internet. Der Router arbeitet also als Gateway.

8.1.1 Netzwerkverbindung

Damit jetzt auch ein Arduino-Board Verbindung zum internen Netz und dem Internet aufnehmen kann, muss ein Ethernet Shield oder ein anderes verfügbares Ethernet-Modul am Arduino angeschlossen werden. Bei den Ethernet-Modulen sind die Produkte Xport oder WIZnet Ethernet Modul zu erwähnen.

Xport

`http://www.lantronix.com/device-networking/embedded-device-servers/xport.html`

WizNet Ethernet Modul

`http://www.watterott.com/de/WIZnet-WIZ812MJ-Ethernet-Modul`

In den folgenden Projekten wird das Ethernet Shield für die Netzverbindung eingesetzt indem es, wie die meisten Shields, auf die Stiftreihen des Arduino gesteckt wird. Anschließend wird ein Ethernet-Kabel am Netzwerkstecker auf dem Shield angeschlossen. Die Konfiguration wird nun im Sketch realisiert, wobei für den ersten Test ein Beispielprogramm der ETHERNET-Bibliothek verwendet werden kann.

Hinweis

Auf dem Markt sind neben dem Standard-Ethernet-Shield etliche weitere Ethernet Shields verfügbar. Beim Kauf eines Shields für Ethernet-Anwendungen, die man mit der Ethernet-Library nutzen will, muss ein Ethernet Shield verwendet werden, das einen Ethernet-Controller vom Typ Wiz5100 verwendet. Ethernet Shields mit einem Ethernet-Controller vom Typ ENC28J60 funktionieren nicht mit der Ethernet Library.

Grundaufbau

Der Grundaufbau einer Ethernet-Anwendung mit Arduino benötigt im Minimum die folgenden Komponenten:

Stückliste (Arduino Ethernet)

1 Arduino-Board

1 Ethernet Shield

1 Netzwerkkabel RJ45 Cat 5

Das Arduino-Board kommuniziert mit dem Ethernet Shield über den SPI-Bus. Abbildung 8.1 zeigt die Verbindung des Arduino-Boards mit dem Ethernet Shield.

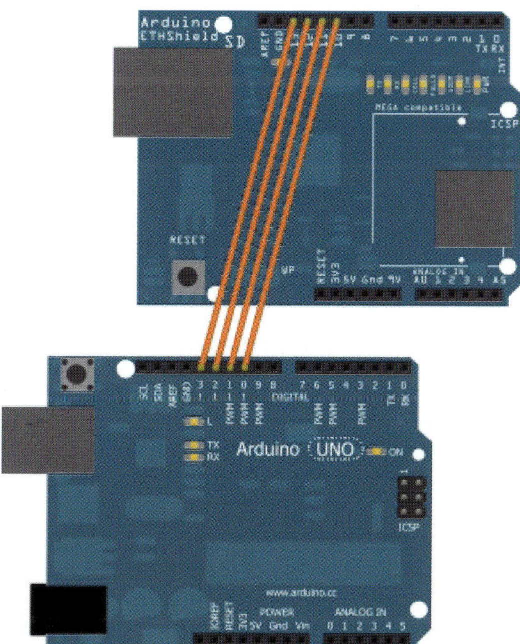

Abb. 8.1: Arduino Ethernet: Verbindung Arduino mit Ethernet Shield

In der Praxis müssen die Verbindungen zwischen Arduino-Board und Ethernet Shield nicht mit Drähten vorgenommen werden, da das Shield auf das Board gesteckt wird (Abbildung 8.2). Ab der Version 6 des Ethernet Shields werden die vier Verbindungen des SPI-Bus auf dem Ethernet Shield über den ICSP-Stecker und nicht mehr direkt über die Portleitungen D10 bis D13 eingelesen.

Abb. 8.2: Arduino mit Ethernet Shield

Fixe IP-Adresse

In der Standard-ETHERNET-Bibliothek (`http://arduino.cc/en/Reference/Ethernet`) sind alle Funktionen vorhanden, die für die Verbindung erforderlich sind. Dazu wird die ETHERNET-Bibliothek und die SPI-Bibliothek (`http://arduino.cc/en/Reference/SPI`) in das Programm geladen.

```
#include <SPI.h>
#include <Ethernet.h>
```

Die zusätzliche Bibliothek für die SPI-Kommunikation (Serial Peripheral Interface) regelt die Kommunikation zwischen dem Microcontroller und dem Ethernet-Controller auf dem Ethernet Shield.

Anschließend werden die Ethernet-Parameter definiert.

```
// Ethernet-Einstellungen
byte mac[] = { 0xDE, 0xAD, 0xBE, 0xEF, 0xFE, 0xED };
byte ip[] = { 192, 168, 1, 199 };
byte gateway[] = { 192, 168, 1, 1 };
byte subnet[] = { 255, 255, 255, 0 };
```

Die IP-Adressen für das Board und das Gateway sowie die Subnet-Maske werden dabei fix im Code eingegeben und bleiben unverändert. Das Arduino-Board arbeitet also mit einer fixen oder festen IP-Adresse im Netzwerk.

byte mac[ ]

Die eindeutige MAC-Adresse. Diese muss meistens nicht verändert werden, es sei denn, es werden im gleichen Netz zwei Arduino-Boards mit einem Ethernet-Modul verwendet.

byte ip[ ]

IP-Adresse des Arduino-Boards. Diese Adresse muss innerhalb des Netzwerks eindeutig sein.

byte gateway[ ]

IP-Adresse des Routers, also des Gateways zum Internet.

byte subnet[ ]

Das Subnet oder die Subnet-Maske gibt an, wie viele Netzwerkkomponenten in einem Netz angeschlossen werden können. Die Einstellung 255.255.255.0 erlaubt bis zu 256 Geräte und muss in einem Heimnetz nicht verändert werden.

Nach den Netzwerk-Definitionen wird nun eingetragen, ob die Ethernet-Anwendung mit dem Arduino als Webserver oder als Webclient arbeitet. Dazu wird die jeweilige Ethernet-Klasse eingetragen.

```
// Ethernet-Client
EthernetClient client;
// Ethernet-Server (Port)
EthernetServer server(80);
```

Die Portnummer 80 ist dabei der Standardport für einen HTTP-Server.

In der Setup-Routine wird nun das Board mit den konfigurierten Parametern initialisiert, wobei `gateway` und `subnet` optionale Parameter sind.

```
void setup()
{
  // Ethernet
  Ethernet.begin(mac, ip, gateway, subnet);
}
```

Mit diesen Einstellungen und der Initialisierung ist das Arduino-Board bereit für die erste Verbindungsaufnahme mit dem internen Netzwerk und dem Betrieb als Webserver oder Webclient.

Dynamische IP-Adresse (via DHCP)

Das vorherige Beispiel zeigt die fixe Vergabe und Konfiguration der IP-Adresse für das Arduino-Board. In vielen Netzwerken werden die IP-Adressen für die Netzwerk-Clients mittels DHCP (Dynamic Host Configuration Protocoll) vergeben. DHCP ist ein Protokoll, das die IP-Adressen der Clients verwaltet und diese automatisch an die Client-Geräte vergibt. Der Client muss sich also nicht um die IP-Adresse und die weiteren Ethernet-Parameter kümmern.

Nach dem Laden der nötigen Bibliotheken

```
#include <SPI.h>
#include <Ethernet.h>
```

muss nur die MAC-Adresse des Ethernet-Boards angegeben werden.

```
byte mac[] = {  0x00, 0xAA, 0xBB, 0xCC, 0xDE, 0x02 };
```

Nun wird noch definiert ob die Anwendung als Webserver oder Webclient betrieben wird.

```
// Ethernet Client
EthernetClient client;
// Ethernet Server (Port)
EthernetServer server(80);
```

In der Setup-Routine wird nun die Ethernet-Kommunikation mit `Ethernet.begin()` gestartet. Dazu wird als einziger Parameter die oben definierte MAC-Adresse übergeben.

```
void setup()
{
  // Ethernet
  Ethernet.begin(mac, ip, gateway, subnet);
```

```
}


void loop ()
{
  //..
}
```

Wenn das Netzwerk, an dem das Arduino-Board mit Ethernet Shield angeschlossen ist, für DHCP-Betrieb konfiguriert ist, wird nun automatisch eine IP-Adresse vergeben und das Arduino-Board ist bereit für die Ethernet-Anwendung.

Feste oder dynamische IP-Adresse

Eine feste oder dynamische IP-Adresse ist jeweils abhängig von der Anwendung. Anwendungen, bei denen der Client Abfragen macht, sind nicht abhängig von einer festen IP-Adresse. Die IP-Adresse des Clients kann sich ändern, ohne dass die Anwendung gestört wird. Bei Webanwendungen des Arduino als Webserver muss eine fixe IP-Adresse vergeben werden, da der Arduino-Webserver direkt mit einer IP-Adresse aufgerufen wird. Zusammenfassend heißt das also Webserver-Anwendungen mit fixer IP-Adresse, Client-Anwendungen fix oder dynamisch.

8.1.2 Arduino als Webserver

Beim Aufruf einer Webadresse wie `http://www.arduino.cc` wird ein Webserver angesprochen, der Daten in Form eines Webdokuments zurücksendet. Dieses so genannte »HTML-Dokument« wird vom Browser des Benutzers eingelesen und dargestellt. Im Browser erscheint somit die Startseite des Arduino-Projekts.

Ein Webserver wartet also auf Anfragen der Clients und sendet anschließend eine Antwort (Response) an den Client zurück.

In unserem Fall soll unser Arduino eine Informationsseite zurücksenden, und zwar einen Infotext und die aktuelle Zimmertemperatur, die mit einem LM35-Sensor gemessen wurde.

Nach Laden der nötigen Bibliotheken und der Konfiguration der Ethernet-Einstellungen

```
#include <SPI.h>
#include <Ethernet.h>

// Ethernet-Konfiguration
byte mac[] = { 0xDE, 0xAD, 0xBE, 0xEF, 0xFE, 0xED };
byte ip[] = { 192, 168, 1, 199 };
```

wird ein Serverobjekt mit Port 80 erstellt.

```
// Serverobjekt mit Standardport 80
EthernetServer server(80);
```

In `setup()` wird der Server initialisiert und dann gestartet.

```
void setup()
{
  // Ethernet-Initialisierung
  Ethernet.begin(mac, ip);
  // Server bereit, wartet auf Anfragen
  server.begin();
}
```

Nun wartet der Server auf die Anfragen der Clients. Im `loop()` werden die Anfragen geprüft und die Antwort zurückgegeben. Die Antwort des Webservers besteht immer aus einem so genannten Header, gefolgt von den Daten der eigentlichen HTML-Seite. Im Header wird zuerst der Statuscode (200 bedeutet OK) zurückgegeben. Anschließend werden noch Informationen über die Serverversion, Größe und Dokumententyp zurückgeschickt. Die Header-Informationen werden vom Browser nie angezeigt. Nun wird der Seiteninhalt, der mit der Seitenbeschreibungssprache HTML erstellt wurde, zurückgegeben und im Browser dargestellt. Das Resultat im Browser ist also eine fertige HTML-Seite (Abbildung 8.3).

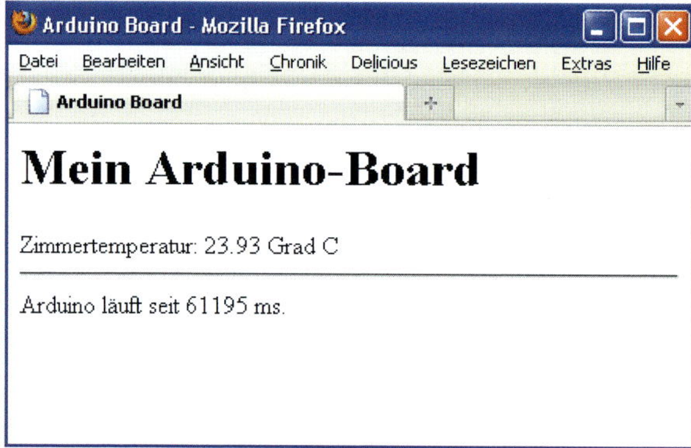

Abb. 8.3: Arduino als Webserver

```
// Arduino-Webserver
#include <SPI.h>
#include <Ethernet.h>
```

```
// Ethernet-Konfiguration
byte mac[] = { 0xDE, 0xAD, 0xBE, 0xEF, 0xFE, 0xED };
byte ip[] = { 192, 168, 1, 199 };

// Serverobjekt mit Standardport 80
EthernetServer server(80);

// Variabler Temperatursensor LM35
float tempC;
int tempPin = 0;

void setup()
{
  // Ethernet-Initialisierung
  Ethernet.begin(mac, ip);
  // Server bereit, wartet auf Anfragen
  server.begin();
}

void loop() {
  EthernetClient client = server.available();
  if (client)
  {
    server.println("HTTP/1.1 200 OK");
    server.println("Content-Type: text/html");
    server.println();
    server.print("<HTML><HEAD><TITLE>");
    server.print("Arduino-Board");
    server.print("</TITLE>");
    server.print("</HEAD><BODY>");
    server.print("<h1>Mein Arduino-Board</h1>");
    server.print("Zimmertemperatur: ");
    // Temperatur messen
    tempC = analogRead(tempPin);
    tempC = (5.0 * tempC * 100.0)/1024.0;
    // Ausgabe der Temperatur
    server.print(tempC);
    server.print(" Grad C");
    server.println("<br />");
    server.println("<hr />");
    server.print("Arduino läuft seit ");
    server.print(millis());
    server.print(" ms.");
```

```
    server.print("</BODY></HTML>");
    delay(10);
    client.stop();
  }
}
```

Listing 8.1: Arduino-Webserver

Im Loop des Listings 8.1 wird zuerst geprüft, ob eine Anfrage vom Client am Server eingetroffen ist.

```
EthernetClient client = server.available();
if (client)
 {
 // Ausgabe HTML-Dokument
 }
```

Falls der Webserver eine Anfrage bekommen hat, wird ein Statuscode, in diesem Fall immer 200 (OK), an den Client zurückgeschickt. Anschließend folgt der gesamte Inhalt der HTML-Seite, beginnend mit `<html><body>` und endend mit `</body><html>`.

```
server.print("<HTML><HEAD>");
// HTML-Inhalt
server.print("</BODY></HTML>");
```

Der Aufbau der HTML-Seite kann mit den normalen HTML-Anweisungen realisiert werden. In unserem Beispiel wird im Inhalt zusätzlich der aktuelle Temperaturwert ausgegeben.

Die soeben beschriebene Webserverlösung besitzt nur einen begrenzten Funktionsumfang. Für komplexere Webserveranwendungen, bei denen auch Parameter ausgewertet werden müssen, empfiehlt sich der Einsatz der Bibliothek WEBDUINO (`https://github.com/sirleech/Webduino`).

8.1.3 Arduino als Webclient

Neben der Funktion als Webserver kann mit dem Ethernet Shield auch ein Webclient realisiert werden, der Anfragen (Requests) an einen anderen Webserver sendet. In unserem Fall arbeitet das Arduino-Board als Ethernet-Sensor und sendet eingelesene Daten, beispielsweise von einem LM35-Temperatursensor, an eine Webanwendung im Internet. Dabei wird mittels URL-Request ein Webskript aufgerufen und der Messwert als Parameter übergeben. Das Webskript auf dem Webserver (im Internet oder im Intranet) liest anschließend den gesendeten Wert ein und verarbeitet diesen weiter.

Der Aufruf des Webskripts mit den Messdaten als Parameter sieht wie folgt aus:

```
http://www.meinserver.com/temperatur.php?t=23.44
```

Dem Parameter `t` wird dabei der vom Arduino ermittelte Wert übergeben. Der gesamte Aufruf des Webskripts wird, wie Listing 8.2 zeigt, in mehreren Anweisungen mit `client.print()` aufgebaut.

```
tempC=23.44;
if (client.connect(server, 80))
    {
      Serial.println("connected");
      client.print("GET /temperatur.php?t=");
      client.print(tempC);
      client.println(" HTTP/1.0");
      client.println("HOST:www.meinserver.com\n\n");
      client.println();
      client.println();
      clientConnected = true;
    }
```

Listing 8.2: Webclient sendet Daten

Das Webskript für unser Beispiel ist ein einfaches PHP-Skript, das den Wert aus dem Parameter `t` ausliest und wieder ausgibt (Listing 8.3).

```
<?php
// Temperaturdaten senden
//
// Daten von Temperatursensor
$tempC=$_REQUEST["t"];

// hier eigener Code für Datenverarbeitung
// ...

// Ausgabe Daten
print 'Temperatur:'.$tempC;
?>
```

Listing 8.3: Webclient – Webskript für Datenverarbeitung

Das Webskript wird nun auf dem Webserver gespeichert und kann zum Test im Browser aufgerufen werden. Als Resultat sollte der gesendete Wert aus Parameter `t` ausgegeben werden (Abbildung 8.4).

Abb. 8.4: Ausgabe von Webskript

Damit eine externe Webanwendung mit Webskript aufgerufen werden kann, muss in der Ethernet-Konfiguration die IP-Adresse des Webservers, auf dem das Webskript läuft, angegeben werden.

```
#include <SPI.h>
#include <Ethernet.h>

// Ethernet-Konfiguration
byte mac[] = { 0xDE, 0xAD, 0xBE, 0xEF, 0xFE, 0xED };
byte ip[] = { 10, 0, 1, 144 };
byte gateway[] = { 10, 0, 1, 1 };
byte subnet[] = { 255, 255, 255, 0 };

// IP des externen Servers
IPAddress server(111, 222, 222, 111);
```

Nun wird eine Client-Klasse `client` erstellt.

```
EthernetClient client;
```

Nach dem Definieren einzelner Variablen wird in der Setup-Routine die serielle Schnittstelle gestartet.

```
long updateTimer;
boolean clientConnected = false;
float tempC;

void setup()
{
  Serial.begin(9600);
  Serial.println("Start...");
}
```

Im Hauptprogramm werden dann in jedem Programmdurchgang die Funktionen `SendenDaten()` und `checkStatus()` aufgerufen.

```
void loop()
{
  // Daten senden
  SendenDaten();
  // Status HTTP-Request einlesen
  checkStatus();
}
```

In der Senden-Funktion wird alle zehn Sekunden eine Verbindung aufgebaut und die Temperaturdaten aus der Variablen `tempC` im Adress-Request mitgegeben.

```
void SendenDaten()
{
  tempC=23.44;
  if ((millis() - updateTimer) > 10000)
  {
    Ethernet.begin(mac, ip);
    Serial.println("connecting...");
    delay(1000);
    if (client.connect(server, 80))
    {
      Serial.println("connected");
      client.print("GET /temperatur.php?t=");
      client.print(tempC);
      client.println(" HTTP/1.0");
      client.println("HOST:meinserver.com\n\n");
      client.println();
      client.println();
      clientConnected = true;
    }
    else
    {
Serial.println("connection failed");
    }
    updateTimer = millis();
  }
}
```

Nach dem Senden der Daten wird mit `checkStatus()`, falls noch eine Client-Server-Verbindung besteht, die Antwort des Webservers abgefragt

```
char c = client.read();
```

und anschließend das Resultat ausgegeben.

```
Serial.print(c);
```

Im Serial-Monitor sieht die Antwort des Webservers nun so aus wie in Abbildung 8.5.

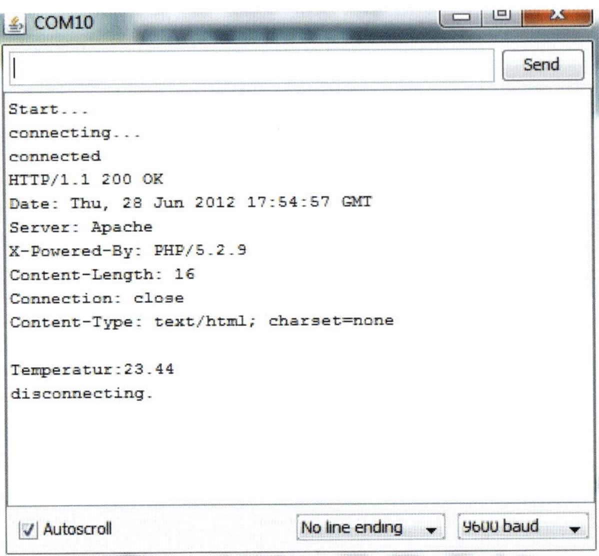

Abb. 8.5: Antwort des Webservers nach Request von Webclient

Zum Schluss wird diese Verbindung mit `client.stop()` unterbrochen und der ganze Vorgang beginnt wieder am Anfang des Hauptprogramms.

```
void checkStatus()
{
  if (clientConnected)
  {
    if (client.available())
    {
        char c = client.read();
        Serial.print(c);
    }
    if (!client.connected())
    {
        Serial.println();
        Serial.println("disconnecting.");
        client.stop();
        clientConnected = false;
```

```
        }
    }
}
```

Hinweis

Mit der GET-Anweisung werden die Parameter-Daten im Klartext übertragen. Für das Senden von sensitiven Daten sollte dieser Webclient nicht verwendet werden.

Obwohl die Länge des GET-Datenstrings nicht begrenzt ist, empfiehlt es sich, eine maximale Datenlänge von 255 Zeichen zu verwenden. Auf diese Weise ist sichergestellt, dass auch ältere Browser-Versionen den ganzen Datenstring komplett einlesen können.

Ein weiteres Beispiel eines Webclients ist das später beschriebene Projekt MAIL VIA PHP-SKRIPT VERSENDEN, bei dem das Arduino-Board einen Adress-Request verschickt (siehe Abschnitt 8.3.2 »Mail via PHP-Skript versenden«).

8.1.4 Eingänge und Ausgänge über Internet steuern

Mit den beiden vorherigen Beispielen Webserver und Webclient bieten sich viele Einsatzmöglichkeiten für das Arduino-Board mit Ethernet Shield. Schnell stellt sich nun der Wunsch, die Eingänge und die Ausgänge über Internet abzufragen beziehungsweise zu schalten.

Grundsätzlich kann eine Lösung basierend auf dem Webserver-Sketch aus Abschnitt 8.1.2 »Arduino als Webserver« verwendet und die HTML-Ausgabe im Browser mit Eingabemöglichkeiten für das Setzen der Eingänge erweitert werden.

Da das Arduino-Board meist im internen Netz angeschlossen ist, muss ein Zugriff ins und aus dem Internet konfiguriert werden. Diese Aufgabe übernimmt ein so genannter Router, der zusätzlich für Zugriffe aus dem Internet konfiguriert werden muss. Dies erfordert Erfahrungen mit Netzwerken und Ethernet-Konfiguration. Für Einsteiger eignet sich dieser Lösungsansatz somit nicht optimal.

Eine Lösung, bei der keine Netzwerkkonfiguration erforderlich ist, kann mit dem Projekt Teleduino (`http://www.teleduino.org/`) realisiert werden. Beim Teleduino-Projekt wird auf dem Arduino-Board mit Ethernet Shield ein Proxy-Sketch geladen, der die Kommunikation mit dem Webservice regelt.

Über eine Adresse im Browser kann anschließend das Arduino-Board gesteuert und abgefragt werden.

Beispiel: Abfragen von Digital-Eingang Pin 3

```
http://us01.proxy.teleduino.org/api/1.0/328.php?k={KEY}&r=get-
DigitalInput&pin=3
```

Das Resultat wird im JSON-Format zurückgeliefert und kann von einer Skriptsprache wie PHP ausgewertet werden.

Der Anwender muss dazu nur im Proxy-Skript die Ethernet-Einstellungen und einen API-Key eintragen.

Der API-Key kann über die folgende Adresse angefordert werden.

`http://us01.proxy.teleduino.org/tools/request_key.php`

Der Proxy-Sketch `TeleduinoEthernetClientProxy`, der in den Beispieldateien zur TELEDUINO-Bibliothek mitgeliefert wird, wird nun auf das Board geladen.

Nun werden die Ethernet-Einstellungen vorgenommen:

```
// Ethernet Einstellungen
byte useDhcp = true;
byte useDns = true;
byte mac[] = { 0xDE, 0xAD, 0xBE, 0xEF, 0xFE, 0xEA };
IPAddress ip(192, 168, 1, 100);
IPAddress gateway(192, 168, 1, 1);
IPAddress dns(192, 168, 1, 1);
IPAddress subnet(255, 255, 255, 0);
IPAddress serverIp(173, 230, 152, 173); // IP des Webservice
char serverName[] = "us01.proxy.teleduino.org"; // Domain des Webservice
unsigned int serverPort = 53;
```

Für die Statusüberprüfung kann ein Pin für den Anschluss einer Leuchtdiode definiert werden.

```
// Status LED
byte statusLedPin = 8;
```

Das Blinken der LED zeigt anschließend beim Start ob der Service korrekt läuft.

Damit unser Arduino-Board angesprochen werden kann, muss nun noch der oben generierte Key im Sketch hinterlegt werden.

```
byte key[] = { 0x1E, ... };
```

Nachdem der Proxy-Sketch angepasst und hochgeladen ist, kann die Anwendung über Internet genutzt werden. Die Onlinedokumentation beschreibt, wie man die einzelnen Funktionen nutzen kann.

```
http://www.teleduino.org/rtfm/api/328.php
```

Neben dem Einlesen von Eingängen oder dem Schalten von Ausgängen können auch Servos angesteuert werden. Dazu sind zwei Adressaufrufe nötig. Im ersten Schritt werden der Servo und der Servopin definiert.

Beispiel: Servo 1 an Pin 2

```
http://us01.proxy.teleduino.org/api/1.0/328.php?k={KEY}&r=define-
Servo&servo=1&pin=2
```

Nun kann der Servo auf die gewünschte Position gesetzt werden.

Beispiel: Servo 1 auf 75 Grad setzen

```
http://us01.proxy.teleduino.org/api/1.0/328.php?k={KEY}&r=set-
Servo&servo=1&position=75
```

Stückliste (Anwendung Teleduino)

1 Arduino-Board

1 Ethernet Shield

1 Protoshield

1 Servo 5 Volt

1 Widerstand 220Ohm

1 Leuchtdiode (rot)

Anschlussdrähte

Abbildung 8.6 zeigt den Schaltungsaufbau auf dem Steckbrett.

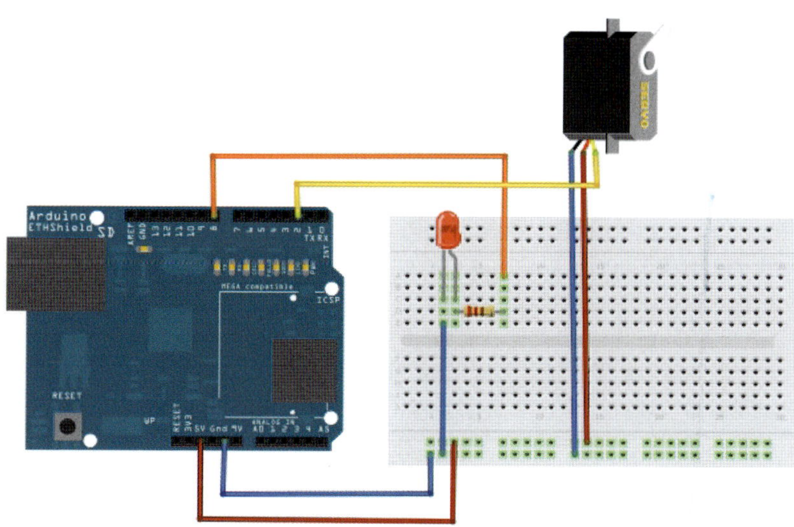

Abb. 8.6: Teleduino: Servo steuern über Internet

Hinweis

Beim Einsatz der TELEDUINO-Bibliothek ist zu beachten, dass eine Ethernet-Verbindung ins Internet nötig ist, um den Teleduino-Webservice zu nutzen. Auch bei einem Einsatz nur im Intranet ist die Verbindung zum Webserver des Service-Anbieters erforderlich. Im Falle einer Fehlfunktion kann mit dem Blinken der Status-Leuchtdiode eine Fehleranalyse vorgenommen werden. Die einzelnen Blink-Muster geben Hinweise auf mögliche Fehler (`http://www.teleduino.org/rtfm/install/328.php`).

8.2 Heute schon getwittert?

Twitter (`http://twitter.com`) ist ein Internetdienst, über den registrierte Benutzer kurze Meldungen von maximal 140 Zeichen versenden können. Die Meldungen, die so genannten Tweets, verbreiten sich so in Sekundenschnelle über die ganze Welt. Hat man sich als Benutzer registriert, so kann man die Diskussionen verfolgen, indem man die gewünschten Teilnehmer abonniert. Diese abonnierten Teilnehmer werden als Follower bezeichnet. Durch die sofort sichtbaren Meldungen und Antworten entsteht eine Art Chatsystem. Da sehr viele Nutzer an diesem System teilnehmen, werden auch News-Meldungen über besondere Ereignisse, wie beispielsweise ein Erdbeben oder Ähnliches, sehr schnell verbreitet. Meist sind solche Meldungen schon über Twitter verteilt, bevor die ersten News-Plattformen darüber berichten.

Neben Menschen nehmen auch immer wieder technische Lösungen und Anwendungen Twitter als Kommunikationsplattform in Anspruch.

Eines der bekanntesten Projekte ist die »sprechende Pflanze« von Botanicalls (`http://www.botanicalls.com`). Bei diesem Projekt erfassen Sensoren den Zustand der Erde in einem Blumentopf und senden einen Tweet, wenn die Erde wieder Wasser benötigt. Es zeigt die Interaktion zwischen Pflanzen und Menschen. Mittlerweile gibt es dieses Projekt sogar als Bausatz zur Verwendung im heimischen Wohnzimmer zu kaufen. Für rund 100 US-Dollar bekommt man einen Bausatz mit Feuchtesensor und einem kleinen Ethernet-Modul, das die Verbindung zum internen Netzwerk herstellt.

`https://www.makershed.com/ProductDetails.asp?ProductCode=MKBT1`

Dieses Beispiel ist eine typische Internet-of-Things-Anwendung, bei der ein Arduino-Board und externe Sensoren Zustände erfassen und Informationen oder Daten via Ethernet-Verbindung an Twitter senden.

Der Aufwand für einen Twitter-fähigen Arduino ist relativ gering. Eine Ethernet-Lösung, beispielsweise mit einem Ethernet Shield, und ein kleines Programm und schon kann man Tweets absenden. Voraussetzung ist natürlich, dass man einen

Benutzer-Account bei Twitter eingerichtet hat. Ist dies noch nicht der Fall, kann man sich kostenlos einen Account einrichten (`https://twitter.com/signup`) und anschließend am System anmelden, um eigene Tweets zu versenden.

Die eigentliche Kommunikation und die Verbindung mit Twitter übernimmt eine praktische Arduino-Bibliothek (`http://www.arduino.cc/playground/Code/TwitterLibrary`). Dadurch wird der Programmieraufwand auf ein Minimum reduziert.

Diese TWITTER-Bibliothek übernimmt die Kommunikation mit Twitter und das Versenden der Tweets. Bevor man aber seine erste Meldung an Twitter senden kann, muss ein so genannter Token beantragt werden, der für die Authentifizierung benötigt wird. Die Kommunikation mit Twitter erfolgt im Hintergrund über eine Webanwendung des Entwicklers der Library.

`http://arduino-tweet.appspot.com/`

Über den Link »Get a token to post a message using OAuth« kommt man auf eine Loginseite bei Twitter, über die man die Berechtigung zur Erstellung von Tweets erhalten kann.

Nach Eingabe der eigenen Twitter-Zugangsdaten und dem Anklicken des Buttons AUTORISIERE APP wird ein Token erstellt. Der Token ist ein String mit Buchstaben und Zahlen (Abbildung 8.7).

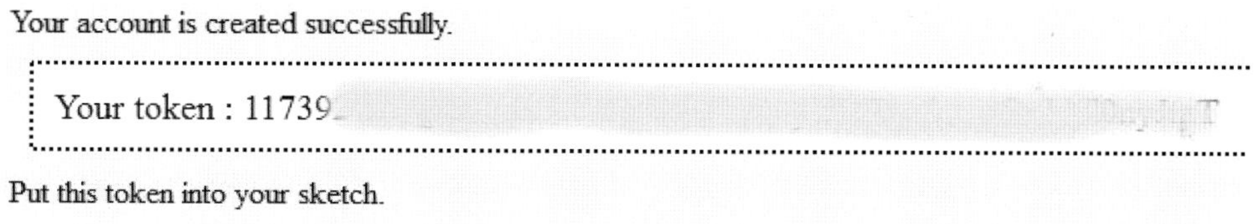

Abb. 8.7: Token für Twitter-Authentifizierung

Dieser Tokenstring wird nun im Sketch eingetragen.

```
// Token für Berechtigung zum Senden von Tweets
Twitter twitter("^^^^^^DeinTwitter-Token^^^^^^^^^^^^^^^^");
```

Nachdem man den generierten Token im Sketch eingetragen hat, kann das Versenden von Tweets starten.

Im Programm werden dazu zuerst die nötigen Bibliotheken eingebunden.

```
#include <SPI.h>
#include <Ethernet.h>
#include <Twitter.h>
```

Anschließend werden die Ethernet-Einstellungen definiert.

```
// Ethernet Konfiguration
byte mac[] = { 0xDE, 0xAD, 0xBE, 0xEF, 0xFE, 0xED };
byte ip[] = { 10, 0, 1, 144 };
byte gateway[] = { 10, 0, 1, 1 };
byte subnet[] = { 255, 255, 255, 0 };
```

Nun wird, wie bereits erwähnt, der Token für den Twitter-Zugriff definiert.

```
// Token für Berechtigung zum Senden von Tweets
Twitter twitter("******DeinTwitter-Token*****************");
```

In der Setup-Routine werden die Ethernet-Verbindung und die serielle Schnittstelle gestartet und nach einer kurzen Verzögerung wird der Tweet versendet.

```
void setup()
{
  Ethernet.begin(mac, ip);
  Serial.begin(9600);
  delay(1000);
  // Tweet senden
  sendTweet("Arduino-Board is alive");
}
```

Im Hauptprogramm können nun weitere Anweisungen durchgeführt werden. Auch aus dem Hauptprogramm können Tweets mit der Anweisung `sendTweet()` versendet werden.

```
void loop()
{
  // weitere Anweisungen
}
```

Das Versenden der Twitter-Meldung erfolgt in der Funktion `sendTweet()` gemäß Listing 8.4. Zur Kontrolle, ob das Versenden des Tweets erfolgreich war, wird der Status-Code des Servers abgefragt und in der Variablen `status` gespeichert. Hat der Statuscode einen Wert von 200, war das Versenden erfolgreich. Im Twitter-Account sollte nun der versendete Tweet sichtbar sein (Abbildung 8.8).

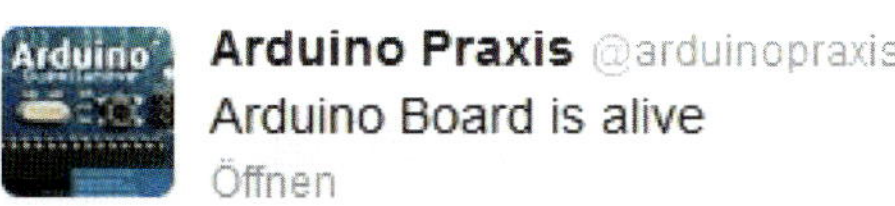

Abb. 8.8: Versendeter Tweet auf Twitter sichtbar

```
void sendTweet(char* tweet)
{
  Serial.println("connecting ...");
  if (twitter.post(tweet))
  {
    // Statuscode abfragen
    int status = twitter.wait();
    // Ausgabe Statuscode auf serielle Schnittstelle
    Serial.print("Status: ");
    Serial.println(status);
    Serial.print("Msg:[ ");
    Serial.print(tweet);
    Serial.print("]");
    if (status == 200) {
      Serial.println("OK.");
    }
   else
   {
     Serial.print("failed : code ");
     Serial.println(status);
   }
   }
  else
  {
    Serial.println("connection failed.");
  }
}
```

Listing 8.4: Twitter-Nachrichten senden

Die TWITTER-Bibliothek bietet die folgenden Funktionen:

bool post(const char *message)

Gibt TRUE zurück, sobald die Verbindung zu Twitter erfolgreich aufgebaut ist, und bleibt so lange bestehen, bis der Tweet versendet wurde. Falls die Verbindung nicht erfolgreich aufgebaut werden konnte, wird FALSE zurückgegeben. Während des Sendens kann mit `checkStatus()` der Status geprüft werden.

bool checkStatus(void)

Prüft das laufende Versenden einer Nachricht. Während des Versendens ist der Status TRUE.

int status(void)

Gibt den Status an, nachdem der Versand des Tweets erfolgt und `checkStatus()` wieder FALSE ist.

int wait(void)

Gibt den Status zurück, den Twitter nach dem Annehmen der Nachricht versendet. Status 200 bedeutet OK.

Mit etwas Fantasie kann man nun weitere Informationen versenden, beispielsweise die Temperatur im Kühlschrank oder auch den Zustand der Tür des Kühlschranks (speziell interessant für Familien mit Kindern).

8.3 Arduino mailt

Der Versand von Tweets via Twitter ist der moderne Weg, wie man Informationen weitergibt. Die Meldungen über Twitter können von allen gelesen werden, die bei Twitter eingeloggt sind und eine Person verfolgen. Somit sind Statusinformationen über die Temperatur im Vorratsraum oder die Information, dass die Katze soeben ihren Schlafplatz im Wohnzimmer besucht hat, nicht für alle Mithörer relevant oder bestimmt. Für einen direkten Versand einer persönlichen oder hausinternen Information verwendet man darum besser E-Mail.

Arduino besitzt zwar selbst keine E-Mail-Funktionalität, kann aber die Informationen, die für den E-Mail-Versand nötig sind, zusammentragen und weiterleiten. Der Versand einer solchen E-Mail kann auf verschiedene Arten realisiert werden. In diesem Kapitel werden Sie zwei Möglichkeiten kennen lernen: den direkten Versand der E-Mail-Information an einen Mailserver und die Verarbeitung und Versendung via Webskript.

Für beide Lösungen muss das Arduino-Board via Ethernet Shield oder ein anderes Internet-Modul eine Verbindung zum Internet besitzen. Wird die Mail nur intern versendet, reicht auch eine Verbindung ins interne Netzwerk.

Wie man die Mailbox dann wieder mit dem Arduino abfragen kann, wird in einem anderen Projekt in diesem Kapitel beschrieben.

8.3.1 Mail direkt versenden

Das direkte Versenden einer Mail über Internet erfolgt gemäß dem Ablauf, den auch ein E-Mail-Programm durchläuft oder den man mittels Telnet ausführen kann (`http://www.yuki-onna.co.uk/email/smtp.html`). Dabei wird eine Abfolge von Befehlen verschickt.

Listing 8.5 zeigt das Verfahren, wie der definierte Mailserver kontaktiert und die einzelnen Befehle für den E-Mail-Versand gesendet werden.

```
// E-Mail-Versand mit Arduino
#include <SPI.h>
#include <Ethernet.h>

// Ethernet-Einstellungen
byte mac[] = { 0xDE, 0xAD, 0xBE, 0xEF, 0xFE, 0xED };
byte ip[] = { 192, 168, 1, 199 };         // IP Arduino-Board
byte gateway[] = { 192, 168, 1, 1 };      // IP Router
byte subnet[] = { 255, 255, 255, 0 };
// IP des externen Servers
byte server[] = { 192, 168, 1, 10 };

EthernetClient client;

void setup()
{
 Ethernet.begin(mac, ip);
 Serial.begin(9600);
 delay(1000);
 Serial.println("connecting...");
 if (client.connect(server, 25))
 {
   Serial.println("connected");
   // Text nach HELO nicht relevant
   client.println("HELO HalloServer");
   client.println("MAIL FROM: meineemail@email.com");
   client.println("RCPT TO: empfangsadresse@email.com");
   client.println("DATA");
   // Absender-Adresse
   client.println("From: meineemail@email.com ");
   // Empfänger-Adresse
   client.println("TO: empfangsadresse@email.com");
   // Titel der Mail
   client.println("SUBJECT: Arduino sendet E-Mail");
```

```
    client.println();
    // Inhaltstext der Mail
    client.println("Das ist der Inhalt der Mail von Arduino.");
    // Kennzeichnung Ende der E-Mail
    client.println(".");
    // Abmelden
    client.println("QUIT");
  } else {
    Serial.println("connection failed");
  }
}

void loop()
{
  if (client.available()) {
    char c = client.read();
    Serial.print(c);
  }

  if (!client.connected()) {
    Serial.println();
    Serial.println("disconnecting.");
    client.stop();
    for(;;)
      ;
  }
}
```

Listing 8.5: E-Mail-Versand direkt mit Arduino

Aus Sicherheitsgründen sind die meisten Mailserver so konfiguriert, dass auch für den E-Mail-Versand Benutzername und Kennwort benötigt werden. Im seriellen Monitor wird dazu eine Meldung in folgender oder ähnlicher Form ausgegeben.

```
connecting...
connected
220-meinmailserver.com ESMTP Sat, 30 Jun 2012 10:54:06 +0200
220-We do not authorize the use of this system to transport unsolicited,
220 and/or bulk e-mail.
250 meinmailserver.com Hello HalloServer [192.168.1.10]
250 OK
550-Mail rejected - HalloServer)
disconnecting.
```

Dazu muss nach der Anweisung HELO eine zusätzliche Befehlszeile eingefügt werden, also:

```
client.println("HELO HalloServer");
client.println("AUTH PLAIN zzzzzzzzzzzz");
```

Die Ziffernfolge »zzzzzzzz« muss durch den Base64-codierten Benutzername/ Kennwort-String ersetzt werden. Die Codierung kann online mit einem kleinen Tool unter der Adresse `http://www.php-einfach.de/base64_generator.php?code=1` erledigt werden.

Hinweis

Diese Art von Zugriff direkt auf den Mailserver ist eher für den fortgeschrittenen Benutzer gedacht, da auch die Fehlersuche im Problemfall tiefergehende Kenntnisse hinsichtlich der Netzwerktechnik erfordert.

8.3.2 Mail via PHP-Skript versenden

Das Versenden einer E-Mail direkt aus einem PHP-Skript ist in vielen Fällen die elegantere und einfacher zu realisierende Lösung. Voraussetzung ist natürlich eine Website im Intranet oder Internet, auf der Skripte in PHP ausgeführt werden können. Für Tests auf dem lokalen Rechner kann dazu ein Paket mit Apache Webserver, MySQL-DB und PHP installiert werden.

Diese Pakete gibt es für verschiedene Plattformen (Tabelle 8.1).

Produkt	Betriebssystem	Webadresse
WAMP	Windows	`http://www.wampserver.com//en/index.php`
MAMP	Mac OS	`http://www.mamp.info/de/index.html`
XAMP	Linux	`http://www.apachefriends.org/de/xampp-linux.html`

Tabelle 8.1: Webserverpakete für lokale Installation

Die Installation dieser Pakete geht meist ohne große Probleme vonstatten. Man beachte die Installationsanleitungen und Hinweise.

Für das Versenden einer E-Mail mit PHP ist keine zusätzliche Konfiguration erforderlich. Die Einstellungen zu Mailserver-IP und so weiter sind meist bereits auf dem Webserver konfiguriert. Als Anwender kann man daher gleich mit dem Erstellen des Skripts anfangen.

```
<?php
// mailsender.php

// Mailtext
$mailtext = "Grußmail vom Arduino";

// E-Mail versenden
// mail(Empfänger, Betreff, Mailtext)
$mail_sent=mail('meine@email.com', 'Arduino Mail', $mailtext);

// Mailstatus ausgeben, 1: OK, 0: Fehler
echo "Mail Status: ".$mail_sent;
?>
```

Listing 8.6: Mail versenden mit PHP

Das Skript in Listing 8.6 versendet nach Aufruf im Browser eine E-Mail an den Empfänger, der in der Mailanweisung `mail()` im ersten Parameter eingestellt wird.

Der Adressaufruf im Browser lautet:

```
http://meinserver.com/mailsender.php
```

Nun kann das Arduino-Board diese Skriptdatei aufrufen und eine E-Mail wird an den Empfänger verschickt. Der Aufbau der Ethernet-Verbindung und der Aufruf der PHP-Datei auf dem Webserver erfolgt in Listing 8.7 nach dem bekannten Muster.

```
#include <SPI.h>
#include <Ethernet.h>

// Ethernet-Konfiguration
byte mac[] = { 0xDE, 0xAD, 0xBE, 0xEF, 0xFE, 0xED };
byte ip[] = { 192, 168, 1, 199 };
byte gateway[] = { 192, 168, 1, 1 };
byte subnet[] = { 255, 255, 255, 0 };
// IP meines Servers
byte server[] = { 192, 168, 1, 100 };

EthernetClient client;

long updateTimer;
boolean clientConnected = false;
```

```
void setup()
{
  Serial.begin(9600);
  // E-Mail-Versand auslösen
  SendenEmail();
  // Status von E-Mail-Versand einlesen
  checkEmailStatus();
}

void loop()
{
  // Anweisungen
}

void SendenEmail()
{
  if ((millis() - updateTimer) > 10000)
  {
    Ethernet.begin(mac, ip);
    Serial.println("connecting...");
    delay(1000);
    if (client.connect(server, 80))
    {
      Serial.println("connected");
      client.print("GET /mailsender.php");
      client.println(" HTTP/1.0");
      client.println("HOST:meinserver.com\n\n");
      client.println();
      client.println();
      clientConnected = true;
    }
    else
    {
     Serial.println("connection failed");
    }
    updateTimer = millis();
  }
}

void checkEmailStatus()
{
```

```
  if (clientConnected)
  {
    if (client.available())
    {
     char c = client.read();
     Serial.print(c);
    }
    if (!client.connected())
    {
     Serial.println();
     Serial.println("disconnecting.");
     client.stop();
     clientConnected = false;
    }
  }
}
```

Listing 8.7: Aufruf des Mailversand-Skripts durch Arduino

Um etwas flexibler zu sein, können Empfänger, Absender und die Inhalte in der Mail mittels Parametern übergeben werden.

```
http://meinserver.com/mailsender.php?To=meine@email.com&Subj=Arduino Mtxt=Hallo
Arduino&From=meine@email.com
```

Im PHP-Skript (Listing 8.8) werden nun die übergebenen Parameter eingelesen und in die Mailanweisung eingetragen.

```
<?php
// mailsender2.php

// Parameter
$to = $_REQUEST["To"];
$from = $_REQUEST["From"];
$subject = $_REQUEST["Subj"];
$mailtext = $_REQUEST["Mtxt"];

// E-Mail versenden
$mail_sent=mail($to, $subject, $mailtext, "From: ".$from);

echo "Mail Status: ".$mail_sent;
?>
```

Listing 8.8: Mail aus PHP versenden mit Übergabeparameter

Je nach Anwendungsfall können auch nur die Inhalte der Mail über Parameter gesteuert werden. Informationen über Absender und Empfänger werden dann weiterhin fest im Code eingegeben.

Hinweis

Bei dieser Mailversand-Lösung ist zu beachten, dass das Versenden von E-Mail grundsätzlich von jedermann möglich ist, falls er Zugriff via Browser auf die PHP-Datei und den Webserver hat. Um hier einen gewissen Schutz einzubauen, kann ein zusätzlicher Parameter, beispielsweise `key`, hinzugefügt werden. Dem Parameter `key` wird dann ein definierter Zahlen/Buchstaben-String mitgegeben. Im Mailskript muss dann der String eingelesen und verglichen werden. Falls der String korrekt ist, kann die Mail verschickt werden.

8.4 XML einlesen

XML ist die Abkürzung für »Extensible Markup Language« und wird als Auszeichnungs- oder Beschreibungssprache bezeichnet. Mit XML kann man Textdaten in strukturierter Form darstellen, siehe Wikipedia `http://de.wikipedia.org/wiki/Extensible_Markup_Language`

Die einfachste Form von XML-Daten zeigt Listing 8.9.

```
<?xml version="1.0" ?>
<buch>
    <titel>Arduino Praxiseinstieg</titel>
    <verlag>mitp Verlag</verlag>
</buch>
```

Listing 8.9: XML-Daten

XML-Daten eignen sich sehr gut für den Datenaustausch zwischen Systemen. Ein Beispiel ist der Austausch von Währungskursen. Eine Bank liefert die Daten im XML-Format und die externen Anwendungen wie Buchungssysteme der Kunden oder Webanwendungen rufen die Währungsdaten auf, lesen diese ein und verarbeiten die eingelesenen Daten weiter.

Daten im XML-Format sind Textdaten und können mit verschiedenen Programmen, so genannten Parsern, gelesen werden. In vielen Programmier- und Skriptsprachen gibt es Funktionen, die ein einfaches und schnelles Lesen von XML-Daten erlauben.

Bekannte Daten im XML-Format sind die RSS-Feeds von Webblogs und News-Seiten. Wie diese RSS-Feeds mit dem Arduino-Board verarbeitet werden können, wird im nächsten Abschnitt beschrieben.

Beispiele von XML-Parsern:

PHP

`http://php.net/manual/de/book.simplexml.php`

ASP

`http://www.xmlfiles.com/dom/dom_access.asp`

Java, C++

`http://xerces.apache.org`

Weitere Parser sind auf der Wikipedia-Seite aufgelistet:

`http://de.wikipedia.org/wiki/Extensible_Markup_Language#XML-Parser-API-Beispiele`

Die Verarbeitung von XML-Daten mit Arduino benötigt neben einem Ethernet Shield eine Funktion, die die empfangenen Daten einliest und auswertet und die benötigten Daten für die Weiterverarbeitung oder Darstellung bereitstellt. In vielen Beispielen wird dazu eine Lösung des Arduino-Users Bob S. (`http://www.arduino.cc/cgi-bin/yabb2/YaBB.pl?num=1231812230`) verwendet. Dieser Sketch kann nach eigenen Wünschen angepasst werden, hat aber den Nachteil, dass das ganze Programm relativ lang und für Anfänger schwierig zu verstehen ist.

8.4.1 XML lesen mit TextFinder

Für das Extrahieren von Daten, die an der seriellen Schnittstelle oder über die Ethernet-Schnittstelle empfangen wurden, eignet sich die Bibliothek TEXTFINDER (`http://www.arduino.cc/playground/Code/TextFinder`).

Die einzelnen Methoden dieser Bibliothek erlauben dem Anwender ein einfaches Finden von einzelnen Zahlenwerten oder Datenstrings. Für das Durchsuchen der strukturierten XML-Daten wird dabei die Methode `getString()` verwendet.

```
int getString(StringAnfang, StringAbschluss, Buffervariable, Stringlänge);
```

Die Methode `getString()` liefert als Rückgabewert die Länge des gefundenen Datenstrings. Falls der String länger ist als der definierte Wert im Parameter `Stringlänge`, so wird der Rest abgeschnitten.

Das XML-Beispiel aus Listing 8.9 wird nun auf einen Webserver im lokalen Intranet oder im Internet kopiert. Das Beispiel des Autors liegt unter folgendem Pfad:

`http://arduino-praxis.ch/arduinobuch/xml/arduinopraxis.xml`

Beim Aufruf der Adresse im Browser wird die XML-Datei dargestellt (Abbildung 8.9).

```
<buch>
  <titel>Arduino Praxiseinstieg</titel>
  <verlag>mitp Verlag</verlag>
</buch>
```

Abb. 8.9: Ausgabe XML im Browser

Die Abfrage mittels TextFinder benötigt nun zuerst ein TextFinder-Objekt.

```
TextFinder  finder( client );
```

und eine Deklaration des zu empfangenden Feldwertes.

```
char titel[50];
```

Der empfangene String wird dann mit der getString-Methode durchsucht und ausgegeben, falls der gefundene Wert größer als 0 ist.

In diesem Fall wird der Titel abgefragt wobei <titel> der Stringanfang und </titel> das Stringende ist.

```
if ( (finder.getString("<titel>", "</titel>",titel,50)!=0) )
{
Serial.print("Titel:  ");
Serial.println(titel);
}
```

Mit zusätzlichen TextFinder-Abfragen können weitere Daten innerhalb des XML-Dokuments abgefragt werden.

Die Abfrage des Verlages benötigt nur wenige zusätzliche Zeilen

```
if ( (finder.getString("<verlag>", "</verlag>",verlag,30)!=0) )
{
 Serial.print("Verlag:  ");
 Serial.println(verlag);
}
```

Zu beachten ist, dass immer zuerst der String mit den extrahierten Daten, in diesem Fall die Variable verlag, zu Beginn deklariert werden.

```
char verlag[30];
```

Listing 8.10 zeigt die Abfrage des XML-Dokuments mittels Aufruf über eine Ethernet-Verbindung. Dabei wird nach der Initialisierung der Ethernet-Verbindung und dem Aufruf der Datei über eine GET-Anweisung der empfangende Datenstring mit der TextFinder-Methode `getString()` abgefragt und auf die serielle Schnittstelle ausgegeben (Abbildung 8.10).

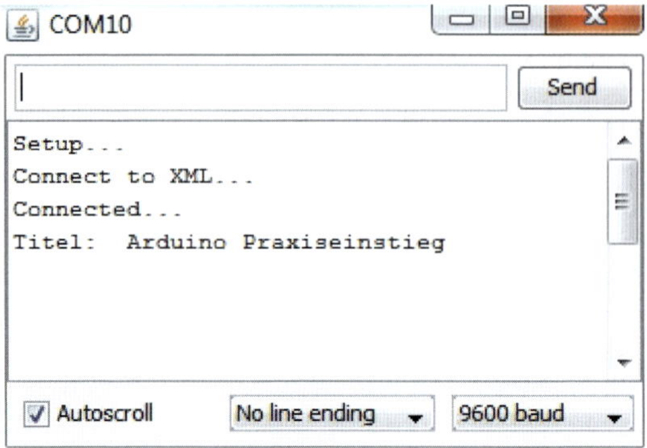

Abb. 8.10: XML lesen und ausgeben

Nach dem Einbinden der nötigen Bibliotheken

```
#include <SPI.h>
#include <Ethernet.h>
#include <TextFinder.h>
```

werden die Ethernet-Parameter gesetzt.

```
byte mac[] = { 0xDE, 0xAD, 0xBE, 0xEF, 0xFE, 0xAD };
byte ip[] = { 10, 0, 1, 101 };
byte gateway[] = { 10, 0, 1, 1 };
byte subnet[] = { 255, 255, 255, 0 };
byte server[] = {82,195,224,125 }; // arduino-praxis.ch
```

Nun werden die Objekte des Webclients und des TextFinders erstellt

```
EthernetClient client;
TextFinder  finder( client );
```

und die Variablen für die Textinformationen deklariert.

```
char titel[50];
char verlag[30];
```

In der Setup-Routine werden die Ethernet-Verbindung und die serielle Schnittstelle gestartet.

```
void setup()
{
  // Start Ethernet-Verbindung
  Ethernet.begin(mac, ip);
  // Initialisierung serielle Schnittstelle
  Serial.begin(9600);
  Serial.println("Setup...");
}
```

Im Hauptprogramm werden die Adresse des Webservers und der Pfad mit dem XML-Dokument aufgerufen. Falls keineEthernet-Verbindung erstellt werden konnte, wird eine Fehlermeldung ausgegeben.

```
void loop()
{
  if (client.connect(server, 80))
  {
    Serial.println("Connect to XML...");
    client.println("GET /arduinobuch/xml/arduinopraxis.xml HTTP/1.0");
    client.println("HOST:www.arduino-praxis.ch\n\n");
    client.println();
    Serial.println("Connected...");
  }
  else
  {
    Serial.println(" connection failed");
  }
```

Falls die Ethernet-Verbindung aufgebaut wurde, wird nun die Textsuche nach dem Titelelement `<titel>` ausgeführt, das Resultat in die Variable `titel` gespeichert und anschließend auf die serielle Schnittstelle ausgegeben.

Je nach Bedarf können weitere Textabfragen eingefügt werden.

```
if (client.connected())
  {
    // Titel abfragen
    // Feld in XML: <titel></titel>
   if ( (finder.getString("<titel>", "</titel>",titel,50)!=0) )
   {
     Serial.print("Titel:  ");
     Serial.println(titel);
   }
```

```
    // Platz für weitere Abfragen innerhalb des XML-Dokuments

   // Ende XML abfragen
   }
```

Zum Schluss wird die Ethernet-Verbindung gestoppt und die gesendeten Daten beseitigt. Vor dem Start des nächsten Hauptprogrammdurchlaufes erfolgt eine Pause von einer Minute.

```
else
 {
    Serial.println("Disconnected");
 }
 client.stop();
 client.flush();
 delay(60000); // 1 Minute warten
}
```

Listing 8.10 zeigt das gesamte Programm zur Abfrage von XML-Daten.

```
#include <SPI.h>
#include <Ethernet.h>
#include <TextFinder.h>

byte mac[] = { 0xDE, 0xAD, 0xBE, 0xEF, 0xFE, 0xAD };
byte ip[] = { 10, 0, 1, 101 };
byte gateway[] = { 10, 0, 1, 1 };
byte subnet[] = { 255, 255, 255, 0 };
byte server[] = {82,195,224,125 }; // arduino-praxis.ch

EthernetClient client;
TextFinder  finder( client );

char titel[50];
char verlag[30];

void setup()
{
  // Start Ethernet-Verbindung
  Ethernet.begin(mac, ip);
  // Initialisierung serielle Schnittstelle
  Serial.begin(9600);
```

```
  Serial.println("Setup...");
}

void loop()
{
  if (client.connect(server, 80))
  {
    Serial.println("Connect to XML...");
    client.println("GET /arduinobuch/xml/arduinopraxis.xml HTTP/1.0");
    client.println("HOST:www.arduino-praxis.ch\n\n");
    client.println();
    Serial.println("Connected...");
  }
  else
  {
    Serial.println(" connection failed");
  }
  if (client.connected())
  {

    // Titel abfragen
    // Feld in XML: <titel></titel>
   if ( (finder.getString("<titel>", "</titel>",titel,50)!=0) )
   {
     Serial.print("Titel:  ");
     Serial.println(titel);
   }

   // Platz für weitere Abfragen innerhalb des XML-Dokuments

  // Ende XML abfragen
  }
  else
  {
    Serial.println("Disconnected");
  }
  client.stop();
  client.flush();
  delay(60000); // 1 Minute warten
}
```

Listing 8.10: Abfrage XML-Daten

8.4.2 Wetterdaten von Yahoo! Weather abfragen

Yahoo! Weather ist ein Wetterdienst vom Suchmaschinenkonzern Yahoo und liefert über die Programmierschnittstelle (englisch API = Application Programming Interface) Wetterdaten und Wettervorhersagen. Mittels URL-Aufruf kann das Wetter für einen Ort abgefragt werden.

Die Weather API wird unter folgender Adresse detailliert beschrieben:

`http://developer.yahoo.com/weather/`

Beispiel-Wetterdaten von Zürich:

`http://weather.yahooapis.com/forecastrss?w=784794`

Im URL-Parameter w wird dabei die ID-Nummer vom gewünschten Ort mitgegeben. Diese eindeutige Standort-Nummer kann über die Startseite des Wetterdienstes ermittelt werden (`http://weather.yahoo.com/`). Dazu gibt man im Eingabefeld für den Standort (*Enter city or zip code*) den gewünschten Ort ein. Nach Klick auf GO erscheint die Wettervorhersage für den ausgewählten geographischen Ort. In der Adresszeile des Browsers wird dabei die ID des Standortes angezeigt.

`http://weather.yahoo.com/switzerland/zurich/zurich-784794/`

Nach Aufruf der API-Adresse im Browser erscheinen die Wetterdaten im XML-Format (8.11).

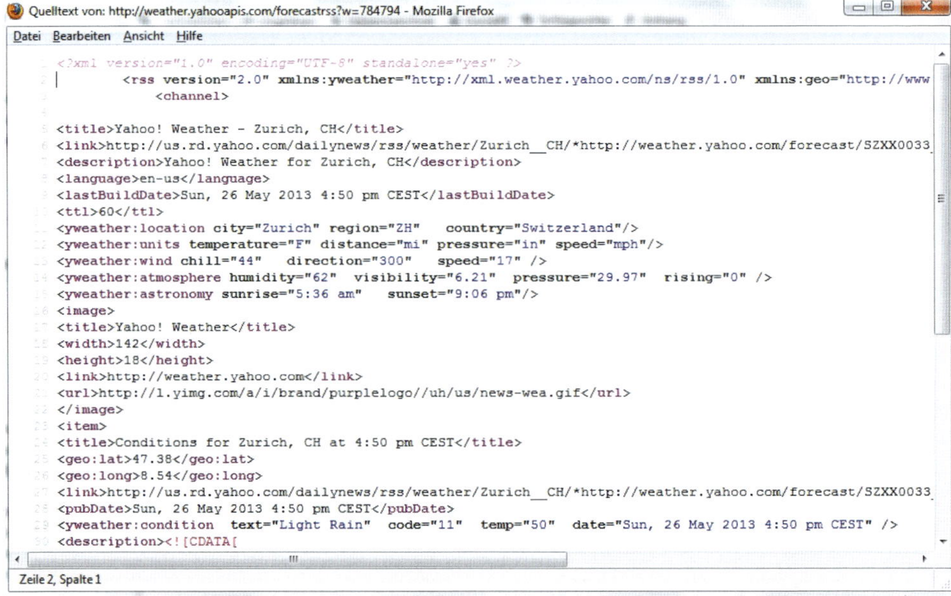


```
<?xml version="1.0" encoding="UTF-8" standalone="yes" ?>
        <rss version="2.0" xmlns:yweather="http://xml.weather.yahoo.com/ns/rss/1.0" xmlns:geo="http://www
            <channel>

<title>Yahoo! Weather - Zurich, CH</title>
<link>http://us.rd.yahoo.com/dailynews/rss/weather/Zurich__CH/*http://weather.yahoo.com/forecast/SZXX0033_
<description>Yahoo! Weather for Zurich, CH</description>
<language>en-us</language>
<lastBuildDate>Sun, 26 May 2013 4:50 pm CEST</lastBuildDate>
<ttl>60</ttl>
<yweather:location city="Zurich" region="ZH"  country="Switzerland"/>
<yweather:units temperature="F" distance="mi" pressure="in" speed="mph"/>
<yweather:wind chill="44"  direction="300"  speed="17" />
<yweather:atmosphere humidity="62" visibility="6.21" pressure="29.97" rising="0" />
<yweather:astronomy sunrise="5:36 am"  sunset="9:06 pm"/>
<image>
<title>Yahoo! Weather</title>
<width>142</width>
<height>18</height>
<link>http://weather.yahoo.com</link>
<url>http://l.yimg.com/a/i/brand/purplelogo//uh/us/news-wea.gif</url>
</image>
<item>
<title>Conditions for Zurich, CH at 4:50 pm CEST</title>
<geo:lat>47.38</geo:lat>
<geo:long>8.54</geo:long>
<link>http://us.rd.yahoo.com/dailynews/rss/weather/Zurich__CH/*http://weather.yahoo.com/forecast/SZXX0033_
<pubDate>Sun, 26 May 2013 4:50 pm CEST</pubDate>
<yweather:condition  text="Light Rain"  code="11"  temp="50"  date="Sun, 26 May 2013 4:50 pm CEST" />
<description><![CDATA[
```


Abb. 8.11: XML-Wetterdaten von Yahoo! Weather

Für eine Wetterstation mit Arduino können nun diese Wetterdaten direkt abgefragt werden. Dazu wird auch die Bibliothek TextFinder eingesetzt.

Aus den XML-Daten des Wetterdienstes müssen nun die gewünschten Werte definiert werden. In unserem Beispiel wird der Ort, die aktuelle Temperatur und Luftfeuchtigkeit benötigt.

```
<?xml version="1.0" encoding="UTF-8" standalone="yes" ?>
<rss version="2.0" xmlns:yweather="http://xml.weather.yahoo.com/ns/rss/1.0"
xmlns:geo="http://www.w3.org/2003/01/geo/wgs84_pos#">
<channel>
<title>Yahoo! Weather - Zurich, CH</title>
<link>http://us.rd.yahoo.com/dailynews/rss/weather/Zurich__CH/*http://
weather.yahoo.com/forecast/SZXX0033_f.html</link>
<description>Yahoo! Weather for Zurich, CH</description>
<language>en-us</language>
<lastBuildDate>Sun, 26 May 2013 4:50 pm CEST</lastBuildDate>
<ttl>60</ttl>
<yweather:location city="Zurich" region="ZH"  country="Switzerland"/>
<yweather:units temperature="F" distance="mi" pressure="in" speed="mph"/>
<yweather:wind chill="44"  direction="300"  speed="17" />
<yweather:atmosphere humidity="62"  visibility="6.21"  pressure="29.97"
rising="0" />
<yweather:astronomy sunrise="5:36 am"  sunset="9:06 pm"/>
<image>
<title>Yahoo! Weather</title>
<width>142</width>
<height>18</height>
<link>http://weather.yahoo.com</link>
<url>http://l.yimg.com/a/i/brand/purplelogo//uh/us/news-wea.gif</url>
</image>
<item>
<title>Conditions for Zurich, CH at 4:50 pm CEST</title>
<geo:lat>47.38</geo:lat>
<geo:long>8.54</geo:long>
<link>http://us.rd.yahoo.com/dailynews/rss/weather/Zurich__CH/*http://
weather.yahoo.com/forecast/SZXX0033_f.html</link>
<pubDate>Sun, 26 May 2013 4:50 pm CEST</pubDate>
<yweather:condition  text="Light Rain"  code="11"  temp="50"  date="Sun, 26 May
2013 4:50 pm CEST" />
<description>
<![CDATA[
<img src="http://l.yimg.com/a/i/us/we/52/11.gif"/><br />
```

```
<b>Current Conditions:</b><br />
Light Rain, 50 F<BR />
<BR /><b>Forecast:</b><BR />
Sun - Showers. High: 46 Low: 42<br />
Mon - AM Clouds/PM Sun. High: 59 Low: 45<br />
<br />
<a href="http://us.rd.yahoo.com/dailynews/rss/weather/Zurich__CH/*http://
weather.yahoo.com/forecast/SZXX0033_f.html">Full Forecast at Yahoo! Weather</
a><BR/><BR/>
(provided by <a href="http://www.weather.com" >The Weather Channel</a>)<br/>
]]></description>
<yweather:forecast day="Sun" date="26 May 2013" low="42" high="46"
text="Showers" code="11" />
<yweather:forecast day="Mon" date="27 May 2013" low="45" high="59" text="AM
Clouds/PM Sun" code="30" />
<guid isPermaLink="false">SZXX0033_2013_05_27_7_00_CEST</guid>
</item>
</channel>
</rss>
```

Listing 8.11: XML-Wetterdaten von Yahoo! Weather

Listing 8.11 zeigt den Ausschnitt der Wetterdaten mit den benötigten Elementen.

Im XML-Dokument sind die Daten für den Ort (`<title>Conditions for "..`) und für die Luftfeuchtigkeit (`<yweather:atmosphere humidity=\"`) als Textinformationen enthalten, der Wert für die Temperatur in Grad C (`temp=`) wird als ganzzahliger Wert zurückgegeben. Die Abfrage der Ortsdaten und der Luftfeuchtigkeit wird mit der bereits verwendeten Textfinder-Methode `getString()` realisiert.

```
// Luftfeuchte abfragen
// Feld in XML: humidity=".."
if ((finder.getString("<yweather:atmosphere humidity=\"", "\"",luftfeuchte,4)!=0))
{
  Serial.print("Luftfeuchte:  ");
  Serial.println(luftfeuchte);
}
// Stadt abfragen
// Feld in XML: <title>Conditions for ..
if ( (finder.getString("<title>Conditions for ", " ",ort,50)!=0) )
{
  Serial.print("Ort:  ");
  Serial.println(ort);
}
```

Für die Abfrage des Temperaturwertes wird die Methode `find()` verwendet, welche nach dem übergebenen String sucht und den nächsten Zahlenwert mit `getValue()` zurückgibt.

```
// Temperatur in Celsius lesen
// Daten in XML: temp=".."/>
if(finder.find("temp=") )
{
  int temperature = finder.getValue();
  Serial.print("Temp C:  ");
  Serial.println(temperature);
}
```

Listing 8.12 zeigt die gesamte Wetterabfrage. Das Listing basiert auf dem vorherigen Beispiel der XML-Abfrage. Zu beachten ist, dass in der Ethernet-Initialisierung die IP-Adresse des Yahoo-Servers eingegeben werden muss.

```
#include <SPI.h>
#include <Ethernet.h>
#include <TextFinder.h>

byte mac[] = { 0xDE, 0xAD, 0xBE, 0xEF, 0xFE, 0xAD };
byte ip[] = { 10, 0, 1, 101 };
byte gateway[] = { 10, 0, 1, 1 };
byte subnet[] = { 255, 255, 255, 0 };

// Server Yahoo
IPAddress server(87,248,122,181);

EthernetClient client;
TextFinder  finder( client );

char ort[50];
char luftfeuchte[30];

void setup()
{
  // Start Ethernet Verbindung
  Ethernet.begin(mac, ip);
  // Initialisierung serielle Schnittstelle
  Serial.begin(9600);
  Serial.println("Setup...");
}
```

```
void loop()
{
  if (client.connect(server, 80))
  {
    // Aufruf Wetter-API
    // weather.yahooapis.com/forecastrss?w=784794&u=c
    //
    Serial.println("Connect to Yahoo Weather...");
    client.println("GET /forecastrss?w=784794&u=c HTTP/1.0");
    client.println("HOST:weather.yahooapis.com\n\n");
    client.println();
    Serial.println("Connected...");
  }
  else
  {
    Serial.println(" connection failed");
  }

  if (client.connected())
  {
    // Luftfeuchte abfragen
   // Feld in XML: humidity=".."
   if ( (finder.getString("<yweather:atmosphere humidity=\"",
"\"",luftfeuchte,4)!=0) )
   {
     Serial.print("Luftfeuchte:  ");
     Serial.println(luftfeuchte);
   }
   else
   {
     Serial.print("Kein Feld mit Luftfeuchte gefunden");
   }

    // Stadt abfragen:
    // Feld in XML: <title>Conditions for ..
    if ( (finder.getString("<title>Conditions for ", " ",ort,50)!=0) )
    {
      Serial.print("Ort:  ");
      Serial.println(ort);
    }
```

```
    // Temperatur in Celsius lesen
    // Daten in XML: temp=".."/>
    if(finder.find("temp=") )
    {
     int temperature = finder.getValue();
     Serial.print("Temp C:  ");
     Serial.println(temperature);
   }
   else
   {
     Serial.print("Kein Feld mit Temperatur gefunden");
   }
  // Ende XML abfragen
  }
  else
  {
    Serial.println("Disconnected");
 }
  client.stop();
  client.flush();
  // 1 Minute warten
  delay(60000);
}
```

Listing 8.12: Yahoo! Weather mit Arduino abfragen

Bei erfolgreicher Abfrage des Wetter-Webservices von Yahoo kann im seriellen Monitor die Temperatur und die Luftfeuchtigkeit für den angefragten Ort ausgelesen werden (Abbildung 8.12).

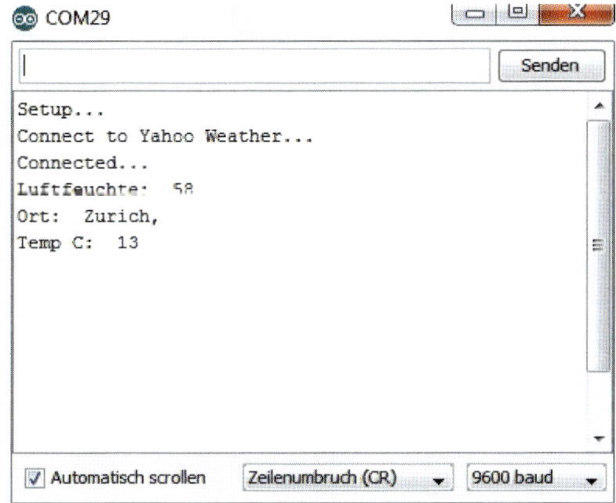

Abb. 8.12: Wetterdaten für Zürich von Yahoo! Weather

Weitere Beispiele, in denen XML-Daten abgefragt und weiterbearbeitet werden, sind in den nächsten Abschnitten zu finden.

8.5 RSS einlesen

RSS (Really Simple Syndication oder auch Rich Site Summary) ist ein Dateiformat, das auf XML basiert. RSS ist vor allem bekannt als RSS-Feed, also das Ausgeben von News-Inhalten. RSS-Feeds werden von News-Seiten und Webblogs genutzt. Diese Newsfeeds können mittels eines lokalen Newsreaders oder eines Online-Newsreaders, beispielsweise dem Google Reader (`http://www.google.com/reader`), abonniert und gelesen werden.

RSS-Feeds und XML-Formate im Allgemeinen sind ideale Formate, um Daten zwischen Systemen auszutauschen. Bei den RSS- oder Newsfeeds werden die News-Meldungen oder Blog-Einträge für die Weiternutzung ausgegeben.

Die RSS-Feeds müssen nicht nur immer News-Inhalte haben. RSS kann auch für die Ausgabe von Status- oder Fehlermeldungen verwendet werden.

Ein RSS-Feed, im Listing in der Version 2.0, ist wie folgt aufgebaut (Listing 8.13):

```
<?xml version="1.0" encoding="utf-8"?>
<rss version="2.0">
<channel>
<title>Feedtitel</title>
<link>Webadresse</link>
<description>Beschreibung des Feeds</description>
<language>Sprache</language>
<copyright>Copyrightinformationen</copyright>
<pubDate>Datum</pubDate>
<item>
<title>Titel des Newsbeitrages</title>
<description>Kurze Beschreibung</description>
<link>Link zum Beitrag</link>
<author>Name des Autors</author>
</item>
....
</channel>
</rss>
```

Listing 8.13: Aufbau RSS-Feed (Version RSS 2.0)

Wie bereits erwähnt, werden RSS-Feeds meist in einem Desktop-Programm oder mittels Online-Reader gelesen. Dafür wird aber immer ein Computer benötigt, auf dem das Programm zum Lesen installiert ist. In unserem kleinen Arduino-Projekt wollen wir einen RSS-Reader realisieren, der keinen PC für das Abfragen der Newsfeeds braucht.

Die bisherigen Lösungen eines RSS-Readers mit Arduino nutzten alle ein auf einem PC installiertes Programm oder Skript (Processing, Phyton Script etc.), das die RSS-Feeds aus dem Internet abfragte. Unser RSS-Reader wird einen direkten Zugriff aufs Internet durchführen und die Daten abfragen. Da Arduino nicht für die Verarbeitung von großen Datenmengen ausgelegt ist, wird eine Art Vorselektion mittels PHP-Skript realisiert. Dieses liest den RSS-Feed und gibt nur einen Teil des Feed-Inhalts an das Arduino-Board weiter.

Da auch die Möglichkeiten der Anzeige auf einem Arduino-Board begrenzt sind, meist hat man ja nur zwei bis vier Zeilen mit maximal 20 Zeichen pro Zeile, wird über einen Parameter die Anzahl der darzustellenden News-Beiträge angegeben.

Das Abfragen und Auswerten des RSS-Feeds wird auf dem Webserver im Intranet oder Internet mit einem PHP-Skript ausgeführt, indem ein RSS-Parser den Feed einliest und umgeformt wieder ausgibt. Der dafür verwendete RSS-Parser nennt sich Magpie RSS und steht unter der Adresse `http://magpierss.sourceforge.net` zum Download bereit.

Mit dem Skript `readrss.php` (Listing 8.14) wird nun ein Feed eingelesen und kompakter ausgegeben.

readrss.php

```
<?php
// Anzahl der News-Meldungen, die aktuellsten zuerst
$rssid=$_GET["rssid"];
require_once ('rss_fetch.inc');
$url = 'http://intramania.com/blog/feed/';
define('MAGPIE_OUTPUT_ENCODING', "UTF-8");
$i = 0;

$rss = fetch_rss($url);

//RSS-Header
print '<?xml version="1.0" encoding="ISO-8859-1" ?>  ' . "\n";
// Loop über alle News-Beiträge
foreach ($rss->items as $item) {
// Ausgabeformat nur dd.mm (Tag.Monat)
$date=$item['pubdate'] = date('d.m', strtotime($item['pubdate']));
$title = $item[title];
$link = $item[link];
```

```
$desc = $item[description];
$title = utf8_decode($title);
if($i == $rssid) {
  // Ausgabe der einzelnen Beiträge
  print '<rss>' . "\n";
  print '<item>';
  print $date.':'.$title;
  print'</item>'. "\n";
}
$i++;
}
// Footer
print '</rss>' . "\n";
?>
```

Listing 8.14: Abfrage RSS-Feed mit Magpie RSS (RSS-Parser)

Der Aufruf im Browser

`http://meinedomain.com/rssreader/readrss.php?rssid=2`

gibt den angegebenen Beitrag aus dem Intramania-Blog (`http://www.intramania.com/blog/`) zurück. Eine ID von 0 gibt den aktuellsten Beitrag zurück. Die Beiträge werden also mit absteigendem Datum nummeriert.

Die Adresse des RSS-Feed, der durch das PHP-Skript aus Listing 8.14 abgefragt wird, ist dabei im Skript in der Variablen `$url` definiert und kann entsprechend angepasst werden. Zu beachten ist, dass dabei ein RSS-Feed mit Version 2.0 verwendet werden muss.

Die einzelne Ausgabe eines Blog-Beitrages für unsere RSS-Reader-Anwendung sieht dann wie folgt aus:

```
<?xml version="1.0" encoding="ISO-8859-1" ?>
<rss>
<item>12.08:MasterPage PlaceHolder-Elemente</item>
</rss>
```

Hinweis

Die Ausgabe entspricht natürlich nicht genau einem RSS-Standardformat. Sie ist speziell für die Ausgabe oder Weiterverarbeitung in einer Arduino-Anwendung gedacht, wobei Datum und Titel des Blog-Beitrages in einer Zeile ausgegeben werden.

In unserem RSS-Reader-Projekt wird die Anzeige der einzelnen Blog-Beiträge mittels Zufallszahlgenerator gesteuert. Die Funktion ermittelt eine Zufallszahl zwischen 1 und 10 und gibt dann den entsprechenden Blog-Beitrag als XML aus.

Die Abfrage der optimierten RSS-Daten mit dem Arduino-Board erfolgt auf die gleiche Weise wie in Abschnitt 8.4, »XML einlesen« beschrieben.

Mit der TextFinder-Methode `getString()` wird nach dem Element `<item></item>` gesucht und das Resultat in der Variablen `rssitem` gespeichert (Listing 8.15).

```
// RSS Item abfragen
// Feld in XML: <item></item>
if ( (finder.getString("<item>", "</item>",rssitem,100)!=0) )
{
  Serial.println(rssitem);
}
else
{
Serial.println("Keine RSS-Daten gefunden");
}
```

Listing 8.15: Abfrage Daten aus RSS-Feed

Nachfolgend das ganze Programm des RSS-Readers im Detail:

Nach dem Einbinden der nötigen Bibliotheken

```
#include <SPI.h>
#include <Ethernet.h>
#include <TextFinder.h>
```

werden die Ethernet-Parameter gesetzt.

```
byte mac[] = { 0xDE, 0xAD, 0xBE, 0xEF, 0xFE, 0xAD };
byte ip[] = { 10, 0, 1, 101 };
byte gateway[] = { 10, 0, 1, 1 };
byte subnet[] = { 255, 255, 255, 0 };

// IP von Server auf dem readrss.php liegt
IPAddress server(82,195,224,125);
```

Nun werden die Objekte für den Webclient und TextFinder erstellt

```
EthernetClient client;
TextFinder  finder( client );
```

und die Variablen für die Zusatzzahl und für die RSS-Titelinformationen deklariert.

```
// Zufallszahl für Anzeige
long randNumber;

// Feld für Abfrage
char rssitem[100];
```

In der Setup-Routine werden die Ethernet-Verbindung und die serielle Schnittstelle gestartet.

```
void setup()
{
  // Start Ethernet-Verbindung
  Ethernet.begin(mac, ip);
  // Initialisierung serielle Schnittstelle
  Serial.begin(9600);
}
```

Das Hauptprogramm ruft nun den Webserver und die PHP-Datei auf, falls eine Ethernet Verbindung erstellt werden konnte. Andernfalls wird eine Fehlermeldung ausgegeben.

Der Aufruf der PHP-Datei auf dem Webserver wird dabei in mehrere Zeilen aufgeteilt, da die ID des anzuzeigenden Beitrages mittels Zufallszahl ermittelt wird.

```
void loop()
{
  if (client.connect(server, 80))
  {
    // Zufallszahl zwischen 1 und 10 generieren
    randNumber = random(1,10);
    // Beitrag mit ID der Zufallszahl aufrufen
    client.print("GET /arduinobuch/rssreader/readrss.php?rssid=");
    client.print(randNumber);
    client.println(" HTTP/1.0");
    client.println("HOST:www.arduino-praxis.ch\n\n");
    client.println();
    Serial.println("Connected...");
  }
  else
```

```
  {
    Serial.println(" connection failed");
  }
```

Falls die vorherige Ethernet-Verbindung aufgebaut wurde, wird nun die Textsuche nach dem Titelelement `<item>` ausgeführt, das Resultat in die Variable `rssitem` gespeichert und anschließend auf die serielle Schnittstelle ausgegeben.

```
if (client.connected())
  {
    // RSS-Item abfragen
    // Feld in XML: <item></item>
    if ( (finder.getString("<item>", "</item>",rssitem,100)!=0) )
    {
      Serial.println(rssitem);
    }
    else
    {
      Serial.println("Keine RSS-Daten gefunden");
    }
    // Ende XML abfragen
  }
```

Zum Schluss wird die Ethernet-Verbindung gestoppt und die gesendeten Daten beseitigt. Vor dem Start des nächsten Hauptprogrammdurchlaufes erfolgt eine Pause von 60 Sekunden.

```
else
  {
    Serial.println("Disconnected");
  }
  client.stop();
  client.flush();
  // 1 Minute warten
  delay(60000);
}
```

Die jeweils auf die serielle Schnittstelle ausgegebenen Daten (Abbildung 8.13) können auf einem Display dargestellt werden. Je nach Größe und Art des LC-Displays können auch mehrere Beiträge nacheinander dargestellt werden oder eine Funktion fragt regelmäßig den aktuellsten Beitrag ab. Im Beispiel wird mittels Zufallszahl ein zufälliger Beitrag aus den zehn aktuellsten Beiträgen des RSS-Feeds dargestellt.

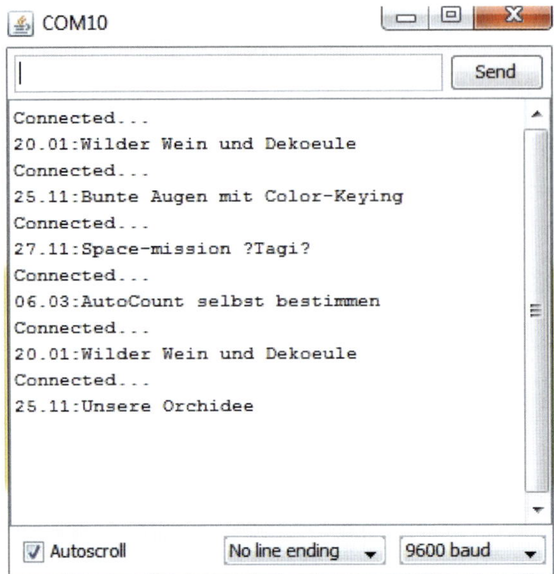

Abb. 8.13: Darstellung abgefragte Blog-Beiträge

Das Beispiel des RSS-Readers zeigt, dass man sich selbst eine XML-Ausgabe mit PHP erstellen und mittels Arduino weiterverarbeiten oder darstellen kann. Mit dem Auslagern von Funktionen in eine PHP-Datei auf dem Webserver kann man die Prozessorbelastung auf dem Arduino-Board minimieren.

Die TextFinder-Funktion in unserem Beispiel muss nur wenige, ausgewählte Zeilen XML-Code durchsuchen und nicht den gesamten Original-RSS-Feed des ausgewählten Weblogs.

Ein praktischer RSS-Reader, der keinen eingeschalteten PC benötigt.

8.6 Wo bist du jetzt?

Mit dem Online-Dienst Google Latitude (`http://www.google.com/latitude`) bietet der Suchmaschinengigant eine Funktion, um über den aktuellen Standort von Freunden und Bekannten informiert zu sein. In Echtzeit wird die aktuelle Position einer Person via Handy an Google gesendet und auf einer Google Map dargestellt. Um die Privatsphäre zu wahren, muss ein Nutzer eine Einladung für Google Latitude bekommen. Hat man die Einladung angenommen, kann man seinen Standort automatisch oder manuell bekannt geben. Etliche Website- und Blog-Betreiber haben kleine Karten in ihren Webanwendungen integriert, auf denen der aktuelle Standort laufend aktualisiert wird (`http://www.google.com/`

latitude/apps/badge). Dabei kann man zwischen der genauen Position und einer Darstellung auf Stadtebene auswählen.

Diese geografischen Positionsangaben müssen vom Benutzer manuell freigeschaltet werden. Falls dies erfolgt ist, können die Koordinaten des aktuellen Standorts auch in Form einer JavaScript-Ausgabe (Format JSON, siehe http://de.wikipedia.org/wiki/JavaScript_Object_Notation) oder als KML-Datei (KML siehe http://de.wikipedia.org/wiki/Keyhole_Markup_Language) (zum Einfügen in Google Earth) ausgegeben werden. Diese beiden Formate sind für den Datenaustausch mit anderen Anwendungen ausgelegt, also auch für die Darstellung und Nutzung mit einem Arduino-Board. Und genau dieses kleine Projekt wird in diesem Kapitel beschrieben.

Der Aufbau der Anwendung ähnelt der Lösung des RSS-Readers aus dem vorherigen Abschnitt. Ein PHP-Skript auf einem Webserver im Intranet oder Internet liest die Längen- und Breitengradinformationen von Google Latitude, ermittelt daraus die Adresse (Straße und Ort) und gibt diese im XML-Format aus.

Das Arduino-Programm ruft nun die Webadresse mit dem XML-Output auf, empfängt die Daten und gibt diese auf einem LC-Display aus.

Die für uns notwendigen Ausgabedaten stehen bei Google Latitude unter folgender Adresse zur Verfügung:

http://www.google.com/latitude/apps/badge

Damit man die Ausgabeformate lesen kann, muss man sich zuerst mit einem Google-Account anmelden und die Daten für die Standortmarkierung freigeben.

Ganz am Ende der Seite stehen dann unter dem Link ENTWICKLERINFORMATIONEN Links zu Ausgabedaten in den Formaten KML, JSON und Atom zur Verfügung.

http://www.google.com/latitude/apps/badge/api?user=DeineID&type=kml

http://www.google.com/latitude/apps/badge/api?user=DeineID&type=json

http://www.google.com/latitude/apps/badge/api?user=DeineID&type=atom

Mittels Parameter USER wird eine eindeutige ID mitgegeben, die den Benutzer identifiziert. Diese ID sollte nicht veröffentlicht werden.

Mit dem Format Atom stehen hier auch Daten im XML-Format zur Verfügung, die direkt vom Arduino-Board eingelesen werden können.

Ruft man die Adresse für das Atom-Format auf, bekommt man einen RSS-Feed, den man direkt in einem RSS-Reader nutzen kann (Abbildung 8.14).

Abb. 8.14: Daten von Latitude-Standort im Browser

Schaut man sich nun den Quelltext dieses Feeds an, bekommt man die XML-Daten mit allen nötigen Informationen (Listing 8.16).

```
<?xml version="1.0" encoding="utf-8"?>
<feed xmlns="http://www.w3.org/2005/Atom" xmlns:georss="http://
www.georss.org/georss">
<title>Current Location</title>
<link rel="alternate" href="http://www.google.com/latitude/apps/
badge" />
<link rel="self" href="http://www.google.com/latitude/apps/badge/
api?user=deineUserID&amp;type=atom" />
<updated>2012-06-30T07:20:32Z</updated>
<author>
<name>Google Latitude</name>
</author>
<id>http://www.google.com/latitude/apps/badge/api?user=deineUse-
rID&amp;type=atom</id>
<entry>
<id>http://www.google.com/latitude/apps/badge/api?user=deineUse-
rID&amp;type=atom;deineUserID</id>
<author>
<name>deineUserID</name>
</author>
<title>Current Location</title>
<updated>2012-06-30T07:20:32Z</updated>
<summary>Current Location</summary>
<georss:point>47.000000 8.00000</georss:point>
<georss:radius>51</georss:radius>
```

```
<georss:featurename>Schaffhausen, Schweiz</georss:featurename>
</entry>
</feed>
```

Listing 8.16: Latitude-Feed mit Standort

Diese XML-Ausgabe kann nun wie die vorherigen Beispiele mittels TextFinder-Funktionen eingelesen und weiterverarbeitet werden. Dabei sind die Felder `<georrss:point>` und `<georss:featurename>` die von uns benötigten Datenlieferanten.

```
if (client.connected())
{
  // Ort
  // Feld in XML: <georss:featurename></georss:featurename>
  if ( (finder.getString("<georss:featurename>", "</georss:featurename>",
    standort,100)!=0) )
  {
    Serial.println(standort);
  }
  else
  {
    Serial.println("Keine Latitude-Daten gefunden");
  }
  // Ende XML abfragen
}
```

Listing 8.17: Abfrage Atom-Daten von Google Latitude

Im seriellen Monitor wird dann der ausgelesene Standort dargestellt.

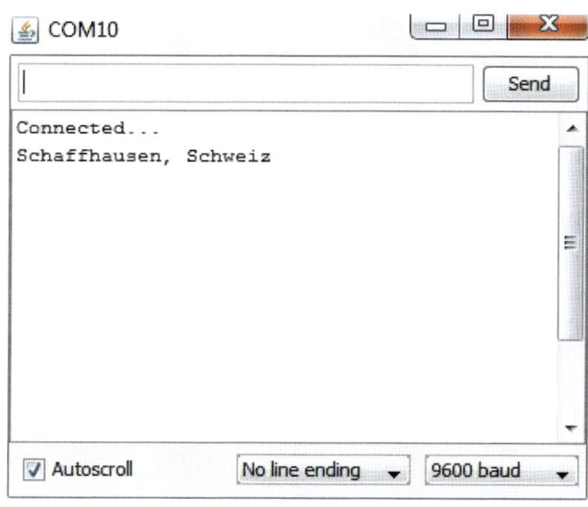

Abb. 8.15: Google-Latitude-Standort im seriellen Monitor

Listing 8.18 zeigt die gesamte Abfrage des Atom-Feed der Google-Anwendung Latitude zur Darstellung des aktuellen Standortes.

```
#include <SPI.h>
#include <Ethernet.h>
#include <TextFinder.h>

byte mac[] = { 0xDE, 0xAD, 0xBE, 0xEF, 0xFE, 0xAD };
byte ip[] = { 10, 0, 1, 101 };
byte gateway[] = { 10, 0, 1, 1 };
byte subnet[] = { 255, 255, 255, 0 };

// Server Google
IPAddress server(74,125,39,104);

EthernetClient client;
TextFinder  finder( client );

// Feld für Abfrage
char standort[100];

void setup()
{
  // Start Ethernet-Verbindung
  Ethernet.begin(mac, ip);
  // Initialisierung serielle Schnittstelle
  Serial.begin(9600);
}

void loop()
{
  if (client.connect(server, 80))
  {
    client.print("GET /latitude/apps/badge/api?user=deineUserID&type=atom");
    client.println(" HTTP/1.0");
    client.println("HOST:www.google.com\n\n");
    client.println();
    Serial.println("Connected...");
  }
  else
  {
```

```
    Serial.println(" connection failed");
  }

  if (client.connected())
  {
    // Ort
    // Feld in XML: <georss:featurename></georss:featurename>
    if ( (finder.getString("<georss:featurename>", "</
georss:featurename>",standort,100)!=0) )
    {
      Serial.println(standort);
    }
    else
    {
      Serial.println("Keine Latitude-Daten gefunden");
    }
    // Ende XML abfragen
  }
  else
  {
    Serial.println("Disconnected");
  }
  client.stop();
  client.flush();
  // 1 Minute warten
  delay(60000);
}
```

Listing 8.18: Google Latitude abfragen und ausgeben

8.7 You got mail

»Du hast 5 Mails in der Mailbox«, meldet der Arduino-Mailchecker und übernimmt die Abfrage der Mailbox. Für die Abfrage der Mails benötigt der Mailchecker eine Verbindung zu einem Intranet- oder Internet-Webserver. Auf diesem läuft ein PHP-Skript (`checkmailbox.php`), das den Zugriff zur Mailbox bewerkstelligt. Nach dem Ausführen der Mailabfrage sendet das Skript die Anzahl der Mails zurück. Diese Information wird vom Arduino via Ethernet Shield abgefragt, vom Arduino ausgewertet und auf die serielle Schnittstelle ausgegeben. Optional kann nun diese Information weiterverarbeitet werden, beispielsweise zur Anzeige auf einem LC-Display oder auf einer großen LED-Anzeige an der Wand im Büro.

Die Abfrage des PHP-Skripts erfolgt wie gewohnt über die Befehle der ETHERNET-Bibliothek.

```
client.println("GET /mailchecker.php HTTP/1.0");
client.println("HOST:www.meinedomain.com\n\n");
```

Die Skriptdatei muss dabei auf der Website liegen, die in der Adresse angegeben ist. Zum Testen sollte nach dem Hochladen die Adresse im Browser eingegeben und geprüft werden, ob der Aufruf funktioniert.

Die Antwort des Webservers in Abbildung 8.16 ist eine HTML-Ausgabe in der Form <ANZAHLMAILS>.

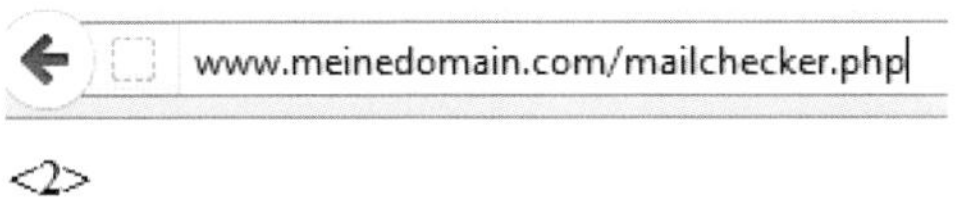

Abb. 8.16: Anzeige der Mails in der Mailbox

Wie die vorherigen Beispiele in diesem Kapitel wird auch die Ausgabe des Mailchecker-Skripts mittels einer TextFinder-Funktion eingelesen. Dabei wird wieder das gleiche Verfahren verwendet.

Als Starterkennung wird hier nun das Zeichen < und als Enderkennung das Zeichen > eingesetzt.

Die Abfragefunktion in Listing 8.19 ermittelt nach dem bekannten Muster die Anzahl der Mails in der Mailbox.

```
if (client.connected())
{
 // E-Mails
 // Feld in XML: <..>
 if ( (finder.getString("<", ">",anzahlmails,5)!=0) )
 {
   Serial.print("Du hast ");
   Serial.print(anzahlmails);
   Serial.println(" Mails in der Mailbox.");
 }
 else
 {
   Serial.println("Keine Mails vorhanden");
 }
```

```
  // Ende XML abfragen
}
```

Listing 8.19: Abfrage Anzahl E-Mails

Im seriellen Monitor wird nun die Anzahl der Mails in der Mailbox angezeigt (Abbildung 8.17).

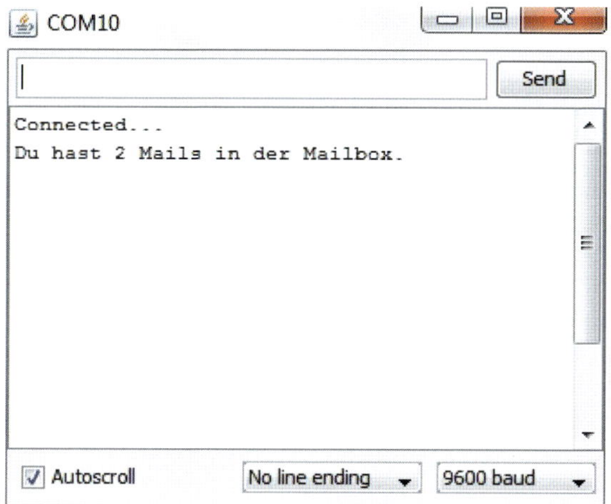

Abb. 8.17: Anwendung Mailchecker: Anzahl Mails in der Mailbox

Nachdem die PHP-Funktion in der Datei `mailchecker.php` auf den Server geladen ist, kann im Arduino die Abfragefunktion gestartet werden.

```
#include <SPI.h>
#include <Ethernet.h>
#include <TextFinder.h>

byte mac[] = { 0xDE, 0xAD, 0xBE, 0xEF, 0xFE, 0xAD };
byte ip[] = { 10, 0, 1, 101 };
byte gateway[] = { 10, 0, 1, 1 };
byte subnet[] = { 255, 255, 255, 0 };

// IP von Server, auf dem mailchecker.php liegt
IPAddress server(123,123,234,234);

EthernetClient client;
TextFinder  finder( client );

// Feld für Abfrage
```

```
char anzahlmails[5];

void setup()
{
  // Start Ethernet-Verbindung
  Ethernet.begin(mac, ip);
  // Initialisierung serielle Schnittstelle
  Serial.begin(9600);
}

void loop()
{
  if (client.connect(server, 80))
  {
    client.print("GET /mailchecker.php");
    client.println(" HTTP/1.0");
    client.println("HOST:www.meinedomain.comh\n\n");
    client.println();
    Serial.println("Connected...");
  }
  else
  {
    Serial.println(" connection failed");
  }

  if (client.connected())
  {
    // E-Mails
    // Feld in XML: <..>
    if ( (finder.getString("<", ">",anzahlmails,5)!=0) )
    {
      Serial.print("Du hast ");
      Serial.print(anzahlmails);
      Serial.println(" Mails in der Mailbox.");
    }
    else
    {
      Serial.println("Keine Mails vorhanden");
    }
    // Ende XML abfragen
  }
  else
```

```
  {
    Serial.println("Disconnected");
  }
  client.stop();
  client.flush();
  // 1 Minute warten
  delay(60000);
}
```

Listing 8.20: Mailchecker

Der HTTP-Request des Arduino ruft die Datei `mailchecker.php` auf, die die Abfrage der Mailbox regelt. Dabei müssen in dieser Datei die Zugangsdaten zur Mailbox und der Mailserver konfiguriert werden.

```
<?php
$mailserver="mailserver";
$mailserverport="110";
$user="meinuser";
$pwd="meinpasswort";

include('inc_mailbox.php');
$pop_check = pop3_getstat( $mailserver, $mailserverport, $user, $pwd, 1, FALSE );
$pop_status = pop3_parse_stat( $pop_check );
print "<".$pop_status[ "mails" ].">";

// Verbindung beenden
pop3_quit( &$pop_check[ "handle" ] );
?>
```

Listing 8.21: PHP-Funktion `mailchecker.php`

Die im PHP-Skript (Listing 8.21) eingefügte Include-Datei (`inc_mailbox.php`) beinhaltet die Abfragefunktionen, die aus dem Skript genutzt werden können. Die Datei ist in Anhang D komplett ausgedruckt und steht auch auf der Buchwebsite zum Download bereit.

8.8 Umweltdaten sammeln

Mit den sechs analogen Eingängen und der Anzahl digitaler Ein- und Ausgänge eignet sich ein Arduino-Board ideal als Datenerfassungseinheit. An die analogen Eingänge können Temperatursensoren, Feuchtesensoren, Druckmesser und andere Sensortypen angeschlossen werden und Daten an das Arduino-Board liefern.

Die Daten können nun, wie in Kapitel 6 beschrieben, in einem EEPROM oder auf einer SD-Speicherkarte abgelegt werden. Für die grafische Darstellung in einem Diagramm müssen die Daten aus dem Speicher geladen und mittels Auswertungsprogramm verarbeitet werden. Das ist relativ umständlich und erfordert mehrere Schritte. Möchte man die Daten direkt in einen Speicher ablegen, aus dem man direkt ein Diagramm erstellen kann, empfiehlt sich beispielsweise eine webbasierte Lösung mit einer MySQL- oder einer Access-Datenbank. Mittels einer Skriptsprache und einer speziellen Funktion können die Daten anschließend zur Laufzeit in einem Diagramm dargestellt werden.

Wer sich den ganzen Programmieraufwand nicht zumuten will, kann sich einer kostenlosen Anwendung im Internet bedienen. XIVELY (`http://www.xively.com/`), früher Cosm und Pachube, ist eine webbasierte Plattform für die Erfassung und Speicherung von Sensor-, Energie- und Umweltdaten. Diese Plattform bietet verschiedene Schnittstellen zur Erfassung von Daten. Vorgefertigte Skripte für viele verschiedene Technologien machen den Einstieg in die Nutzung dieses Tools sehr einfach.

Über eine Weboberfläche können die erfassten Daten anschließend grafisch dargestellt werden. Die vorgefertigten Funktionen erlauben es dem Benutzer, eigene Lösungen zur Datenerfassung zu erstellen und in eigene Anwendungen zu integrieren.

Die anschließende Darstellung oder Weiterverarbeitung der Daten kann mit verschiedenen Hardware- oder Softwarelösungen erfolgen. Xively bietet dazu fertige Bibliotheken (`https://xively.com/dev/libraries/`). Für webbasierte Anwendungen im Intranet oder Internet steht eine einfach zu nutzende JavaScript-Bibliothek zur Verfügung. Diese Bibliothek kann in eigene Webanwendungen integriert werden, um über den Webbrowser Sensordaten zu lesen und zu bearbeiten.

`http://xively.github.io/xively-js/`

Auch für die Arduino-Plattform stehen umfangreiche Funktionen zur Datenerfassung zur Verfügung. Die erfassten Sensordaten werden dabei vom Arduino-Board mittels angeschlossenem Computer und Processing oder mit einem Ethernet-Modul an die Web-Plattform Xively übertragen.

Damit man diese Erfassungsplattform nutzen kann, muss man sich zuerst einen Account anlegen. Dies erfolgt auf der Startseite von Xively über den Link SIGN UP (`http://www.xively.com`). Nach der Eingabe von E-Mail-Adresse, Benutzer und einem Kennwort bekommt man anschließend per E-Mail einen Aktivierungslink zugestellt. Nach einem Klick auf diesen Link ist der Benutzer-Account freigeschaltet und bereit für die Datenerfassung.

Bevor man aber Daten erfassen kann, muss ein sogenanntes »Device« oder »Feed« erstellt werden. In einem Device können anschließend ein oder mehrere Channels erstellt werden. Möchte man beispielsweise die Temperatur, die Luftfeuchtigkeit und die Helligkeit in einem Raum erfassen, werden drei Datenchannels benötigt. Natürlich kann man für jeden der drei Sensoren (Temperatur, Feuchte und Licht) auch ein eigenes Device erstellen.

Das Erstellen eines neuen Devices erfolgt über den Button »+ Add Device« (Abbildung 8.18)

Abb. 8.18: xively.com: Device erstellen

Nach Klicken auf den Button werden der Device-Name und eine Beschreibung eingegeben (Abbildung 8.19)

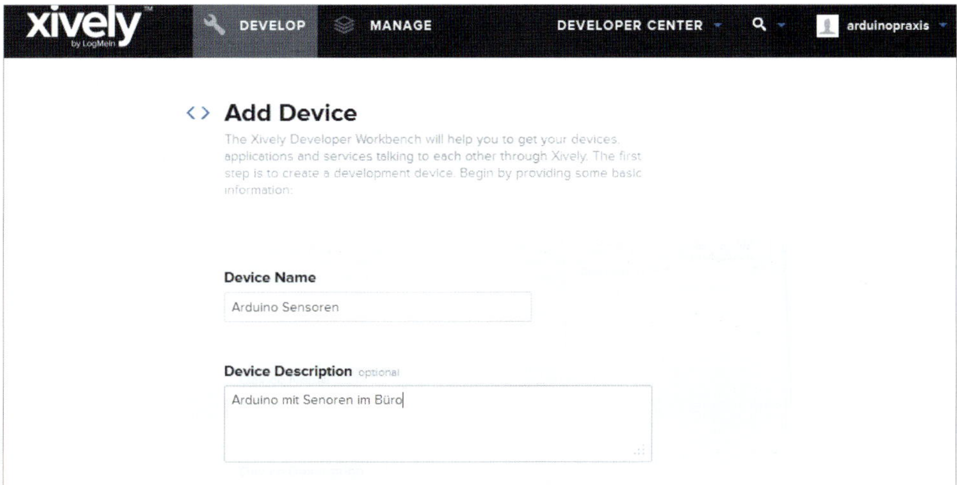

Abb. 8.19: xively.com: Device erstellen

Zusätzlich zur Beschreibung des Devices oder Feeds muss die Privatsphäre des Device gewählt werden. Mit der Auswahl wird bestimmt, ob die Daten nur für die eigene Verwendung oder für die Allgemeinheit sind. Daten als »Private Device« können nur vom Besitzer und berechtigten Benutzern genutzt werden. Öffentliche Daten, die Auswahl »Public Device«, stehen unter einer Creative Commons Lizenz und können von anderen Benutzern gelesen, genutzt und weiterverarbeitet werden (Abbildung 8.20).

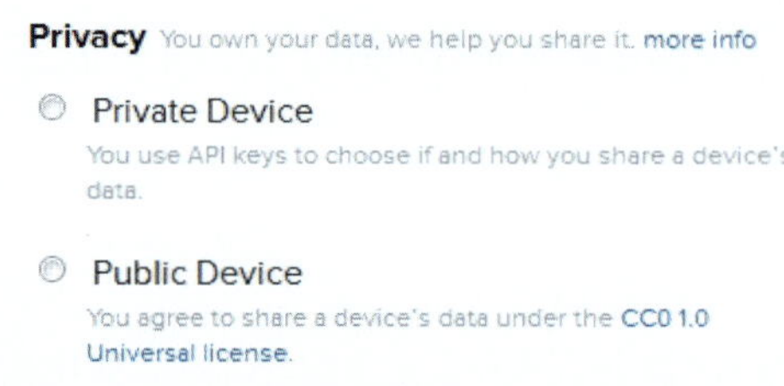

Abb. 8.20: xively.com: Devicedaten teilen oder privat

Nach Klick auf den Button »Add Device« ist dieser Feed erstellt. Für den neu erstellten Datenfeed müssen nun noch ein oder mehrere Datenchannels erstellt werden. Dazu klickt man auf den Button »+ Add Channel«.

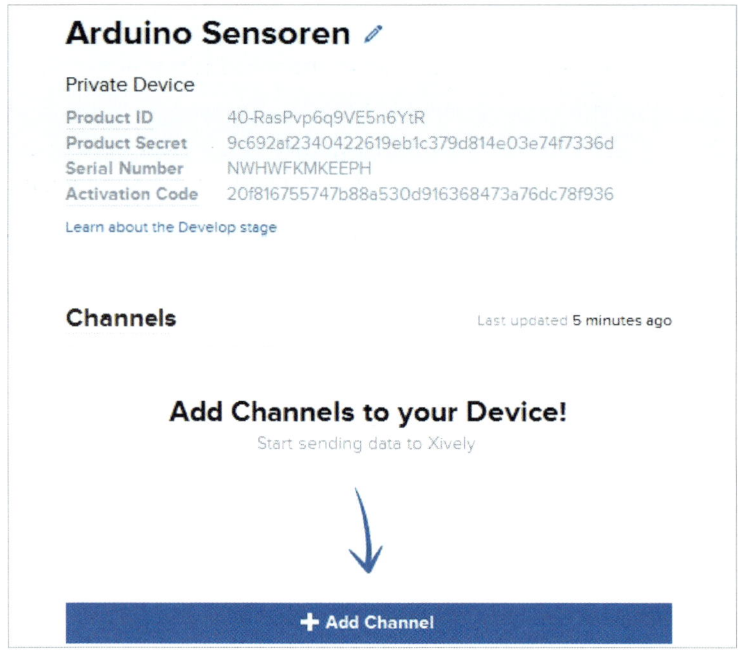

Abb. 8.21: xively.com: Datenchannel erstellen

Für jeden Channel muss eine eindeutige ID, idealerweise eine Zahl oder eine Bezeichnung, eine Beschreibung, Einheiten und ein Symbol eingetragen werden.

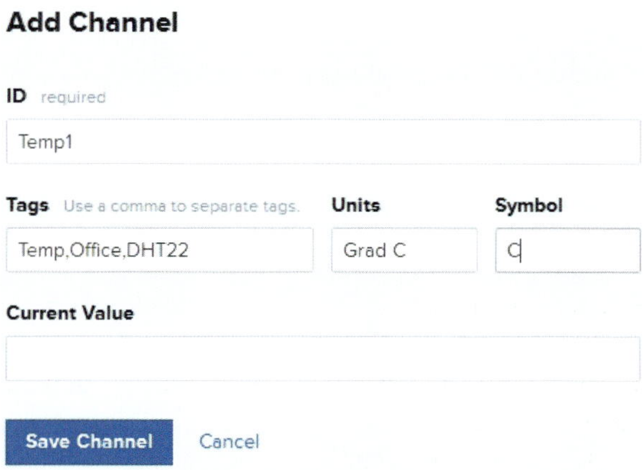

Add Channel
ID required
Temp1
Tags Use a comma to separate tags.
Units
Symbol
Temp,Office,DHT22
Grad C
C
Current Value
Save Channel
Cancel

Abb. 8.22: xively.com: Datenchannel erstellen

Nachdem der Channel erfolgreich gespeichert wurde, erscheint dieser in der Auflistung der Datenchannels für den entsprechenden Feed.

Zusätzlich zu den Datenstream-Informationen kann für jeden Datenfeed eine Anzahl Zusatzinformationen wie Standort, Stichworte (Tag) und Kontaktdaten eingegeben werden.

Auf der Übersichtsseite eines Devices oder Feeds findet man zusätzlich Informationen über Feed-ID, Feed-Adresse und jeweilige API-Keys. Die Feed-ID und der API-Key werden anschließend im Arduino-Sketch benötigt.

Sobald nun gemessene Daten an den Xively-Feed gesendet worden sind, kann eine Kurve mit den Messwerten dargestellt werden. Gleichzeitig wird jeweils der aktuelle Messwert angezeigt.

4
71.400002
%
Humidity Node 25
Last updated a few seconds ago
80
12:00
14:00
15:00
16:00
17:00
Edit
Delete

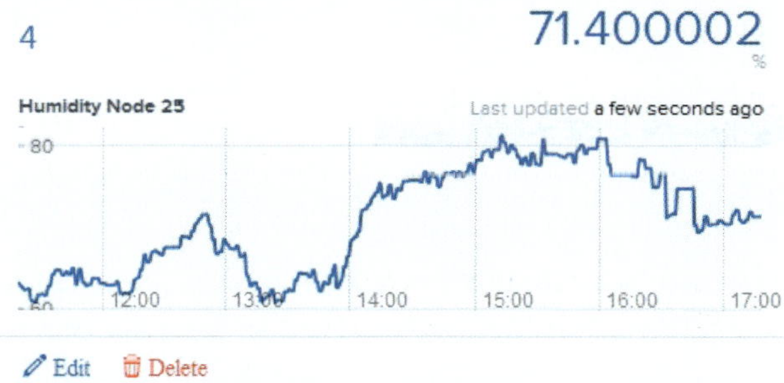

Abb. 8.23: xively.com: Datenfeed mit aktuellen Daten

Ein aktueller Feed, der laufend mit Daten befüllt wird, liefert jeweils Informationen über das letzte Messwert-Update. Sehr nützlich ist dabei der Block mit dem Request Log, der die aktuellen Aktualisierungen detailliert darstellt (Abbildung 8.24).

Channels Last updated a minute ago

Hum1	56.5 %
Temp1	22.13 C

+ Add Channel

Request Log Pause

Status	Method	Resource	Time
200	GET	channel Hum1	17:29:38 +0200
200	PUT	channel Hum1	17:29:38 +0200
200	GET	channel Hum1	17:29:20 +0200
201	POST	feed	17:29:20 +0200

Abb. 8.24: xively.com: Daten-Update

Nachdem man erfolgreich einen Feed und die einzelnen Datenstreams erstellt hat, kann man nun die Anwendung für die Datenerfassung realisieren. Für Arduino stehen eine Xively-Library und verschiedene Beispiele zur Verfügung, die man nach Bedarf anpassen kann.

`https://github.com/xively/xively_arduino`

Bevor man aber Daten vom Arduino-Board via Ethernet-Shield an Xively senden kann, muss neben einem gültigen Datenfeed ein sogenannter API-Key bekannt sein. Dieser Key ist eine Art Zugriffsschutz und wird beim Erstellen eines Devices automatisch generiert (Abbildung 8.25).

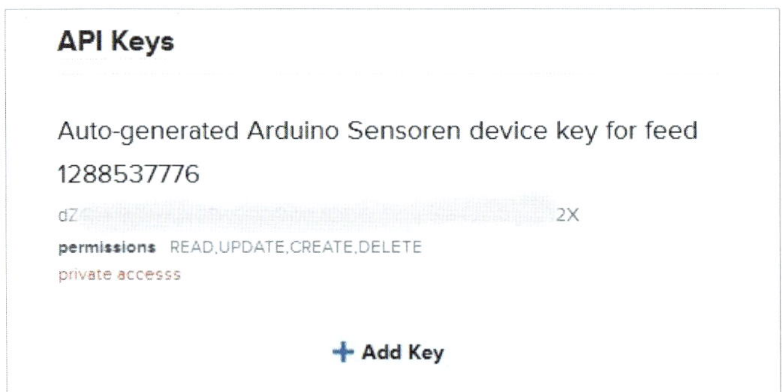

Abb. 8.25: xively.com: API-Key

Zusätzlich kann ein weiterer Key mit eigenen Berechtigungen, beispielsweise nur Leserechten, erstellt werden. Dazu klickt man auf den Button »+ Add Key«. Nachdem man eine Bezeichnung für den Key und die gewünschten Berechtigungen definiert hat, kann der neue Key mit »Add Key« erstellt werden (Abbildung 8.26).

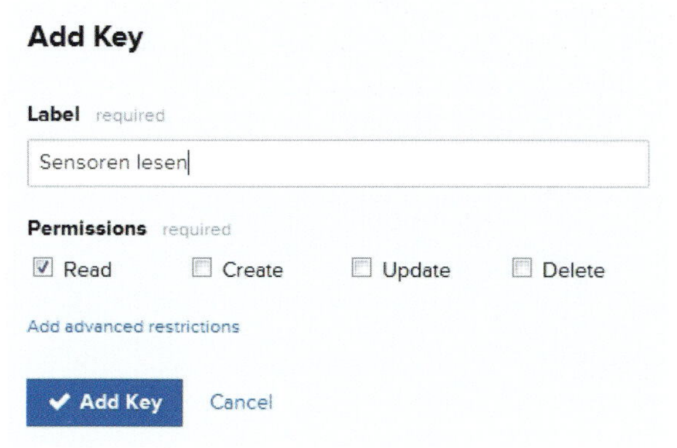

Add Key

Label required

Sensoren lesen

Permissions required

☑ Read ☐ Create ☐ Update ☐ Delete

Add advanced restrictions

✔ Add Key Cancel

Abb. 8.26: xively.com: API-Key erstellen

Die API-Keys sollte man nie weitergeben oder dann jeweils die eingestellten Berechtigungen prüfen.

Mit dem soeben erstellten Key sind nun alle Voraussetzungen vorhanden, um Daten vom Arduino-Board an die Xively-Plattform zu senden.

Hinweis

Die Online-Plattform Xively hieß früher Cosm und zu Beginn Pachube. Bei jeder Namensänderung wurden jeweils größere Änderungen bei dem Lizenzmodell, dem Design und der Darstellung und bei der Funktionalität vorgenommen. Datenfeeds die auf der Cosm- oder Pachube-Plattform erstellt wurden, sind auf der Startseite unter »Legacy Feeds« aufgelistet. Für diese Feeds können noch die jeweiligen alten Arduino-Bibliotheken verwendet werden. Dazu gehört die bekannte `pachubelibrary` (`http://code.google.com/p/pachubelibrary/`).

Stückliste (Daten senden an Xively)

1 Arduino Board

1 Ethernet Shield

2 LM35

Anschlussdrähte

Auf dem Steckbrett (Abbildung 8.27) werden nun die beiden Temperatursensoren vom Typ LM35 Temperaturen messen und Messdaten an die analogen Eingänge A0 und A1 liefern.

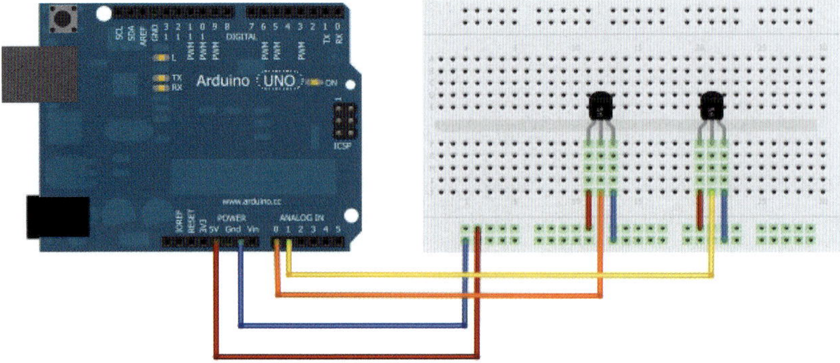

Abb. 8.27: Datenerfassung mit Xively

Die vom Arduino-Board eingelesenen Temperaturdaten werden mit der Xively-Bibliothek (`https://github.com/xively/xively_arduino`) an Xively gesendet. Diese Bibliothek erlaubt ein einfaches Datenupdate. Zusätzlich wird eine Bibliothek HttpClient benötigt. Diese Bibliothek erleichtert die Interaktion mit Webservern.

`https://github.com/amcewen/HttpClient`

Nach dem Laden der erforderlichen Bibliotheken

```
#include <SPI.h>
#include <Ethernet.h>
#include <HttpClient.h>
#include <Xively.h>
```

werden die Ethernet-Einstellungen definiert.

```
// Ethernet Einstellungen
byte mac[] = { 0xDE, 0xAD, 0xBE, 0xEF, 0xFE, 0xAD };
byte ip[] = { 10, 0, 1, 101 };
byte gateway[] = { 10, 0, 1, 1 };
byte subnet[] = { 255, 255, 255, 0 };
```

Nun wird der API-Key und der verwendete Datenfeed eingetragen

```
// API Key
char xivelyKey[] = "XIVELY-KEY";
// Feed-ID
#define FEED_ID 928319938
```

Anschließend werden die Variablen für die Nutzung der analogen Pins und Sensoren gesetzt.

```
// Analog-Pins für Temperatursensoren
int sensorPin0 = 0;
int sensorPin1 = 1;
// Analog-Daten
float data0;
float data1;
```

Nun werden die eindeutigen IDs der Datenchannels angegeben. Die einzelnen IDs müssen mit den IDs im Xively-Feed übereinstimmen.

```
// ID der Datenchannels
char sensor0[] = "Temp1";
char sensor1[] = "Temp2";
```

Nun wird der Buffer für die zu übertragenden Daten festgelegt.

```
const int bufferSize = 140;
char bufferValue[bufferSize];
```

Ein Array mit den Channels wird angelegt.

```
XivelyDatastream datastreams[] = {
  XivelyDatastream(sensor0, strlen(sensor0), DATASTREAM_FLOAT),
  XivelyDatastream(sensor1, strlen(sensor1), DATASTREAM_FLOAT)
};
```

Anschließend wird das Datenarray in einen Feed eingefügt.

```
// Datenchannels in Datenfeed
// XivelyFeed feed(Feed-ID, datastreams, AnzahlFeeds);
XivelyFeed feed(FEED_ID, datastreams, 2);
```

Nach dem Anlegen des Client- und des Xively-Objektes sind alle Daten für die weitere Verwendung definiert und angelegt.

```
// Client Objekt
EthernetClient client;
// Xively Objekt
XivelyClient xivelyclient(client);
```

In der Setup-Routine werden die serielle Schnittstelle und die Ethernet-Verbindung gestartet.

```
void setup()
{
  Serial.begin(9600);
  Ethernet.begin(mac, ip);
  Serial.println("Daten senden an Xively...");
  Serial.println();
}
```

Im Hauptprogramm werden die Temperaturwerte eingelesen und umgewandelt.

```
data0 = analogRead(sensorPin0);
data1 = analogRead(sensorPin1);
// Wert konvertieren
data0 = (5.0 * data0 * 100.0)/1024.0;
data1 = (5.0 * data1 * 100.0)/1024.0;
```

Im nächsten Schritt werden die eingelesenen Analogwerte der angeschlossenen Temperatursensoren in den beiden Datenstreams als Float-Wert gesetzt.

```
datastreams[0].setFloat(data0);
datastreams[1].setFloat(data1);
```

Dann werden die umgewandelten Temperaturwerte den Datenstreamvariablen `data0` und `data1` zugeordnet und dem Updatestream hinzugefügt.

```
float data0 = temp0;
float data1 = temp1;
dataout.updateData(0, data0);
dataout.updateData(1, data1);
```

Als letzter Schritt wird der Datenfeed aktualisiert und der Rückgabewert in der Variable `ret` gespeichert.

```
int ret = xivelyclient.put(feed, xivelyKey);
```

Der Rückgabewert ist der Status des Webservers, der angibt, ob ein Datenupdate erfolgreich war. Ein Status 200 bedeutet eine korrekte Aktualisierung der Daten.

Nach einer Verzögerung von 10 Sekunden beginnt das Datenupate wieder von vorne.

Das ganze Hauptprogramm mit dem Senden der Daten, zeigt Listing 8.22

```
void loop()
{
  data0 = analogRead(sensorPin0);
  data1 = analogRead(sensorPin1);
  // Wert konvertieren
  data0 = (5.0 * data0 * 100.0)/1024.0;
  data1 = (5.0 * data1 * 100.0)/1024.0;
  datastreams[0].setFloat(data0);
  datastreams[1].setFloat(data1);

  Serial.println("Datenupload...");
  int ret = xivelyclient.put(feed, xivelyKey);
  Serial.print("Status: ");
  Serial.println(ret);

  Serial.println();
  // 10 Sekunden warten
  delay(10000);
}
```

Listing 8.22: Analoge Daten senden an Xively

Nach dem erfolgreichen Versenden der Daten an die Xively-Plattform wird über den seriellen Monitor der Status der Aktualisierung zurückgegeben (Abbildung 8.28).

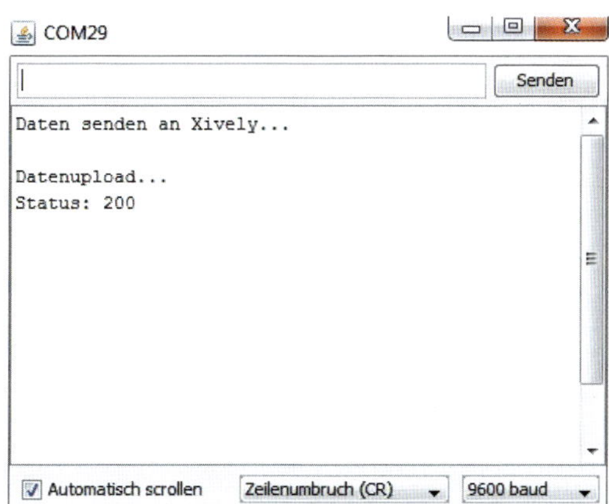

Abb. 8.28: Datenfeed an Xively gesendet

Daten darstellen

Im Gegensatz zu Vorgängerversionen von Xively steht auf der Webanwendung keine Graphik-Builder-Funktion mehr zur Verfügung, mit der man die Feeddaten in eine eigene Webseite integrieren kann.

Xively bietet aber eine API-Schnittstelle, über die man Daten schreiben oder Daten lesen und weiterverarbeiten kann.

`https://xively.com/dev/docs/api/`

Die Weiterverarbeitung der Daten von der Schnittstelle kann dabei mit verschiedenen Systemen oder Programmen erfolgen.

JavaScript-Bibliothek XivelyJS

Für Webentwickler liefert Xively eine einfach zu nutzende JavaScript-Bibliothek, mit der man Feeddaten in eine Webseite einfügen kann.

`http://xively.github.io/xively-js/`

Die XivelyJS-Bibliothek besitzt verschiedene Methoden, um Sensordaten abzufragen oder neue Daten zu erfassen.

In der Online-Demo können die einzelnen Methoden mit den eigenen Feeds ausgetestet werden (Abbildung 8.29).

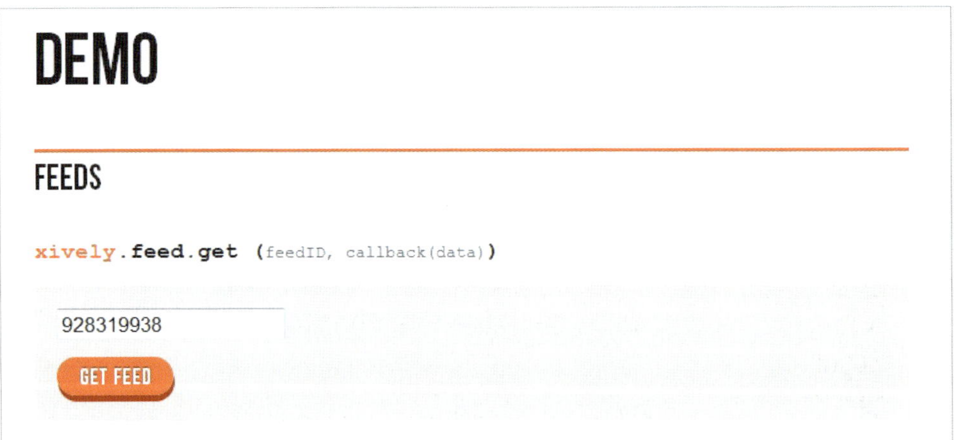

Abb. 8.29: XivelyJS: Demo-Methode für Abfrage von Datenchannel

Das Resultat dieser Online-Abfrage ist eine Antwort im JSON-Datenformat, das von einer Webanwendung weiterverwendet werden kann (Abbildung 8.30).

REQUEST RESPONSE


```
{
 "id": 928319938,
 "title": "Arduino Temperatursensoren",
 "private": "false",
 "feed": "https://api.xively.com/v2/feeds/928319938.json",
 "status": "frozen",
 "updated": "2013-06-01T12:21:51.623892Z",
 "created": "2013-05-31T18:21:19.388710Z",
 "creator": "https://xively.com/users/arduinopraxis",
 "version": "1.0.0",
 "datastreams": [
  {
   "id": "Temp1",
   "current_value": "227.05",
   "at": "2013-05-31T19:07:55.148756Z",
   "max_value": "239.75",
   "min_value": "21.11",
   "tags": [
    "LM35",
    "Office",
    "Temp"
   ],
   "unit": {
    "symbol": "C",
    "label": "C"
   }
  },
  {
   "id": "Temp2",
```


Abb. 8.30: XivelyJS: Daten von Abfrage-Methode

Für die Integration der Xively-Daten in eine eigene Webanwendung muss im ersten Schritt die Bibliothek XivelyJS in die eigene Webseite integriert werden. Dazu wird ein Verweis auf die JavaScript-Bibliothek im HTML-Dokument eingetragen. Ein Download der Bibliothek ist nicht zwingend notwendig und nur erforderlich, wenn man die Bibliothek über Internet aufrufen kann (beispielsweise in einem Intranet oder Netzwerk ohne Internet-Zugang).

Zusätzlich zur Xively-Bibliothek wird noch die bekannte JavaScript-Library jQuery benötigt. Diese kann auch direkt via URL-Aufruf in die eigene Webseite eingefügt werden.

```
<script src="http://ajax.googleapis.com/ajax/libs/jquery/1.8.2/
jquery.min.js"></script>
<script src="http://d23cj0cdvyoxg0.cloudfront.net/xivelyjs-1.0.3.min.js"></
script>
```

Nach der Script-Defintion und dem Bereitstellen der Ready-Funktion, die sicherstellt, dass der nachfolgende Code erst ausgeführt wird, wenn das HTML-Dokument vollständig geladen ist, wird der Xively API-Key eingetragen.

```
// Xively API Key
xively.setKey( "YourAPIKey" );
```

Nun wird der Datenfeed, der gewünschte Channel und Selektor definiert. Der Selektor gibt an, wo die angefragten Daten anschließend im HTML-Dokument dargestellt werden. Meist wird dazu ein <div> oder <span>-Tag mit der entsprechenden ID verwendet. In unserem Fall heißt die ID `temp`.

```
// Datenfeed
var feedID       = 928319938, // Feed-ID
datastreamID  = "Temp1";    // Channel
selector      = "#Temp";   // Element in der HTML-Seite
```

Mit der Methode `datastream.get(..)` wird der gewünschte Wert abgefragt. Der aktuelle Wert wird dann im oben definierten Selektor-Element gespeichert.

```
// Daten von Feed lesen
xively.datastream.get (feedID, datastreamID, function ( datastream ) {
// Aktueller Wert im Selector anzeige
$(selector).html( datastream["current_value"] );
```

Um aktualisierte Daten laufend auf der Webseite darzustellen, wird zusätzlich die Methode `datastream.subscribe` verwendet, die den Wert bei jeder Aktualisierung neu einliest.

```
// Realtime-Daten lesen mit Methode subscribe
xively.datastream.subscribe( feedID, datastreamID, function ( event ,
datastream_updated ) {
// Wert in Selector anzeigen
$(selector).html( datastream_updated["current_value"] );
```

Mit Abschluss der JavaScript-Funktionen ist der Abfrageteil definiert.

```
});
});
});
</script>
```

Nun kommt die darzustellende Seite einer Titelzeile und das Selektor-Element, in dem jeweils der abgefragte Sensorwert eingefügt wird.

```
<h1>Daten von Xively-Feed</h1>
Temperatur im Büro: <span id="Temp"></span>
```

Nachdem man das Dokument als HTML-Seite auf dem Webserver gespeichert hat, kann es im Browser dargestellt werden.

Abb. 8.31: XivelyJS: Abfrage Datenchannel

App für Smartphone/Tablet

Neben der Darstellung der Sensordaten auf einer Webseite werden die Daten zukünftig vermehrt in Apps für Smartphones oder Tablets dargestellt. Zum aktuellen Zeitpunkt (Juni 2013) sind bisherige Cosm-Apps noch nicht für die neue Xively-Plattform angepasst. Die vom Autor bisher verwendete App `Hubcape` für das iPhone scheint plötzlich keinen Zugriff mehr auf die Xively-Plattform zu haben.

8.9 Projekt Wetterstation

In diesem Kapitel-Projekt wird eine Internet-Wetterstation beschrieben, welche Wetterdaten aus dem Internet abfragt und auf einem mehrzeiligen Display darstellt (Abbildung 8.32).

Abb. 8.32: Projekt Internet-Wetterstation

Die Wetterstation benötigt keine Verbindung zu einem PC und holt sich die Wetterinformation direkt via Ethernet-Verbindung aus dem Internet. Zusätzlich werden auf dem Display Umweltdaten, die von angeschlossenen Sensoren geliefert werden, dargestellt. Mittels Drucktaster kann die Anzeige zwischen verschiedenen Bildschirmansichten umgeschaltet werden (Abbildungen 8.33 bis 8.35).

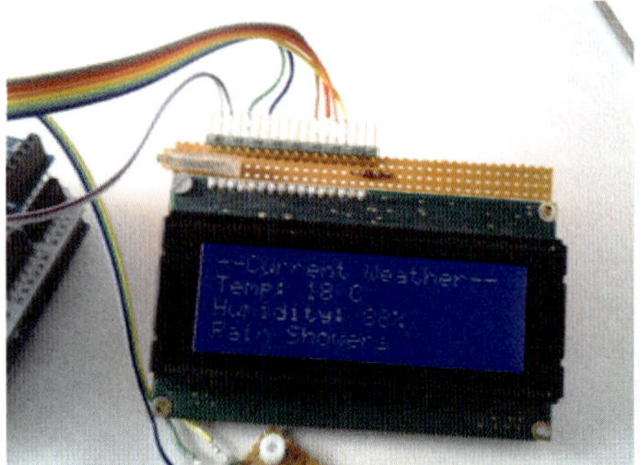

Abb. 8.33: Wetterstation: aktuelle Wetterdaten

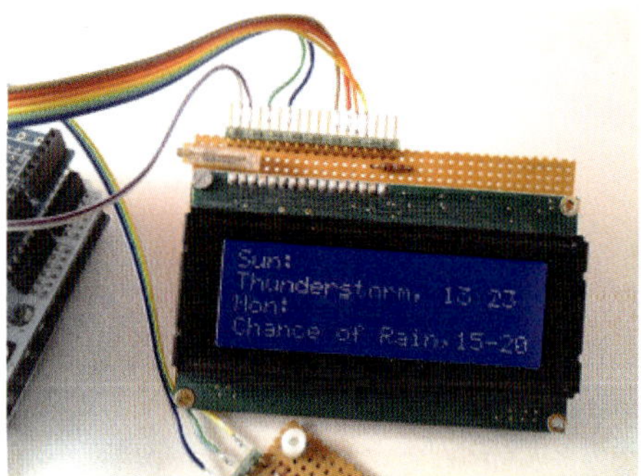

Abb. 8.34: Wetterstation: Wettervorhersage

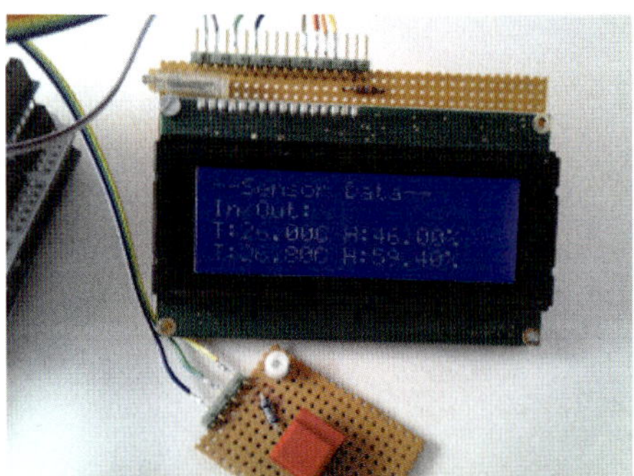

Abb. 8.35: Wetterstation: aktuelle Sensordaten

Die nachfolgende Stückliste listet alle für die Wetterstation benötigten Komponenten auf.

Stückliste (Wetterstation)

1 Arduino Board

1 Ethernet Shield

1 Proto Shield

1 LC-Display(parallel, 20x4 Zeichen)

1 Sensor DHT11

1 Sensor DHT22

1 Potentometer 10kOhm

2 Widerstände 4.7kOhm

1 Widerstand 10kOhm

1 Drucktaster

Anschlussdrähte

Schaltungsaufbau

Für einen Prototypenaufbau empfiehlt es sich, die gesamte Schaltung auf einem Steckbrett aufzubauen. Abbildung 8.36 zeigt den Schaltungsaufbau auf dem Steckbrett mit den angeschlossenen externen Umweltsensoren.

Für den anschließenden Einsatz sollte die Schaltung nachher auf einem Protoshield aufgebaut werden, das dann auf das Ethernet Shield gesteckt wird.

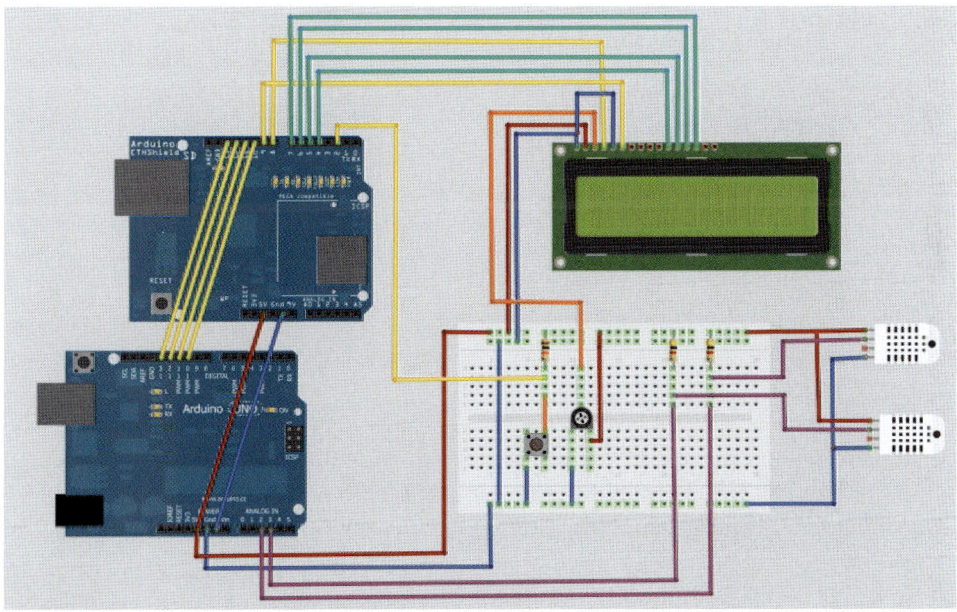

Abb. 8.36: Wetterstation auf Steckbrett

Beim Schaltungsaufbau und der Auswahl der Ports des Arduino muss beachtet werden, dass das Ethernet Shield standardmäßig die Pins 10-13 (Ethernet) und den Pin 4 (SS-Signal für SD Card) verwendet. Diese Pins können somit nicht für andere Zwecke verwendet werden. In diesem Projekt wird die SD Card nicht verwendet und somit kann Pin 4 als Ausgang gesetzt und zur Ansteuerung des LC-Displays verwendet werden.

In Tabelle 8.2 sind die verwendeten Pins des Arduino und deren Verwendung aufgelistet.

Pin-Nr	Verwendung
0	RX
1	TX
2	Taster
3	frei
4	LCD DB4
5	LCD DB5
6	LCD DB6
7	LCD DB7
8	LCD RS
9	EN
10	Ethernet Shield
11	Ethernet Shield
12	Ethernet Shield
13	Ethernet Shield
14 (A0)	frei
15 (A1)	frei
16 (A2)	DHT11 (Innensensor)
17 (A3)	DHT22 (Aussensensor)
18 (A4)	I2C SDA
19 (A5)	I2C SCL

Tabelle 8.2: Arduino Pins: Anschlussbelegung

Je nach verwendetem LC-Display kann sich die Anschlussbelegung des Displays verändern.

Tipp

Für die Ethernet-Verbindung kann auch das kompatible Ethernet Shield von Seeedstudio eingesetzt werden. Dieses Board ist noch etwas kostengünstiger. Ein SD-Card-Adapter ist hier nicht vorhanden und somit kann der Pinkonflikt (Pin4) elegant gelöst werden.

Schaltungsbeschreibung

Die zentrale Komponente neben dem Arduino-Board ist das aufgesteckte Ethernet-Shield. Über die Ethernet-Verbindung werden die Daten für die aktuellen Wetterdaten und die Wettervorhersage von der Yahoo! Weather API abgefragt. Die beiden angeschlossenen Umweltsensoren vom Typ DHT11 und DHT22 messen die Umgebungstemperatur und Luftfeuchtigkeit im Raum beziehungsweise im Außenbereich. Die Wetterdaten und die aktuellen Sensorwerte der beiden angeschlossenen Sensoren werden auf einem angeschlossenen 4-zeiligen Display dargestellt. Die Umschaltung zwischen den einzelnen Bildschirmanzeigen wird mit einem Drucktaster gemacht. Mittels Druck auf den Knopf wird von einer Bildschirmanzeige auf die nächste Anzeige umgeschaltet, siehe Abbildungen 8.33 bis 8.35.

Das Betätigen des Bedienungsknopfes löst auf dem Arduino-Board einen Interrupt aus, der den Zähler `buttonPushCounter` um 1 erhört. Der Wert des Zählers definiert, welche Bildschirmansicht angezeigt wird und welche Funktion ausgeführt wird.

Codebeschreibung

Das Programm der Wetterstation wird wie gewohnt über die Setup-Routine und das Hauptprogramm gesteuert. Aus dem Hauptprogramm werden dabei verschiedene Unterfunktionen aufgerufen.

Vor dem Programmstart werden nötige Bibliotheken geladen und die Definitionen und Variablen gesetzt.

```
#include <SPI.h>
#include <Ethernet.h>
#include <TextFinder.h>
#include <LiquidCrystal.h>
#include "DHT.h"

// Ethernet
byte mac[] = { 0xDE, 0xAD, 0xBE, 0xEF, 0xFE, 0xAD };
byte ip[] = { 10, 0, 1, 101 };
byte gateway[] = { 10, 0, 1, 1 };
byte subnet[] = { 255, 255, 255, 0 };
byte server[] = { 123, 123, 222, 222 }; // Website mit PHP Script

// Ethernet Objekt
EthernetClient client;
// Textfinder Objekt
TextFinder  finder( client );
```

```
// DHT Sensoren
// Innensensor
DHT dht11(16, DHT11);
// Aussensensor
DHT dht22(17, DHT22);

// Buttonvariablen
// Button für Bildumschaltung
const int  buttonPin = 2;
// Bildzähler (1-3)
int buttonPushCounter = 1;

//Initialisierung LCD, Pinbelegung
LiquidCrystal lcd(8, 9, 4, 5, 6, 7);

// Wartezeiten
long previousMillis1 = 0;
// Current Weather
long interval1 = 60000;
long previousMillis2 = 0;
// Weather Forecast
long interval2 = 60000;
long previousMillis3 = 0;
// Sensor Data
long interval3 = 10000;
long startinterval1=1000;
long startinterval2=1000;
long startinterval3=1000;
long iv1;
long iv2;
long iv3;

// Variablen Current Weather
char now_temp[30];
char now_cond[50];
char now_hum[50];

// Variablen Weather Forecast
char today_day[10];
char today_cond[30];
char today_min[10];
```

```
char today_max[10];
char tomorrow_day[10];
char tomorrow_cond[30];
char tomorrow_min[10];
char tomorrow_max[10];
```

Im Setup wird der Eingangspin für den Bedienknopf definiert.

```
// Inputtaster für Bildschirmwahl
pinMode(buttonPin, INPUT);
```

Nun wird der Interrupt definiert, der den Zustand des Bedienknopfes abfragt.

```
// Interrupt
attachInterrupt(0, Taste, FALLING);
```

Bei fallender Flanke, also wenn der Eingang von HIGH auf LOW geht, wird der Interrupt 0 ausgelöst und die Funktion `Taste()` aufgerufen. Der Interrupt 0 fragt standardmäßig Pin 2 des Arduino-Boards ab.

Jetzt werden die serielle Schnittstelle und die Ethernet-Kommunikation gestartet.

```
// Serielle Schnittstelle
Serial.begin(9600);
// Start Ethernet Verbindung
Ethernet.begin(mac, ip);
```

Nun werden die beiden Objekte der DHT-Sensoren gestartet.

```
// Start Sensoren DHT
dht11.begin();
dht22.begin();
```

Zum Abschluss wird der Startbildschirm vorbereitet und die Starttexte ausgegeben.

```
// Ausgabe Startbildschirm
lcd.begin(20, 4);
lcd.setCursor(0,0);
lcd.print("--Weather Station--  ");
lcd.setCursor(0,1);
lcd.print("Projekt Kap 8.9");
lcd.setCursor(0,2);
lcd.print("20.10.11, V1.0");
delay(1000);
```

```
lcd.clear();
int buttonPushCounter = 1;
lcd.setCursor(0,0);
lcd.print("--Weather Station--  ");
lcd.setCursor(0,1);
lcd.print("Read Data...");
```

Listing 8.23 zeigt die gesamte Setup-Routine.

```
void setup()
{
  // Inputtaster für Bildschirmwahl
  pinMode(buttonPin, INPUT);
  // Interrupt
  attachInterrupt(0, Taste, FALLING);
  // Serielle Schnittstelle
  Serial.begin(9600);
  // Start Ethernet Verbindung
  Ethernet.begin(mac, ip);
  // Start Sensoren DHT
  dht11.begin();
  dht22.begin();

  // Ausgabe Startbildschirm
  lcd.begin(20, 4);
  lcd.setCursor(0,0);
  lcd.print("--Weather Station--  ");
  lcd.setCursor(0,1);
  lcd.print("Projekt Kap 8.9");
  lcd.setCursor(0,2);
  lcd.print("20.10.11, V1.0");
  delay(1000);
  lcd.clear();
  int buttonPushCounter = 1;
  lcd.setCursor(0,0);
  lcd.print("--Weather Station--  ");
  lcd.setCursor(0,1);
  lcd.print("Read Data...");
  iv1=startinterval1;
  iv2=startinterval2;
  iv3=startinterval3;
}
```

Listing 8.23: Wetterstation: Setup()

Das Hauptprogramm fragt laufend den Wert des Druckzählers `buttonPushCounter` ab und ruft die entsprechende Funktion `funcx()` auf.

```
void loop()
{
  // LCD Google Current Weather
  if (buttonPushCounter == 1)
  {
    func1();
  }

   // LCD Google Weather Forecast
  if (buttonPushCounter == 2)
  {
   func2();
  }

  // LCD Sensor Data
  if (buttonPushCounter == 3)
  {
    func3();
  }
}
```

Listing 8.24: Wetterstation: Hauptprogramm

Wie bereits in der Setup-Routine erwähnt, wird der Wert des buttonPushCounter durch den Aufruf der Funktion `Taste()` um 1 erhöht. Bei einem Zählerstand von 4 wir der Zähler wieder auf 1 gesetzt. Jeder Zählerstand entspricht einer einzelnen Bildschirmansicht. In dieser Lösung sind momentan 3 Bildschirmansichten verfügbar.

```
// Taste abfragen
// Funktion wird durch Interrupt aufgerufen
void Taste()
{
  iv1=startinterval1;
  iv2=startinterval2;
  iv3=startinterval3;
  buttonPushCounter++;
  if (buttonPushCounter == 4)
  {
    buttonPushCounter=1;
```

```
  }
  Serial.println(buttonPushCounter, DEC);
}
```

Jede der 3 Auswahlfunktionen `func1()`, `func2()` und `func3()`, die durch das Hauptprogramm aufgerufen wird, beinhaltet eine eigene Verzögerungsschaltung die dann jeweils die entsprechende Wetterfunktion aufruft.

Auf diese Weise kann jede Bildschirmansicht mit einem eigenen Aktualisierungszyklus aktualisiert werden. Die Abfrage der Wetterdaten aus `func1()` und `func2()`, die Daten von der Yahoo! Weather API abfragen, wird alle 60 Sekunden aktualisiert. Die Abfrage der Sensoren in `func3()` wird alle 10 Sekunden aktualisiert.

```
//
// Funktionen
//

void func1()
{
  unsigned long currentMillis1= millis();
  if(currentMillis1 - previousMillis1 > iv1)
  {
    previousMillis1 = currentMillis1;
    getWeather();
  }
  iv1=interval1;
}

void func2()
{
  unsigned long currentMillis2= millis();
  if(currentMillis2 - previousMillis2 > iv2)
  {
    previousMillis2 = currentMillis2;
    getWeatherForecast();
  }
   iv2=interval2;
}

void func3()
{
  unsigned long currentMillis3= millis();
```

```
  if(currentMillis3 - previousMillis3 > iv3)
  {
    previousMillis3 = currentMillis3;
    getWeatherData();
  }
   iv3=interval3;
}
```

Je nach Zählerstand ruft die entsprechende Funktion dann die Wetterfunktion auf.

Funktion 1 und 2 beziehungsweise Bildschirmansicht 1 und 2 rufen Daten von Google Weather auf, die Funktion 3 liest die Werte von Temperatur und Luftfeuchtigkeit der beiden Umweltsensoren DHT11 und DHT22 aus.

Die Abfrage der Wetterdaten von Yahoo! Weather erfolgt auf die gleiche Weise wie im Abschnitt 8.4.2 beschrieben. Dabei wird für die beiden einzelnen Funktionen »Aktuelles Wetter« (Bildschirm 1) und »Wettervorhersage« (Bildschirm 2) jeweils ein eigenes PHP-Skript, das eine Vorselektion der Yahoo! Wetter-Daten macht, aufgerufen. Auf diese Weise müssen die Abfragefunktionen, die auch die Textfinder-Bibliothek nutzen, nur eine begrenzte Datenmenge abfragen, und nicht den ganzen XML-Feed von Yahoo! Weather.

Abfrage Aktuelles Wetter (Bildschirm 1)

Diese Abfrage aus der Bildschirmansicht 1 fragt die aktuellen Wetterdaten von einem im PHP-Skript definierten Standort ab und zeigt diese auf dem Bildschirm an.

Die Adresse, die dabei aufgerufen wird, lautet wie folgt:

`http://meinserver.com/weather-xml.php`

Listing 8.25 zeigt die gesamte Abfrage des aktuellen Wetters.

```
// Current Weather
void getWeather()
{
  if (client.connect(server, 80)>0) {
    Serial.println("Connect Weather XML...");
    client.println("GET /weather-xml.php HTTP/1.0");
    client.println("HOST:www.meinserver.com\n\n");
    client.println();
    Serial.println("Connected...");
  }
  else {
    Serial.println(" connection failed");
```

```
  }
  if (client.connected())
  {
   // Google Wetter XML abfragen

   // Aktuelle Konditionen
   // Feld in XML: <weather_now_cond>
   finder.getString("<weather_now_cond>", "</weather_now_cond>",now_cond,50);
   Serial.print("Cond: ");
   Serial.println(now_cond);

    // Aktuelle Temperatur abfragen
    // Feld in XML: <weather_now_temp>
    if ( (finder.getString("<weather_now_temp>", "</
weather_now_temp>",now_temp,30)!=0) )
    {
     Serial.print("Temp C:  ");
     Serial.println(now_temp);
   }
   else
   {
     Serial.println("Temp C: ---");
   }

   // Aktuelle Luftfeuchtigkeit
   // Feld in XML: <weather_now_hum>
   finder.getString("<weather_now_hum>Humidity: ", "</
weather_now_hum>",now_hum,50);
   Serial.print("Hum: ");
   Serial.println(now_hum);

   // Ausgabe auf LCD
   lcd.clear();
   lcd.setCursor(0,0);
   lcd.print("--Current Weather--");
   lcd.setCursor(0,1);
   lcd.print("Temp: ");
   lcd.print(now_temp);
   lcd.print(" C ");
   lcd.setCursor(0,2);
   lcd.print("Humidity: ");
   lcd.print(now_hum);
   lcd.setCursor(0,3);
```

```
    lcd.print(now_cond);
    // Ende XML abfragen
  }
  else
  {
    // falls keine Verbindung aufgebaut werden konnte
    Serial.println("Disconnected");
    lcd.clear();
    lcd.setCursor(0,0);
    lcd.print("--Current Weather--");
    lcd.setCursor(0,1);
    lcd.print("No Data received...");
  }
  // Verbindung Ende
  client.stop();
  client.flush();
}
```

Listing 8.25: Wetterstation: Abfrage aktuelles Wetter

Die PHP-Abfrage `weather-xml.php` ruft mittels der PHP-Bibliothek SimplePie (`http://simplepie.org/downloads/`) und einem Addon (`http://simplepie.org/wiki/addons/yahoo_weather`) den Feed der Yahoo! Weather API auf und liest die notwendigen Felder aus und gibt diese in einem eigenen XML-Format aus (Listing 8.26).

```
<?php
require_once('simplepie.inc');
require_once('simplepie_yahoo_weather.inc');
//
// Yahoo Wetter Abfrage mit SimplePie

// SimplePie Objekt initialisieren
$feed = new SimplePie();

// Yahoo Wetter Feed parsen
// Ort-ID und Einheiten
$feed->set_feed_url('http://weather.yahooapis.com/
forecastrss?w=12893459&u=c');

// Ueberschreiben von SimplePie_Item Klasse
$feed->set_item_class('SimplePie_Item_YWeather');

// Initialisierung
```

```
$feed->init();

// Item von Feed
$weather = $feed->get_item(0);

// Wetterdaten als XML ausgeben
//XML Header
print '<?xml version="1.0" encoding="ISO-8859-1" ?>' . "\n";
print '<weather>' . "\n";
print '<place>';
print $weather->get_city();
print'</place>'. "\n";
print '<weather_now>' . "\n";
print '<weather_now_cond>';
print $weather->get_condition();
print'</weather_now_cond>' . "\n";
print '<weather_now_temp>';
print $weather->get_temperature();
print ' ';
print $weather->get_units_temp();
print'</weather_now_temp>' . "\n";
print '<weather_now_hum>';
print $weather->get_humidity();
print ' %';
print'</weather_now_hum>' . "\n";
print'</weather_now>' . "\n";
print '</weather>';
?>
```

Listing 8.26: PHP-Abfrage: aktuelles Wetter (weather-xml.php)

Abfrage Wettervorhersage (Bildschirm 2)

Diese Abfrage aus der Bildschirmansicht 2 fragt die Wettervorhersage von einem im PHP-Skript definierten Standort ab und zeigt diese auf dem Bildschirm an.

Die Adresse, die dabei aufgerufen wird, lautet wie folgt:

`http://meinserver.com/forecast-xml.php`

Listing 8.27 zeigt die gesamte Abfrage der Wettervorhersage.

```
// Weather Forecast
void getWeatherForecast()
{
  if (client.connect(server, 80)>0) {
```

```
    Serial.println("Connect Weather XML...");
    client.println("GET /forecast-xml.php HTTP/1.0");
    client.println("HOST:www.meinserver.com\n\n");
    client.println();
    Serial.println("Connected...");
  }
  else {
    Serial.println(" connection failed");
  }
  if (client.connected())
  {
    // Google Wetter XML abfragen

   // Wettervorhersage heute
   // Tag
   // Feld in XML: <forecast_today_day>
   finder.getString("<forecast_today_day>",
"<forecast_today_day>",today_day,10);
   Serial.print("Day: ");
   Serial.println(today_day);

   // Konditionen
   // Feld in XML: <forecast_today_cond>
   finder.getString("<forecast_today_cond>",
"<forecast_today_cond>",today_cond,30);
   Serial.print("Today Cond: ");
   Serial.println(today_cond);

   // Temp Min
   // Feld in XML: <forecast_today_min>
   finder.getString("<forecast_today_min>",
"<forecast_today_min>",today_min,10);
   Serial.print("Today Min: ");
   Serial.println(today_min);

   // Temp Max
   // Feld in XML: <forecast_today_max>
   finder.getString("<forecast_today_max>",
"<forecast_today_max>",today_max,10);
   Serial.print("Tomorrow Max: ");
   Serial.println(today_max);

   // Wettervorhersage Morgen
```

```
  // Tag
  // Feld in XML: <forecast_tomorrow_day>
  finder.getString("<forecast_tomorrow_day>",
"<forecast_tomorrow_day>",tomorrow_day,10);
  Serial.print("Day: ");
  Serial.println(tomorrow_day);

  // Konditionen
  // Feld in XML: <forecast_tomorrow_cond>
  finder.getString("<forecast_tomorrow_cond>", "</
forecast_tomorrow_cond>",tomorrow_cond,30);
  Serial.print("tomorrow Cond: ");
  Serial.println(tomorrow_cond);

  // Temp Min
  // Feld in XML: <forecast_tomorrow_min>
  finder.getString("<forecast_tomorrow_min>", "</
forecast_tomorrow_min>",tomorrow_min,10);
  Serial.print("tomorrow Min: ");
  Serial.println(tomorrow_min);

  // Temp Max
  // Feld in XML: <forecast_tomorrow_max>
  finder.getString("<forecast_tomorrow_max>", "</
forecast_tomorrow_max>",tomorrow_max,10);
  Serial.print("tomorrow Max: ");
  Serial.println(tomorrow_max);

  // Ausgabe auf LCD
  lcd.clear();
   // Forecast Today
  lcd.setCursor(0,0);
  lcd.print(today_day);
  lcd.print(":");
  lcd.setCursor(0,1);
  lcd.print(today_cond);
  lcd.print(", ");
  lcd.print(today_min);
  lcd.print("-");
  lcd.print(today_max);
  // Forecast Tomorrow
  lcd.setCursor(0,2);
  lcd.print(tomorrow_day);
```

```
    lcd.print(":");
    lcd.setCursor(0,3);
    lcd.print(tomorrow_cond);
    lcd.print(",");
    lcd.print(tomorrow_min);
    lcd.print("-");
    lcd.print(tomorrow_max);
    // Ende XML abfragen
  }
  else
  {
    // falls keine Verbindung aufgebaut werden konnte
    Serial.println("Disconnected");
    lcd.clear();
    lcd.setCursor(0,0);
    lcd.print("--Weather Forecast--");
    lcd.setCursor(0,1);
    lcd.print("No Data received...");
  }
  // Verbindung Ende
  client.stop();
  client.flush();
}
```

Listing 8.27: Wetterstation: Wettervorhersage

Die PHP-Abfrage `forecast-xml.php` ruft mittels der PHP-Library SimplePie den Feed der Yahoo Weather API auf, liest die notwendigen Felder aus und gibt diese in einem eigenen XML-Format aus (Listing 8.28).

```
<?php
require_once('simplepie.inc');
require_once('simplepie_yahoo_weather.inc');

//
// Yahoo Wetter Abfrage mit SimplePie - Weather Forecast
//

// SimplePie Objekt initialisieren
$feed = new SimplePie();

// Yahoo Wetter Feed parsen
// Ort-ID und Einheiten
$feed->set_feed_url('http://weather.yahooapis.com/forecastrss?w=12893459&u=c');
```

```
// Ueberschreiben von SimplePie_Item Klasse
$feed->set_item_class('SimplePie_Item_YWeather');

// Initialisierung
$feed->init();

// Item von Feed
$weather = $feed->get_item(0);

// Wetterdaten als XML ausgeben - Forecast
//XML Header
print '<?xml version="1.0" encoding="ISO-8859-1" ?>' . "\n";
print '<weather>' . "\n";
print '<place>';
print 'Forecast for '.$weather->get_city();
print'</place>'. "\n";
$forecast=$weather->get_forecast(0);
print '<forecast_today>' . "\n";
print '<forecast_today_day>';
print $forecast->get_date(l);
print'</forecast_today_day>' . "\n";
print '<forecast_today_cond>';
print $forecast->get_label();
print'</forecast_today_cond>' . "\n";
print '<forecast_today_min>';
print $forecast->get_low();
print'</forecast_today_min>' . "\n";
print '<forecast_today_max>';
print $forecast->get_high();
print'</forecast_today_max>' . "\n";
print '</forecast_today>' . "\n";
$forecast=$weather->get_forecast(1);
print '<forecast_tomorrow>' . "\n";
print '<forecast_tomorrow_day>';
print $forecast->get_date(l);
print'</forecast_tomorrow_day>' . "\n";
print '<forecast_tomorrow_cond>';
print $forecast->get_label();
print'</forecast_tomorrow_cond>' . "\n";
print '<forecast_tomorrow_min>';
print $forecast->get_low();
```

```
print'</forecast_tomorrow_min>' . "\n";
print '<forecast_tomorrow_max>';
print $forecast->get_high();
print'</forecast_tomorrow_max>' . "\n";
print '</forecast_tomorrow>' . "\n";
print '</weather>';
?>
```

Listing 8.28: PHP-Abfrage: Wettervorhersage (forecast-xml.php)

Aktuelle Sensordaten (Bildschirm 3)

Auf der 3. Bildschirmansicht werden die Umweltdaten der beiden angeschlossenen Umweltsensoren angezeigt (Listing 8.29). Diese Darstellung wird alle 10 Sekunden neu aktualisiert.

```
// Weather Data
void getWeatherData()
{
  // DHT11 Innensensor
  float h11 = dht11.readHumidity();
  float t11 = dht11.readTemperature();
  // DHT22 Aussensensor
  float h22 = dht22.readHumidity();
  float t22 = dht22.readTemperature();
  lcd.clear();
  lcd.setCursor(0,0);
  lcd.print("--Sensor Data--");

  if (isnan(t11) || isnan(h11))
  {
   lcd.setCursor(0,1);
   lcd.print("In/Out: ");
   lcd.setCursor(0,2);
   lcd.print("Err: No Sensor data");
  }
  else
  {
    lcd.setCursor(0,1);
    lcd.print("In/Out: ");
    lcd.setCursor(0,2);
    lcd.print("T:");
    lcd.print(t11);
    lcd.print("C H:");
```

```
    lcd.print(h11);
    lcd.print("%");
  }

  // Ausgabe Aussensensor
  if (isnan(t22) || isnan(h22))
  {
   lcd.setCursor(0,3);
   lcd.print("Err: No Sensor data");
  }
  else
  {
    lcd.setCursor(0,3);
    lcd.print("T:");
    lcd.print(t22);
    lcd.print("C H:");
    lcd.print(h22);
    lcd.print("%");
  }
}
```

Listing 8.29: Wetterstation: aktuelle Sensordaten

Ausbaumöglichkeiten der Wetterstation

Mit zusätzlichen Sensoren kann diese Wetterstation jederzeit nach eigenen Wünschen und Bedürfnissen erweitert werden. Durch Zufügen weiterer Funktionen `funcx()` können weitere Bildschirmansichten definiert werden, auf denen weitere Daten aus der Umwelt angezeigt werden.

Einige Beispiele dazu wären:

- Barometer-Sensor
- Lichtsensor
- Windmesser
- Feuchtesensoren für die Erde

Kapitel 9

Fehlersuche/Troubleshooting

Wo gearbeitet wird, passieren Fehler. So ist es auch beim Realisieren von Anwendungen und Projekten mit dem Arduino-Board. Das Zusammenspiel von Software und Hardware birgt immer die Gefahr, dass etwas nicht korrekt läuft. Es braucht nur wenig und das Programm läuft nicht oder die Sensorschaltung liefert keine Signale.

9.1 Allgemeines Vorgehen

Das grundsätzliche Vorgehen ist immer dasselbe, egal, ob Programmerstellung oder Hardwareaufbau, indem man nur kleine Schritte macht und immer wieder prüft. Bei einer kleinen Erweiterung und einem daraus resultierenden Fehler ist der Ort des Problems schnell eingekreist.

Vor allem Einsteiger machen den Fehler, dass sie sich zu viel zumuten und dadurch zu viele Fehlerquellen aufbauen.

Beim Aufbau einer Schaltung zur Ansteuerung einer 230-Volt-Lampe kann man zu Testzwecken auch eine Leuchtdiode als Last verwenden. Wenn dann das Programm und die Ausgangsschaltung sauber funktionieren, kann man den »Hochspannungsteil« realisieren.

9.2 Fehler in der Schaltung

Einen Fehler in einer elektronischen Schaltung zu finden, braucht zuerst etwas Geduld. Damit die Chance eines Fehlers so gering wie möglich gehalten wird, sollte immer ein sauberer Aufbau auf einem Steckbrett vorgenommen werden. Spannungsversorgungsleitungen sollten immer in den horizontalen Signalleitungen des Steckbretts verlaufen. Auf diese Weise werden auch die Zuleitungen kurz gehalten.

Die meisten Schaltungen können im ersten Schritt auf dem Steckbrett ohne Arduino-Board getestet werden. Eingänge simuliert man dabei mit einfachen Tastern, analoge Eingangssignale mit einem Potentiometer, das zwischen +5 Volt und 0 V (GND) angeschlossen wird.

Bei der Fehlersuche geht man nun Schritt für Schritt durch die Schaltung und überprüft die einzelnen Stufen.

Voraussetzung für eine korrekte Funktion einer Schaltung ist das Vorhandensein einer stabilen Versorgungsspannung. Diese kann im Testbetrieb auf dem Steckbrett von einer 9-Volt-Batterie oder von einem Labornetzgerät (Netzgerät mit Spannungsregelung) geliefert werden.

Im Test und Betrieb mit dem Arduino kann dann die Versorgung vom Arduino-Board geliefert werden.

9.3 Fehler im Programm

Die häufigsten Quellen für eine Fehlfunktion einer Anwendung liegen im Programm. Dabei hilft die Entwicklungsumgebung bei der Prüfung, indem ein Kompilieren immer mit einer Erfolgsmeldung beantwortet wird. Damit weiß der Programmierer sofort, ob es überhaupt Sinn macht, ein Programm auf das Board hochzuladen.

Das grundsätzliche Vorgehen beim Erstellen von Programmen und dem Debuggen ist auch hier, dass man Schritt für Schritt Code erstellt und prüft. Mit der Ausgabe von Werten über die serielle Schnittstelle hat man ein gutes Werkzeug zur Visualisierung von Variablenwerten und Byte-Informationen. Wie die Ausgabe der Werte im Programm realisiert wird, ist in Kapitel 3 beschrieben.

Fehlermeldungen beim Kompilieren weisen auf Programmfehler hin. Dabei wird ein Fehlertext und eine Zeilennummer dargestellt. Die Fehlermeldung sollte genau gelesen werden, weil sie auf den möglichen Fehler hinweist. Die Zeilennummer ist nicht immer genau die Zeile mit dem Fehler. Ein fehlendes Semikolon kann in der Fehlermeldung auch auf eine andere Zeile zeigen. Darum sollte man immer die Zeilen vor und nach der erwähnten Zeile überprüfen.

Bei der Fehlersuche sollte man immer auf folgende häufige Fehler achten:

1. fehlendes Semikolon am Ende der Zeile
2. Groß-/Kleinschreibweise von Anweisungen (korrekte Schreibweise stellt die Anweisung in Orange dar)
3. fehlende Klammern
4. Variablendeklaration zu Beginn des Programms

Mit der schrittweisen Annäherung an die Fehlermeldung und dem Ausgeben der Werte kommt man dem Fehler meist schnell auf die Spur.

9.4 Probleme mit der IDE

Probleme mit der IDE entstehen, wenn man beim Experimentieren das Arduino-Board nicht mit der Entwicklungsumgebung verbindet oder durch die falsche Auswahl des seriellen Ports. Dadurch kann keine serielle Verbindung aufgebaut werden.

Unter Windows kann zusätzlich eine Portnummer größer als COM10 Probleme verursachen. Darum sollte bei einem Kommunikationsfehler die Liste der COM-Schnittstellen im Geräte-Manager überprüft werden.

Auch die Auswahl eines falschen Boardtyps verursacht eine Fehlermeldung und ein Upload ist nicht möglich.

Erfahrungsgemäß sind Fehlermeldungen, die in der IDE angezeigt werden, durch oben genannte Punkte ausgelöst worden.

Falls die Arduino-IDE nicht mehr durch einen Klick auf das Arduino-Icon startet, kann man das Programm auch durch Ausführen der Datei `run.bat` aus dem Arduino-Verzeichnis starten. Funktioniert auch dies nicht, kann man die Datei `preferences.txt`, die im Verzeichnis `Arduino-Verzeichnis\data` liegt, löschen. Anschließend sollte ein Start der IDE wieder möglich sein.

9.5 Hallo Arduino-Board

Beim Experimentieren passiert es schnell, dass man eine zu hohe Spannung an einen Anschlusspin kontaktiert. Danach funktioniert das Programm nicht mehr korrekt. Die hohe Spannung kann auch durch eine elektrostatische Ladung und die darauf folgende Entladung über das Board eine Fehlfunktion verursachen.

Falls man nicht sicher ist, ob das Arduino-Board noch sauber läuft, kann man zur Funktionskontrolle das Programm Blink hochladen. Wenn die Leuchtdiode regelmäßig blinkt, ist dieser Teil funktionsfähig. Das gleiche Vorgehen kann man mit den anderen Ein- und Ausgängen ausprobieren. Auch die serielle Schnittstelle kann man auf diese Weise mit einem kleinen Testprogramm überprüfen.

Darum lohnt es sich, dass man kleine Testprogramme aufbaut und diese dann im Fall der Fälle nutzen kann.

Mit einem Potentiometer als Signalgeber können Sensoren simuliert und die analogen Eingänge überprüft werden.

Tipp

Beim nächsten Hardwareeinkauf sollte man sich, falls man die Microcontroller nicht selbst programmieren kann, ein oder zwei programmierte Arduino-Microcontroller besorgen. So kann man im Falle eines Controllerausfalls schnell wechseln.

Es empfiehlt sich bei vielen Experimenten, ein oder zwei Zusatzboards zur Hand zu haben. So kann man schnell wechseln. Oder man baut sich eine Experimentierschaltung auf einem Breadboard auf und hat so eine weitere Möglichkeit, die Schaltung zu testen.

Kapitel 10

DIY Boards und Clones

Als Open-Source-Projekt stehen alle Daten des Arduino-Projekts wie Stromlaufplan, Bauteileliste und die Layoutdaten der Leiterplatte offen und können von Anwendern verwendet werden. Viele Hardwareentwickler und Bastler haben eigene Boards, basierend auf der Schaltung des originalen Arduino realisiert. Dank der recht einfachen Minimalschaltung, die nur wenige Bauteile benötigt, sind viele Arduino-Varianten mit den unterschiedlichsten Bauformen und Zusatzfunktionen entstanden. Diese so genannten Arduino-Clones werden von den Entwicklern auf deren Websites, in Internet-Shops oder auf Auktionsplattformen als Bausätze oder Fertigmodule angeboten. Mit den verfügbaren Projektdaten kann sich jeder Arduino-Anwender seine Boards selbst erstellen und den eigenen Anforderungen anpassen.

In diesem Kapitel werden einige Varianten von Arduino-Clones vorgestellt und erklärt.

10.1 Boards

Die Anzahl der Arduino-Boards und Bauvarianten ist so vielfältig und jeden Tag realisieren findige Arduino-Bastler neue Bauformen und Leiterplatten-Varianten. Jedes Board wurde vom Entwickler realisiert, um die Anforderungen des anschließenden Anwendungsfalles optimal zu erfüllen. Oftmals hat man für einen Anwendungsfall nicht genügend Platz für ein Standardboard, andere Anschlussstecker sind erforderlich oder man möchte einfach nur eine günstigere Lösung realisieren.

10.1.1 Minimalschaltung Arduino

Abbildung 10.1 zeigt die Minimalschaltung des Arduino. Der zentrale Baustein ist der Microcontroller (IC1) mit der Typenbezeichnung ATmega328. Die Kondensatoren C2 und C3 und der Quarz (Q1) erzeugen den Takt für die Microcontrollerschaltung. Mit dem Widerstand R1, dem Kondensator C4 und dem Taster T1 ist eine Reset-Schaltung realisiert. Über den Widerstand R1 ist der Reset-Anschluss des Microcontrollers (Pin 1) mit HIGH verbunden. Durch Druck auf den Taster wird der Reset-Anschluss mit 0V (LOW) verbunden und der Microcontroller wird zurückgesetzt. Zusätzlich kann über den Kondensator C4 und den DTR-Anschluss des FTDI-Steckers von außen ein Reset erzeugt werden.

Der FTDI-Anschluss dient dabei als Schnittstelle zum angeschlossenen Rechner und liefert gleichzeitig die Spannungsversorgung. Am FTDI-Anschluss muss ein so genannter USB-Seriell-Wandler angeschlossen werden. Wie der Name aussagt, ist das das Bindeglied zwischen dem USB-Anschluss des Rechners und der seriellen Schnittstelle der Arduino-Schaltung.

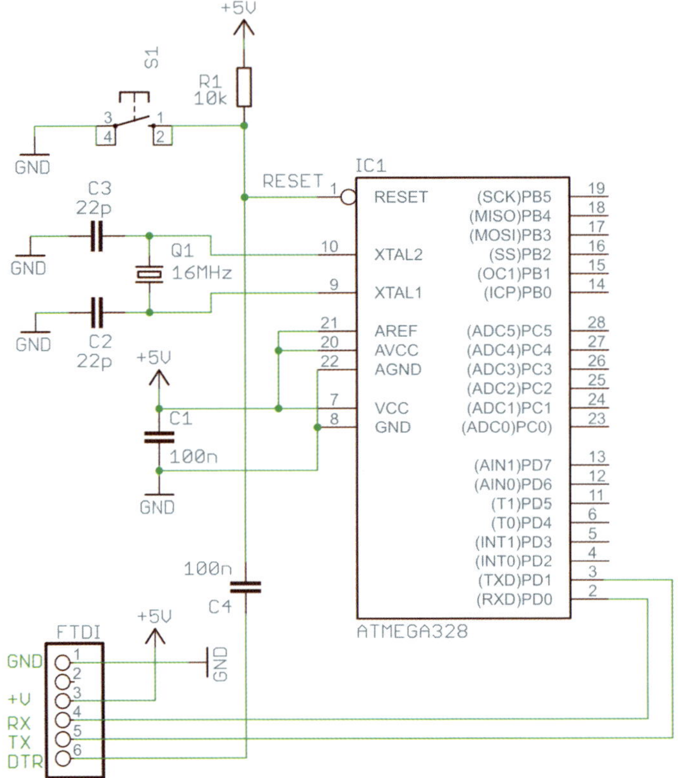

Abb. 10.1: Minimalschaltung Arduino

Stückliste (Minimalschaltung Arduino):

1 Microcontroller ATmega328 mit Arduino Bootloader (IC1)

1 Quartz 16 MHz (Q1)

1 Widerstand 10 kOhm (R1)

2 Kondensator 22 pF (C2, C3)

2 Kondensator 100 nF (C1, C4)

1 Reset-Taster (S1)

1 Stiftleiste 6-polig (Stecker FTDI)

10.1.2 Bare Bone Breadboard Arduino

Die Minimalschaltung mit den neun Komponenten aus dem vorherigen Abschnitt ist die Basis für den Bare Bone Breadboard Arduino, das Grundgerüst oder Grundschaltung eines Arduino-Boards auf dem Steckbrett.

Die Steckbrett-Variante eignet sich ideal für die Entwicklungsphase eines Projekts. Die Schaltung ist schnell aufgebaut und kann durch die lötfreie Verbindungstechnik schnell verändert werden. Für den Upload der Arduino-Sketches wird auch ein USB-Seriell-Wandler verwendet, der am 6-poligen FTDI-Stecker angeschlossen wird.

Abbildung 10.2 zeigt den Schaltungsaufbau auf dem Steckbrett.

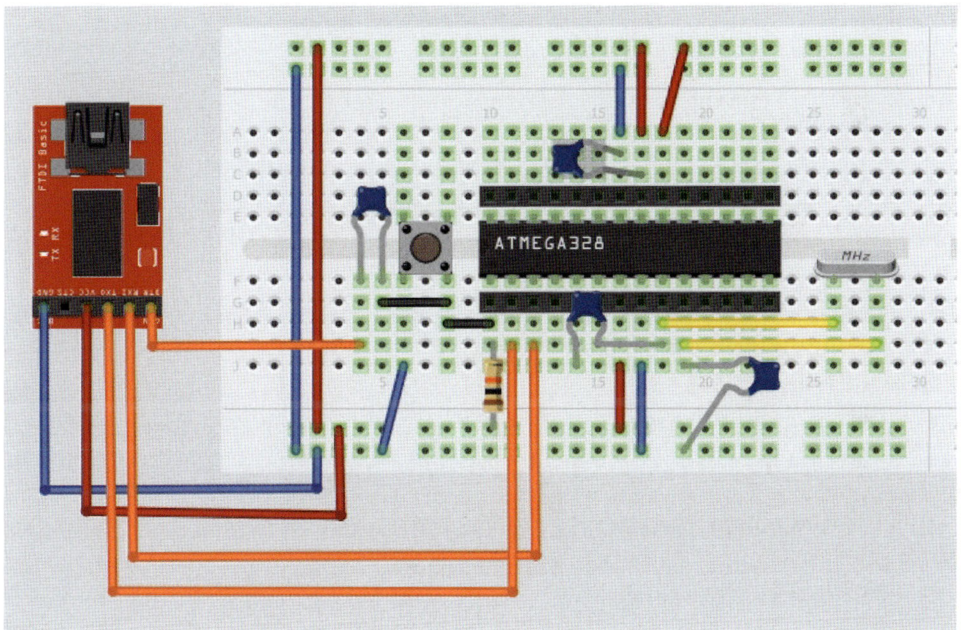

Abb. 10.2: Breadboard Arduino

10.1.3 Really Bare Bone Board (RBBB)

Bauteile für Sensor-Anwendungen in Haus und Garten oder andere kleine Anwendungen, die mit Arduino realisiert werden, sind meist in einem festen und stabilen Gehäuse untergebracht. Oftmals muss die Anwendung dabei so klein wie möglich sein, damit sie in das gewählte Gehäuse passt, oder der Anwender möchte eine kostengüstigere Arduino-Variante verwenden. Die Steckbrettschaltung aus dem vorherigen Abschnitt ist zwar kostengünstig, aber für Anwendungen im produktiven Einsatz meist zu unstabil.

Alle Anforderungen, kleine Abmessungen, kostengünstig und ein stabiler Aufbau, bietet das Really Bare Bone Board (RBBB) von Modern Device (http://moderndevice.com). Der RBBB ist als Minimalboard realisiert und hat sehr geringe Abmessungen. Die schmale Leiterplatte ist 15 mm breit und 80 mm lang.

Abb. 10.3: Really Bare Bone Board (Bild: `moderndevice.com`)

Alle digitalen und analogen Ports des Arduino sind beim RBBB seitlich auf Stiftleisten geführt. Das RBBB-Board kann so auch in ein Steckbrett oder eine Prototypenplatine gesteckt oder gelötet werden. Der 6-polige Anschluss für den FTDI-Stecker ist an der schmalen Seite positioniert und erlaubt ein einfaches Anschließen des Programmierkabels. Für eigenständige Anwendungen kann eine Versorgungsspannung von einer Batterie oder einem Netzteil an der Jack-Buchse angeschlossen werden.

Bei der Auswahl eines RBBB als Arduino-Board ist immer zu beachten, dass diese Aufbauvariante mechanisch nicht kompatibel ist mit den Arduino Shields. In der Praxis heißt das konkret, dass man, falls man Shields verwenden möchte, einen zusätzlichen Adapter verwenden muss. Dieser Adapter, in Form einer Leiterplatte, verbindet die Anschlussstifte des RBBB mit dem Shield.

Einen passenden Adapter liefert Wicked Device:

```
http://wickeddevice.com/
index.php?main_page=product_info&cPath=2&products_id=86
```

10.1.4 Nanode

Das Nanode-Board (Network Application Node) ist ein weiterer erfolgreicher Arduino-Clone. Der Nanode (`http://nanode.eu`) wurde von Entwicklern des London Hackspace (`http://wiki.london.hackspace.org.uk/view/Project:Nanode`) entwickelt und hat denselben mechanischen Aufbau wie ein Standard-Arduino-Board. Zusätzlich besitzt das Nanode-Board, wie der Name aussagt, einen Netzanschluss in Form einer Ethernet Schnittstelle. Nanode benötigt für die Verbindung zum Internet kein zusätzliches Ethernet Shield. Die gesamte Funktionalität ist auf der Grundplatine aufgebaut und somit eignet sich Nanode ideal für webbasierte Arduino-Anwendungen wie Sensor-Interface, Webdatenlogger, Wetterstation oder Twitter-Tools (Abbildung 10.4).

Abb. 10.4: Arduino-Clone mit Ethernet: Nanode

Das Projekt Nanode hat sich aus einer Idee für ein kostengünstiges Arduino-Board mit Webconnectivity zu einem preisgekrönten Projekt entwickelt. Die Internet-Community hat das Projekt Nanode mit dem INTERNET OF THINGS AWARD 2011 in der Kategorie OPEN SOURCE PROJECT (`http://postscapes.com/best-iot-open-source-project-2011`) ausgezeichnet. Nanode hat dabei sogar das Quasi-Mutterprojekt ARDUINO ubertrumpft.

Zwischenzeitlich ist das Nanode-Board bei verschiedenen Arduino-Produkte-Lieferanten im Angebot und es wurden bereits über 1.000 Boards verkauft.

Der Nanode ist Arduino-kompatibel und wird über einen USB-Seriell-Wandler mit dem Rechner verbunden. Aus Kosten- und Platzgründen wurde die Ethernet-Schnittstelle nicht mit einem Wiznet-Controller, der auf den Standard-Ethernet Shields integriert ist, realisiert, sondern mit einem Ethernet-Controller vom Typ

ENC28J60. Diese unterschiedliche Hardware-Konfiguration hat zur Folge, dass die Standard-Ethernet-Library nicht verwendet werden kann. Die Ethernet-Funktionalität wird mit der ETHERCARD-Library (`https://github.com/jcw/ethercard`) umgesetzt.

Neben dem klassischen Nanode-Board gibt es in der Zwischenzeit weitere Nanode-Varianten und Erweiterungen. Dazu gehören der Nanode RF, ein Nanode mit integriertem RF-Modul für drahtlose Datenübertragung im 433-MHz- und 868-MHz-Bereich sowie Shields für drahtlose Datenübertragung. Alle verfügbaren Modelle sind im Nanode-Shop aufgelistet (`http://shop.nanode.eu`).

Hinweis

Neben der genannten ETHERCARD-Library gibt es für den Ethernet-Controller ENC28J60 noch die ETHERSHIELD-Library. Die Weiterentwicklung dieser Bibliothek wurde aber kürzlich vom Entwickler beendet. In verschiedenen Anwendungen ist aber weiterhin diese Library im Einsatz.

10.2 Programmieradapter (USB-Wandler)

Die in diesem Kapitel beschriebenen Arduino Clones haben alle keine USB-Schnittstelle integriert. Diese fehlende USB-Schnittstelle wird durch ein externes Modul, den so genannten USB-Seriell-Wandler, ergänzt. Dieser Wandler ist das Bindeglied zwischen dem USB-Port des Rechners und dem seriellen Anschluss des Arduino-Microcontrollers.

Der USB-Seriell-Wandler wird rechnerseitig über ein USB-Kabel am USB-Port des Rechners angeschlossen. Am Arduino-Board wird der Wandler an der 6-poligen Stiftleiste, meistens mit FTDI bezeichnet, angeschlossen. Die Bezeichnung FTDI stammt vom Hardware-Hersteller, der den Logikbaustein herstellt, der auf dem USB-Seriell-Wandler die Signalumsetzung vornimmt.

Der USB-Seriell-Wandler ist in zwei Varianten verfügbar:

1. USB-Serial-Breakout-Board (kleines Leiterplatten-Modul, Abbildung 10.5)
2. USB-Serial Cable (FTDI-Kabel, Abbildung 10.6)

Das USB-Serial-Breakout-Board ist eine kleine Leiterplatte mit USB-Anschluss und der 6-poligen Buchsenleiste.

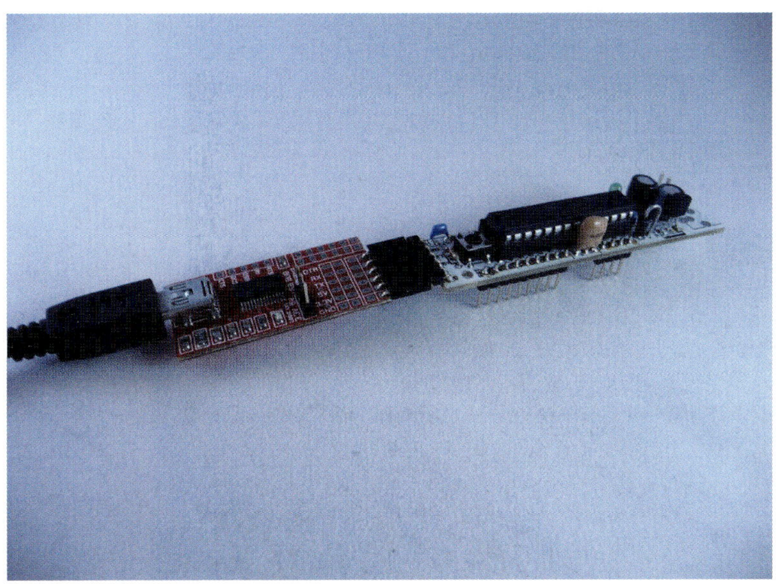

Abb. 10.5: USB-Seriell-Wandler an RBBB (Really Bare Bone Board)

Das USB-Serial- oder FTDI-Kabel besitzt auf der einen Seite einen USB-Stecker (Typ A) und auf der anderen Seite eine 6-polige Buchsenleiste.

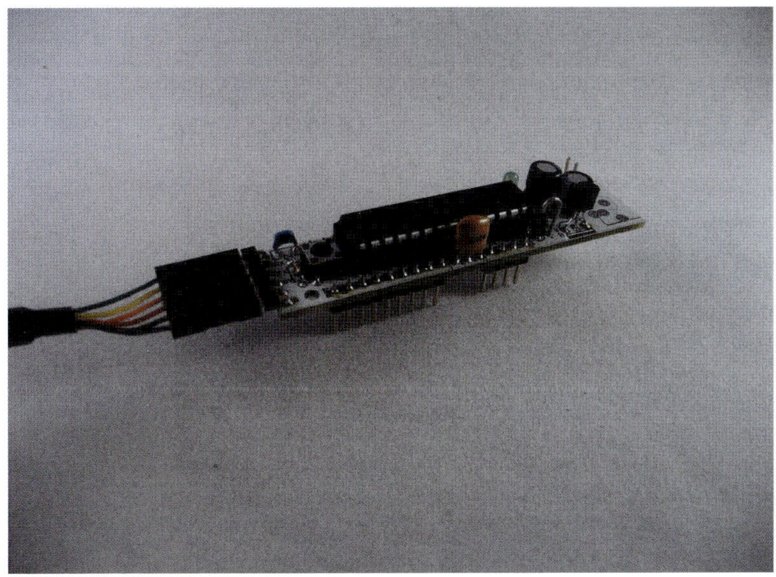

Abb. 10.6: RBBB mit FTDI-Kabel

Beide Varianten des USB-Seriell-Wandlers sind bei vielen Anbietern von Arduino-Produkten erhältlich.

Hinweis

Beim Kauf eines USB-Seriell-Wandlers, Breakout-Boards oder Kabels, muss die Betriebsspannung beachtet werden. Meist ist in der Beschreibung erwähnt, ob das Produkt für 3,3 V oder 5 V ausgelegt ist. Bei einigen Produkten kann Betriebs- und Signalspannung mittels Steckverbinder oder Lötverbindung ausgewählt werden.

10.2.1 Anschlussbelegung FTDI

In Tabelle 10.1 sind die Anschlussbelegungen, die Bezeichnungen und die Kabelfarben aufgelistet.

Pin-Nr.	Kabelfarbe	Bezeichnung	Beschreibung
1	Schwarz	GND	GND
2	Braun	CTS	-
3	Rot	Vcc	+3,3 oder +5 V
4	Orange	TXO	TX
5	Gelb	RXI	RX
6	Grün	DTR	Reset

Tabelle 10.1: USB-Seriell-Wandler/FTDI-Kabel

Kapitel 11

Tools für Praktiker

Mit der Entwicklungsumgebung IDE, einem USB-Kabel und einem Arduino-Board hat man die Grundausrüstung zusammen, die man für Experimente und Projekte mit dem Arduino-Board benötigt.

In diesem Kapitel werden weitere Hilfsmittel und Tools beschrieben, die den Arduino-Anwender bei seinen Elektronikbasteleien unterstützen.

11.1 Hardware

11.1.1 Steckbrett und Kabel

Das Steckbrett oder Breadboard wurde bereits in Kapitel 3 vorgestellt und gehört zu den sehr nützlichen Tools für Elektronikbastler. Sobald man etwas größere Anwendungen mit dem Arduino-Board realisieren will, kommt man um diese saubere Lösung nicht herum. Im Handel gibt es eine Vielzahl von Steckbrettvarianten, vom Ministeckbrett, das man auf eine Erweiterungsplatine montieren kann, bis zum großflächigen Steckbrett mit zusätzlichen Anschlussmöglichkeiten für die Spannungsversorgung. Je nach Größe und Ausführung des Breadboards unterscheiden sich die Preise dafür. Die kleinsten Ausführungen sind bereits für wenige Euro im Elektronikhandel zu erstehen.

Damit man einen Schaltungsaufbau beim nächsten Experiment nicht entfernen muss, lohnt es sich, mehrere kleinere Steckbretter zur Verfügung zu haben.

Vorgefertigte Kabelverbindungen für die Experimente gibt es auch im Elektronikhandel zu kaufen. In einer Kunststoffbox verpackt beinhalten diese Kabelsets meist verschiedene Größen und Farben von Kabelverbindungen. Wie bereits erwähnt, kann man sich diese Drahtverbindungen auch selbst herstellen.

Für die Dokumentation eines Experiments oder Projekts kann man den Schaltungsaufbau mit der später noch beschriebenen Software Fritzing sauber darstellen und in elektronischer Form speichern.

11.1.2 Lochrasterplatinen

Da Schaltungsaufbauten mit Steckbrettern eher für Entwicklungen gedacht sind, möchte man für ein »produktives« Projekt oftmals einen stabileren Aufbau der externen Schaltung des Arduino-Projekts realisieren. Je nach Projekt stehen dabei schon fertige Erweiterungsplatinen in Form von steckbaren Shields zur Verfügung oder man baut sich die Schaltung auf einem Protoshield (beschrieben in Kapitel 7) auf. Stehen keine fertigen Leiterplatten zur Verfügung, auf die man die nötigen Elektronikkomponenten löten kann, muss man sich die Leiterplatte selbst aufbauen. Dabei muss man sich überlegen, ob die Leiterplatte für eine spätere Serienproduktion gedacht ist oder ob sie nur für einen Prototyp oder Testaufbau benötigt wird. Leiterplatten für Serienverwendung werden meist mittels Computerprogramm entwickelt und dann bei einem professionellen Leiterplattenhersteller produziert. Die meisten im Handel erhältlichen Leiterplatten für Arduino-Anwendungen sind auf diese Weise produziert worden.

Für Prototypen und Testaufbauten kann man sich im Elektronikhandel so genannte Lochraster- oder Experimentierplatinen besorgen. Lochrasterplatinen sind meist aus Hartpapier oder Epoxidharz hergestellt und werden in verschiedenen Ausführungen und Größen geliefert. Bei den meisten Ausführungen sind Bohrungen im 0,1-Zoll-Raster für die Aufnahme der Anschlussdrähte der Bauteile vorhanden. Auf der Rückseite (Lötseite) der Platine sind die Bohrungen mit einem Lötpunkt (Lötauge) oder einer Leiterbahn aus Kupfer versehen. Je nach Ausführung haben die Bohrungen einzelne Lötaugen oder die Platine besitzt parallele Leiterbahnen (Lochstreifenplatine).

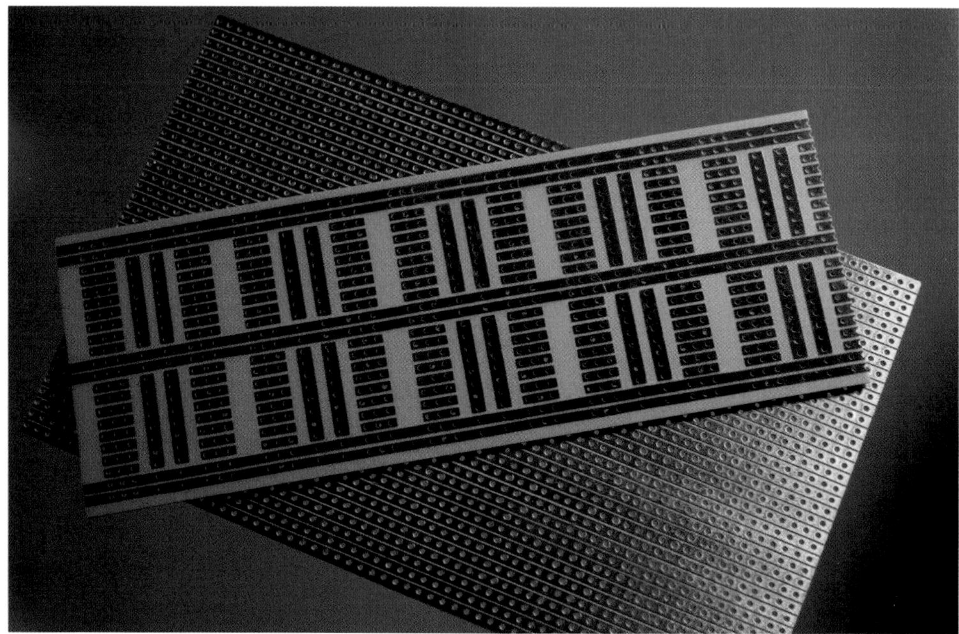

Abb. 11.1: Lochrasterplatinen

Für die Entwicklung und Dokumentation von Lochrasteraufbauten kann man die später noch beschriebene Software Lochmaster einsetzen oder man zeichnet sich die ungefähre Leiterbahnenführung und die Position der Bauelemente auf Papier auf. Beim Schaltungsaufbau mit Lochrasterplatinen mit Parallelleiterbahnen müssen die Leiterbahnen meist an verschiedenen Stellen unterbrochen werden. Dazu verwendet man ein Messer oder einen kleinen Bohrer.

Beim Einsatz einer Lochrasterplatine mit einzelnen Lötpunkten (Abbildung 11.2) müssen die Leiterbahnen zwischen den Anschlussdrähten der einzelnen Bauteile mit einem dünnen Draht gemacht werden. Dabei wird der Draht von Lötpunkt zu Lötpunkt gezogen und verlötet.

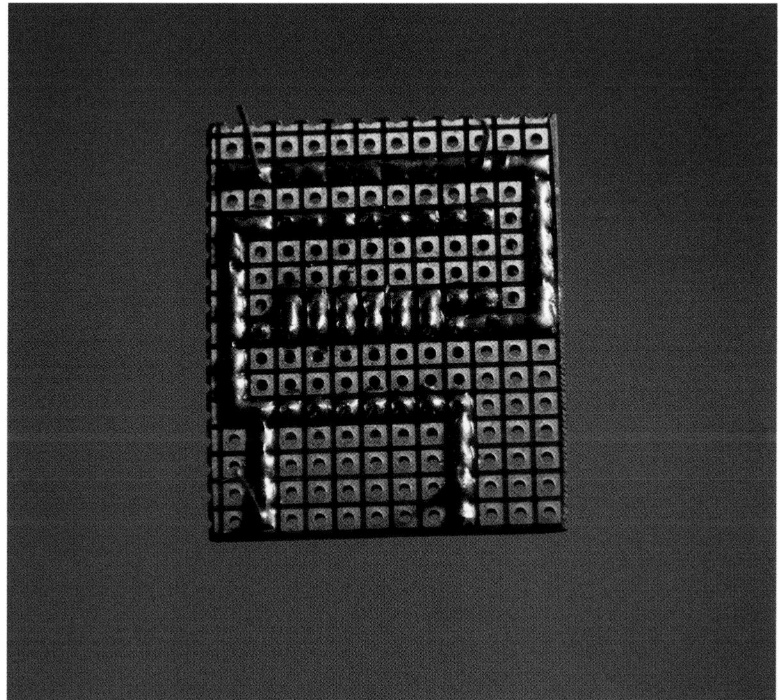

Abb. 11.2: Gelötete Platine mit Lötpunkten

Eine ausführliche und nützliche Anleitung, wie man saubere Schaltungen auf Lochrasterplatinen löten kann, hat Bernhard Redemann auf seiner Website zum Download bereitgestellt.

`http://www.b-redemann.de/download/loeten.pdf`

Praxis-Tipp

Zum Trennen von Leiterbahnen auf Lochrasterplatinen ist ein Messer zwar nützlich, aber die saubere Trennung einzelner Leiterbahnen ist schwierig. Die bessere Lösung hierfür ist ein Bohrer mit einem Durchmesser von 2,5 mm. Damit man ihn gut halten kann, besorgt man sich einen kleinen Plastikgriff von einem alten Schraubenzieher oder einer kleinen Feile. Steckt man den Bohrer nun in den Griff, hat man ein handliches und gut zu führendes Werkzeug zum Unterbrechen von Leiterbahnen.

11.1.3 Lötkolben und Lötzinn

Für die hohe Kunst des Lötens von Elektronikschaltungen (Weichlöten) benötigt man einen Elektronik-Lötkolben und Lötzinn. Beim Lötkolben sollte man einen Elektronik-Lötkolben mit einer Leistung von 20–40 Watt einsetzen. Lötkolben mit mehr Watt sind nicht für das Löten von elektronischen Bauelementen ausgelegt, da die Kolbentemperatur zu hoch ist. Diese werden bei gröberen Arbeiten wie Blechverarbeitung oder dem Löten von Rohren verwendet. Beim Kauf eines Lötkolbens sollte man neben der abgegebenen Leistung auch auf die verwendete Lötspitze und deren Austauschbarkeit achten. Es empfiehlt sich, ein Markengerät einzusetzen, da für diese Geräte auch nach dem Kauf Lötspitzen als Ersatzteile verfügbar sind. Die Lötspitze selbst sollte eine spitze Form aufweisen, damit man problemlos die Anschlusspins einer integrierten Schaltung löten kann.

Erfahrungsgemäß lohnt sich schnell der Kauf einer geregelten Lötstation, bei der man die Löttemperatur an der Lötspitze einstellen und regeln kann.

Die Temperatur sollte dabei auf rund 320 Grad Celsius eingestellt sein.

Damit eine Verbindung zwischen der Leiterbahn und einem Anschlusspin erstellt werden kann, wird das Lötzinn verwendet. Dabei setzt man Lötzinn mit einer Zinn/Bleilegierung (60 % Zinn, 40 % Blei) ein oder bleifreies Lötzinn mit einer Zinn/Kupferlegierung. Um eine Oxidation des Zinns während des Erhitzens zu vermeiden, ist im Lötzinn ein Flussmittel, meist Kolophonium, enthalten. Zum Löten von Elektronikbauteilen empfiehlt es sich, Elektronik-Lötzinn mit einem Durchmesser von maximal 1 mm einzusetzen.

Das saubere Löten von Elektronikbauteilen erfordert etwas Geduld und Übung. Für Anfänger und Einsteiger empfiehlt es sich, vor dem ersten richtigen Lötprojekt, Lötübungen mit alten Leiterplatten und Bauteilen zu machen. Auf diese Weise zerstört man nicht die kostbaren Leiterplatten und Bauteile für seine Arduino-Projekte.

11.1.4 Zangen

Mit einer kleinen Flachzange und einem so genannten Seitenschneider hat man die Grundausrüstung an Zangen für die Elektronikexperimente. Die Flachzange benötigt man, um Anschlussdrähte von Bauteilen oder Stiftleisten gerade- oder umzubiegen. Der Seitenschneider ist eine Zange, mit der man Anschlussdrähte von Bauteilen nach dem Löten abschneiden kann. Seitenschneider gibt es in vielen Ausführungen. Für Elektronikarbeiten empfiehlt sich ein kleineres Modell, damit man auch bei schmalen Bauteilen wie integrierten Schaltungen an die einzelnen Anschlusspins herankommt. Beim Kauf sollte man darauf achten, dass die Zange auch gut in der Hand liegt. Die etwas teureren Ausführungen besitzen Griffe aus weichem Kunststoff, die auch bei längeren Arbeiten keine Schmerzen in den Handflächen verursachen.

Beide Zangen, Flachzange und Seitenschneider, sollten für die Elektronikarbeiten eine maximale Länge von 12 cm besitzen.

11.1.5 Biegelehre

Eine Biegelehre ist ein nützliches Werkzeug, um die Anschlussdrähte von elektronischen Bauteilen wie Widerstände und Dioden im Rastermaß abzuknicken.

Dieses nützliche Tool ist im Elektronikhandel für rund 1 Euro zu erstehen und sollte an jedem Elektronik-Arbeitsplatz vorhanden sein. Werden die Bauteile bei den Experimenten mit der Biegelehre vorbereitet, können sie auch in späteren Schaltungsaufbauten wieder problemlos verwendet werden.

Die Anwendung der Biegelehre ist sehr einfach: Man legt das zu biegende Bauteil in die gewünschte Rille, hält den Finger darauf und biegt die Anschlussdrähte auf beiden Seiten um 90 Grad nach unten. Durch die verschiedenen Breiten der Biegelehre können die Anschlussdrähte der Elektronikbauteile für verschiedene Rastermaße exakt gebogen werden.

Lieferantenlink:

`http://www.reichelt.de/?ACTION=3;ARTICLE=5595;PROVID=2402`

11.1.6 Multimeter

Ein Multimeter ist ein Universalmessgerät, mit dem sich Spannungen, Ströme, Widerstandswerte und weitere Größen messen lassen. Multimeter kann man im Baumarkt oder im Elektronikhandel kaufen. Die günstigsten Geräte kosten etwas 20 Euro. Bei Multimetern unterscheidet man zwischen analogen und digitalen Geräten. Analoge Multimeter besitzen eine Anzeige mit Nadel und die interne Messtechnik basiert auf Analogtechnologie. Diese Geräte haben meist eine geringere Messgenauigkeit und das Gerät selbst ist durch den Aufbau mit einer Nadelanzeige empfindlicher in der Handhabung. Die meisten Multimeter in der heutigen Zeit sind jedoch digitale Multimeter. Dabei ist die Anzeige eine Digitalanzeige und auch die interne Messtechnik basiert auf digitaler Elektronik. Für die digitale Anzeige wird meist ein Flüssigkristall-Display verwendet, ein so genanntes LC-Display. Digitale Geräte besitzen üblicherweise eine 3,5-stellige Anzeige, die somit die Darstellung eines Maximalwertes von 1999 pro Messbereich erlauben. Entsprechend sind die Messbereiche, die mit einem zentralen Umschalter aufgebaut sind, auch nach diesem Prinzip unterteilt, also 0,2 Volt, 2 Volt, 20 Volt, 200 Volt.

Für die Messung eines Wertes werden immer zwei Anschlusskabel verwendet, die man am Messgerät an den vorhandenen Buchsen einstecken kann. Beim Kauf eines Multimeters werden meist zwei Messkabel mit Testspitzen mitgeliefert. Dabei ist ein Kabel üblicherweise schwarz und das andere Kabel ist rot.

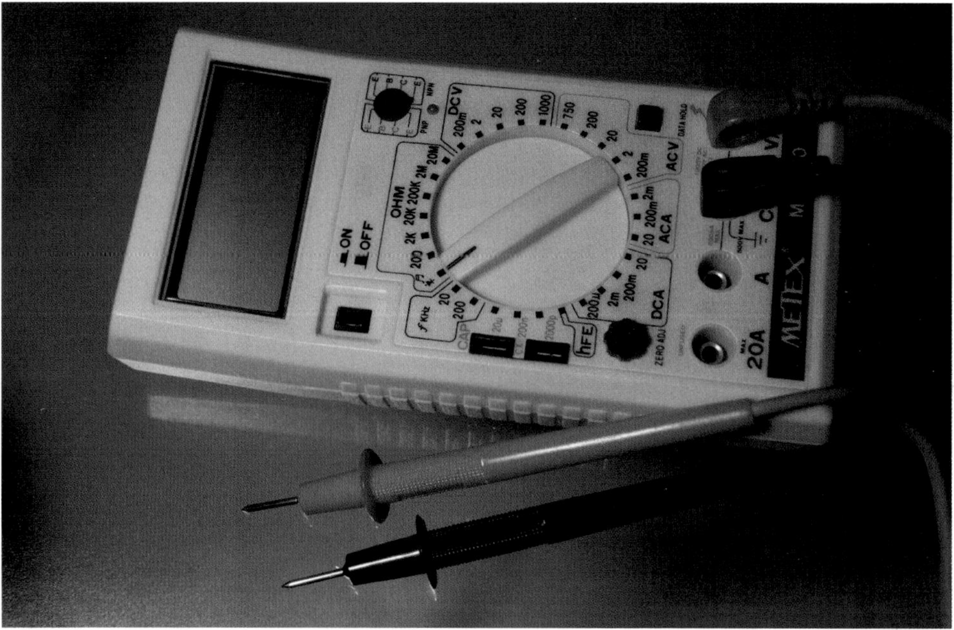

Abb. 11.3: Digitalmultimeter mit Testkabel

Für eine Messung werden die beiden Messkabel nun in die vorhandenen Buchsen des Multimeters gesteckt. Dabei ist zu beachten, dass je nach zu messender Messgröße die dafür vorgesehene Buchse verwendet wird. Die meisten Multimeter besitzen drei oder vier Buchsen.

COM: Minuspol (schwarzes Kabel)

V/Ohm: Pluspol für Spannungs- und Widerstandsmessung

A: Pluspol für Strommessung

20 A: Pluspol für Strommessung im höchsten Messbereich (20 Ampere)

Nachdem die Messkabel an den Buchsen des Multimeters angeschlossen sind, kann man mit den Testspitzen die zu messenden Komponenten oder Punkte in der Schaltung kontaktieren. Dabei ist zu beachten, dass man metallische Punkte kontaktiert und dass man mit der Testspitze keinen Kurzschluss verursacht, also eine Verbindung zwischen zwei nicht verbundenen Punkten herstellt.

Auf dem Display kann man anschließend den aktuellen Messwert ablesen. Bei der Wahl des Messbereichs muss man sich einerseits im Klaren sein, was für eine Messgröße man messen möchte, und andererseits sollte man den zu erwartenden Messwert abschätzen. Bei der Messung fängt man darum immer mit dem höchsten Messbereich des Multimeters an. Falls kein oder nur ein ganz kleiner Messwert angezeigt wird, schaltet man den Messbereich eine Stufe kleiner.

11.1.7 Oszilloskop – Spannung sichtbar machen

In den Messungen mit dem Multimeter bekommt man zwar einen konkreten Wert angezeigt, das Multimeter kann aber keine Aussage über die Signalform eines zu messenden Signals treffen. Die Spannungsmessung am Ausgang eines PWM-Signals ergibt zwar einen Messwert, dieser wird aber vom Analog/Digital-Wandler im Multimeter als Mittelwert ermittelt und sagt nichts über die Breite der HIGH- und LOW-Phasen des Pulsweitensignals aus. Für eine konkrete Messung und Aussage muss das Signal optisch dargestellt werden.

Mit einem Oszilloskop, auch Oszi, KO oder Oskar genannt, kann man den Verlauf einer elektrischen Spannung im zeitlichen Verlauf darstellen. Dieses elektronische Messgerät besitzt einen oder mehrere Kanäle und stellt ein Messsignal in einem zweidimensionalen Koordinatensystem dar. Die X-Koordinate ist dabei die Zeitachse und die Y-Koordinate entspricht der Amplitude (Größe) der zu messenden Spannung. Das Messsignal wird als »Oszillogramm« bezeichnet.

Das Oszilloskop gehört für den engagierten Hobbyelektroniker und für den Profi zur Grundausstattung des Elektroniklabors. Oszilloskope gibt es in analoger und in digitaler Technik. Analoge Oszilloskope besitzen eine Kathodenstrahlröhre, die als Anzeige dient. Digitale Geräte verwenden als Anzeigeelement eine LC-Anzeige. Analoge Oszilloskope sind heute auf dem Markt nicht mehr so verbreitet. Durch die Miniaturisierung der Elektronik haben sich digitale Geräte durchgesetzt. Viele Hersteller bieten digitale Geräte, die auch für Hobbyanwender bezahlbar sind.

Eines der günstigsten digitalen Geräte gibt es beim Elektronikanbieter Seeed Studio (`http://www.seeedstudio.com/`) aus China zu kaufen. Der Bausatz des DIY

Digital Scope kostet 33 US-Dollar und kann von jedem Elektronikbastler mit Löterfahrung aufgebaut werden.

`http://www.seeedstudio.com/depot/digital-storage-oscilloscope-diy-kit-with-panels-p-515.html?cPath=71`

Neben dem Bausatz für den Selbstbauer liefert der Hersteller auch eine fertig aufgebaute und geprüfte Variante dieses kleinen Oszilloskops.

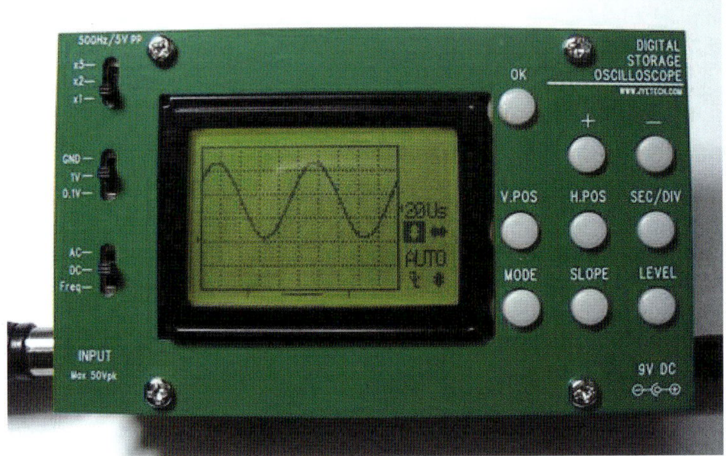

Abb. 11.4: Digital Scope (Bild: Seeed Studio)

Dieses 1-Kanal-Oszilloskop erlaubt die Messung von Spannungssignalen von bis zu 50 Volt und Frequenzen von maximal 1 MHz (Megahertz). Neben den Spannungsmessungen stehen auch eine Speicherfunktion, eine Funktion zur Frequenzmessung und eine Möglichkeit zur Speicherung eines Messsignals auf dem Rechner (via zusätzlichem Schnittstellenkabel) zur Verfügung.

Für erste Erfahrungen mit einem Oszilloskop und Signal – und Spannungsmessungen bei Arduino-Anwendungen – ist dieses kostengünstige Gerät eine ideale Ergänzung zum Multimeter.

11.2 Software

11.2.1 Schaltungsaufbau mit Fritzing

Fritzing (`http://fritzing.org`) ist ein Open-Source-Projekt der Fachhochschule Potsdam und erlaubt das einfache und schnelle Zusammenstecken von elektronischen Schaltungen. Als Basis hierfür dient jeweils ein Steckbrett, auf das Bauteile aus der Bauteilbibliothek gesteckt werden. Aus der auf dem Steckbrett entworfenen Schaltung kann dann eine Leiterplatte erstellt werden.

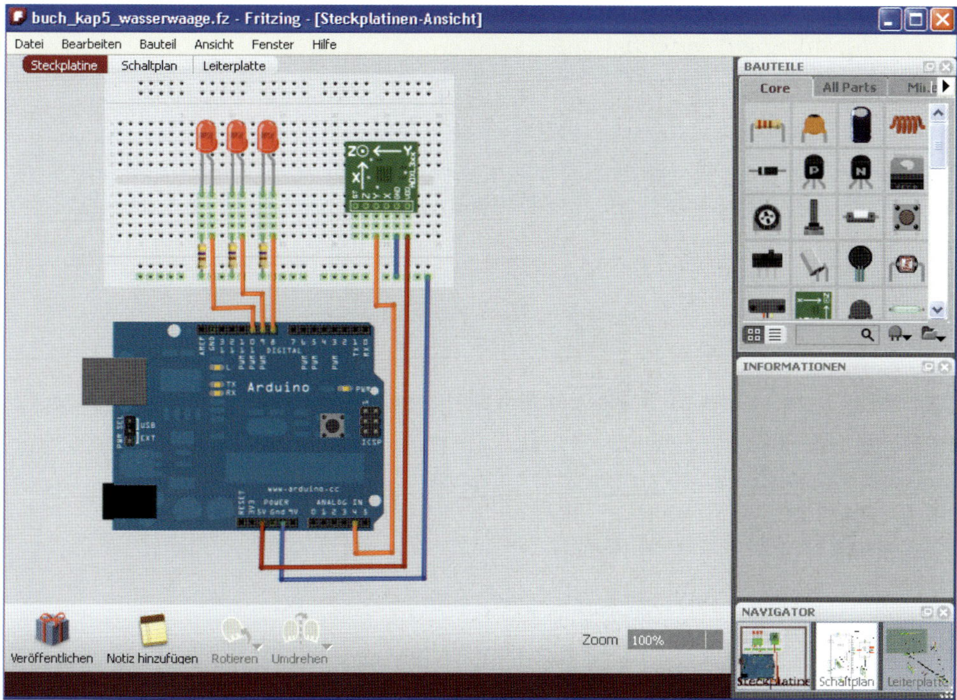

Abb. 11.5: Fritzing-Oberfläche (Beispiel Wasserwaage aus Kapitel 5)

Fritzing beinhaltet die drei Hauptmodule STECKPLATINE, SCHALTPLAN und LEITERPLATTE. Im Modul STECKBRETT werden, wie bereits erwähnt, die elektronischen Komponenten zusammengesteckt. Der Anwender kann dabei Bauteile aus der Bibliothek auswählen und auf die Arbeitsfläche ziehen. Neben einzelnen Bauteilen stehen in der Bauteilebibliothek auch ganze Arduino-Boards zur Verfügung (siehe Abbildung 11.5). Nach dem Zusammenstecken der Verbindungen zwischen dem Arduino-Board und den einzelnen Komponenten wird im Modul SCHALTPLAN ein elektronischer Schaltplan mit allen Bauteilen und Verbindungen erzeugt. Dieser kann direkt gedruckt werden und dient als Projektdokumentation.

Im Modul LEITERPLATTE kann aus dem virtuellen Projekt auf dem Bildschirm eine reale Leiterplatte erstellt werden. Für Arduino-Projekte kann dabei eine eigene Erweiterung (Shield) realisiert werden. Hierzu nutzt man die Exportfunktion, die aus den Leiterplattendaten ein Datenaustauschformat generiert, das von Leiterplattenherstellern eingelesen werden kann.

Das folgende Beispiel VIRTUALCOLORMIXER zeigt die drei Ansichten in Fritzing. Das Beispiel selbst ist auf der Arduino-Website unter `http://arduino.cc/en/Tutorial/VirtualColorMixer` beschrieben.

Steckplatine	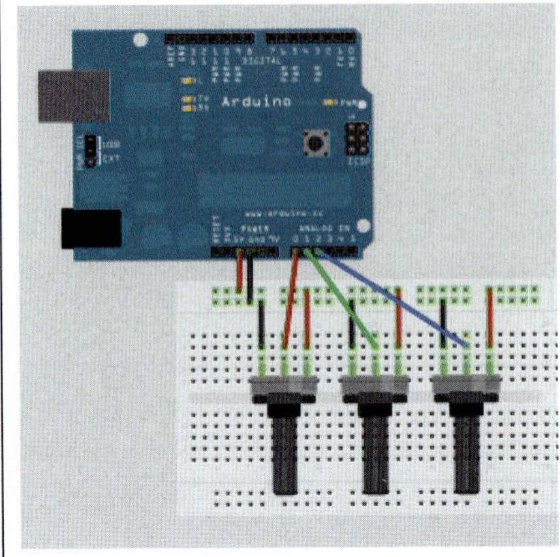
Schaltplan	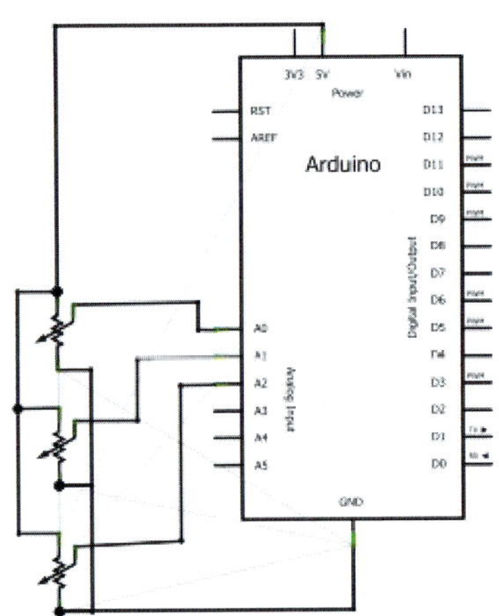
Leiterplatte	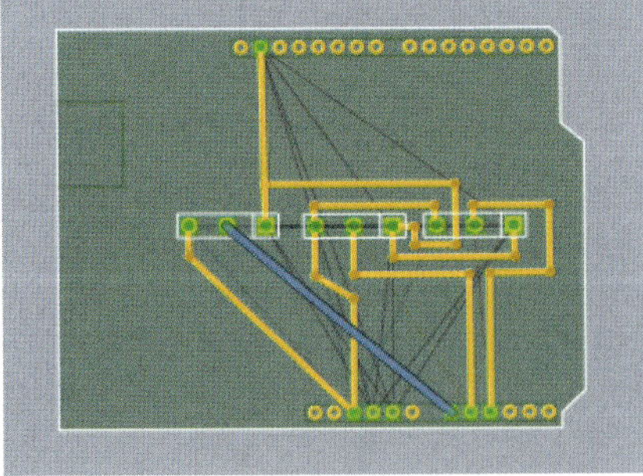

Tabelle 11.1: Fritzing: Ansichten des Projekts

Fritzing ist ein ideales Werkzeug, um Physical-Computing-Projekte mit Arduino zu dokumentieren. Für den Datenaustausch kann ein Projekt mit der Dateiendung

.fzz gespeichert werden oder man nutzt die Exportfunktion, die die Daten als Bilddatei, PDF-Dokument oder als Exportdatei für die Leiterplattenherstellung erstellt.

Arduino-Einsteiger finden dabei im Fritzing-Programm unter DATEI|BEISPIEL viele Beispielprojekte. Eine rege Community, die regelmäßig neue Bauteile erstellt und Projekte vorstellt, unterstützt die Fritzing- und Arduino-Anwender.

Tipp: Leiterplatten herstellen

Um eine Leiterplatte vom erstellten Fritzing-Projekt anzufertigen, kann man eine der erwähnten Exportfunktionen nutzen. Sehr praktisch ist dabei auch die Funktion ÄTZBARES PDF, die die Leiterbahnen der Leiterplatte in Originalgröße druckt. Dieser Originalausdruck der Leiterplatte kann nun direkt als Vorlage für die Leiterplattenherstellung (`http://thomaspfeifer.net/platinen_aetzen.htm`) mit der Direkt-Toner-Methode verwendet werden.

Für professionell hergestellte Leiterplatten bietet Fritzing einen eigenen Leiterplattenservice an. Der Leiterplattenservice heißt Fritzing Fab und hat sich darauf spezialisiert, Leiterplatten, die mit der Software Fritzing erstellt wurden, in professioneller Qualität herzustellen (`http://fab.fritzing.org/`). Der Bestellablauf ist dabei sehr einfach. Nach der Registrierung und dem Login kann man seine Fritzing-Projekte als .fzz-Datei hochladen. Bezahlt wird via Paypal (`http://www.paypal.com`). Für die Leiterplattenbestellung gibt es dabei immer definierte Bestelltermine. Anschließend werden die Leiterplatten hergestellt und ausgeliefert. Dabei muss man mit Lieferzeiten von etwa zwei bis drei Wochen rechnen.

11.2.2 Eagle CAD

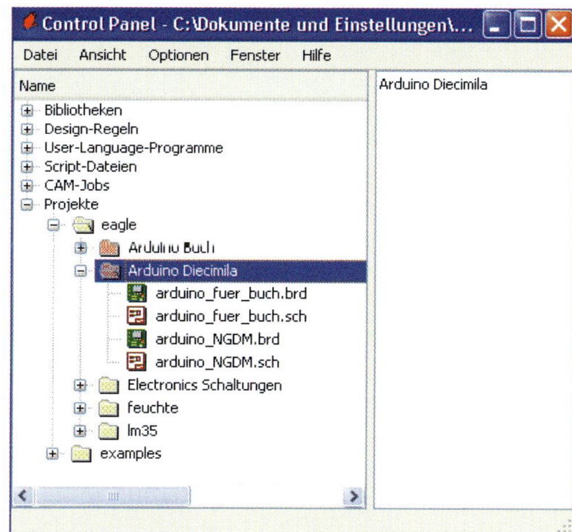

Abb. 11.6: Eagle-CAD-Programm

Eagle CAD (`http://www.cadsoft.de`) ist ein kommerzielles Programm zur Erstellung von Schaltplänen und Leiterplatten. Das Programm ist für Windows, Linux und Mac OS verfügbar und bietet eine leicht verständliche Oberfläche und leistungsfähige Funktionen zur Erstellung von Leiterplatten für elektronische Schaltungen. Für Hobbyanwender oder für Ausbildungszwecke steht eine kostenlose Freewareversion zur Verfügung. Diese Version hat den kompletten Funktionsumfang und ist nur bei der Anzahl der Schaltplanseiten, der Platinengröße und der Anzahl der Leiterplattenebenen (Layer) begrenzt.

Eagle CAD besteht aus drei Hauptmodulen:

Modul	Beschreibung
Schaltplan-Editor	Editor zur Erstellung von elektronischen Schaltplänen
Layout-Editor	Layouterstellung auf Basis von Schaltplänen
Autorouter	Automatisches Verlegen von Leiterbahnen

Tabelle 11.2: Eagle-CAD-Module

Das Eagle-CAD-Programm ist im professionellen Umfeld recht verbreitet und die Community ist entsprechend groß. Fragen zur Verwendung des Programms findet der Anwender in den Support-Foren und viele Benutzer stellen die eigenen Bauteilbibliotheken auf der Eagle-Website zur Verfügung.

`ftp://ftp.cadsoft.de/eagle/userfiles/libraries`

Für Arduino-Anwender empfiehlt sich der Einsatz von Eagle CAD, da die Daten der Arduino-Boards für die eigene Verwendung im Eagle-Format zur Verfügung stehen. Auch viele Entwickler von Erweiterungsplatinen für Arduino (Shields) bieten die Layoutdaten und Stromlaufpläne im Eagle-Format an.

Neben den drei Hauptmodulen stehen viele Zusatzfunktionen in Form von ULP-Programmen (User Language Program) zur Verfügung, die die Anwendung von Eagle vereinfachen oder gewisse Abläufe automatisieren.

Durch die einfache und gut verständliche Oberfläche hat man sich relativ schnell in das Programm eingearbeitet. Etliche Dokumentationen und Tutorials unterstützen den Einsteiger bei den ersten Schritten. Wer sich tiefer in das Thema Leiterplattenentwicklung einarbeiten will, dem kann der Autor das Buch »Leiterplattendesign mit EAGLE 5« aus demselben Verlag wie dieses Arduino-Buch empfehlen.

11.2.3 KiCad

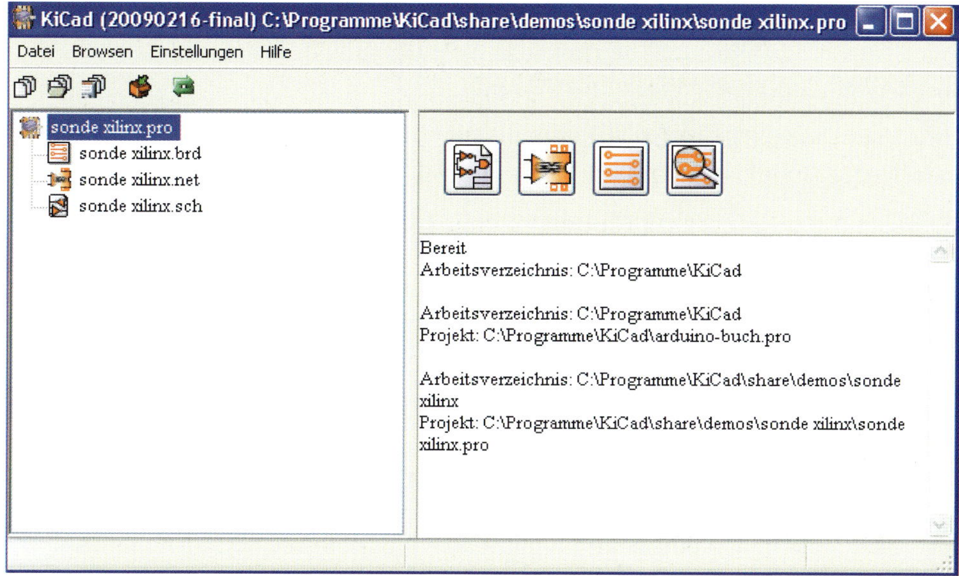

Abb. 11.7: KiCad: Open-Source-CAD

KiCad (`http://kicad.sourceforge.net/wiki/index.php/DE:Main_Page`) ist ein Open-Source-CAD-Programm zur Erstellung von elektronischen Schaltplänen und Leiterplatten. Dieses kostenlose Werkzeug für Windows, Linux und Mac (nur Testversion) beinhaltet mehrere Module, die für die verschiedenen Schritte bei der Leiterplattenentwicklung verwendet werden.

Modul	Beschreibung
kimanager	Projektmanager
eeschema	Schaltplan-Editor
cvpcb	Werkzeug zur Zuordnung von Bauteilsymbolen zu den passenden Lötaugen
pcbncw	Layout-Editor
gerbview	Anzeigeprogramm für Gerberdaten Gerberdaten oder auch Gerberformat ist ein Standarddatenformat, das für den Austausch von CAD-Daten verwendet wird. Die Daten im Gerberformat dienen als Grundlage für die Herstellung der Leiterplatte durch einen professionellen Leiterplattenhersteller.

Tabelle 11.3: KiCad: Programm-Module

Neben den in Tabelle 11.3 beschriebenen Standardmodulen stehen weitere Zusatzmodule, wie z.B. Autorouter (automatisches Verlegen der Leiterbahnen im Platinenlayout), für verschiedene Aufgaben zur Verfügung.

Auch für KiCad stehen im Internet viele Anleitungen, Tutorials und Bauteilbibliotheken zum kostenlosen Download bereit.

Falls man Daten aus Eagle übernehmen will, müssen diese mit einer entsprechenden Funktion im Eagle CAD ins KiCad-Format konvertiert werden.

KiCad ist eine ausgezeichnete Alternative zum Eagle CAD. Das Programm ist Freeware und hat keine Begrenzung hinsichtlich der Platinengröße oder der Anzahl der Leiterbahnen-Layer.

11.2.4 Oszilloskop mit Arduino

Um Spannungsverläufe und Frequenzsignale sichtbar zu machen, benötigt man, wie weiter oben erklärt, ein Oszilloskop. Kann man sich so ein Gerät nicht leisten oder steht es momentan nicht zur Verfügung, so kann man auch die Arduino-Umgebung verwenden, um ein Oszilloskop zu realisieren. Zwei kanadische Künstler haben mit dem Poorman's Oscilloscope (`http://accrochages.drone.ws/en/node/90`) eine kostengünstige Variante eines Oszilloskops realisiert. Für das Darstellen von Spannungssignalen werden nur ein Arduino-Board und ein Processing-Sketch benötigt. Dabei werden die zu messenden Signale über den analogen Port des Arduino eingelesen und über die serielle Schnittstelle an den angeschlossenen Computer gesendet. Auf dem Computer wird ein Processing-Programm ausgeführt, das die eingelesenen Messdaten auf dem Bildschirm darstellt. Aus dieser Idee haben verschiedene andere Arduino-Anwender Lösungen realisiert, die auf dem Prinzip des Poorman's Scope basieren. Eine Lösung mit mehreren Messkanälen ist dabei das Arduinoscope (`http://code.google.com/p/arduinoscope/`).

Bei all diesen Lösungen ist jeweils zu beachten, dass nur Signale bis 5 Volt und Frequenzen im unteren Kilohertz-Bereich gemessen und dargestellt werden können.

Weitere Oszilloskop-Projekte, die mit einem Arduino realisiert wurden, sind unter folgenden Adressen zu finden.

Arduino Scope und Logic Analyzer:

`http://www.practicalarduino.com/projects/scope-logic-analyzer`

Arduino Oscilloscope:

`http://n.mtng.org/ele/arduino/oscillo.html`

Anhang A

Codereferenz

A.1 Programmstruktur

Die Grundstruktur eines Arduino-Programms besitzt immer die beiden Funktionen setup() und loop().

Somit sieht der minimale Code für ein Programm (Sketch) so aus:

```
void setup() // Programmstart
{
  // Anweisungen
}

void loop() // Hauptschleife
{
  // Anweisungen
}
```

Listing A.1: Arduino-Sketch: Grundstruktur

Die Setup-Funktion wird einmalig beim Start des Arduino-Boards oder nach einem Reset ausgeführt. In dieser Funktion werden Grundeinstellungen wie Variablendeklaration oder Konfiguration der seriellen Schnittstelle gemacht. Zusätzlich werden in der Setup-Funktion die Ein- und Ausgänge gesetzt.

```
int ledPin = 13;    // LED an Pin 13
int buttonPin = 2;  // Button an Pin 2

void setup()
{
  pinMode(ledPin, OUTPUT);    // Pin 13 als Ausgang
  pinMode(buttonPin, INPUT); // Pin 2 als Eingang
  Serial.begin(9600);         // Initialisierung der seriellen Schnittstelle
}
```

Listing A.2: Setup-Funktion: Definition von Ein- und Ausgängen und Konfiguration der seriellen Schnittstelle

Die Setup-Funktion ist zwingend notwendig und muss immer vorhanden sein, auch wenn keine Deklarationen gemacht werden müssen. In diesem Fall bleibt die Funktion ohne Anweisungen.

```
void setup()  // Setup ohne Deklaration oder pinMode-Konfiguration
{
}
```

Listing A.3: Arduino-Sketch: Setup-Funktion ohne Deklaration

Die Loop-Funktion ist der zweite Teil der Grundstruktur eines Arduino-Programms und hat die Aufgabe eines Hauptprogramms. Nach dem einmaligen Durchlaufen der Setup-Funktion wird die Loop-Funktion durchlaufen – wie der Name schon sagt als endlose Schleife. Im Loop werden alle weiteren Anweisungen und Funktionsaufrufe untergebracht, die im Normalbetrieb für die gewünschte Lösung benötigt werden.

```
void loop()  // Schleife durch das Hauptprogramm
{
  digitalWrite(ledPin, HIGH);   // LED einschalten
  delay(1000);                  // 1 Sekunde warten
  digitalWrite(ledPin, LOW);    // LED ausschalten
  delay(500);                   // 0,5 Sekunden warten
  // und weiter geht's am Start des Loops
}
```

Listing A.4: Arduino-Sketch: Hauptschleife `loop()`

A.2 Aufbau einer Funktion

Eine Funktion ist ein in sich geschlossener Satz von Programmzeilen. Funktionen haben einen eigenen Namen und werden mittels dieses Namens aus anderen Programmteilen aufgerufen.

Funktionen werden verwendet, um den Programmcode zu strukturieren und um wiederkehrende Anweisungen nicht mehrfach zu programmieren.

Beim Aufruf einer Funktion können ein oder mehrere Parameter übergeben werden. Das Resultat eines Funktionsaufrufs ist die Ausführung verschiedener Anweisungen oder ein Rückgabewert. Der Typ des Rückgabewertes entspricht dem Typ, der bei der Funktionsdefinition angegeben wurde. Wird beispielsweise eine Funktion mit dem Typ `int` definiert, so entspricht der Rückgabewert dieser Funktion dem Typ `int`, also Integer. Wird kein Typ angegeben, so wird der Typ `void` verwendet.

Der Grundaufbau einer Funktion sieht also so aus:

```
Typ NameDerFunktion (Parameter)
{
  // Anweisungen
}
```

Im folgenden Beispiel wird eine Funktion aufgerufen, die einen Analogwert von einem externen Sensor einliest, umrechnet und zurückgibt. Als Übergabeparameter wird die jeweilige Portnummer mitgegeben.

```
float ReadSensor(int tempPinIn)  // Abfrage von Analogport
{
  float tempC = analogRead(tempPinIn);  // Anlogwert einlesen
  tempC = (5.0 * tempC * 100.0)/1024.0; // Wert umrechnen
  Serial.println(tempC);                // Ausgabe Wert an ser. Schnittstelle
  return tempC;                         // Rückgabe Wert
}
```

Listing A.5: Arduino-Sketch: Aufruf Funktion

Durch die Verwendung einer Funktion können ein oder mehrere analoge Eingänge abgefragt werden. Bei jedem Aufruf der Funktion wird einfach die entsprechende Pinnummer mitgegeben.

```
int tempPin=1;          // Pinnummer von Analogport
ReadSensor(tempPin);    // Aufruf Funktion
```

A.3 Konventionen

Bei der Programmierung der Sketches müssen einige Regeln eingehalten werden, damit am Schluss auch ein lauffähiges Programm auf das Arduino-Board geladen werden kann.

Klammern

In den Arduino-Sketches werden zwei verschiedene Arten von Klammern unterschieden: runde Klammern () und geschweifte Klammern {}.

Runde Klammern werden beim Aufruf von Funktionen, bei mathematischen Umrechnungen oder auch bei der Ausgabe über den seriellen Port verwendet.

Beispiele:

```
ReadSensor(tempPin);
tempC = (5.0 * tempC * 100.0)/1024.0;
Serial.println("Temperatur in Grad");
```

Geschweifte Klammern werden in vielen Programmiersprachen verwendet und sind oft für Programmiereinsteiger etwas gewöhnungsbedürftig. Diese Klammern definieren Beginn und Ende von Anweisungen, Funktionen und Codebereichen. Im Arduino-Code werden die geschweiften Klammern auch bei den Anweisungen `if` und `for` verwendet.

Beispiele:

```
// Funktion
float ReadSensor(int tempPinIn)
{  // Beginn Funktion
  // Anweisungen
}  // Ende Funktion

// for-Anweisung
for (i = 0; i < 100; i++) {
  // Anweisungen
}

// if-Anweisung
if (millis() - previousMillis > interval)
{
  // Anweisungen
}
```

Die Arduino-Entwicklungsumgebung unterstützt den Programmierer bei der Verwendung der geschweiften Klammern, indem jeweils beim Anklicken einer öffnenden Klammer die dazugehörige schließende Klammer dargestellt wird.

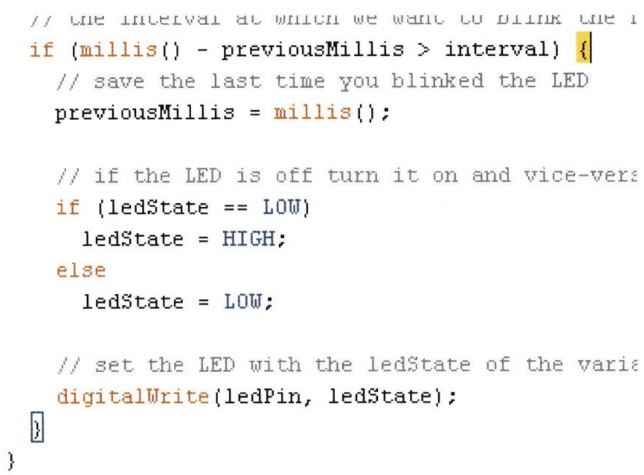

```
  // the interval at which we want to blink the l
  if (millis() - previousMillis > interval) {
    // save the last time you blinked the LED
    previousMillis = millis();

    // if the LED is off turn it on and vice-vers
    if (ledState == LOW)
      ledState = HIGH;
    else
      ledState = LOW;

    // set the LED with the ledState of the varia
    digitalWrite(ledPin, ledState);
  }
}
```

Abb. A.1: Codierung: Darstellung von öffnenden und schließenden Klammern in der Entwicklungsumgebung

Semikolon

Eine Anweisung wird jeweils mit einem Semikolon abgeschlossen. Das Semikolon ist zwingend notwendig. Ein fehlendes Semikolon erzeugt beim Kompilieren in der Entwicklungsumgebung eine Fehlermeldung. Leider sind die Fehlermeldungen in der IDE nicht immer sehr aussagekräftig. Darum sollte im Fehlerfall jeweils überprüft werden, ob jede Anweisung mit einem Semikolon abgeschlossen ist.

```
int tempGrad = 12;
const int ledPin =  13;
Serial.println(tempC);
```

Ohne Semikolon verwendet wird die Definitionsanweisung `#define`.

```
#define DCF77PIN 2       // Port 2 als DCF-Eingang
#define BLINKPIN 13      // Port 13 als LED-Ausgang
#define TEMPERATURE 2  // Analogeingang 2 für Temperatursensor
```

Kommentare

Kommentare und Bemerkungen im Programmcode unterstützen den Programmierer bei der sauberen und verständlichen Darstellung der Codezeilen. Kommentare werden vom Arduino-Programm nicht interpretiert und benötigen keinen Speicherplatz.

Die Darstellung von Kommentaren kann als Kommentarblock oder als einzelner einzeiliger Kommentar auf einer Zeile angewendet werden.

Ein Kommentarblock beginnt mit /* und wird mit */ abgeschlossen. Der gesamte Text dazwischen wird vom Programm als Kommentar betrachtet.

Ein einzeiliger Kommentar beginnt mit // und wird mit dem Zeilenende ohne weitere Anweisung abgeschlossen.

```
/*
Das ist ein Kommentarblock und beinhaltet Beschreibung und
Informationen zu einem Arduino-Sketch.
Der Kommentar kann über mehrere Zeilen verfasst werden
*/

// Das ist ein einzeiliger Kommentar

// Ein Kommentar kann auch hinter einer Anweisung zur näheren Erklärung
// gemacht werden
```

```
tempC = (5.0 * tempC * 100.0)/1024.0;  // Umrechnung auf Grad Celsius
```

Bei der Programmierung lohnt es sich, genügend Kommentare zu verfassen und so die Wartbarkeit für andere Personen zu erreichen.

Mittels des Kommentarblocks kann ein ganzer Codebereich für das Debugging aktiviert oder deaktiviert werden.

A.4 Datentypen

In den meisten Arduino-Projekten werden Daten von externen Sensoren gelesen und verarbeitet. Die Verarbeitung und Zwischenspeicherung dieser Daten, beispielsweise ein Abstandswert von einem Infrarotsensor oder ein Temperaturwert, erfolgt mittels Variablen. Neben dem Namen der Variablen und dem Wert besitzt die Variable einen Datentyp. Ein Datentyp beschreibt den erlaubten Wertebereich und die möglichen Operationen dieser Variablen.

Nachfolgend werden die meistbenutzten Datentypen in Arduino-Programmen aufgelistet.

Int

`int` (Integer) ist der am häufigsten verwendete Datentyp. Integerwerte sind ganzzahlig ohne Kommastellen. Integerzahlen haben eine Länge von 16 Bit.

Wertebereich: –32.768 bis 32.767

Beispiel:

```
int SensorAbstand = 3478;  // Variable SensorAbstand als Integer
```

Zu beachten ist, dass bei einem »Überlauf« des Wertes, also bei 32.767 + 1, der Variablenwert auf –32.768 gesetzt wird.

Unsigned Int

Dieser Datentyp entspricht dem Datentyp `int`, außer dass `unsigned int` keine negativen Werte speichert.

Wertebereich: 0 bis 65.535

Byte

Beim Datentyp `byte` werden die Variablenwerte als ganzzahlige Dezimalzahl gespeichert. Die Länge des Wertes beträgt 8 Bit.

Wertebereich: 0 bis 255

Beispiel:

```
byte Helligkeit = 197;  // Variable Helligkeit als Datentyp byte
```

Long

Integerzahlen mit einem erweiterten Wertebereich werden als Datentyp Long gespeichert. Die Long-Zahlen werden als ganzzahlige 32-Bit-Zahl im Speicher abgelegt.

Wertebereich: -2.147.483.648 bis 2.147.483.647

Beispiel:

```
long Anzahl = 324645;  // Variable Anzahl als Datentyp long
```

Unsigned Long

Bei diesem `long`-Datentyp können nur positive Werte als 32-Bit-Zahl gespeichert werden.

Wertebereich: 0 bis 4.294.967.295

Float

Zahlen vom Datentyp `float` werden als 32-Bit-Fließkommazahl mit Nachkommastellen gespeichert. Berechnungen mit Fließkommazahlen sind langsamer als bei Integerberechnungen. Für schnelle Berechnungen sollten darum Integerzahlen verwendet werden.

Wertebereich: -3,4028235E+38 bis 3,4028235E+38

Beispiele:

```
float SensorKorrektur = 2.134;  // Variable Sensorkorrektur als Datentyp float
float PiWert = 3.141;  // Wert von Pi
```

Double

Der Datentyp `double` entspricht in der Arduino-Programmierung dem Datentyp `float`.

Char

Mit dem Datentyp `char` werden Werte von Buchstaben und Zeichen als 8-Bit-Wert gespeichert.

Wertebereich: -128 bis 127

Beispiele:

```
char myCharacter = 'T';    // Wert von Buchstabe T als char gespeichert
char myCharacter = '84';   // Wert als Dezimalzahl von Buchstabe T
```

Eine Tabelle mit den ASCII-Werten der einzelnen Buchstaben und Zeichen ist unter `http://arduino.cc/en/Reference/ASCIIchart` zu finden.

Wie aus dem Wertebereich für `char` zu erkennen ist, gehört dieser Datentyp zu den `signed`-Datentypen. Der Wertebereich liegt im negativen und positiven Bereich. Der entsprechende 8-Bit-Datentyp ohne Vorzeichen ist der Datentyp `byte`.

Boolean

Der Datentyp `boolean` besitzt nur zwei mögliche Werte: TRUE oder FALSE. Mit diesem Datentyp werden die Binärwerte 1 oder 0 gespeichert.

Wertebereich: TRUE, FALSE

Beispiel:

```
int pinMotor = 8;               // Motoransteuerung an Pin 8
int EndschalterVornPin = 13;    // Eingang von Endschalter (High = gedrückt)
boolean RunStatus = false;

void setup()
{
  pinMode(pinMotor, OUTPUT);
  pinMode(EndschalterVornPin, INPUT);
  digitalWrite(pinMotor, LOW);        // Motor aus
}

void loop()
{

  digitalWrite(pinMotor, HIGH);                   // Motor an
  RunStatus = true;
  if (digitalRead(EndschalterVornPin) == HIGH)   // Endschalter gedrückt
  {
    RunStatus = false;
    digitalWrite(pinMotor, LOW);                  // Motor aus

    // weiter mit Ausweichaktion
  }
}
```

Wie das Beispiel zeigt, wird boolean meist für die Speicherung eines Betriebszustands wie »Motor läuft« oder ähnlich verwendet.

String

Mit einem String bezeichnet man eine Zeichenkette von Zeichen des Datentyps char.

Beispiele:

```
// leerer String mit fixer Länge
char myStr1[15];

// Zeichenkette
char myStr2[8] = {'a', 'r', 'd', 'u', 'i', 'n', 'o'};

// Zeichenkette mit 0 zum Anzeigen des Endes
char myStr3[8] = {'a', 'r', 'd', 'u', 'i', 'n', 'o', '\0'};

// Zeichenkette mit Anführungszeichen
char myStr4[ ] = "arduino";

// Zeichenkette mit Anführungszeichen und fixer Länge
char myStr5[8] = "arduino";

// Zeichenkette mit fixer Länge
char myStr6[15] = "arduino";
```

Bei einem String muss jeweils die Länge angegeben werden. Der Abschluss eines Strings wird mit einer 0 angegeben. Die angehängte 0 kennzeichnet bei der String-Verarbeitung durch den Arduino das eindeutige String-Ende. Eine fehlende 0 kann unerwartete Resultate bei der Sketch-Ausführung hervorrufen.

Wie man im Beispiel-String myStr2 erkennen kann, benötigt das Wort ARDUINO nur sieben Zeichen. Das letzte reservierte Zeichen wird für die angehängte 0 benötigt.

Um die Initialisierung der String-Variablen zu vereinfachen, kann man mit der Verwendung von doppelten Anführungszeichen eine Zeichenkette wie im Beispiel-String myStr4 definieren. Eine explizite Angabe der String-Größe und eine angehängte 0 als Abschluss ist nicht zwingend erforderlich.

Bei der Nutzung von Zeichenketten empfiehlt es sich daher, immer ein Auge auf den nötigen Speicherbedarf zu werfen und nur so viel Speicherplatz, sprich String-Größe, wie nötig zu initialisieren.

Um größere Zeichenketten zu speichern, beispielsweise Daten zur Anzeige auf LC-Displays oder Zeichenketten von einem GPS-Modul, wird eine komplexere Zeichenkettenverarbeitung genutzt. In diesem Fall werden die Zeichenketten nicht direkt in der Tabelle (String-Array) abgelegt, sondern nur ein Zeiger (Verweis oder Pointer) auf eine weitere Tabelle. Dieses Konstrukt einer Zeigertabelle ist ein Konstrukt aus der fortgeschrittenen C-Programmierung und wird mit einem * (Asterisk) nach der Typendefinition `char` angezeigt.

Ein Beispiel soll zeigen, wie dies im Arduino-Sketch verwendet wird.

```
char* myStrings[]={
  "String Zeile 1",
  "String Zeile 2",
  "String Zeile 3",
  "String Zeile 4",
  "String Zeile 5"
};

void setup(){
Serial.begin(9600);
// Ausgabe einzelne Zeilen
Serial.println(myStrings[2]);
}

void loop(){
  // Schleife durch die einzelnen Einträge im Array
  for (int i = 0; i < 6; i++){
   Serial.println(myStrings[i]);
   delay(500);
   }
}
```

Array

Ein Array ist, wie im vorherigen Beispiel erwähnt, eine Art Tabelle und dient zur Speicherung von Daten während des Programmablaufs.

Ein Array wird eingesetzt, wenn man im Programm nicht nur einen einzelnen Wert speichern und verarbeiten möchte.

Bevor man ein Array nutzen kann, muss dieses definiert werden.

```
// Definition eines Arrays

// Array mit 5 Positionen, keine Werte definiert
```

```
int myArray[4]

// Liste mit Portnummern, keine Definition der Array-Größe
int myPorts[] = {8, 9, 11, 10};

// Liste mit Werten
int myWerte[5] = {34, 12, 64, 5, 18};

// Array mit Text
char myText[8] = "Arduino";
```

Ein Array beinhaltet also immer einen Namen, eine Angabe der Größe und eine Werteliste.

Das erste Beispiel `myArray[4]` wird initialisiert, hat aber noch keine Werte gespeichert.

Im zweiten Beispiel `myPorts[]` wird das Array initialisiert und mit Werten gefüllt. Es ist keine Größe des Arrays definiert. In diesem Fall wird die benötigte Größe anhand der übergebenen Werte intern ermittelt.

Das dritte Beispiel `myText[8]` zeigt ein Array vom Typ `char`. In diesem Fall ist zu beachten, dass bei der Größe des Arrays jeweils die Anzahl der Zeichen plus 0 als Abschluss des Strings angegeben werden muss.

Die Größe eines Arrays ist also ein wichtiger Wert und muss bei der Verwendung dieses Datentyps beachtet werden. Eine falsche Angabe kann einen Fehler im Programmablauf erzeugen, da der Prozessor einen fehlerhaften Wert liest und weiterverarbeitet. Da die Array-Werte im internen Speicher des Prozessors gespeichert sind, kann bei einer zu großzügigen Definition schnell ein Speicherproblem entstehen. Dies ist meist in merkwürdigem, unstabilem Ausführen des Programms zu erkennen und muss nicht zwingend eine Fehlermeldung oder einen Programmabbruch hervorrufen.

Die Abfrage eines Wertes aus dem Array erfolgt jeweils über die Angabe des Indexwertes für den gewünschten Array-Wert.

```
// Abfrage eines Array-Wertes
wert = myWerte[2];     // Abfrage des Wertes 64 aus dem Array
wert2 = myPorts[3];    // Abfrage ergibt Wert 10
```

Da der erste Wert im Array den Index 0 besitzt, wird der dritte Wert innerhalb des Arrays mit dem Index 2 aufgerufen. Diese Tatsache ist speziell zu beachten, wenn man mittels Schleife ein ganzes Array durchsucht.

Ein Array mit der Größe von 5 hat also Indexwerte von 0 bis 4. Der Index des letzten Wertes innerhalb des Arrays ist somit immer die Größe des Arrays minus 1.

Die Speicherung eines einzelnen Wertes in einem Array erfolgt nach der Initialisierung:

```
// Wert in Array speichern
myArray[0] = 23;  // Wert 23 speichern an erster Position
myArray[3] = 12;  // Wert 12 speichern an letzter Position
```

Wie bereits erwähnt, werden Arrays oftmals mittels Schleifen abgefragt oder mit Werten gefüllt. Das Beispiel speichert Zufallswerte in einem Array und gibt diese über die serielle Schnittstelle aus.

Beispiel:

```
// Zufallszahl in Array speichern
int ArrayRandom[4]; // Array mit Zufallszahlen
int i;
int zufallszahl;

void setup()
{
  Serial.begin(9600); // Initialisierung serielle Schnittstelle
}

void loop()
{

  for (i = 0; i < 5; i = i + 1) {
  zufallszahl= random(1, 99);     // Zufallszahl generieren
  ArrayRandom[i] =  zufallszahl; // Zufallszahl in Array
  Serial.println(ArrayRandom[i]);
  }
  delay(1000);
}
```

Für umfangreichere Datenmengen, beispielsweise beim Einsatz einer LED-Matrix, kann eine Struktur eines Arrays um eine zusätzliche Ebene erweitert werden. Das Resultat ist eine mehrdimensionale Tabelle, die jeweils zwei Indexwerte verwendet.

Der generelle Aufbau eines mehrdimensionalen Arrays ist jeweils:

`Typ ArrayName[AnzahlEbenen][AnzahlWerte]`

Beispiel:

```
// Array mit 3 Ebenen und jeweils 3 Werten
int 2EbenenArray[3][3];  // Initialisierung Array

// Werte speichern in Array
int 2EbenenArray[3][3] = {
   { 23, 34, 11},  // erste Ebene
   { 54, 0, 21},   // zweite Ebene
   { 128, 76, 9}   // dritte Ebene
};
```

A.5 Datentypkonvertierung

Die Datentypkonvertierung benötigt man oftmals in der Praxis, um beispielsweise seriell empfangene Daten in einen Integerwert umzuwandeln.

Die folgende Tabelle A.1 zeigt verschiedene Varianten der Typenkonvertierung:

Ausgangstyp	Zieltyp	Codebeispiel
	char	a=char(x);
	byte	a=byte(x);
	integer	a=int(x);
	long	a=long(x);
	float	a=float(x)
String	integer	char* MeinString="A"; a=atoi(MeinString);

Tabelle A.1: Typenkonvertierung

A.6 Variablen & Konstanten

A.6.1 Variablen

In einem Programm werden Werte, die für die Weiterbearbeitung gespeichert sind, mit einem Textbegriff benannt. Der Begriff, also der Variablenname, sollte so gewählt werden, dass er innerhalb des Programms gut lesbar und verständlich ist.

Der Wert einer Variablen kann sich laufend ändern oder durch das Programm verändert werden.

Eine Variable besitzt neben dem Variablennamen auch einen Datentyp, der den Wertebereich definiert.

Bei der Variablendeklaration, die am Anfang des Programms erfolgt, wird der Datentyp, der Variablenname und der Wert der Variablen gesetzt. Wird kein Wert angegeben, so wird der Variablenwert auf 0 gesetzt.

```
Datentyp Variablenname = Wert;
```

Beispiel:

```
int IRAbstand = 453;  // Variable IRAbstand als Integer (ganzzahlig)
```

Verständliche Variablennamen wie `AbstandSensor` oder `EingabePin` verbessern die Lesbarkeit eines Programms.

```
// Ideale Variablennamen
int AbstandSensor = 100;
int EingabePin = 2;
float TempWertAussen = 32.45;

// Schlecht gewählte Variablennamen
int x = 123;
float valy = 34.45;
```

A.6.2 Konstanten

Konstanten sind spezielle Variablen, die ihren Wert während des gesamten Programmablaufs behalten. Sie werden verwendet, um fixe Werte einmalig zu deklarieren. Diese Konstanten können dann innerhalb des Arduino-Programms aufgerufen und verwendet werden.

Konstanten werden mit der Anweisung `const` definiert und können im Programmablauf nicht überschrieben werden.

```
// Deklaration einer Konstanten
const int GPSLED = 5;  // LED für Anzeige von GPS-Empfang an Pin 5
```

Die Konstantendeklaration wird üblicherweise für die Definition von Portnummern, Werten von Konfigurationsparametern oder fixen Werten für Kommandos oder Zeiten verwendet.

Beispiele:

```
// Konstanten für Portnummer
const int GPSLED = 5;       // LED für Anzeige von GPS-Empfang an Pin 5
digitalWrite(GPSLED, LOW); // LED ist aus
```

```
// Konstante für Zeitverzögerung
const int zeitverzoegerung = 1000  // 1000 ms Verzögerung
delay(zeitverzoegerung);
```

Neben den eigenen Definitionen von Konstanten kennt die Arduino-Syntax noch eine Anzahl von vordefinierten Konstanten.

true/false

Diese beiden booleschen Konstanten definieren logische Pegel. Die Konstante `false` hat immer einen Wert 0 oder null. Die Konstante `true` dagegen hat einen Wert von »alles außer 0«, meist wird jedoch 1 verwendet. Aber auch Werte von 2, 10 oder 100 werden als `true` angenommen.

Beispiel:

```
// true/false
if (EndSchalter1 == true)
{
  digitalWrite(MotorPin, LOW); // Motor aus
}
```

High/Low

Mit diesen beiden Konstantenwerten werden die Zustände von Ein- und Ausgängen gelesen oder geschrieben. HIGH ist jeweils der Logiklevel 1, 5 V oder EIN. LOW entspricht 0 oder AUS.

Beispiel:

```
// Konstanten HIGH/LOW

// digitale Ausgänge
digitalWrite(9, LOW); // Ausgangsport 9 aus
digitalWrite(8, HIGH); // Ausgangsport 8 ein

// digitalc Eingänge
EingangSchalter = digitalRead(2)  // Wert von digitalem Eingang 2 lesen
```

Zu beachten ist, dass diese beiden Konstantenwerte immer in GROSSBUCHSTABEN geschrieben werden müssen.

Input/Output

Mit diesen beiden Konstanten wird die Portart (Eingang oder Ausgang) des Arduino-Prozessors definiert, die in der Funktion `pinMode()` verwendet wird.

Beispiele:

```
// Portart setzen
// Port 12 als Eingang
pinMode(12, INPUT);

// Port 13 als Ausgang
pinMode (13, OUTPUT);
```

A.7 Kontrollstrukturen

Kontrollstrukturen steuern den Programmfluss und werden bei Entscheidungen eingesetzt.

if

Eine `if`-Kontrollstruktur wird für Entscheidungen verwendet und prüft, ob eine Bedingung erfüllt ist.

```
if (status == 1)
{
 digitalWrite(8, HIGH);
}
```

Man beachte die Schreibweise mit den doppelten Gleichheitszeichen. Ein einfaches Gleichheitszeichen bedeutet nämlich eine Zuordnung eines Wertes.

`Status=1 // Variable Status bekommt Wert 1`

if ... else

Mit der zusätzlichen `else`-Erweiterung ergibt sich eine ENTWEDER/ODER-Entscheidung.

```
if (statusPin1 == HIGH)
{
 digitalWrite(8, HIGH);
}
else
{
 digitalWrite(8, LOW);
}
```

for

Die for-Schleife erlaubt das definierte Wiederholen einer Liste von Anweisungen.

```
for (int i=0; i <= 255; i++)
{
 analogWrite(PWMOut, i);
 delay(100);
}
```

Das Beispiel zählt die Variable i hoch bis zum Wert 255 und gibt jeweils den Wert als PWM-Signal (PWM = Pulsweitenmodulation) aus.

while

Unbegrenztes Ausführen einer Schleife, bis ein Ergebnis erreicht ist.

```
wert = 0;
while(wert < 200)
{
 // Anweisung
 wert++;
}
```

Schleife ausführen, bis Wert = 200 ist, wobei der Wert bei jeder Schleife um 1 erhöht wird.

Do ... while

Ähnlich der while-Schleife. Bei der do ... while-Schleife erfolgt die Prüfung der Bedingung am Ende.

```
do
{
 temp = analogRead(tempPin);
} while (temp < 40);
```

Ausführen der Schleife, solange der Wert von temp kleiner als 40 ist.

switch/case

Diese Kontrollstruktur vergleicht einen Wert mit einer Reihe von Werten. Entspricht der Wert einem Wert aus der Reihe, so wird dieser Fall (case) ausgeführt.

```
switch (temp)
{
    case 20:
      // Temp ist genau 20
      digitalWrite(LEDgelb, HIGH);
      break;
    case 25:
     // Temp ist genau 25
     digitalWrite(LEDgelb, HIGH);
      break;
    default:
      // Falls kein anderer Fall ausgeführt wird
      digitalWrite(LEDgruen, HIGH);
}
```

break

Mit der Anweisung `break` kann aus einer Schleife oder einem `switch`-Fall ausgestiegen werden.

```
for (int i = 0; i < 255; i ++)
{
  digitalWrite(PWMPin, i);
  // Stop-Eingang abfragen
  stopInp = digitalRead(stopPin);
  // falls Stop = HIGH, aussteigen
  if (stopInp == HIGH)  {
    digitalWrite(PWMPin, 0);
    break;
  }
  delay(20);
}
```

Schleife wird unterbrochen, falls `Stop-Eingang` HIGH ist.

continue

Unterbricht eine Schleife und springt wieder an den Start zur Prüfung der Bedingung.

```
for (int i = 0; i < 255; i++)
{
  // falls i zwischen 50 und 100, keine Ausgabe von Wert
  if (i > 50 && i < 100)
```

```
  {
    continue;
  }
  digitalWrite(PWMPin, i);
  delay(20);
}
```

return

Beendet eine Funktion und gibt einen Wert zurück, um im übergeordneten Programm weiterzuverarbeiten.

```
int getTemperatur(inPin)
{
  int valTemp=0;
  valTemp=analogRead(inPin);
  return valTemp;
}
```

A.8 Mathematische Funktionen

min(x,y)

Ermittelt das Minimum von zwei Werten und gibt den kleineren Wert zurück.

min(a, b)
`wert = min(wert, 88);`

Setzt die Variable `wert` so, dass `wert` nie größer als 88 werden kann.

max(y,z)

Ermittelt das Maximum von zwei Werten und gibt den höheren zurück.

max(a, b)
`wert = max(wert, 200);`

Setzt die Variable `wert` so, dass `wert` nie kleiner als 200 werden kann.

Sowohl `min()` als auch `max()` werden in der Praxis oftmals zur Begrenzung des Maximalwertes (min) oder Minimalwertes (max) verwendet.

Für das Begrenzen eines Wertes oder eines Bereichs kann auch die Funktion `constrain()` verwendet werden.

abs(z)

Gibt den Absolutwert einer Zahl zurück.

abs(Zahl)

```
int z =100;
int x = abs(z);  // x = 100

int a = -100
int b = abs(a);  // b = 100
```

constrain(x,a,b)

Mit dieser Funktion kann ein Wert so gesetzt werden, dass er immer in einem definierten Bereich liegt.

constrain(Zahl, Minimal, Maximal)

Die Funktion gibt folgende Werte zurück:

`Zahl`, wenn `Zahl` zwischen `Minimal` und `Maximal` liegt.

`Minimal`, wenn `Zahl` kleiner als `Minimal` ist.

`Maximal`, wenn `Zahl` größer als `Maximal` ist.

```
// Bereichsbegrenzung
int xVal = 80;
xVal = constrain(xVal, 100, 200);  // xVal ist immer im Bereich von 100 bis 200
```

map()

Diese Funktion kann einen Wertebereich (`fromLow`, `fromHigh`) in einen anderen Wertebereich (`toLow`, `toHigh`) konvertieren. Ein Temperaturwert von 20 bis 80 Grad kann auf diese Weise in einen Bereich von 0 bis 100 Prozent umgesetzt werden. Dabei wird eine Temperatur von 20 zu 0 und der Endwert von 80 zu 100. Eine weitere Möglichkeit ist die Invertierung des Bereichs, indem ein Wertebereich von 0 bis 100 zu 100 bis 0 konvertiert wird.

map(Wert, fromLow, fromHigh, toLow, toHigh)

In der Praxis wird `map()` oft eingesetzt, um einen eingelesenen Analogwert (10 Bit) in einen 8-Bit-Wert für die Ausgabe als PWM zu konvertieren.

```
// Temperatursensor einlesen, Wert 0-1023
int tempVal = analogRead(5);
// Konvertierung 0-1023 zu 0-255
int tempValOut = map(tempVal, 0, 1023, 0, 255);
// Ausgabe des aktuellen Wertes als PWM-Signal
analogWrite(9, tempValOut);
```

pow(base, exponent)

Funktion zur Ausgabe der Potenz einer übergebenen Zahl.

pow(Zahl, Exponent)

```
float x = (analogRead(5));
y = pow(x,2.0);
```

sq(x)

Gibt das Quadrat einer Zahl zurück.

sqrt(x)

Berechnet die Wurzel einer übergebenen Zahl.

sin(rad)

Berechnung des Sinus eines Winkels in Radian. Der Rückgabewert liegt somit zwischen -1 und +1.

cos(rad)

Berechnung des Cosinus eines Winkels in Radian. Der Rückgabewert liegt somit zwischen -1 und +1.

tan(rad)

Berechnung des Tangens eines Winkels in Radian.

A.9 Zufallszahlen

Die Generierung einer Zufallszahl erfolgt mittels des Pseudorandom Number Generators (PRNG). Dieser Generator ermittelt die Zufallszahl algorithmisch. Eine echte Zufallszahl wird generiert, indem der PRNG mit einer Zahl initialisiert wird und dieser daraus eine Zufallszahl erstellt. Die echte Zufallszahl kann beispielsweise ein Analogwert sein.

randomSeed(Wert)

Initialisieren des PRNG mit einer Zahl.

random(max), random(min,max)

Erstellen einer Pseudo-Zufallszahl.

```
// Initialisieren des PRNG
randomSeed(analogRead(0));
// Zufallszahl zwischen 0 und 100
randZahl = random(100);
// Zufallszahl 1 und 49
randZahl = random(1, 49);
```

A.10 Arithmetik und Vergleichsfunktionen

Arithmetik

Durchführen von Addition, Subtraktion, Multiplikation und Division.

```
y = y + 3;  // Addition
x = x - 7;  // Subtraktion
i = j * 6;  // Multiplikation
r = r / 5;  // Division
a = 6 % 4;  // Modulo (wobei b = 2)
```

Vergleichsoperatoren

Bei Vergleichsoperationen werden zwei Variablen oder Konstanten miteinander verglichen.

```
a == b    // a ist gleich b
a != b    // a ist nicht gleich b
a <  y    // a ist kleiner als b
a >  b    // a ist größer als b
a <= b    // a ist kleiner oder gleich b
a >= b    // a ist größer oder gleich b
```

Hinweis

Achtung: a = b ist keine Vergleichsoperation wie das erste Beispiel, sondern eine Wertezuweisung: Wert a bekommt den Wert von b.

Gemischte Zuweisungen

Gemische Zuweisungen sind eine Art Kurzschreibweise für arithmetische Operationen und Variablenzuweisungen.

Increment/Decrement

```
x++;  // erhöht x um 1, entspricht x = x + 1
x--;  // vermindert x um 1, entspricht x = x - 1
```

Zusammengesetzte Zuweisungen

```
x += y;   // entspricht x = x + y
x -= y;   // entspricht x = x - y
x *= y;   // entspricht x = x * y
x /= y;   // entspricht x = x / y
```

Logische Operatoren

Mit den logischen Operatoren werden meist zwei Werte oder Ausdrücke miteinander verglichen. Das Resultat ist entweder TRUE oder FALSE. Die drei logischen Operatoren AND, OR und NOT werden normalerweise in `if`-Anweisungen verwendet.

Logisches AND (&&)

Das Resultat ist TRUE, wenn beide Werte TRUE sind.

```
// Werte prüfen, true, wenn temp zwischen 15 und 25 ist
if (temp >= 15 && temp <= 25)
{
  //
}

// Eingänge prüfen
if (InpPin4 == HIGH  && InpPin5 == HIGH)
{
  //
}
```

Logisches OR (||)

Das Resultat ist TRUE, wenn einer der Werte TRUE ist.

```
if (a > 10 || b > 10) {
  //
}
```

Logisches NOT (!)

Das Resultat wird TRUE, wenn der Ausdruck FALSE ist.

```
if (!x > 5)
{
  //
}
```

A.11 Funktionen

A.11.1 Digitale Eingänge/Ausgänge

pinMode()

Konfiguriert einen digitalen Port als Eingang oder Ausgang.

pinMode(PortNummer, Modus)

```
pinMode(8, OUTPUT);  // Port 8 als Ausgang
pinMode(9, INPUT);   // Port 9 als Eingang
```

Eingang einlesen

Liest den Wert des digitalen Eingangs ein.

digitalRead(PortNummer)

```
InpPin = digitalRead(4);    // Einlesen von Port 4, Wert wird in Variable
                               InpPin abgelegt
```

Ausgang setzen

Setzt den Ausgang auf 1 oder 0, entspricht HIGH oder LOW.

digitalWrite(PortNummer, Wert)

```
digitalWrite(8, HIGH);  // Ausgang 8 EIN
digitalWrite(9, LOW);   // Ausgang 9 AUS
```

Eingangspuls messen

Diese Funktion misst die Zeit eines am Eingang anliegenden Eingangspulses. Dabei kann die Pulszeit zwischen 10 Mikrosekunden und 3 Minuten liegen.

pulseIn(PortNummer, Wert)

pulseIn(PortNummer, Wert, Timeout)

Der Wert HIGH oder LOW gibt an, ob man einen HIGH-Puls oder einen LOW-Puls messen möchte. Bei HIGH wird am Port auf ein Signal gewartet, das auf HIGH geht, dann beginnt die Zeitmessung, bis der Puls wieder LOW ist. Die gemessene Zeit wird in Mikrosekunden angegeben.

Die Angabe der Timeout-Zeit, wie viele Mikrosekunden man auf den Puls warten muss, ist optional. Als Standardwert ist 1 Sekunde definiert.

```
int PulsPin = 2;
unsigned long zeitdauer;
zeitdauer = pulseIn(PulsPin, HIGH);
```

A.11.2 Analoge Eingänge/Ausgänge

Analoge Eingänge

Analoge Eingänge lesen mit einer Auflösung von 10 Bit, das entspricht einem Bereich von 0 bis 1023. Das Eingangssignal liegt dabei im Bereich von 0 bis 5 Volt.

analogRead(PortNummer)

```
tempIn = analogRead(0);     // Analogport 0 einlesen,
                               Wert in Variable tempIn ablegen
```

Für die analogen Eingänge können folgende Ports verwendet werden:

(0–5): Arduino-Standardboards

(0–7): Arduino Mini und Nano

(0–15): Arduino Mega

Analoge Ausgänge

Das Ausgeben einer Spannung an den analogen Ausgängen wird mittels Pulsweitenmodulation (PWM) realisiert. Die Grundfrequenz liegt dabei bei ungefähr 490 Hertz. Der Wert liegt im Bereich von 0 bis 255, das entspricht 8 Bit.

analogWrite(PortNummer, Wert)

```
analogWrite(10, 123);  // Ausgeben eines analogen Wertes an Port 10
```

Für die analoge Ausgabe sind folgende Ports möglich:

(3, 5, 6, 9, 10, 11): Arduino-Standardboards

(2–13): Arduino Mega

Hinweis

Anwendungsbeispiele und Konfigurationsmöglichkeiten der analogen Ausgabe als PWM sind in Kapitel 4 ausführlicher beschrieben.

A.11.3 Tonausgabe

tone()

Ausgabe eines Rechtecksignals mit einstellbarer Frequenz und einer Pulsdauer von 50 %. Das Ausgangssignal kann direkt an einem Piezo-Alarmgeber oder einem Lautsprecher angeschlossen werden.

tone(PortNummer, Frequenz)

tone(PortNummer, Frequenz, Dauer)

Durch die Eingabe der Nummer des Ports, an dem ein Speaker angeschlossen ist, und der Frequenz in Hertz kann ein Ton erzeugt werden. Wird zusätzlich noch die optionale Dauer in Millisekunden (ms) angegeben, stoppt die Tonausgabe nach der definierten Zeit.

Eine praktische Anwendung des Befehls und Ausgangspunkt für weitere Experimente ist das Beispiel aus dem Arduino Playground.

`http://arduino.cc/en/Tutorial/Tone3`

notone()

Stoppt die Ausgabe des Rechtecksignals, das mit `tone()` gestartet wurde.

A.11.4 Interrupts

Bei einem Interrupt wird durch ein Ereignis, beispielsweise ein Signal von außen, das Hauptprogramm gestoppt und ein anderes Programm ausgeführt. Das externe Signal kann zum Beispiel ein kurzer Puls von einem sich drehenden Magneten sein. Damit jedes Signal des sich drehenden Magneten auch gezählt wird, kann damit ein Interrupt ausgelöst werden, der einen Zähler um 1 erhöht.

attachInterrupt()

Diese Funktion löst mittels Signal an einem definierten digitalen Port einen Interrupt aus, der eine wählbare Programmfunktion aufruft.

attachInterrupt(InterruptNummer, Funktion, Mode)

Parameter InterruptNummer

Die Arduino-Standardboards können zwei Interrupts erfassen, die die Nummer 0 (angeschlossen an Pin 2) und die Nummer 1 (angeschlossen an Pin 3) besitzen.

Parameter Funktion

Durch das Erkennen des Eingangssignals an den erwähnten Ports kann eine auszuführende Funktion angegeben werden.

Parameter Mode

Dieser Parameter gibt an, bei welcher Signaländerung ein Interrupt ausgelöst werden soll.

LOW: Löst den Interrupt aus, wenn Pin auf LOW geht.

CHANGE: Löst den Interrupt aus, wenn sich das Signal am Pin ändert.

RISING: Löst den Interrupt aus, wenn sich das Signal von LOW auf HIGH ändert.

FALLING: Löst den Interrupt aus, wenn sich das Signal von HIGH auf LOW ändert.

Beispiel:

Funktion wird bei ansteigendem Signal an Pin 2 ausgeführt.

```
attachInterrupt(0, alarm, RISING);

void alarm()
{
  // Anweisungen
}
```

detachInterrupt()

Schaltet den Interrupt aus.

detachInterrupt(InterruptNummer)

InterruptNummer: 0 oder 1 (bei Arduino-Standardboards)

A.12 Zeitfunktionen

Bei den Zeitfunktionen unterscheidet man zwischen Funktionen, um Zeiten zu messen und Funktionen, um definierte Pausen (Verzögerungen) zu realisieren.

delay()

Pausiert ein Programm für eine angegebene Zeit in ms. Dabei ergibt die Eingabe von 1000 eine Verzögerung von einer Sekunde.

Dies wird oft in Blinkroutinen für die einzelnen Ein- und Aus-Phasen verwendet.

```
void loop()
{
  // LED Ein
  digitalWrite(8, HIGH);
```

```
    // 1 Sekunde warten
    delay(1000);
    // LED Aus
    digitalWrite(8, LOW);
    // 1 Sekunde warten
    delay(1000);
}
```

delayMicroseconds()

Pausiert ein Programm für eine angegebene Zeit in Mikrosekunden (us). Die Eingabe von 1000 Mikrosekunden ergibt eine Pause von einer Millisekunde.

Der maximale Wert für die Pause kann dabei 16.383 Mikrosekunden betragen, was einer Verzögerung von 16,383 Millisekunden entspricht.

millis()

Gibt die Zeit in Millisekunden (ms) seit dem Start des aktuellen Programms zurück. Der Rückgabewert ist eine Zahl vom Datentyp `unsigned long`.

```
unsigned long time;
// Wert seit Start des Programms
time = millis();
```

micros()

Gibt die Zeit in Mikrosekunden (us) seit dem Start des aktuellen Programms zurück. Der Rückgabewert ist eine Zahl vom Datentyp `unsigned long`. Nach 70 Minuten erfolgt ein Überlauf (Overflow) und die Zeitmessung beginnt wieder bei 0.

A.13 Serielle Kommunikation

Auf dem Arduino Duemilanove wird die serielle Schnittstelle einerseits für die Kommunikation mit dem angeschlossenen Rechner über den USB-Port und andererseits auf den Ports 0 (RX) und 1 (TX) für die externe Kommunikation verwendet.

begin()

Initialisieren der seriellen Schnittstelle und Definition der Übertragungsgeschwindigkeit. Über den seriellen Monitor in der Entwicklungsumgebung (IDE) können die übertragenen Daten sichtbar gemacht werden. Dabei muss im seriellen Monitor die entsprechende Übertragungsgeschwindigkeit eingestellt werden.

Serial.begin(Übertragungsrate)

Übertragungsrate Wertebereich:

300, 1200, 2400, 4800, 9600, 14400, 19200, 28800, 38400, 57600, 115200

```
void setup()
{
  // Konfiguration serielle Schnittstelle
  Serial.begin(9600);  // Übertragungsgeschwindigkeit
}
```

Wird die serielle Schnittstelle verwendet, so können die digitalen Ports D0 und D1 nicht für andere Aufgaben verwendet werden.

Der Arduino Mega hat drei zusätzliche serielle Schnittstellen, die an den folgenden Ports betrieben werden:

Serial1: Port 19 (RX), Port 18 (TX)

Serial2: Port 17 (RX), Port 16 (TX)

Serial3: Port 15 (RX), Port 14 (TX)

Somit muss jede der vier seriellen Schnittstellen auf dem Arduino Mega einzeln initialisiert werden.

```
// Arduino Mega
void setup()
{
  // Konfiguration der seriellen Schnittstellen
  Serial.begin(9600);
  Serial1.begin(38400);
  Serial2.begin(115200);
  Serial3.begin(9600);
}
```

Die Übertragungsgeschwindigkeiten der vier seriellen Schnittstellen können dabei unterschiedlich sein.

end()

Beendet die serielle Funktion auf den Ports 0 und 1. Die beiden digitalen Ports können anschließend wieder für andere Anwendungen genutzt werden.

Serial.end()

available()

Diese Funktion prüft, ob im Empfangsbuffer der seriellen Schnittstelle Daten vorhanden sind. Der Rückgabewert gibt die Anzahl der vorhandenen Bytes zurück.

Falls Daten vorhanden sind, können diese nun mit read() aus dem Buffer gelesen werden. Zu beachten ist, dass der Empfangsbuffer eine maximale Größe von 128 Bytes hat. Darum muss im Programm sichergestellt sein, dass die Daten regelmäßig aus dem Empfangsbuffer gelesen werden.

```
// prüfen, ob Daten empfangen wurden
if (Serial.available() > 0)
{
  // Daten aus Eingangsbuffer einlesen
  empfangeneDaten = Serial.read();
  // Ausgabe von Infomeldung
  Serial.print("Du hast Daten empfangen");
}
```

read()

Diese Funktion liest das nächste Zeichen aus dem Empfangsbuffer der seriellen Schnittstelle. Falls keine Daten empfangen wurden, wird der Wert -1 von der Funktion zurückgegeben.

Serial.read()

```
empfangeneDaten = Serial.read();
```

print()

Sendet Daten als ASCII-Zeichen zur Ausgabe an die serielle Schnittstelle. Dabei können verschiedene Ausgabeformate und -typen ausgegeben werden.

Serial.print(Wert)

Serial.print(Wert, Format)

Beispiel von Ausgabemöglichkeiten:

Ausgabeanweisung	Ausgabeformat
Serial.print(45)	"45"
Serial.print(1.23456)	"1.23" (Standard sind zwei Nachkommastellen)
Serial.print('A')	"A"
Serial.print("Hallo Arduino.")	"Hallo Arduino."

Mit einem optionalen zweiten Parameter für das Format kann das Ausgabeformat gesteuert werden.

Ausgabeanweisung	Ausgabeformat
Serial.print(65, BIN)	"1000001"
Serial.print(65, OCT)	"101"
Serial.print(65, DEC)	"65"
Serial.print(78, HEX)	"41"
Serial.println(1.23456, 0)	"1"
Serial.println(1.23456, 2)	"1.23"
Serial.println(1.23456, 4)	"1.2346"

println()

Sendet Daten mit einem anschließenden Zeilenumbruch (Carriage Return und Linefeed) an die serielle Schnittstelle. Der Carriage Return entspricht dem ASCII-Zeichen 13 oder »\r«, ein Linefeed entspricht dem ASCII-Zeichen 10 oder »\n«.

Serial.println(Wert)

Serial.println(Wert, Format)

Die möglichen Formatausgaben entsprechen den Beispielen von `print()`.

write()

Schreibt binäre Daten auf die serielle Schnittstelle. Dabei werden die Daten als ein oder mehrere Bytes versendet.

Serial.write(Wert)

Serial.write(String)

Seriel.write(Buffer,Länge)

Wert: Wert als Byte

String: String in Form von mehreren Bytes

Buffer: Array in Form von mehreren Bytes

Länge: Größe des Arrays

```
// Versenden von Byte mit Wert 45
Serial.write(45);
//Versenden von String "Hallo", Rückgabewert ist die Länge des Strings
int bytesSent = Serial.write("Hallo");
```

flush()

Diese Funktion leert den Empfangsbuffer der seriellen Schnittstelle.

Serial.flush()

Anhang B

Boards

B.1 Vergleich der Boardvarianten

Beschreibung	Uno	Mega2560	Nano
Microcontroller	ATmega328	ATmega2560	ATmega168 (v2.x) ATmega328 (v3)
Spannungs-Versorgung	7-12 VDC	7-12 VDC	7-12 VDC
Betriebsspannung	5 VDC	5 VDC	5 VDC
Digitale Ein-/Ausgänge	14 (6 als PWM)	54 (15 als PWM)	14 (6 als PWM)
Analoge Eingänge	6	16	8
Strom pro digitalem Port	40 mA DC	40 mA DC	40 mA DC
Flash Memory	32 KB (ATmega328) (0.5 KB vom Boot-loader belegt)	256 KB (8 KB vom Boot-loader belegt)	16 KB (ATmega168) 32 KB (ATmega328) (2 KB vom Boot-loader belegt)
SRAM	2 KB (ATmega328)	8 KB	1 KB (ATmega168) 2 KB (ATmega328)
EEPROM	1 KB (ATmega328)	4 KB	512 Bytes (ATmega168) 1 KB (ATmega328)
Taktfrequenz	16 MHz	16 MHz	16 MHz
USB-Schnittstelle	ja	ja	ja
Reset-Schalter	ja	ja	ja
Onboard ICSP	ja	ja	ja
Abmessungen Board (L x B)	70 x 53 mm	101 x 53 mm	18,54 x 43,18 mm

Tabelle B.1: Boardübersicht Uno/Mega/Nano

B.2 Anschlussbelegung Microcontroller

Pinbelegung ATmega168/ATmega328

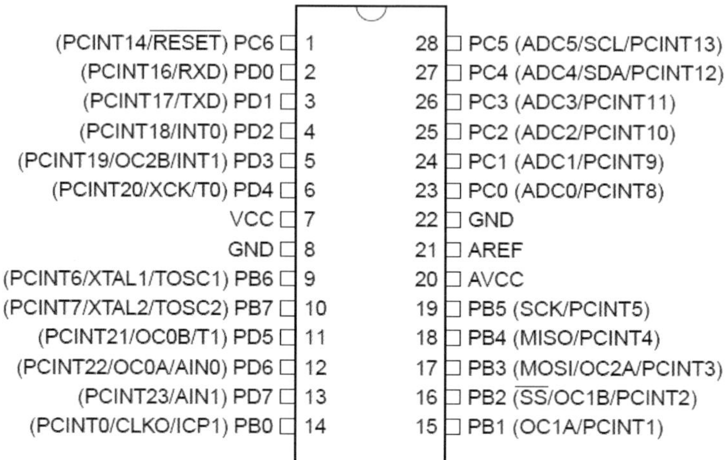

Abb. B.1: ATmega-Microcontroller Anschlussbelegung (Gehäuse DIP28)

Weitere Angaben zum Microcontroller und zu den verschiedenen weiteren Gehäuseformen sind detailliert im Datenblatt beschrieben.

`http://atmel.com/dyn/resources/prod_documents/doc8025.pdf`

Zuordnung Pins zu Anschlüssen auf Arduino Uno

ATmega-Pin	Pinbeschreibung	Arduino-Board-Funktion
1	PCINT14/Reset (PC6)	Reset
2	PCINT16/RXD (PD0)	D0 (RX)
3	PCINT17/TXD (PD1)	D1 (TX)
4	PCINT18/INT0 (PD2)	D2
5	PCINT19/OC2B/INT1 (PD3)	D3 (PWM)
6	PCINT20/XCK/T0 (PD4)	D4
7	VCC	VCC
8	GND	GND
9	PCINT6/XTAL1/TOSC1 (PB6)	Quarz
10	PCINT7/XTAL2/TOSC2 (PB7)	Quarz

Tabelle B.2: Zuordnung Pins zu Anschlüssen auf Arduino Uno

ATmega-Pin	Pinbeschreibung	Arduino-Board-Funktion
11	PCINT21/OC0B/T1 (PD5)	D5 (PWM)
12	PCINT22/OC0A/AIN0 (PD6)	D6 (PWM)
13	PCINT23/AIN1 (PD7)	D7
14	PCINT0/CLKO/ICP1 (PB0)	D8
15	OC1A/PCINT1 (PB1)	D9 (PWM)
16	SS/OC1B/PCINT2 (PB2)	D10 (PWM)
17	MOSI/OC2A/PCINT3 (PB3)	D11 (PWM)
18	MISO/PCINT4 (PB4)	D12
19	SCK/PCINT5 (PB5)	D13
20	AVCC	VCC
21	AREF	AREF
22	GND	GND
23	ADC0/PCINT8 (PC0)	A0
24	ADC1/PCINT9 (PC1)	A1
25	ADC2/PCINT10 (PC2)	A2
26	ADC3/PCINT11 (PC3)	A3
27	ADC4/SDA/PCINT12 (PC4)	A4
28	ADC5/SCL/PCINT13 (PC5)	A5

Tabelle B.2: Zuordnung Pins zu Anschlüssen auf Arduino Uno (Forts.)

Anhang C

Bezugsquellen

C.1 Bezugsquellen und Lieferanten

Deutschland:

Arduino und Zubehör:

ELEKTRONIKLADEN Mikrocomputer GmbH & Co. KG
Bielefelder Str. 561
32758 Detmold
`http://elmicro.com`

SEGOR-electronics GmbH
Kaiserin-Augusta-Allee 94
10589 Berlin
`http://www.segor.de`

Watterott electronic
Winkelstr. 12a
37327 Hausen
`http://www.watterott.com/`

Einzelkomponenten:

Conrad Electronic:
Filialen an 26 Standorten:
`http://www.conrad.de/ce/de/ChainstoreInfo.html?service-point=chainstore_info`
`http://www.conrad.de`

Reichelt Elektronik GmbH & Co. KG
Elektronikring 1
26452 Sande
`http://www.reichelt.de`

Schweiz:

Arduino und Zubehör:

boxtec internet appliances
Liestalerstr. 47
CH-4419 Lupsingen
`http://shop.boxtec.ch`

PLAY-ZONE.CH
Brunnmatte 1a
CH-5647 Oberrüti / AG
`http://play-zone.ch`

dshop.ch – the digital shop
Telepixel GmbH
Morgenstr. 129
CH-3018 Bern
`http://www.dshop.ch`

Einzelkomponenten:

Conrad Electronic AG
Roosstr. 53
CH-8832 Wollerau
`http://www.conrad.ch`

Distrelec AG
Grabenstr. 6
Postfach
CH-8606 Nänikon
`http://www.distrelec.ch`

Weitere Lieferanten von Arduino-Komponenten (weltweit)

Modern Device:
`http://www.moderndevice.com/`

Sparkfun:
`http://www.sparkfun.com/`

Adafruit:
`http://www.adafruit.com/`

Seeedstudio:
`http://www.seeedstudio.com/depot/`

NKC electronics:
`http://www.nkcelectronics.com/`

Maker SHED:
`http://www.makershed.com`

:oomlout:
`http://oomlout.co.uk/`

Listings

D.1 Wii-Nunchuk-Funktionsbibliothek (Kapitel 5)

nunchuck_funcs.h

```
/*
 * Nunchuk functions  -- Talk to a Wii Nunchuk
 *
 * This library is from the Bionic Arduino course :
 *                          http://todbot.com/blog/bionicarduino/
 *
 * 2007 Tod E. Kurt, http://todbot.com/blog/
 *
 * The Wii Nunchuk reading code originally from Windmeadow Labs
 *   http://www.windmeadow.com/node/42
 */

#if ARDUINO >= 100
  #include "Arduino.h"
#else
  #include "WProgram.h"
#endif

static uint8_t nunchuck_buf[6];   // array to store nunchuk data,

// Uses port C (analog in) pins as power & ground for Nunchuk
static void nunchuck_setpowerpins()
{
#define pwrpin PORTC3
#define gndpin PORTC2
    DDRC |= _BV(pwrpin) | _BV(gndpin);
    PORTC &=~ _BV(gndpin);
    PORTC |=  _BV(pwrpin);
    delay(100);  // wait for things to stabilize
}
```

```
// initialize the I2C system, join the I2C bus,
// and tell the nunchuk we're talking to it
static void nunchuck_init()
{
    Wire.begin();                // join i2c bus as master
    Wire.beginTransmission(0x52);// transmit to device 0x52
    Wire.write((byte)0x40);// sends memory address
    Wire.write((byte)0x00);// sends sent a zero.
    Wire.endTransmission();// stop transmitting
}

// Send a request for data to the nunchuk
// was "send_zero()"
static void nunchuck_send_request()
{
    Wire.beginTransmission(0x52);// transmit to device 0x52
    Wire.write((byte)0x00);// sends one byte
    Wire.endTransmission();// stop transmitting
}

// Encode data to format that most wiimote drivers except
// only needed if you use one of the regular wiimote drivers
static char nunchuk_decode_byte (char x)
{
    x = (x ^ 0x17) + 0x17;
    return x;
}

// Receive data back from the nunchuk,
// returns 1 on successful read. returns 0 on failure
static int nunchuck_get_data()
{
    int cnt=0;
    Wire.requestFrom (0x52, 6);// request data from nunchuk
    while (Wire.available ()) {
        // receive byte as an integer
        nunchuck_buf[cnt] = nunchuk_decode_byte(Wire.read());
        cnt++;
    }
    nunchuck_send_request();  // send request for next data payload
    // If we recieved the 6 bytes, then go print them
    if (cnt >= 5) {
```

```
        return 1;   // success
    }
    return 0; //failure
}

// Print the input data we have recieved
// accel data is 10 bits long
// so we read 8 bits, then we have to add
// on the last 2 bits.  That is why I
// multiply them by 2 * 2
static void nunchuck_print_data()
{
    static int i=0;
    int joy_x_axis = nunchuck_buf[0];
    int joy_y_axis = nunchuck_buf[1];
    int accel_x_axis = nunchuck_buf[2]; // * 2 * 2;
    int accel_y_axis = nunchuck_buf[3]; // * 2 * 2;
    int accel_z_axis = nunchuck_buf[4]; // * 2 * 2;

    int z_button = 0;
    int c_button = 0;

    // byte nunchuck_buf[5] contains bits for z and c buttons
    // it also contains the least significant bits for the accelerometer data
    // so we have to check each bit of byte outbuf[5]
    if ((nunchuck_buf[5] >> 0) & 1)
        z_button = 1;
    if ((nunchuck_buf[5] >> 1) & 1)
        c_button = 1;

    if ((nunchuck_buf[5] >> 2) & 1)
        accel_x_axis += 2;
    if ((nunchuck_buf[5] >> 3) & 1)
        accel_x_axis += 1;
    if ((nunchuck_buf[5] >> 4) & 1)
        accel_y_axis += 2;
    if ((nunchuck_buf[5] >> 5) & 1)
        accel_y_axis += 1;

    if ((nunchuck_buf[5] >> 6) & 1)
        accel_z_axis += 2;
    if ((nunchuck_buf[5] >> 7) & 1)
```

```
        accel_z_axis += 1;

    Serial.print(i,DEC);
    Serial.print("\t");

    Serial.print("joy:");
    Serial.print(joy_x_axis,DEC);
    Serial.print(",");
    Serial.print(joy_y_axis, DEC);
    Serial.print("  \t");

    Serial.print("acc:");
    Serial.print(accel_x_axis, DEC);
    Serial.print(",");
    Serial.print(accel_y_axis, DEC);
    Serial.print(",");
    Serial.print(accel_z_axis, DEC);
    Serial.print("\t");

    Serial.print("but:");
    Serial.print(z_button, DEC);
    Serial.print(",");
    Serial.print(c_button, DEC);

    Serial.print("\r\n");  // newline
    i++;
}

// returns zbutton state: 1=pressed, 0=notpressed
static int nunchuck_zbutton()
{
    return ((nunchuck_buf[5] >> 0) & 1) ? 0 : 1;  // voodoo
}

// returns zbutton state: 1=pressed, 0=notpressed
static int nunchuck_cbutton()
{
    return ((nunchuck_buf[5] >> 1) & 1) ? 0 : 1;  // voodoo
}

// returns value of x-axis joystick
static int nunchuck_joyx()
```

```
{
    return nunchuck_buf[0];
}

// returns value of y-axis joystick
static int nunchuck_joyy()
{
    return nunchuck_buf[1];
}

// returns value of x-axis accelerometer
static int nunchuck_accelx()
{
    return nunchuck_buf[2];   // FIXME: this leaves out 2-bits of the data
}

// returns value of y-axis accelerometer
static int nunchuck_accely()
{
    return nunchuck_buf[3];   // FIXME: this leaves out 2-bits of the data
}

// returns value of z-axis accelerometer
static int nunchuck_accelz()
{
    return nunchuck_buf[4];   // FIXME: this leaves out 2-bits of the data
}
```

D.2 Mailchecker (Kapitel 8)

inc_mailbox.php

```
<?php
// Wartet auf "+OK", oder "-ERR"
function pop3_wait4result($handle)
{
  while($wait_result = fgets($handle, 256))
  {
   if(substr($wait_result, 0, 1) == "-")
   return $wait_result;
   if(substr($wait_result, 0, 1) == "+")
    return $wait_result;
```

```
  }
}

// Lade Status der POP3-Mailbox
function pop3_getstat($addr, $port, $user, $pass, $timeout, $quit_handle)
{
  // RETURN ARRAY POP3_GETSTAT
  $stat_array = array("handle" => @fsockopen($addr, $port, $errno, $errstr, $
timeout),
  "init" => FALSE,
  "user" => FALSE,
  "pass" => FALSE,
  "status" => FALSE);

  // BENUTZE HANDLE BIS STAT
  if($stat_array[ "handle" ])
  {
   socket_set_timeout($stat_array[ "handle" ], $timeout);
   // Connect-Antwort laden
   $stat_array[ "init" ] = pop3_wait4result($stat_array[ "handle" ]);
   // Benutzer senden
   fputs($stat_array[ "handle" ], "USER $user\r\n");
   $stat_array[ "user" ] = pop3_wait4result($stat_array[ "handle" ]);
   // Passwort senden
   fputs($stat_array[ "handle" ], "PASS $pass\r\n");
   $stat_array[ "pass" ] = pop3_wait4result($stat_array[ "handle" ]);
   // Status abfragen
   fputs($stat_array[ "handle" ], "STAT\r\n");
   $stat_array[ "status" ] = pop3_wait4result($stat_array[ "handle" ]);
   // Handle schließen
   if($quit_handle)
   {
    fputs($stat_array[ "handle" ], "QUIT\r\n");
    $stat_array[ "handle" ] = fgets($stat_array[ "handle" ]);
   }
  } else $stat_array[ "handle" ] = FALSE;
  return $stat_array;
}

// Liste der Mails abrufen
function pop3_getmessagelist($handle, $quit_handle)
{
```

```
  // RETURN ARRAY GET_MESSAGELIST
  $messagelist_arr = array(0 => array("message_nr" => FALSE, "message_size" =
> FALSE));
  fputs($handle, "LIST\r\n");
  $list_return = pop3_wait4result($handle);
  if(strstr($list_return, "+OK"))
  {
   $i = 0;
   while($list_return = fgets($handle))
   {
    if(!strstr($list_return, "."))
    {
     $list_return_arr = explode(" ", $list_return);
     $messagelist_arr[ $i ][ "message_nr" ] = $list_return_arr[ 0 ];
     $messagelist_arr[ $i ][ "message_size" ] = $list_return_arr[ 1 ];
     $i++;
     }
    else break;
   }
  }

  // Handle schließen
  if($quit_handle)
  {
   fputs($handle, "QUIT\r\n");
   $handle = fgets($handle);
  }
  return $messagelist_arr;
}

// Liste der Mails abrufen
function pop3_getsubjectlist($handle, $messagelist_arr, $quit_handle)
{
  // RETURN ARRAY GET_MESSAGELIST
  $subjectlist_arr = array(0 => array("message_nr" => FALSE, "message_from" =
> FALSE, "message_subject" => FALSE));

  $i = 0;
  $j = 0;
  while($message_nr = $messagelist_arr[ $i ][ "message_nr" ])
  {
   fputs($handle, "TOP $message_nr 0\r\n");
```

```
    $list_return = pop3_wait4result($handle);
    if(strstr($list_return, "+OK"))
    {
     $subjectlist_arr[ $j ][ "message_nr" ] = $message_nr;
     while($header_return = fgets($handle))
     {
      if(substr($header_return, 0, 1) != ".")
      {
       $header_return_arr = explode(": ", $header_return, 2);
       if($header_return_arr[ 0 ] == "From")
        $subjectlist_arr[ $j ][ "message_from" ] = $header_return_arr[ 1 ];
        if($header_return_arr[ 0 ] == "Subject")
         $subjectlist_arr[ $j ][ "message_subject" ] = $header_return_arr[ 1 ]
;
        }
       else break;
      }
     $j++;
    } else break;
    $i++;
   }
   // Handle schließen
   if($quit_handle)
   {
    fputs($handle, "QUIT\r\n");
    $handle = fgets($handle);
   }
   return $subjectlist_arr;
  }

 // Lädt Message vom POP3-Server, Body und Header getrennt
 function pop3_getmessage($handle, $message_nr, $quit_handle)
 {
   $message_arr =array("message_nr" => FALSE, "message_header" => FALSE, "mess
age_body" => FALSE);
   $header_complete = FALSE;
   fputs($handle, "RETR $message_nr\r\n");
   $retr_return = pop3_wait4result($handle);
   if(strstr($retr_return, "+OK"))
   {
    $message_arr[ "message_nr" ] = $message_nr;
    while($retr_return = fgets($handle))
    {
```

```
    if(substr($retr_return, 0, 1) != ".")
    {
     // Erste Leerzeile Kennzeichen für Header-Ende
     if($retr_return == "\r\n" || $retr_return == "\n\r")
      $header_complete = TRUE;
     // Header und Body laden
     if($header_complete)
     {
      $message_arr[ "message_body" ] .= $retr_return;
     }
     else
     {
      $message_arr[ "message_header" ] .= $retr_return;
     }
    }
    else break;
   }
  }

  // Handle schließen
  if($quit_handle)
  {
   fputs($handle, "QUIT\r\n");
   $handle = fgets($handle);
  }
  return $message_arr;
}

// Verbindung beenden
function pop3_quit($handle)
{
  fputs($handle, "QUIT\r\n");
  $handle = fgets($handle);
  return TRUE;
}

// Übersetze STAT-Array in lesbares Format
function pop3_parse_stat($stat_array)
{
  // RETURN ARRAY PARSE_STAT
  $parse_stat_arr = array("mails" => FALSE, "size" => FALSE);

  // Nur parsen, wenn Handle geöffnet oder erfolgreich geschlossen
```

```
  if($stat_array[ "handle" ])
  {
   $parse_arr = explode(" ", $stat_array[ "status" ]);
   $parse_stat_arr[ "mails" ] = $parse_arr[ 1 ];
   $parse_stat_arr[ "size" ] = $parse_arr[ 2 ];
  }
  return $parse_stat_arr;
}
?>
```

Anhang E

Migration zu Arduino 1.0

Ende November 2011 hat das Arduino-Team eine komplett überarbeitete Version der Entwicklungsumgebung (IDE) mit der Version 1.0 freigeschaltet.

Mit dieser neuen Version wurden ein paar markante Änderungen vorgenommen, um für kommende Versionen und Änderungen flexibel zu sein.

Für den Arduino-Anwender bedeutet das Anpassungen an seinen bestehenden Arduino-Projekten, was in verschiedenen Foren heftig diskutiert wurde.

Nachfolgend sind alle geänderten Punkte und die notwendigen Schritte für die Migration zu Arduino 1.0 aufgelistet.

Die Änderungen der einzelnen Arduino-Versionen sind im Detail jeweils unter den Release Notes beschrieben.

`http://arduino.cc/en/Main/ReleaseNotes`

Dateiendung .pde > .ino

Die bisher verwendete Dateiendung der Arduino-Sketches lautete `.pde`. Die gleiche Dateiendung wurde auch bei Processing verwendet, was natürlich zu Verwirrung und Missverständnissen führen konnte. Um die Programmfiles der beiden Entwicklungsumgebungen, Arduino und Processing, eindeutiger voneinander zu unterscheiden, heißt die neue Dateiendung für Arduino-Sketches ab Version 1.0 neu `.ino`. Die Dateiendung ist abgeleitet von Ardu**ino**.

Arduino-Sketches mit der Dateiendung `.pde` können in der neuen Entwicklungsumgebung weiterhin geöffnet werden. Beim Speichern wird aber die Dateiendung `.ino` angehängt.

Durch die Änderung der Dateiendung können neue Arduino-Sketches mit der Endung `.ino` in älteren Arduino-Umgebungen nicht mehr geöffnet werden. Es erscheint eine Fehlermeldung mit dem Hinweis auf die Dateiendung (Abbildung E.1).

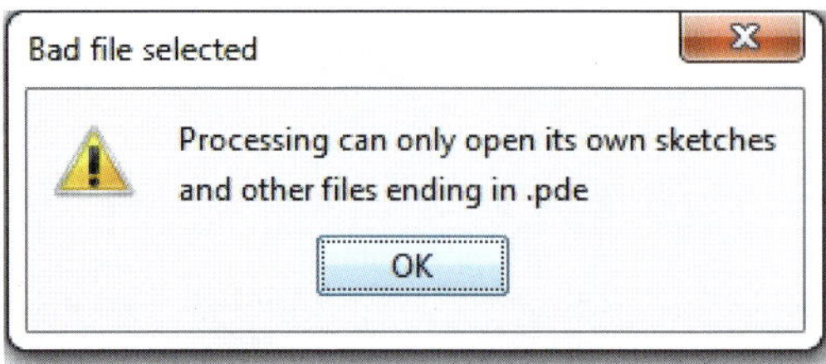

Abb. E.1: Alte Dateiendung .pde

Änderung Dateiendung:

Version <= 0023	Version >= 1.00
`.pde`	`.ino`

Anpassungen generell

Die Anpassungen an den Libraries betrifft eine Anzahl von Programmanweisungen, die nachfolgend erläutert sind.

Wird eine bisherige Bibliothek in der Entwicklungsumgebung 1.00 geladen, zeigt sich schnell, ob der Programmcode noch kompatibel ist. Andernfalls bekommt man einen Kompilierungsfehler, der darauf deutet, dass Dateien fehlen. In diesem Fall lohnt sich ein Blick in den Code der Bibliothek. Oder man prüft, ob die verwendete Bibliothek bereits für Version 1.0 verfügbar ist.

Codezeilen im eigenen Code, die für Version 1.0 angepasst werden müssen, meldet der Compiler mit einer konkreten Fehlermeldung (Abbildung E.2).

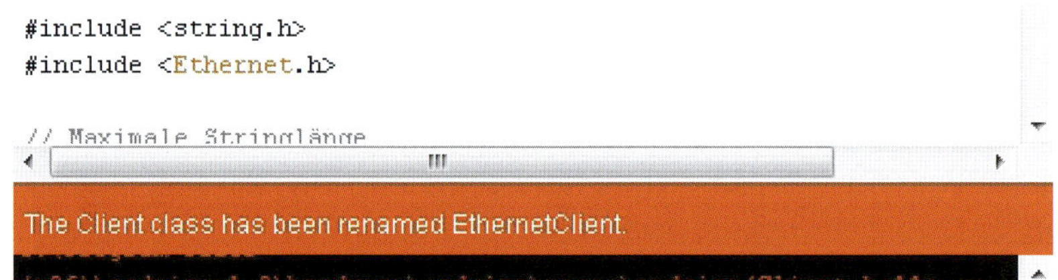

Abb. E.2: Fehlermeldung vom Compiler

Anpassungen an Libraries

Viele verfügbaren Arduino-Libraries sind für Versionen 0023 und früher geschrieben. Diese Bibliotheken nutzen meist einzelne Arduino-Bibliotheken, die bei Bedarf eingefügt wurden. Dazu gehören die folgenden Bibliotheken:

```
wiring.h
WProgram.h
```

Mit Version 1.0 wurde diese in eine eigene Bibliothek `Arduino.h` zusammengefasst.

Änderungen an Libraries:

Version <= 0023	Version >= 1.00

`#include "wiring.h"`
`#include "WProgram.h"`
`#include "WConstants.h"`
`#include "pins_arduino.h"`
	`#include "Arduino.h"`

Das bedeutet nun in der Praxis, dass viele bisherige Bibliotheken angepasst werden müssen. Um diese Bibliotheken auch abwärtskompatibel zu halten, muss im Code der einzelnen Bibliotheken folgender Code eingefügt werden.

```
#if ARDUINO >= 100
 #include "Arduino.h"
#else
 #include "WProgram.h"
#endif
```

Der Begriff ARDUINO ist eine Systemkonstante und liefert die Version-Nummer der Entwicklungsumgebung. Im Code wird somit bei einer Arduino-Version 1.0 und neuer die neue Arduino-Bibliothek `Arduino.h` geladen. Andernfalls wird die alte Bibliothek `WProgram.h` genutzt.

Der Wert für Version 1.00 ergibt dabei die Zahl 100, bei der Version 0023 gibt es den Wert 23.

Anpassungen im Code (Übersicht)

Serial-Klasse

Bei der Ausgabe mit `print()` und `println()` konnte bisher beim Senden von Daten als Byte das Schlüsselwort BYTE mitübergeben werden. Ab Version 1.00 wird das Senden von Byte-Daten mit der Methode `write()` vorgenommen.

Version <= 0023	Version >= 1.00
`Serial.print(Wert, BYTE)`	`Serial.write(Wert)`

Weiter muss bei Bibliotheken, die die Write-Methode nutzen, der bisherige Rückgabetyp `void` angepasst werden. Der Rückgabetyp `void` bedeutet kein Rückgabewert. Ab Version 1.0 wird ein Rückgabewert geliefert und somit muss der Rückgabetyp auf `size_t` angepasst werden. Es wird die Anzahl der übertragenen Zeichen zurückgegeben.

Version <= 0023	Version >= 1.00
`void write`	`size_t write`

Wire-Library

An der Wire-Library, die für die I2C-Kommunikation benötigt wird, sind folgende Anpassungen nötig.

Version <= 0023	Version >= 1.00
`Wire.send()`	`Wire.write()`
`Wire.receive()`	`Wire.read()`
`Wire.write(0x10)`	`Wire.write((byte)0x10)`

Ethernet-Library

In der Ethernet-Library, die die Ethernet-Kommunikation regelt, sind folgende Anpassungen vorzunehmen.

Version <= 0023	Version >= 1.00
`client client(server, 80)`	`EthernetClient client;`
`if(client.connect())`	`if(client.connect(serverName, 80)>0)`
`Server server(80)`	`EthernetServer server(80)`
`UDP`	`EthernetUDP`

Stichwortverzeichnis

Symbole

Numerisch

A

C

D

I

J

K

L

M

N

O

P

T

U

V